李廉方 著
郭戈 編校

李廉方集
（六）

荊楚文庫編纂出版委員會
華中師範大學出版社

新　　年
（小學教學活動綱領及參考資料）

《新年》（小學教學活動綱領及參考資料），開封教育實驗區出版部 1934 年 12 月印行。

目　　錄

教學活動綱領	2295
第一編　新年與中華民國成立紀念	2308
一、我國改用新曆之經過	2308
二、民國元年元旦臨時大總統就職經過	2308
三、施行新曆後所頒發之新年慶祝辦法	2312
四、今年元旦河南各界籌備之慶祝辦法	2312
五、中國兒童年籌備消息	2313
附錄一：中央宣傳委員會最近頒布慶祝民國成立廿四週紀念宣傳要點	2315
附錄二：上海市兒童年實施辦法	2315
第二編　天文與曆法	2317
一、天體之構造及進化	2317
二、太陽地球及月亮	2323
三、地球月球運轉及曆法之關係	2330
四、新年時期之假定及新舊曆之優劣	2336
（一）歲首與曆初	2336
（二）新舊曆之異同	2340
（三）新舊曆之優劣	2351
五、我國曆法之變遷	2353
附錄三：中國天算家年表	2362
六、其他曆法之介紹	2372
附錄四：曆法之改進	2377
第三編　我國舊日的新年	2386

一、新年中的文雅舉動 …………………………………… 2386
　（一）春聯 …………………………………………… 2386
　（二）燈謎 …………………………………………… 2390
　（三）酒令 …………………………………………… 2394
　（四）拳令 …………………………………………… 2396
二、新年中的民間風俗 …………………………………… 2397
　（一）臘八 …………………………………………… 2397
　（二）祭竈 …………………………………………… 2397
　（三）除夕 …………………………………………… 2399
　（四）元旦 …………………………………………… 2400
　（五）破五 …………………………………………… 2403
　（六）人日 …………………………………………… 2403
　（七）元宵 …………………………………………… 2404
　（八）補天穿日 ……………………………………… 2406
　（九）春社 …………………………………………… 2406
　（十）清真教之新年 ………………………………… 2407
三、新年中的民間娛樂 …………………………………… 2409
　（一）賽會 …………………………………………… 2409
　（二）龍燈 …………………………………………… 2410
　（三）演戲 …………………………………………… 2410
四、新年中的兒童遊戲 …………………………………… 2411
　（一）爆竹 …………………………………………… 2411
　（二）陀螺 …………………………………………… 2412
　（三）不倒翁 ………………………………………… 2412
　（四）毽子 …………………………………………… 2413
　（五）風箏 …………………………………………… 2414
　（六）花燈 …………………………………………… 2415
　（七）出遊 …………………………………………… 2415

第四編　世界各國的新年 …………………………………… 2416
　一、意大利 ………………………………………………… 2417
　二、蘇俄 …………………………………………………… 2417
　三、德國 …………………………………………………… 2418
　四、美國 …………………………………………………… 2419
　五、瑞典 …………………………………………………… 2419
　六、法國 …………………………………………………… 2420
　七、英國 …………………………………………………… 2421
　八、比國 …………………………………………………… 2421
　九、土耳其 ………………………………………………… 2422
　十、日本 …………………………………………………… 2422
　附錄五：新年的兒童故事二則 …………………………… 2423
　　（一）十三郎五歲朝天子 ……………………………… 2423
　　（二）插柏枝的傳說 …………………………………… 2425

教學活動綱領

導　言

　　元旦為中華民國成立紀念日，又中華民國二十四年，為國定兒童年。全國兒童將於是日作愛國宣誓，實施兒童救國的集中訓練。故本年元旦實具有三種慶賀的意義。慶賀新年當使兒童不忘中華民國諦造之歷史，慶賀新年更當使兒童不忘個人所負救國的責任。所以活動範圍異常廣擴，無論高中低級均有其有趣而重要之重心。高年級重研究及製作，並多與以領導機會，以訓練其領袖能力及服務習慣。中年級重閱讀及製作。低年級重製作及口語練習。快樂空氣之鼓盪，在教師及高年級同學，務使新年之歡聲由學校而廣播於家庭。教師更當充分準備，擔負兒童年內學校所應擔負之工作，振蕩學生之精神，使其能為新生活而發生熱烈真摯之感情。故本綱領之內容首列教師工作，次及於學生。活動之推進在教師，活動之實質在學生。兒童年之主要目的，雖不能在此時期內完成，但須激勵兒童作踴躍歡娛的新年慶祝，以為兒童年之將來訓練，伏一欣慰可愛的顯明根基。其他各點與本部前出之其他教學活動綱領，多可互通，教者可彼此參照而善用之。

教師工作：

一、組織學校兒童年籌備會。

二、籌備兒童年兒童愛國宣誓。

三、鼓勵兒童籌備慶祝兒童年。

四、招待家長宣傳兒童年家庭所應有之責任。

五、舉行兒童年開幕式。

六、編印兒童年刊物。

七、籌備舉行各種兒童幸福會，及兒童競技，演說，成績展覽等有益兒童活動之會。

八、準備兒童年開幕式中自己參加娛樂活動之各種準備。

兒童工作：

甲·高年級

一、開始活動

（一）教師乘機指示兒童閱報，留意本年元旦慶祝消息。

（二）教師報告兒童年各地籌備慶祝消息。

（三）探訪新年內本校將有何種舉動。

（四）尋閱去年新年自己所記的日記、畫稿，或他種記載，以及本級所存文件。

（五）搜集報章或雜誌所載元旦宣傳文字（注意民國成立紀念）。

（六）討論慶祝辦法，決定本級意見。

（七）招集其他班級，籌備共同紀念。

二、籌備會議

（一）計劃發起。

（二）推舉代表。

（三）招集開會。

（四）決定慶祝辦法。

（五）推舉重要職員。

（六）通知各級開始工作。

（詳細步驟，參看本部前出《總理逝世紀念》教學活動綱領）。

三、準備活動

A. 共同方面

(一) 研究活動之準備

1. 準備講演

(教師斟酌情形，選擇類似下面之各題，使學生搜尋參考準備講演)。

① 中華民國成立的經過（注意利用國慶日之研究結果）。

② 我國改用新曆的原因及事實（新曆之優點及世界大同的用意）。

③ 新年中的有趣故事（如門神、春聯、祭竈以及外國的新年等）。

④ 我們應當怎樣慶祝新年（參看兒童年辦法）。

⑤ 新年中的民間風俗（如清真教之齋月，及普通民眾之守歲等）。

2. 準備慶祝文字

(教師視情形之便，提出類似下列之各題，使學生撰為文字)。

① 我們應當怎樣慶祝新年（兒童年與兒童新生活）。

② 新年與中華民國的生日（中山先生就臨時大總統的經過）。

③ 新曆新年與舊曆新年之比較（優劣之比較）。

④ 怎樣叫作一年（地球、日球之轉運）。

3. 搜集參考書籍陳列閱讀。

4. 分擔題目或各自選任，開始研究撰作及練習。

5. 發刊壁報，畫刊。

6. 依據籌備會之決議準備本級所應擔任之其他工作。

(二) 慶祝活動之準備

1. 布置自己的教室（推舉專人計劃，全體擔任製作）。

① 室內外裝紮燈彩。

② 繪製慶賀標語或聯語，張貼室內。

③ 繪製美麗繪畫，張貼室內。

④ 裝掛黨國旗及萬國旗。

⑤ 整理本級新年研究所用參考書籍，陳設展覽。

⑥ 整理各人新年研究紀錄，陳設展覽。
⑦ 陳設其他有計劃活動中所應陳設之物件（如成績展覽等）。

2. 布置禮堂（依籌備會之決議，被推班級擔任布置。推專人計劃布置，全體擔任製作）。

① 張掛燈彩。
② 懸掛黨國旗及總理遺像。
③ 張貼繪畫及慶賀標語。
④ 排列秩序單。
⑤ 布置其他經大家所決議之事項（如遊藝會等）。

3. 布置其他場所（依籌備會之決議，被推班級擔任布置。推舉專人計劃布置，全體製作）。

① 院內特別打掃。
② 張貼標語或繪畫。
③ 張掛燈籠或彩飾。
④ 校內適當地方設置有趣之各種遊戲。
⑤ 其他經大家所決議應布置之事項（如有開遊藝會，或展覽會之布置）。

4. 準備參加全市慶祝（依籌備會之決議，被推前往參加之班級，或本級之代表計劃準備）。

① 準備花燈或小旗。
② 推舉領隊。

5. 準備本級之對外祝賀。

① 準備賀函（全體撰作，選擇使用，及推人書寫）。
② 推舉送函負責人。

6. 準備參加其他全校一致之活動。

（如遊藝會、成績展覽會等，依籌備會之決議，就本級應有範圍計劃準備之）。

7. 推舉職員分擔工作（依籌備會之決議，或本級計劃之決定，各就應有工作性質推舉人員）。

① 推舉主席，或司儀或他種職員。

② 推選本級講演員。

③ 推舉其他活動中之應有職員（如招待、糾察等）。

8. 準備慶祝歌詞。

9. 其他應有之準備（如爆竹、臘燭、花炮等）。

B. 個人方面：

（一）準備賀片（以自製爲佳，繪畫題詞贈送弟妹和老師）。

（二）準備花燈（個人自製，并設計運用機巧）。

（三）準備新潔衣服，沐浴，剪髮。

（四）準備個人其他應有物品（如參加展覽之作品等）。

（五）準備適當說詞，勸父母或親鄰知道兒童年兒童應有的生活。

（六）準備自己所要參加的特殊活動（如玩龍燈或放花炮，依自己或團體的計劃準備練習，以便晚間娛樂）。

（七）把自己家裏打掃乾淨。

（八）準備其他個人有計劃之活動（如約友出遊、訪友等）。

四、慶祝活動

依事前之決定，各被推代表或個人，各照自己應擔事務分別工作或參加各項團體活動。

（一）分別工作：

1. 參加全市紀念會（被推班級或本級被推代表出發參加）。

2. 照料各處陳設及布置（如本級教室或其他場所。各被推職員負責辦理）。

3. 指揮全校開紀念會（被推代表擔任指揮）。

4. 分送本級之賀函或賀片。

（二）紀念會：

1. 如儀開會。

2. 學生講演（各級選手）。

3. 教師講演。

4. 唱慶祝歌。

（三）舉行愛國宣誓。

（四）其他原定有計劃之活動（如遊藝等）。

（五）個人有計劃之活動。

（六）晚間娛樂會。

1. 提燈遊行（依全市或本校之共同計劃，推舉代表或全體參加舉行）。

2. 校內燃燈或團聚遊戲（如猜燈謎或他種活動等）。

五、結束活動

A. 共同方面：

（一）各特殊布置場所恢復原狀（原負責布置人擔任辦理）。

（二）整理保存此次慶祝本級所作之各項紀錄及稿件。

（三）整理保存本級所搜得之宣傳品及賀函賀片。

（四）選擇保存本級所製之特殊製品。

（五）紀錄報告本級爲共眾所擔事項之經過。

（六）整理保存本級所出之壁報及畫刊。

（七）共同批評慶祝活動中所經各事。

B. 個人方面：

（一）整理收藏個人之慶賀文字，講演稿件，或他種文字作品。

（二）紀錄報告個人爲共眾所擔事項之經過。

（三）記載自己所聽到之故事或講演大要。

（四）整理保存自己所收到之賀函或賀片。

（五）將自己之手工製品收藏或轉贈弟妹（如花燈，或展覽品）。

（六）紀錄個人有計劃活動之事實經過。

（七）寫一篇日記，記載自己在這一天裏所得的印象。

乙・中年級

一、開始活動

（一）閱讀高級同學之發起函件。

（二）教師報告新年中各界之慶祝消息。

（三）探訪新年內本校將有何種舉動。

（四）探訪高級同學將有何種舉動。

（五）訪問兒童年是什麼用意。

（六）尋閱去年新年自己所作的日記，畫稿，或他種記載，以及本級所存文件。

（七）討論慶祝辦法，決定本級意見。

（八）答覆應允，派人參加。

二、籌備會議

（一）推舉代表參加會議。

（二）代表履行參加手續。

（三）推舉代表或全體旁聽。

（四）代表報告參加經過及會議結果。

（五）旁聽人批評會議情形。

（六）依據決議開始準備。

（詳細步驟，參看本部前出《總理逝世紀念》教學活動綱領）。

三、準備活動

A. 共同方面：

（一）研究活動之準備：

1. 準備講演或說故事：

（教師斟酌情形，選擇類似下面之各題，使學生搜尋參考準備講演）。

① 我們當怎樣過兒童年。

② 外國的小孩子怎樣過新年。

③ 新年中的有趣故事（參看附錄）。

④ 我國舊日新年中的有趣事項。

2. 準備慶祝文字：

（教師斟酌情形，提出類似下列之各題，使學生試作簡單文字）。

① 新年與中華民國之成立（二十四年前的這天，中山先生就臨時大總統職，中華民國正式成立了）。

② 我們應當怎樣慶祝新年（兒童年，兒童開始新生活）。

③ 怎樣叫做一年（地球自己轉了許多轉，繞太陽行了一週，就是一年）。

④ 我國舊日新年中的兒歌。

3. 搜集參考書籍，陳列閱讀。

4. 各自選擇題目開始研究，試作及練習。

5. 發刊壁報、畫刊，開始宣傳。

（二）慶祝活動之準備：

1. 布置自己的教室（全體計劃製作）。

① 室內外裝掛燈彩。

② 繪製慶賀標語，或聯語張貼室內。

③ 繪製美麗繪畫張貼室內。

④ 裝掛黨國旗及萬國旗。

⑤ 整理本級新年研究所用參考書籍，陳設展覽。

⑥ 整理各人新年研究紀錄，陳設展覽。

⑦ 陳設其他有計劃活動中，所應陳設之物件（如成績展覽等）。

（三）準備參加全市慶祝會（依籌備會之決議，被推前往參加之班級，或本級之代表計劃準備）。

1. 準備花燈或小旗。

2. 推舉領隊。

(四) 準備本級對外之祝賀。

1. 準備賀卡（全體繪製，選擇使用）。

2. 推舉分送賀卡負責人。

(五) 準備參加其他全校一致之活動。

(如遊藝會，成績展覽會等，依籌備情形就本級應有範圍計劃準備)。

(六) 推舉本級之應有職員。

1. 推舉室內照料負責人。

2. 推選故事講演員。

3. 推舉其他活動中之應有職員（如招待糾察等）。

(七) 準備慶祝歌詞。

(八) 其他應有之準備（如爆竹，臘燭，花炮等）。

B. 個人方面：

(一) 準備賀片（以自製為佳，繪畫題詞贈送弟妹和老師）。

(二) 準備花燈（要個人設計自製）。

(三) 準備個人其他應有製品（如參加展覽之作品）。

(四) 準備相當說詞，勸父母及弟妹，知道兒童年，兒童應有的生活。

(五) 準備新潔衣服，沐浴，剪髮。

(六) 幫助父母或哥哥姐姐，把家裏打掃乾淨。

(七) 準備個人其他有計劃之活動（如約同姐弟或友人出遊、訪友等）。

四、慶祝活動

依事前之決定，各被推代表，或個人，各照自己應擔事務分別工作，或參加各項團體活動。

(一) 分別工作：

1. 參加全市紀念會（被推班級，或本級被推代表出發參加）。

2. 照料各處陳設及布置（如本級教室或其他場所，各被推職員負責辦理）。

3. 分送賀片。

（二）紀念會（同高級）。

（三）其他全校一致之活動（如遊藝等）。

（四）個人有計劃之活動。

（五）晚間娛樂會。

1. 提燈遊行（自由參加，或推舉年齡較大者參加）。

2. 校內燃燈，放炮，團聚遊戲。

3. 猜燈謎或作他種遊戲。

五、結束活動

A. 共同方面：

（一）各特殊布置場所恢復原狀（原負責布置人擔任辦理）。

（二）整理保存此次慶祝本級所繪製之標語、賀聯及繪畫樣張或稿件。

（三）整理保存本級所搜得之宣傳品及賀函賀片。

（四）選擇保存本級所製之特殊製品。

（五）整理保存本級所出之壁報及畫刊。

（六）談話批評慶祝活動各人所見到之事項。

B. 個人方面：

（一）將自己之工作製品收藏或轉送弟妹（如花燈，或其他展覽品）。

（二）整理保存自己所收到之賀函或賀片。

（三）整理保存自己所作研究記錄，及繪畫賀片之樣張稿件。

（四）把自己所聽到之有趣故事，說給父母及弟妹聽。

（五）記一篇日記述明自己在新年裏的經過。

丙・低年級

一、開始活動

（一）試讀或聽讀高級同學之發起函件。

（二）教師報告新年中各界之慶祝消息。

（三）分頭探訪新年中本校將有何種舉動。

（四）分頭探訪新年中大同學預備怎樣慶祝。

（五）請問先生或大同學，兒童年兒童當怎樣過。

（六）追談去年新年自己參加慶祝的經過。

（七）討論答覆應允。

（八）推舉代表答覆。

（九）推舉代表列席籌備會議。

二、籌備會議

（同中年級）

三、準備活動

A．共同方面：

（一）準備故事講演，推選選手參加大會（依籌備會之指示開始準備）。

1. 外國兒童的新年。

2. 新年插柏枝的故事（插柏枝迷惑朱洪武）。（附錄五）

3. 觀花燈的故事（十三郎五歲朝天）。（附錄五）

4. 新年中的有趣兒歌。

（二）搜集陳設有關新年的讀物或畫刊。

（三）開始閱讀或練習述說。

（四）準備什物布置自己的教室（模仿大同學也把自己的教室布置起來）。

1. 製造紙彩（全體計劃製作）。
2. 製造花燈（個自製作）。
3. 繪製繪畫（個自繪畫）。
4. 探訪搜集大同學所製標語，臨寫仿製。推舉專人辦理。
5. 做幾稞紙花（分組或個自製作）。
6. 移栽幾稞綠草或野花（分組工作）。
7. 浸種麥苗、大蒜，或他種種子（分組浸種）。
8. 換新總理遺像及黨國旗（推舉專人辦理）。
9. 裝製一套萬國旗或他種飾品（推人或全體製作）。
10. 共同計劃把以上什物布置周到（分組布置）。

（五）準備本級對外之稱賀。

1. 繪製賀片（全體製作）。
2. 推舉送賀片負責人。

（六）準備參加其他全校一致之活動。

（如遊藝會，成績展覽會等，依籌備情形，計劃準備）。

（七）推選本級應有職員。

1. 推舉室內照料負責人。
2. 推選故事演講員。

（八）準備慶祝歌詞。

（九）其他應有之準備（如臘燭，花炮等）。

B. 個人方面：

（一）準備自己的賀片（個自繪製）。

（二）準備自己的花燈（個自製作）。

（三）準備個人其他應有製品（如參加展覽之作品）。

（四）準備新潔衣服，沐浴，剪髮。

（五）幫助父母或哥哥姐姐把家裏打掃乾净。

（六）準備個人其他有計劃之活動（如約同姐弟或友人出遊、訪友等）。

四、慶祝活動

（一）各推職員依原定計劃負責辦理各事（如照料，講演等）。
（二）分送戲片（被推代表辦理）。
（三）開紀念會（同高級）。
（四）參加其他全校一致之活動（如遊藝等）。
（五）晚間娛樂
1. 提燈（在校內作提燈遊戲，或推舉代表參加大會）。
2. 校內燃燈放炮，團聚遊戲。
3. 猜燈謎或作他種遊戲。

五、結束活動

（一）共同方面：
1. 整理保存本級所收到之賀函及賀片（預備明年看）。
2. 撤除室內燈籠及彩飾，分別保存或移置。
3. 整理本級研究所搜得之參考書籍，分別保存或送還。
4. 整理室內之繪畫及標語選擇保存。
5. 共同批評報告，新年內自己所見到之事情。

（二）個人方面：
1. 收藏自己的工作製品。
2. 整理保存計算報告自己所收到之賀函或賀片。
3. 把自己所聽到之故事說給母親或弟妹聽。
4. 幫助母親，或哥哥姐姐整理自己家中的陳設。

第一編　新年與中華民國成立紀念

一、我國改用新曆之經過

　　中華民國元年，中山先生就臨時大總統於南京。就職之日，易正朔，定旗幟，蓋當民軍初起時，所用紀元有用中華民國者，有用黃帝紀元者，並沿用陰曆。惟黃帝紀元，實藉種族意義，激發漢族反滿感情，使之同情革命，推翻滿清專制政府，非真有種族狹隘之見也。今既建設政府，漢滿蒙回藏，合而爲一大共和國，種族界限自消。且歐西各國，均用新曆，若仍用舊曆，匪特國際上交通往來，時感不便，即世界大同趨勢，亦有所背。適臨時大總統之選出，當西曆十二月二十九日，逾三日就職，又當西曆新正月一日，遂以是日爲民國建元，改用新曆，稱中華民國元年正月一日。

二、民國元年元旦臨時大總統就職經過

　　自武漢起義，各省響應，共和政治，已爲全國輿論所公認，徒以省自爲制，無聯合進行機關，深感不便，於是江蘇都督程德全，浙江都督湯壽潛，於九月二十一日聯電滬督，倡議各省公舉代表，集議上海。至九月二十二日，復以蘇督代表雷奮、沈恩孚，浙督代表姚桐豫、高爾登名義，電各省代表，至滬會議組織臨時政府，並請各省公認伍廷芳、溫宗堯二君爲臨時外交代表，是爲各省民軍組織臨時政府之始。旋鄂督代表居正、陶鳳集到會，報告九月十九日，湖北都督府通電各省，請各省派全權委員，赴武昌組織臨時政府情形，遂議決各省代表，均赴武昌；

留上海者，聯絡聲氣，爲通信機關，於是各代表陸續抵武昌。適漢陽失守，武昌全城，陷于龜山砲火之下，乃假漢口英租界順昌洋行爲各省代表會議所。十月初十日，開第一次會議，推譚人鳳爲議長。十二日，議決先規定臨時政府組織大綱，並舉雷奮、馬君武、王正廷爲臨時政府組織大綱起草員。十三日，復公布臨時政府組織大綱二十一條。

十四日，聞南京已於十二日光復，於是議決以南京爲臨時政府所在地。各省代表，於七日內齊集南京，若有十省以上之代表到南京，即開臨時大總統選舉會。時留滬代表，於十月十四日選舉大元帥副元帥，黃興得十六票當選爲大元帥，黎元洪得十五票，當選爲副元帥，翌日復議決大元帥職權，主持組織中華民國臨時政府。武昌各省代表及黎元洪均表示反對，並決定十一月二十六日齊集南京，開臨時大總統選舉會。詎二十五日，浙江代表陳毅由鄂續到，謂袁世凱代表唐紹儀到漢口晤黎元洪，據云：袁內閣亦主張共和，惟礙於清廷勢力，未能即時宣布耳！衆因議決緩舉臨時大總統，承認上海所舉大元帥，並議決於臨時政府組織大綱，追加一條：臨時大總統未舉定以前，其職權由大元帥暫任之，黃興以各代表反對於前，而駐寧蘇浙兩軍，亦有異言，乃辭大元帥。至二十六日，各代表乃選舉黎元洪爲大元帥，黃興爲副元帥，并決定大元帥不能在臨時政府所在地時，以副元帥代行職權。黎不能至南京，黃仍力辭。因是各省代表，進退維谷。適十一月七日中山先生由海外歸來，各省代表已由鄂返滬，衆紛始解。遂公決於十一月初十日開選舉臨時大總統會，至日奉天代表吳景濂，直隸代表谷鍾秀、張銘勳，河南代表李槃，山東代表謝鴻燾，山西代表景耀月、李素、劉懋賞，陝西代表張蔚森、馬步雲，江蘇代表袁希洛、陳陶怡，安徽代表許冠堯、王竹懷、趙斌，江西代表林子超、趙士北、王有蘭、俞慶麓、湯漪，浙江代表湯爾和、黃羣、陳時夏、陳毅、屈映光，福建代表潘祖彝，廣東代表王寵惠、鄧憲甫，廣西代表馬君武、章勤士，湖南代表譚人鳳、鄒代藩、廖名搢，湖北代表居正、馬伯援、王正廷、楊時傑，四川代表蕭湘、周代木，雲南代表呂志伊、張一鵬、段宇清到會，湯爾和主席。到會代表十七省，共計十七票，以得票滿投票總數三分之二以上爲當選，投票結果，中山先生得十六票，當選爲中華民國臨時大總統，各省代表，歡呼萬歲。

中華民國元年正月一日，中山先生由滬蒞寧，就臨時大總統職。午後十時，各省代表暨陸海軍代表齊集，奏軍樂，行宣誓禮。初中山先生當選時，擬令文武官吏軍民人等，一律宣誓，表示歸順民國，黨員中以非要務，且不能行，遂作罷論。中山先生首爲宣誓，詞曰：

"傾覆滿洲專制政府，鞏固中華民國，圖謀民生幸福，國民之公意，文實遵之，以忠於國，爲衆服務。至專制政府既倒，國內無變亂，民國卓立於世界，爲列邦公認，文當解臨時大總統之職。謹以此誓於國民。"

宣誓畢，各省代表授大總統印，並致詞曰：

"惟漢曾孫失政，東胡內侵，淫虐猾夏，帝制自爲者，垂三百年。我皇漢慈孫，呻吟深熱，慕法蘭西美利堅平等之制，用是群謀衆策，仰視俯劃，思所以傾覆虐政，恢復人權。迺斷頭戡胸，群起號召，流血建義，續法美人之戰史。今三分天下，克復有二，用是建立民國，期成政府，揀選民主，推置總統。僉意能尊重共和，宣達民意，惟公賢；廓清專制，鞏衛自由，惟公賢；光復禹域，克定河朔，舉漢滿蒙回藏群倫，共覆於平等之政，亦惟公賢。用是投匦度情，徵壓紐之信，衆意所屬，群謀僉同，既協衆符，歡欣擁戴。要知我國民久困鉗制，疾首蹙額，望民主若歲。今當公軒車蒞任，蒼白扶杖，子女加額，焚香擁篲，感激涕零者何也？忭舞自由，尊重民權也！用是不吝付四百兆國民之太阿，寄二億里山河之大命，國民之委託於公者，亦已重哉！繼自今惟公翼翼，毋違憲法，毋拂輿意，毋任威福，毋崇專制，毋昵非德，毋任非才。凡我共和國民，有不矢忠矢信，至誠愛戴，軒轅金天列祖列宗七十二代之君，實聞斯言！代表等受國民委託之重，敢不盡意？謹致大總統璽綬，俾公發號施令，崇爲符信，欽念哉！"

大總統啓印，即發布宣言如左：

"中華民國締造之始，而文以不才，膺臨時大總統之任，夙夜戒懼，慮無以副國民之望。夫中國專制政治之毒，至二百餘年來而滋甚。一旦以國民之力，踣而去之，起事不過數旬，光復已十餘省，自有歷史以來，成功未有若是之速也！國民以爲於內無統一之機關，於外無對待之主體，建設之事，刻不容緩，於是以組織臨時政府之責相屬。自推功讓能之觀念以言，文所不敢任也。自服務盡職之觀念以言，文所不敢辭也！是用黽勉從國人之後，能盡掃專制之流毒，確定共和，普利民生，以達革命之宗旨，完國民之志願，端在今日，敢披肝瀝胆，爲國民告：

國家之本，在於人民，合漢滿蒙回藏諸地爲一國，如合漢滿蒙回藏諸族爲一人，是曰民族之統一。武漢首義，十數行省，先後獨立，所謂獨立者，對於滿清爲脫離，對於各省爲聯合，蒙古西藏，意亦同此，行動既一，決無歧趨，樞機成於中央，斯經緯周於四至，是曰領土之統一。血鐘一鳴，義旗四起，擁甲帶戈之士，遍於十餘行省，雖編制或不一，號令或未齊，而目的所在，則無不同，由共同之目的，以爲共同之行動，整齊劃一，夫豈甚難？是曰軍政之統一。國家幅員遼闊，各省自有其風氣所宜，前此清廷強以中央集權之法行之，以遂其僞立憲之術，今者各省聯合，互謀自治，此後行政，期於中央政府與各省之關係，調劑得宜，大綱既挈，條目自舉，是曰內治之統一。滿清時代，藉立憲之名，行斂財之實，雜捐苛細，民不聊生，此後國家經費，取給於民，必期合於理財學理，而尤在改良社會組織，使人民知有生之樂，是曰財政之統一。

以上數者，爲行政之方針，持此進行，庶無大過。若夫革命主義,爲吾儕所倡言,萬國所同喻,前次雖屢起屢躓,外人無不鑑其用心。八月以來,義旗颺發,諸友邦對之,抱平和之望,持中立之態,而報紙及輿論,尤每表其同情,鄰誼之篤,良足深謝。臨時政府成立以後,當盡文明國應盡之義務,以期享文明國應享之權利。滿清時代,辱國之舉措,及排外之心理,務一洗而去之。持平和主義,與我友邦益親睦,使中國見重於國際社會,且將使世界漸趨於大同,循序以進,不爲倖獲,對外方針,實在於是。夫民國新建,外交內政,百緒繁生,文顧何人,而克勝此?然而臨時政府,革命時代之政府也!十餘年來以至今日,從事於革命者,皆以誠摯純潔之精神,戰勝其所遇之艱難,即使後此之艱難,遠逾於今日,而吾人惟保此革命之精神,一往無阻,必使中華民國基礎,確立於大地,此後臨時政府之職務始盡,而吾人始可告無罪於國民也!今以與我國民初相見之日,披布腹心,惟吾之四萬萬同胞鑑之!"

三、施行新曆後所頒發之新年慶祝辦法

民國成立後,新年慶祝辦法,向無明文釐定固定典禮,到民國十九年七月十日,經中國國民黨第三屆中央執行委員會第一〇〇次常務會議通過慶祝辦法如左:

中華民國成立紀念日,休假一天,全國一律懸旗紮綵,提燈誌慶,各地黨、政、軍、警、各機關、各學校,均分別集會慶祝,並由各該地高級黨部召開慶祝大會。

四、今年元旦河南各界籌備之慶祝辦法

今年元旦爲中華民國成立二十四週年紀念日。加之赤匪肅清,國內昇平。建設事業,着着進步,政治之清平爲二十餘年來所未有。是以全

國各地,均擬作熱烈之慶祝,中央且頒布辦法明令施行,茲將最近報載開封各界本年元旦之慶祝辦法附載於後:

二十三年十二月十三日《河南民報》載《開封各界籌備慶祝二十四年元旦消息》。

(前略)共決事項如左:

(一)遵照中央指示辦法,舉行紀念會。

(二)舉行提燈會。

(三)舉行遊藝大會。

(四)各機關、各商店、各住戶,齊貼聯語,懸旗,掛燈,結彩。公共場所及重要通衢,紮架彩樓。

(以下從略)

五、中國兒童年籌備消息

國民政府於本年(二十三)兒童節日,曾因各界之請,明令規定民國二十四年爲中國兒童年。今者二十三年已屆臘除,二十四年行將來臨,故兒童年之準備進行亟力。上海中華慈幼會,更集中力備籌督促,茲將該會所擬兒童年籌備會組織大綱草案,暨工作進行項目與教部之批示消息,分別摘錄於後:

1. 中國兒童年籌備委員會組織大綱草案

(一)名稱 本會定名爲中國兒童年籌備委員會。

(二)任務 本會以籌備全國性質之兒童年事宜爲務。

(三)組織 本會由國民政府教育部會同內政部召集中國兒童教育團體,中國慈幼團體,中國婦女團體等共同組織之。

(四)職員 本會設名譽委員長 人,委員長 人,副委員長 人,另設總務、文書、經濟、交際、宣傳等股,以利進行。

(五)經費 本會之經費,由政府撥給之。

(六)期限 本會之辦公期限,自民國二十三年十一月三十一日起,迄二十四年一月三十一日止。

（七）附則　本會之辦事細則另定之。

2. 中國兒童年籌備委員會之工作項目：

（一）出版中國兒童年手册。

（二）製定中國兒童年標語。

（三）製定中國兒童年歌曲。

（四）製定中國兒童年宣言。

（五）呈國府通令全國大小報紙，於一月一日出版中國兒童年開幕特刊。

（六）在首都舉行中國兒童年開幕式（一月一日）。

（七）在首都舉行中國兒童之愛國宣誓式（一月一日）。

（八）每星期日，以無綫電播送講演兒童幸福問題。

（九）呈國府通令全國大小報紙於每星期日出兒童幸福特刊。

（十）搜集並審定全國各處之兒童玩具。

（十一）搜集並審定全國各處之兒童讀物。

（十二）製定中國兒童節歌供教育部參考。

（十三）籌備全國兒童代表對於國府主席之觀見式（四月四日）。

（十四）舉行全國兒童健美比賽會。

（十五）舉行全國兒童運動會。

（十六）舉行全國兒童競技會。

（十七）舉行全國兒童演說會。

（十八）舉行全國兒童音樂會。

（十九）舉行全國軍器展覽會。

（二十）發起兒童全國旅行。

（二十一）編制中國兒童年報告。

（二十二）其他

3. 教育部之批示。

二十三年十二月十四日送達上海慈幼會

教字第一五六〇九號批示云：

"函件均悉，查中國兒童年籌備委員會組織大綱，業經本部訂定，該會所擬組織大綱，及工作條款，可供本部參考，仰即知照。"

據上消息，可知中國兒童年，教部確在積極籌備，惟所擬辦內容如何，屆至今日報紙尚未發表，茲因本書付印在即，不便延待，故將各方消息摘錄如上，或亦各方實施時，參考之一助也。

附錄一：中央宣傳委員會最近頒布《慶祝民國成立二十四週年紀念宣傳要點》（略）

附錄二：上海市兒童年實施辦法

1. 社會方面：組織地方兒童年籌備委員會，其工作如下：一、出版中國兒童年手册；二、舉行兒童年開幕式；三、舉行兒童愛國宣誓；四、每星期日以無綫電播送兒童幸福問題；五、每星期舉行兒童幸福演講；六、每星期舉行父母會，母姊會，或父母教育研究會；七、舉行兒童玩具展覽會；八、舉行兒童讀物展覽會；九、舉行兒童年慶祝會；十、舉行兒童健康比賽會；十一、舉行兒童運動會；十二、舉行兒童競技會；十三、舉行兒童演講競賽會；十四、舉行兒童音樂會；十五、舉行兒童遊藝會；十六、舉行軍器展覽會；十七、舉行兒童遊行；十八、舉行為地方之慈幼機關的募捐運動；十九、鼓勵兒童參加地方上之建設工作；二十、鼓勵兒童慰問病人及傷兵；二十一、鼓勵兒童捐助貧苦之兒童；二十二、鼓勵兒童組織愛用國貨會；二十三、製定中國兒童年歌曲；二十四、製定中國兒童年標語；二十五、通知本地方各大小報紙於一月一日出版中國兒童年開幕刊物。

2. 學校方面：組織學校兒童年籌備委員會，其工作如下：一、出版兒童年刊物；二、舉行兒童年開幕式；三、舉行兒童愛國宣誓式；四、舉行兒童演講競賽會；五、舉行懇親會；六、舉行兒童玩具展覽會；七、舉行兒童成績展覽會；八、舉行兒童年慶祝會；九、舉行小運動會；十、舉行音樂會；十一、舉行遠足；十二、舉行兒童健康比賽；十三、舉行兒童清潔檢查；十四、舉行遊藝會；十五、舉行兒童年中心教學；十六、製定中國兒童年標語。

  3. 家庭方面：父母之工作：一、布置環境；二、送禮；三、檢查身體；四、穿着新衣；五、參觀娛樂會；六、鼓勵兒童娛樂；七、兒童聚餐；八、撮影紀念；九、宣傳；十、其他。

第二編　天文與曆法

一、天體之構造及進化

　　天體之構造，爲天文學上之最大問題。然所謂構造者，固不同於其尋常之語意，不過指星辰在空間之分布狀態而已。最近學者之意見，以爲天空無數之星辰，固非烏合之個體，而爲有秩序之集團。

（一）天體之有限與無限

　　天體之有限與無限，爲研究天體構造之先決問題。謂天體無限者，固不無其人，然經最近學者之研究，則多傾向於有限説。第一由光之問題論究之：先設空間無光之吸收；凡星之光皆能入吾人之目，若天體爲無限，星辰爲無數，則其光亮，當輝煌於天空，然實際觀之則否，故若非天體爲有限，則必空間有光之吸收。第二由熱之方面論究之：無限之空間，若有如太陽之無數星體，則空間所有之物體，必皆與太陽爲同溫度，然實際測之則否。第三由星數及其光度論究之：天空所見之恆星，光度愈低者，其數愈多，若恆星無極限的分布於天空之各方，則其理論上之增加率，當爲 $3.98 \div 4$，然實際乃爲其以下之值。第四由宇宙引力論究之：宇宙引力之定律，所以示一切物體皆互相吸引；如空間有無限之星體，則其間必有極大之引力作用，而起極大之運動，然實際則非是，即可謂爲宇宙無限之否定。凡此四者，在理論上雖間有其可以非難之點，然欲盡舉而否認之，則尚未能。要之，吾人之智能，尚未發展至其完美之限度，"空間之廣與時間之流，絕不能爲人類正確的認識對象。"觀哲人康德之言，又焉能不痛感吾人智能之微小乎？

（二）天體之種類

　　晴夜仰望天空，見無數星辰，光芒閃爍。所謂天體者，乃由此無數星辰聚集而成。此天體約別爲二，即太陽系及恒星系是也。

　　1. 恒星系天體　恒星系之天體，包含恒星星團及星雲。星雲爲外觀如雲霧狀之有光輝的天體，其外觀多呈奇形，大別之可爲不規則星雲、氣體星雲及渦狀星雲三種。此種星體，以距吾人甚遠，故不藉遠望鏡所能見者極少。星團爲二個以上恒星之集團，其數目由數個以至數千，概呈球狀，星之分布，以中心爲最密，故其間之引力，當必甚大。惟因距離過遠，故難辨認。恒星爲能自作中心而旋轉之星體，每一恒星，可視爲一小天體。昔時以其在天空位置不變，故曰恒星。吾人在晴夜所見之北極星及織女星，皆屬此類。此種星體，數目甚多，吾人以肉眼觀察，光度最強者，約有二十個，謂之一等星。順次光度遞弱，等級遞減，其數目亦遞增。六等星以下，吾人即難辨認；然若用望遠鏡觀察，則可分至十七等。合計之，六等星以上者，約有六千；由一等星至十七等星之總數，約爲五千五百萬。此外等級再低者，雖不能確實計算，然依此比例推之，亦應有二十億左右。此種星體之分布，類以銀河爲中心，離銀河愈遠，星體之羅列亦愈少。換言之，即此億萬數之恒星，擴展三千三百至三萬三千光年於銀河之方向，分布於厚約爲其十分之一的扁平空間，成爲普通稱銀河系之永久不離的集團。吾人所仰以生存之太陽，存於銀河面中央之稍北，不過爲其中滄海之一粟而已。

　　2. 太陽系天體　太陽爲恒星之一，然能自爲中心而旋轉；其周圍更有許多星體，群以太陽爲中心而運行。吾人依研究之便，特以太陽及隸屬於太陽之下的一切星體，名之曰太陽系。

　　吾人所屬之太陽系，可視爲若干行星團聚而成之一小星族，游泳於此無垠的太空中。然其所佔領之空間，以吾人所用之尺度計之，直徑至少佔有五十五億八千三百二十萬里。每秒約行一百八十六萬英里的速度之光，繞行地球軌道之一周，須十六分三十秒。若在海王星之軌道上繞行一周，非八小時二十分不能完了，其廣袤可想見矣。

太陽系由中心之太陽，八大行星，二十七衛星，數個彗星及散布於其間的無數流星而構成之。流星為浮遊於天空的小天體，受地球引力而墮下，當墮下時和大氣相衝撞及摩擦而發生光熱，俗稱賊星。此種現象，在夏秋季甚為易見。大多流星墮下時，因被熱力燃燒，常無踪跡可見，其燃燒未盡而直墮地面者，則謂之隕鐵及隕石。彗星俗稱掃帚星，有屬於太陽系及不屬太陽系兩種。屬於太陽系者，按橢圓形的軌道行走，因軌道一定，故一次出現之後，第二次的出現時日可以預知。不屬太陽系者，按拋物綫的軌道行走，故出現之後，即飛向遠方，永難再見。昔時以彗星出現，為人君不德，上天示儆，天下大亂的先兆，實則乃星體在天空中的必然現象，與人事毫無相關。衛星之本體即行星，惟其繞其他行星旋轉，故稱衛星。八大行星之衛星，數目各異，吾人在晴夜所望見之月球，即地球之衛星也。太陽系之行星，其數有八，皆以太陽為中心而運轉，依次計之，即水星、金星、地球、火星、木星、土星、天王星，及海王星是也；而近年所發現之冥王星，尚未計入在內。凡此諸星，皆略在同平面上，同方向而自轉公轉。其各星之大小，公轉日數，距日遠近，衛星數目，可觀下表而知之。

太陽系八大行星表

名稱	衛星之數	距日遠近	直徑	公轉週期
水星		36,000 千哩	2,976 千哩	87.97 日
金星		67,269	7,629	224.70
地球	1	92,998	7,917	365.27
火星	2	141,701	4,316	688.98
木星	9	483,853	86,259	4,332.56
土星	10	887,098	72,772	10,759.20
天王星	4	1,784,332	32,879	30,586.29
海王星	1	2,796,528	29,827	60,187.05

八大行星之體積，以木星最大，水星最小，吾人所居之地球，占第五位。其運行速度，依距太陽的遠近而異。海王星距太陽最遠，一秒鐘為三英里，地球則六倍之，水星則九又三分之二倍之，在各行星運行速率中，此為最大。蓋太陽之體質，較八大行星體質之總和猶幾倍，故攝引力獨強，各行星非有極速之運動以抵禦之，未有不為吸進而毀滅者。是以各行星皆有極速之繞日運動，其愈近太陽者，則其運動必愈為奇速，可無疑也。各行星軌道之直徑既不相同，而運行之速率復不一致，故各種行星之年，亦生差別。距太陽最近之水星年，約為吾人地球年的六分之一，而距太陽最遠之海王星年，則為地球年之一百六十四倍猶奇，三百六十五日五時四十八分四十六秒，乃吾人地球之年也。各行星繞日之軌道，大體為橢圓形，各星體即沿此軌道而向東旋轉，集年累月，無時或已。其大概情形，圖示如下。

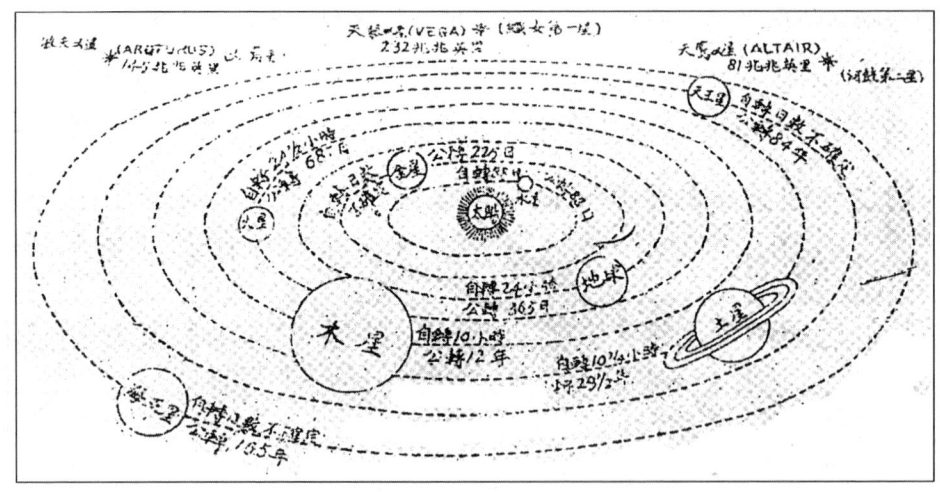

各行星中有無生物及人類，亦如吾人所居之地球然，此為研究行星時最饒趣味之問題。天王星與海王星熱度過高，可置勿論。最近太陽之水星，以其自轉之週期與公轉週期同，故球之一面永對太陽，別一面永背太陽；其對太陽之面熱度永高於沸度，其背太陽之面永在冰點下之二三百度，二者皆不宜於生物之生存。木星與土星，亦難有生物存在，蓋木星表面仍爲一種半流半固的物質，而未凝結至如地球或火星的程度，是知木星中之熱度甚高，生物勢難在此生存；土星距木星較近，而木星之體積又特大，因受木星過大之引力而未果成，故決難有生物。金星之大小與地球略等，亦有大氣，似宜有生物矣；惟其與水星有同樣之缺點，僅有一面向日，故兩面寒熱懸殊，亦難有生物存在。

　　最應爲吾人注意者，則爲火星。火星上不有生物則已，有則必智慧高出於地球上之人類。太陽系內之諸星體，假如皆由金屬質凝聚而成，則愈小者凝聚愈速，故進化愈早。火星之體質，小於地球甚多，其外殼之凝聚，當早於地球幾百萬年。故火星上不有生物則已，有則當早遠於地球上，其進化必趨於更高之智慧；惟火星上之大氣甚稀少，距日又至遠，恐溫度較地球爲低，不適於生物之生存；但生物有適應環境之特殊能力，譬諸地球，昔日全球之溫度屬半熱帶性者，殆幾百萬年，夫然動植物宜不能再受微寒矣。然今日南北兩冰極之動植物固甚多也。火星雖冷，苟其來也以漸，生物寧不能逐漸適應以自存耶。質言之，火星上之有高等生物非不可能，今日尚乏交通之方法，將來或竟能有消息傳來，以助吾人解決此問題也。

（三）天體之進化

　　無論何物，自天演之眼光觀之，各有一自然史在，使吾人能略知其所以演進之道也，即可藉以推求所以致之之因。廣漠大宇內之各種星體，必有其形成之所以然，而演進程序，亦必有其所以循。太陽爲無量數恒星中之一，合其周圍之行星、衛星、彗星及流星形成一太陽系。茲由太陽系之起源，以例天體之進化。

　　構成太陽系之各大體間，有若干奇妙之一致點：（1）太陽系內之各天體，皆略在同一平面，即太陽之赤道面；（2）各行星及衛星自轉公轉方向相同，皆與太陽之自轉方向一致；（3）行星及衛星之運行軌道，皆爲略近於圓之橢圓；（4）行星的赤道面，大概與赤道面相一致；（5）各衛星的軌道面，大概各與其母行星的赤道面及軌道面相一致。基此五者，是知構成太陽系之天體，固有其共同必然性也。

以科學立場考究太陽系之進化者，有創成說、星雲說、星子說及潮汐說諸學說，或互可發明，或間有衝突，分述如次：

1. 創成說　唱宇宙的創成說者，爲哲人康德。氏假定太陽系的最初，不熱亦不運動，爲一渾沌簡單其大無比的瓦斯狀物質的積團。此種瓦斯狀物質的分子，因互相吸引，次第發生運動。但因此種瓦斯膨脹力的影響，妨害其分子間的接近，結果遂成爲大小不同的形狀。大分子常吞併附近的小分子而增大其體積，體積愈增，吸引力亦愈大，如是繼續不已，遂形成一大中心核。此種中心核，始則甚多，后因互相衝突併合的結果，遂至逐漸減少；此時形成更大的中心核，都依着呈橢圓形的軌道，向同一方向運轉；中心核之位於中央者，即爲太陽，位於太陽的周圍者，即爲行星。

2. 星雲說　創星雲說者爲天文學者拉普拉氏。氏謂宇宙間最初的星雲，爲一種熱度甚高擴散極遠的瓦斯體；因其引力，漸次合於中央，而凝固爲現在之太陽系；其生成經過，可依科學上之定律而說明之。混沌散亂之白熱氣體大集團，因引力漸集於中央，熱量放散，更漸次冷却而收縮；初之徐徐迴轉者，因收縮而速度漸增，赤道附近之速度最大，離心力亦最大，故離力勝於引力，遂由集團分離爲環，更因密度之不平均，集而爲球，此爲最外側之行星。中央之集團，仍收縮不已，故繼起相同之現象，而生其次之行星及衛星，以成現在太陽系之構造。中心之密集部尚未完全冷却，殘留爲今之太陽。

3. 星子說　星子說爲欽柏林及莫爾敦二氏所創。主斯說者，謂太陽系的始祖爲一已經凝結的星，其運轉甚遲緩，周圍有極多的微小物體，稱爲星子，即微小的行星。此種星子，大多環繞此已凝結的星，運行於橢圓之軌道。歷時既久，彼此有相鄰之機；如相鄰過近而互相衝撞，即轉化生熱，體積相合而爲星雲；如不衝撞，即爲旋渦狀星雲。依此原始太陽被別一較小的星體經過時，在太陽中被吸出兩個箭似的投出物，其一位於經過星之相鄰方向，後一即位於經過星之相反方向；后因潮汐分裂，凝結爲兩個行星；位於經過星之相鄰方向者爲海王星，位於經過星之相反方向者爲火星。太陽鄰近再被其他星所經過，第二對投出物復射出來，即凝結爲天王星及地球。如是者數，八大行星即繼續産生。當投出物初離太陽時，本爲氣體，後因膨漲失熱，即漸凝爲雲狀，終至凝結爲核，即稱星子。此種星子以太陽爲中心，繞行於橢圓之軌道，因軌道之交叉，遂至互相合併，而成功現今之行星。

4. 潮汐説 潮汐説之創始者爲琴氏及澤弗里二氏。説者謂原始太陽被別一較大的星體鄰近時，使太陽生出如纖維狀的氣體物質；此種物質因萬有引力而分散，其後溫度漸低；成功雲狀，再後形成液體，最後凝爲固體，即稱行星。行星在液體狀態時，行近太陽，受太陽連續的潮汐作用，分卸其他星體，即爲衞星。地球及月球，其他行星及其所屬之衞星皆如此生成。

上述各説，星雲説在思想界占有重要位置，星子説及潮汐説爲近年所唱起，於天文學上之事實，尚不發現其衝突。就實際言之，恒星初成時，爲密度極小的尨大集團，溫度不高，其後漸次密集於中心而收縮，溫度亦隨之增加，至達一定之極限後，雖繼續收縮，而溫度則漸次減小，各恒星之極限溫度，因個體而不同，質量大者，溫度亦高，達其溫度之極限，則漸次衰弱。凡一切恒星，皆循盈虧之理，由黑暗而進爲光明，更由光明而返於黑暗，如此由星雲而構成太陽系，由太陽系而還復星雲，再由星雲而構成新太陽系，旋轉輪迴，循環不息，此種現象，稱爲宇宙之"生活環"。

二、太陽地球及月亮

太陽、地球及月亮，爲吾人最現實的天體。地球爲吾人生存場所，其重要自不待言；太陽及月亮爲吾人生存區外之星體，然與地球之關係

備極密切,如太陽及月亮頓呈他觀,則地球之形體必生變動。其道維何,當分言之:

(一)太陽

太陽爲恆星之一,能自作中心而旋轉,且發强烈之光與熱,輻射照耀於其他星體。兹説明如下:

1. 太陽的體積及重量　太陽的直徑約八十六萬餘英里,爲吾人所居地球之直徑一百零九倍,其面積約爲地球之一萬二千倍,其體積約爲一百二十萬倍;惟因距我們有九千二百八十三萬英里之遠,故看去不覺其大。太陽的重量大於地球三十三萬三千四百三十二倍,若以噸表之,則爲一萬萬噸的一萬萬倍又一萬萬倍再倍二千倍,吾人即日夜不息計之,亦畢生不可得盡。惟太陽之比重,僅爲地球比重的四分之一,是知太陽在星系上之進化階段,固遠未至地球之凝結程度也。

2. 太陽的光和熱　太陽的光和熱,無非充滿於宇宙間的"以太"之動振而已;振波短者,映入眼瞼而爲光,振波長者,刺激皮膚而爲熱。太陽的光極强,即吾人所已知之石灰光,光焰燦白,不可正視,然與太陽之光相較,亦僅及其一百四十六分之一。如以燭光計之,則爲其一千五百七十五的一萬萬倍的一萬萬倍又一萬萬倍。太陽表面之溫度,約爲攝氏六千度左右,體之内部,灼熱更甚。舉凡吾人習知之物質,投入其中,無不立刻熔化,蒸爲氣體。其熱力來源,説者謂爲由物質引力作用致太陽體積縮小而致。(用三稜鏡及七色輪以驗太陽的光,凸透鏡以驗太陽的熱,自然科教本中已詳,故不具論)

倘若太陽無光,則吾人之地球,將永爲一黑暗世界。倘若無熱,則地球上一切生物的生活現象,便完全停止。蓋太陽無熱,包圍地面的空氣,則無局部溫差而風不生,一切仰空氣流動而進行的事業,即無法維持;不特此也,地面無熱力則海水不蒸發,海水不蒸發,則雲雨不作,雲雨不作,則陸地上仰雨水而生長的生物即無由生存;海水則全冰結,空氣則全凝固,而今一切的生活現象全改觀矣,生物又烏能存在耶。

3. 太陽的黑斑　太陽表面，時常出現黑斑，其大小及數目，因年代而異。此種黑斑，爲中央的真黑部及周圍暗灰部連構而成，其原因爲一種瓦斯體的劇烈迴旋運動所致。黑斑之大者，直徑約二十萬哩，視吾人所居之地球爲尤大。當太陽被浮雲遮蓋時或用塗有黑色玻片障在眼前，吾人俱可不藉望遠鏡之力，觀見此種黑斑。據天文學者之研究，黑斑並非固定，其運動速度每小時約一千哩，其出現之方位，大概在太陽赤道附近。由已知事實，某種黑斑於某年出現者，約在其第十一年仍可復見，故由黑斑之出現事實，可推知太陽有自轉運動。

黑斑出現，影響於地球者爲何，爲吾人所願知之問題。第一，黑斑出現最多的年歲，必夏日酷熱冬日酷冷。蓋黑斑出現時，太陽的活動極其旺盛，同時且發生許多白紋，而白紋部分的光和熱又極其強烈，故有夏日酷熱冬日酷冷之結果。第二，當太陽黑斑出現最多時，磁針的震動較爲劇烈，而且所指的方向亦欠準確，此種現象，名曰磁風暴；在磁風暴時，南北兩極的極光，其放現亦較旺盛。

（二）地球

地球爲行星之一，以太陽爲中心繞行於橢圓之軌道，其形體及運動，略述如下：

1. 地球的形體　地球爲略橢圓形之球體，南北兩端曰極，最大之弧曰赤道，子午直徑約七千八百九十九哩，赤道直徑約七千九百二十六哩，面積約一萬萬九千七百萬平方哩。體積約一萬萬立方哩的二百六十倍，其重量約爲𦥑的一萬萬的三千五百五十四倍。

地球表面，有水有陸，水陸兩界之比約七與三。表面之外，圍以大氣，其厚度約一百哩至四百哩，稱曰氣界，可視爲地殼之未凝固者。地心之內部，比重甚大，稱曰重界，説者或以爲流質，或以爲固體，然其熱度甚高，要可置信。地球之構成，爲八十餘種元素，其定性與定量，可依化學方法爲之。

地球爲圓之説，在今已證諸事實，惟在往昔科學知識缺乏時，則懷疑之。第一、伊等所見者確爲平面。第二、伊等見物體下墮，而且水墮下方，如地球爲圓，則應反是；且人類在白晝爲直立者，黑夜時當爲倒垂，而何以不至墮出地球以外。基此二者，遂有地方之說。不知地球之面積極大，因之其所具之弧度極小，弧度小至極限，決非目力所能察出。試以例證之：就紙作一圓，任取此圓弧之一段而分割之，即見分割愈甚，而所得之綫段愈近於直，如分割至小之無可再小，則綫段即視若直綫。人者，地面上一生物耳，以之與地球較，誠渺滄海之一粟，即極吾人之視野，然所及能有幾何，故僅由吾人之直觀，殊難得事物之眞象。至其所以不墮下者，嚴格言之，吾人所居之空間，僅有方向之別，實無上下之分，物體之墮於地面者，乃受地心引力之故，並非具有向下之特質，一切物體不至脫離地面而他去者，全以此。

  2. 地球的自轉及公轉　地球時時向東旋轉，稱爲自轉，二十四小時自轉一週，即爲一天，向太陽時爲晝，背太陽時爲夜。地球赤道之長，約三千一百四十萬公尺，以三百六十分之，地球每小時須行十五度，約三千里，此三千里即地球每小時自轉之速度也。地球除自轉外，且繞太陽旋轉，謂之公轉，三百六十五日五時四十八分四十六秒公轉一週，即吾人之一年。地球軌道之長，約九千二百八十七萬七千哩，故每小時公轉之速度，約爲五萬四千一百六十哩，較吾人最快之火車，尚快一千餘倍，速度之大，洵可驚矣。

  地球轉動中吾人應行注意者有二：一爲地球上四季之生成，一爲地面上溫度之變化。地球轉動時之斜角，隨日不同，故太陽照射地面之時間，亦隨日而異。以吾人所居之北半球言之，地球達傾斜之極限，至太陽直射北緯二十三度半時，謂之夏至，是日白晝最長夜最短；至太陽直射南緯二十三度半時，謂之冬至，是日夜最長白晝最短。太陽通過於春分點或秋分點時，名曰春分或秋分，此二日晝夜之長短均相等。依此而分春夏秋冬四季，集四季而爲一年。自北緯二十三度半，至南緯二十三度半，合爲四十七度。如將地球之軌道，以正圓計之，則冬至後吾人之近於太陽，夏至後之遠於太陽，日約五十二里云。

夏至前後北半球之近於太陽，冬至前後之遠於太陽，固爲地面上溫度變異之一因，但地面上溫度變異之主因，則爲太陽之直射及斜射。夏至前後，太陽直射北半球，故覺其熱；冬至時反是，故覺其冷；春分及秋分前後，太陽直射赤道附近，南北兩半球受熱略等，故氣候溫和。就理論言之，一年中最熱之時期應爲夏至，最冷之時期應爲冬至，然而實際則否，最熱與最冷之時期，分別在夏至及冬至之後。蓋氣溫之生成，不僅以太陽爲來源，又因地球能返射；地球之熱容量極大，空氣之透熱性又強，故太陽輻射之熱量，透過空氣層，大半爲地球所吸收，再依情形而放散之以生成氣溫。夏至前直至夏至，太陽輻射之熱量雖甚多，但地球吸收後不能全量放出；迨夏至後，地球吸收之熱量，已極飽滿，故其放散量亦特大，雖以太陽輻射之熱量稍減於前，其結果最熱之時期乃在夏至後。冬至之前，太陽輻射之熱量雖少，但地球有其儲蓄之熱量可資調節；冬至以後，地球儲蓄之熱量已甚少，故其放散遂甚弱，雖以太陽輻射之熱量稍增於前，而其結果最冷之時期乃在冬至後。

3. 地球的將來　地球之生長年齡，已約一萬萬年。始則地殼尚未形成，而爲火球時代，繼則逐漸冷縮，水陸於焉生成，再後則有生物，再後則有人類，以吾人之所謂歷史期者與之較，誠屬短之又短。然物之成也必有其因，物之毀也亦有所自，有生成斯有毀滅，地球之將來，果如何乎。

就吾人之熱源太陽言之，其進行之階梯，爲由光明而入於黑暗，熱量則逐漸減少，如至其減至極限時，吾人之地面溫度當如何，此雖有待於極遠的將來，然必有此不幸的一日。再就近吾人之月球言之，月亮已爲過去世界，其在星學上之進化階梯與地球同，是地球之歷時既久，亦必有如月球之一日。案地球之旋轉，因潮汐作用，速度逐漸減少。蓋潮汐能力之根源，來於地球之旋轉；地球之旋轉，既供給潮汐之能，即潮之結果，足使地球漸歸遲緩，同時潮汐亦對月球而起反動，即漸驅月球使之遠離。依此言之，吾人迴溯愈遠，得見月球去地愈近，地球之旋轉亦愈速，則月球初與地隔離之時，必與地球同其旋轉，月繞地一週之時間，正如地之自轉，換言之，即一月與一日之長相等也。至月球離地漸遠，月球繞地一週之時間加多，於是一月之時間加長，又因地球自轉之速度減少，故一日之時間亦加長；惟月之增長率，遠過於日之增長率，寢假一月之長，等於二日三日，依次增加，最後至一月等於二十九日，至此以後，一月中之日數又減少，以至現今之數目，仍須繼續減少，至日與月之長相等而止。至此時代，地球之旋轉將極遲緩，終至萬萬年后，地球之自轉完全停頓；如此，則地球之一面常向太陽，其他一面常背太陽，常向太陽者熱似烈火，常背太陽者冷逾冰山，地面上所有生物能存者蓋幾矣。

（三）月亮

月亮爲地球之衛星，不能發光，受太陽之光而明亮，距地球約二十三萬八千八百四十哩，其形狀及運動，說明如下：

1. 月的形體　月爲球形，直徑約二千一百六十哩，面積約爲地球的十四分之一，體積約爲地球的四十九分之一，因其體積較地球爲小，故對於物體之引力，約爲地球的六分之一，即在地球上能舉三斤之物者，在月球上則可舉十八斤，在地球上能高跳至三尺者，在月球上即可跳至一丈八尺也。月之表面，以肉眼可以察知有光輝及黑暗之部而呈若干之模樣；然若用望遠鏡觀之，則見有所謂噴火口之無數環狀物，並有稍帶灰色而發光輝者，昔人所稱爲月之海洋者是也。大噴火口之四周，有向外放射之條紋，又有相當地球上之山嶽連亘，昔之所稱海洋部分者，並非皆水，大約爲昔時海洋之底，而今則成爲大平原也。

2. 月的運動　月在天球上對於恒星之位置而運動，由西往東進行，其速度每日約爲角之十三度，即每小時約合角之三十分之比例而運行，月之出没，每逐日漸遲者，職是故也。太陽在天球上之運行，每日爲角之一度左右，故月每日追過太陽十二度；因之兩天體在天球上之一點出發，則月追過太陽後，約二十九日半始能再與太陽相遇。此一週期，爲月球對於太陽繞地球一週所需之時間，名曰朔望月。因月對於太陽在天球上運行速度之相異，兩者之角距離，亦次第而生變化，即月盈虧之原因也。由西往東而測量之，太陽對月之角距離爲零時，爲新月或月朔；成九十度時，則爲上弦；成一百八十度時，則爲滿月或曰望；成二百七十度時，則爲下弦；至三百六十度，即又爲新月。

　　3. 月爲死世界　月球始爲死世界。第一，月球自轉一週約二十七又三分之一日，故其中有十四日爲連續之長夜，其所受之熱當於此長夜內一齊喪失，而還其空中固有之寒度；次之十四日內，烈日照臨，無間介物以資調節，其熱或逾沸度（或因月中無空氣，雖烈日照臨，仍在冰點以下）。此種溫度之劇烈差異，當不宜於生物之生長。第二、月球之中無空氣。空氣缺乏，必有種奇異之結果。聲浪藉空氣以傳，無空氣，斯無聲，縱以流星直撞其面，將不聞聲息。又流星之來，因無空氣之摩擦，故不能如地球上流星經過空氣時之生光。將無飄浮之塵埃，無臭味，無暮光，無青天，無星光之閃爍，天色將永遠黑暗，星光不絕，無分晝夜，審如是，復何有生物之足云。

（四）太陽地球月亮之相互關係

　　就星體進化言之，太陽可云地球之父，月亮可云地球之子，其相互關係，已約略見諸前述，茲再論日月蝕及潮汐二事。

　　1. 日蝕及月蝕　一天體之影，在他天體表面通過時，或他天體在發光之天體前面通過時之現象，名之日蝕。日蝕及月蝕，乃最爲吾人所習見者。地球及月之陰影，每以連結地球與月之中心及太陽之中心爲軸，而生於太陽反對之側。新月之時，月在太陽與地球之間經過，太陽之前面，被月遮蔽，月之陰影，映照於地球表面之上，謂之日蝕。地球若在月與太陽之間，地球之陰影，映照於月球表面之上，謂之月蝕。一朔望月之間，必有一度之新月及滿月，按理必皆應生日蝕及月蝕；然事實上在一年中，能生日月蝕之數，至多不能超過七次；此蓋月之軌道面與地球之軌道面成五度之傾斜，非月在分點或分點之近旁，滿月及新月之時不能生蝕也。

2. 潮汐之原因　在海岸觀察海水，則見潮汐有極高或遠退之時，前者曰滿潮，後者曰干潮，其原因由於太陽月亮之引力及地球之自轉，而以月亮之引力爲尤要。案宇宙引力定律：甲乙兩物體間之宇宙引力，與甲乙兩物體之質量之乘積爲正比例，與甲乙兩物體間之距離之平方爲反比例。月亮之體積雖小於太陽，然較太陽距地球則近甚，故與地球之引力較大，而所成之潮汐亦較高。太陽之質量雖大於月亮，然去地之距離則甚遠，此距離之遠，實足以抵消質量之大而有餘，故其所成之潮汐較遜於月亮也。然若合二者之力，所生之潮汐爲特大，故潮汐之最大期，爲地球、太陽及月亮之在一直綫，而潮之最低期乃爲其成直角三角形時。惟潮汐之成因，除太陽及月亮之引力外，復有關於地球之自轉，故各地潮汐之大小，不盡相同。

物體之在空間，非受引力，本不自墮，即受絕大之引力，每因其原有繞動之速度，而不致攝出常軌。地球之不墮入太陽以及星球相吸後之不相凝聚者皆以此。宇宙間之一切星體，不僅其自身具有存在之能力，乃因其在宇宙間的相互關係而平衡，太陽、地球及月亮的運行及存在，亦若是焉而已。

三、地球月球運轉與曆法之關係

（一）地球自轉

地球在天空中，若有一軸，旋轉如車輪，自西徂東，運轉一周，謂之自轉 Rotation。每自轉一周約需二十三小時五十六分，謂之恒星日。自太陽中天復轉至太陽中天，約需二十四小時，即一太陽日也，因其旋轉之關係，有一半向日，一半背日。向日爲晝，背日爲夜。

（三）地球公轉

地球繞太陽旋轉一周，謂之公轉 Revolution，即所謂一年也。其運轉之圈，謂之地球軌道 Orbit of the earth，其長爲九億五千二百三十萬公里。公轉一周，需時三百六十五日五時四十八分四十六秒（三六五·二四二二日）。地球之軌道爲橢圓形，太陽爲其焦點之一。因之在公轉中，有距太陽近，有距太陽遠。距太陽最近時，謂之最庳點 Perihelion，最遠曰最高點 Aphelion。太陽在最庳點時，其行最遠，在最高點反是。

（四）四季與晝夜之長短

地球公轉，與日距離有遠近之差，及其所受之光射不同，故生四季晝夜長短之差。如地球在春分 Vernal Equinox（新曆三月二十一日左右）秋分 Autumn equinox（九月二十三日左右）二點時（看下圖），晝夜平分 Equinox。晝夜平分之點，謂之平分點 Equinoctial Points，此時日光直射地球之赤道，地球南北兩半球所受之日光相等，天氣溫和。若至六月二十一二日左右，即夏至之時 Summer Solstice，日光直射北半球，天氣極熱，晝長夜短。尤其是北極圈內，前後數月，永不見夜。斯時南極永不見日。至冬至 Winter Solstice，則與夏至相反。

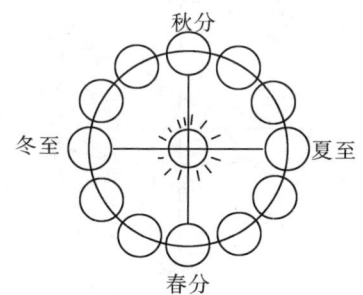

今將主要緯度晝夜長短時間。表述如下：

緯度	最長之晝	最短之夜	緯度	最長之晝	最短之夜
零	一二·〇〇	一二·〇〇	四〇	一四·五一	九·〇九
一〇	一二·三五	一二·二五	五〇	一六·〇九	七·五一
二〇	一三·一三	一〇·四七	六〇	一八·三〇	五·三〇
三〇	一五·五六	一〇·〇四	六六·三〇	二四·〇〇	〇

又將北極附近永晝永夜之日數表述如下（南極與此相反）

北緯度	七〇	七五	八〇	八五	九〇
永晝日	六五	一〇二	一三四	一六一	一八五
永夜日	六〇	九七	一二七	一五三	一七九

以上述地球運轉，謂地球繞日，分四時寒暑。下言歲實歲差問題，爲講述便利，乃述日之行動。（案：相對論言日行地行皆可）

（五）天球

天球之半徑爲無限大，籠罩各恒星系統，其球心爲觀測之點。地球赤道平面截天球之大圈曰天球赤道，以下簡曰赤道。地軸之延長綫與天球相交之二點在北者曰北極，在南者曰南極。如圖。

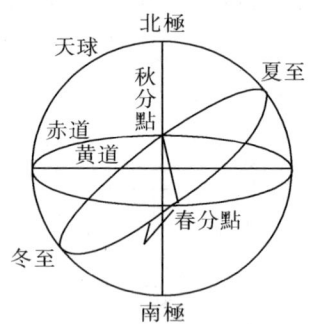

（六）黄道

地球軌道平面截天球之大圈曰黄道，即日在天上視運行之道也，即所謂日躔之道也。與赤道相交，成二十三度二十七分，此角謂之黄赤大距。其所交之點謂之春秋分，與春秋分距一象限之二點謂之二至（冬至夏至），如圖。

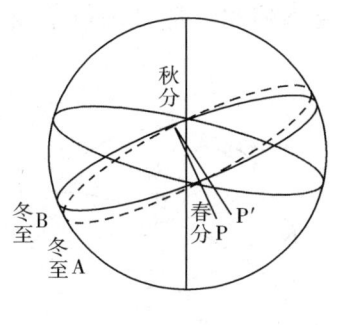

（七）歲實

歲實謂日從春分回至春分，所經過之時間，約三百六十五日小數點二四二一八七五。（時憲歲實）

（八）歲差

因地軸方面之變遷，春分點常向後移，故日由春分點復回至春分點所行實不及一周天，其取歲之變數，即春分點向後移之度數，謂之歲差。如圖今年春分點在P。明年春分點在P′。P與P′相差約六十七分之一度。

（九）二十四氣（平氣）

由冬至點至春分點。春分至夏至。夏至至秋分，秋分至冬至，每段分爲六等分（如上第二圖，略）。共二十四等分。其分點爲二十四氣。其名爲冬至、小寒、大寒、立春、雨水、驚蟄、春分、清明、穀雨、立夏、小滿、芒種、夏至、小暑、大暑、立秋、處暑、白露、秋分、寒露、霜降、立冬、小雪、大雪。平氣將歲實分爲二十四等分。每分謂之一氣。

（十）日之盈縮

日之盈縮。因日躔與地球遠近之不同，日行至最庳點時則運行速，至最高點時則運行緩，故有盈縮之別。日行由最庳點至最高點（如圖），此段常盈。由最高點至最庳點，此段常縮。古曆謂太陽日行黃道一度，非也。其實日行有過於一度，有不及一度。冬至以後爲盈期，太陽每日之行過於一度；夏至以後爲縮期，每日之行不及一度，惟春秋分前後一日平行。

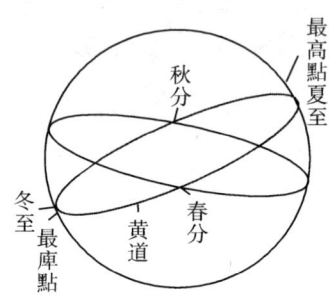

（十一）月球之運動

月球爲地球之衛星，繞地球而行。在地上視之，乃如昇東而落西。但對衆星而言，則是自西而東。其運行之道，謂之白道 Moon's Path among the earth。月球自轉與繞地球公轉時間相等，故吾人常視月之一面。月行白道一周，所需之時，爲二十七日七時四十三分十一秒半，此爲之恒星月 Sidereal month（此曆法不用）。白道與黃道交點曰交，其角五度九分。交點有二，一月東行經黃道由南而北之點，謂之正交（或曰外交）ascending node。自北而南之點，謂之中交（或曰內交）desending node。

吾人由上觀月面之視徑，在一月中時有改變，最大爲三十三分三十二秒，最小爲二十九分三十二秒。故知月球與地球之距離有遠近之不同，即知白道爲橢圓，地球爲其一焦點。白道距地最近之點，謂之近地點 Perigee。距地最遠之點，謂遠地點 Apogee。近地時則月行速，遠則反是。

（十二）月之盈虧

月體之光因日射之故，但月球周行於地球之外，於是其光面之射於地球者，亦生不同。故遇朔而晦，值望而盈。月行太陽與地球之間，謂之合朔 Conjunction。地球上全不能見月，俗謂之朔。若過六七天，月與地球、日互相移位，成九十度角（如圖），此時月半光半晦，謂之上弦 First quarter。再經七八日，月體全現，謂之滿月 Fullmoon，即望是也。

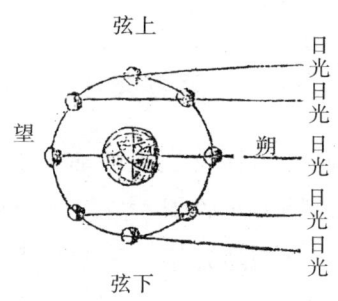

（十三）合朔

合朔是月行至地球與太陽之間成一直綫上，合朔所經之時間較月球繞地球一周多。因地球繞日之故，如上圖。月球自 m' 點起繞地一周，到地球2，m' 就行一周。然 m' 點與日、地球不成一直綫，不得不多走至 C 乃成合朔。合朔所在之日謂之朔日，自第一合朔至第二合朔，所經之時，約二九・五三〇五九三日，謂之朔實。自朔日日首至次朔日日首，所經之日，謂之一月。大月三十日，小月二十九日。

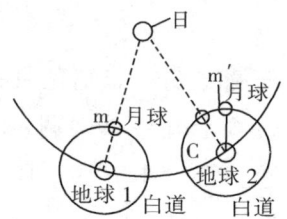

曆家以三百六十五・二四二二〇日爲一年，二九・五三〇五九三爲朔實。設以一九乘年得六九三九・六〇日，又以二三五乘實得六九三九・六九三七八一七五日，二數相差・〇九，約二句鐘左右，故某年某爲望日，則十九年後，是月是日亦必爲望日，故古稱十九年爲一章也。

四、新年時期之假定及新舊曆之優劣

(一) 歲首與月初

上古之曆法，無由深考，僅恃漢人傳説。關於曆法起算之標准，曰曆初（《晉書》楊偉説）。謂天闢於子，故以冬至爲曆初，子月朔爲歲首，即正月一日也。周人從之，如隱九年，春三月大震電，《左傳》云："書失時也。"杜注：夏正月未可雷電，故書也。桓八年冬十月雨雪，十四年春無冰，十月乃夏正之八月，不應雨雪；春乃夏正之冬，應冰，而不冰，故書也。莊七年，秋大水，無麥苗。定元年，冬十月，隕霜，殺菽，此皆從周之月也。夏謂人生於寅，以立春爲曆初，寅月朔爲歲首，如《詩》云"四月維夏，六月徂暑"是也。殷則以冬至爲曆初，丑月朔爲歲首，《白虎通德論》引《尚書大傳》，言殷以季冬月爲正月，即夏之十二月（即丑月）是也。

以冬至爲曆初者，取太陽在黄道最庳點，適值北斗指正北之月也。以立春爲曆初者，本於蓋天地方之説，以北斗指東北隅爲準也。歲首、曆初、月次，三者不同。

歲首者，謂慶祝寒暑一週之期，非謂正月一日也。自本年正月一日至明年正月一日，約經三百六十五日爲一週。人民同樂，共祝之。然慶祝之期原無一定，只謂已過三百六十五日，慶祝一次而已。不論何日皆可，故周以夏之十一月爲歲首。殷以夏之十二月爲歲首，夏與今（陰曆）曆同。甚之秦以今之十月爲歲首，仍稱此月謂十月。近數年各國通行之陽曆（即新曆）乃以冬至後十一日爲歲首。由上所述，知歲首問題乃因各曆而異，不必守一隅而非他曆也。

曆初，曆法起算之標准也，有人正、天正二派。天正以冬至爲起算標准，殷曆、周曆、顓頊從之；人正以立春爲起算標准，夏曆從之。

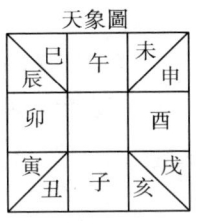 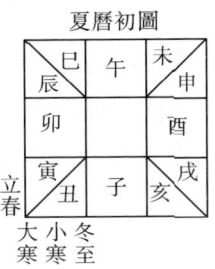

天象每格三十度子
三十度丑三十度
下數一周三百六十度

殷周同以冬至爲起算標准，然殷以建丑，周乃建子，共子丑之位各異。殷以天象子，後十五度與其丑前十五度爲丑（如圖）。丑後十五度與寅前十度爲殷之寅。殷丑比天象丑準十五度。周天象丑位置。亦與天象不合。以天象子後十五度與其丑前十五度爲子。比天象子位退十五度。與殷恰錯三十度。故有周之三月商之二月之語。秦顓頊曆初仍以冬至起，而子丑之位，與天象合。看下圖即知。

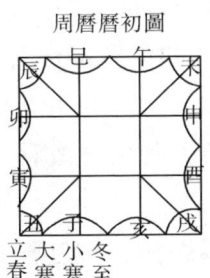 

夏曆以立春爲曆初，其立春之點與天正恰錯十五度。天正以天象丑末爲立春，夏以寅中爲立春，其子丑之位與天象合。見上圖。漢初從秦曆，至元封七年，改爲太初元年，得天統。以冬至爲曆初，用甲子篇，謂曰得甲子夜半朔旦冬至也。

月次，亦因各曆不同。有以子月爲正月，有以丑月爲正月，種種形式。古來皆以夏曆十一月爲子月，十二月爲丑月，正月爲寅月，故天正建子，以子月朔爲歲首（即正月一日），周曆從之。地正建丑，以丑月爲正月，殷曆從之。人正建寅，以寅月爲正月，夏曆從之。秦乃建亥，以亥月爲歲首，而不以亥月爲正月，仍以是月爲十月。故有改正朔（即歲首）不改月次之說。周殷夏皆改正朔，而月次隨改。如《秦誓》"十有三年春"《孔傳》云："此周之孟春也。"孔穎達云："所以知周之孟春者，案三統曆，以殷十二月武王發師，至二月甲子咸劉商王。故知彼十二月即周正建子之月也。"《詩》"維暮之春"鄭康成注亦以爲周之季春。《周禮·大司徒》"正月之吉，始和布教于邦國都鄙。"注云周正朔日也。"正歲令于教官。"注云夏正月朔日也。是周時以周正月爲正月，夏正月爲正歲也。此皆改正朔月次隨改之證也。

由上所述。歲首時期，曆初標準與夫月次之改移皆無一定。今通論其得失。以假定其標準。

上述各曆起算之標準，皆以冬至爲曆初，惟夏曆則以立春。冬至日在丑，與牛宮星同出。牛宮初度，今牛宿第一星也，其赤徑爲三百四度十分四十九秒半强。因歲差之故，與今冬至相差三十二度十九分五十七秒。今冬至在赤徑二百七十一度五十二分四十八秒，當在箕宮。

立春在營室五度，營室零度合營室第一星，其赤徑爲三百四十五度十六分五秒半多，則營室五度，當在赤徑三百五十度十一分二十秒多，與今之立春相差三十二度一分四十五秒。今日立春在三百一十八度九分二十五秒少，當在危宮。

冬至立春，與今冬至立春同差三十多度（歲差之故），固不必論。然以冬至爲曆初，確有相當之點，而立春則無。

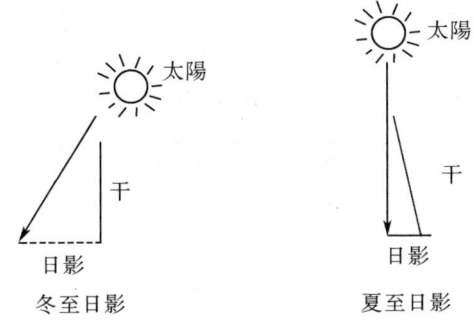

古人測日躔之法立一直干，視其影之長短，定日躔所在。但上圖日影最長之日爲冬至，最短爲夏至，適中爲春秋分，如此以定十二中，二十四節。再推定冬至，日行極北，在牛宮出地表二十度，距地最近，天氣極寒。因日出地度數少，故日短。距地至近乃平射之故。天至寒，看下圖即知。夏至太陽出地一百度，故天長。日行極南，故天熱。春秋分適中，天氣溫和。

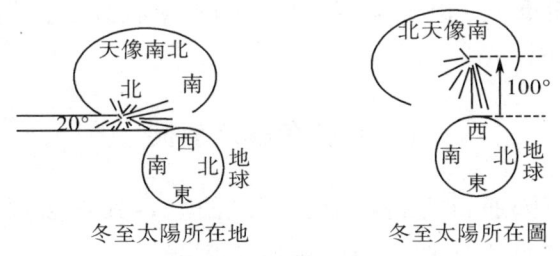

天象南北與他表南北倒指

立春，日在營室五度。察日影不在極長、至短、適中三點之上。測之極不便利，又不準確。夏曆以立春爲曆初者。因夏以建寅爲歲首，考以立春爲曆初，此標准不當，故無人從之。冬至測之極便，天像又準。故自殷以來及今之西曆皆以冬至爲曆初也。

由上圖知十二中日躔之所在，冬至在丑，與牛宮星同出；春分在戌，與奎宮星同出；夏至在未，與井宮星同出，以此類推。惟夏曆以立春在營室五度，是人正重節，不重中，故以立春爲曆初。立春是二十四節名之一，非十二中名之一也。

歲首是章殊年異，如太陰曆今年正月一日在冬至。明年則在冬至前十二日，下年即在冬至前二十三日。初章（一章十九年）正月一日在冬至，再章則在冬至前二十日，如此頗感不便。

太陽曆每中三十日又三十二分日之十四，三中則盈一日，故一歲十二中之中，有五中是三十一日，共計一歲三百六十五日，與周天相差少許。周天三百六十五度又四分之一，日行一度，一歲差四分之一度，不滿一周天。若歷四歲則盈一日，此歲爲三百六十六日，恰合周天。若以今歲正月一日在冬至，明年仍在冬至，然不以冬至爲正月一日，而以冬至後幾日爲正月一日，亦屬不便。

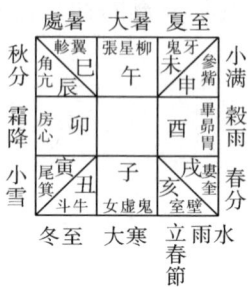

天象二十八宿十二中圖

總之，上述各端，皆不恰合吾人所欲。今究其所失以正之。按各曆所定以冬至爲起算標準，其優點已見上述。姑且假定以冬至爲曆初，歲首（即新年時期）亦應在冬至，且以冬至中爲元月。如此則月次、歲首、曆初、中氣合而爲一，以冬至概一切，則不致有以亥月爲歲首，仍稱此月爲十月之謬也。

（二）新舊曆之異同

新曆即今各國通行之曆，中國謂之西曆，其算法與中國曆大體略同。今欲究其優點之所在，與同舊曆之同異，必先述西曆之大概。西人謂時間如綫，可任用一單位度之。若有時分用單位度之，得若干數適盡，則但言若干單位，即得時分之全。若用單位度得若干，尚且有餘數，不滿一單位者，則當言若干單位。又一單位之若干分，此曆法之雛形也。

太陽日（Solar day）　太陽日爲自然之單位，乃由日在子午圈至翌日復在子午圈爲一單位也。統一歲計之。此單位與日有增減，其差之最大者爲半分強，數甚微，若非步天可不論之。歷代至今，恒用其中數，爲平太陽日（Mean Solar day）。

　　平恒星日（Sidereal day）　地球自轉一周謂之平恒星日。準力學此單位無增減。或謂地球之熱氣漸散，地質漸冷而縮小，則自轉漸速。然準公理，始生人類至今，此故生差尚甚微，不覺，故以今測上考古曆無少差，拉不拉斯（Laplace）云：自二千年前至今，其差不能滿一百分秒之一。故以平恒星日爲單位，可無差，則平恒星年（Sidereal year）仍可用。

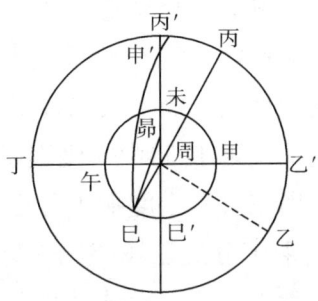

　　平太陽日本于恒星日。與月之太陽周、恒星周相關之理同。曆法中定恒星日與太陽日之比例，爲最要事，故用地球自轉一周之時，爲一單位。蓋每星二次至子午圈之時爲恒星日，較地球自轉一周之時有小差。而每星之恒星日又有不同，如圖周爲黃極，巳爲赤極，甲乙丙丁爲某元二至二分兩經圈。某巳午未申，爲赤極繞黃極之小圈。春分點行黃道一周，則黃極行此小圈亦一周。其積時爲二萬五千八百七十年，即九百四十四萬八千三百太陽日也。假如申爲星在黃道，甲乙丙丁與小圈巳申未午之間恰當子午圈。赤極巳若不動，則地自轉一周。地子午圈巳丙交黃道之點丙，必歷丁甲乙而復至丙，視星仍在子午圈，果如是。則星二次至子午圈，與地球一周之時等。今不然，地球一周後。赤極巳從巳行至巳′。子午圈從巳丙移至巳′丙′。而視星不復在子午圈。少一周巳′申角度，巳巳′弧度。無論大小，理俱同。設巳巳′爲大弧，赤極從巳行若干日至巳′，則周巳′申角度，爲若干日中子午圈退行距星申之時角。凡星在丙未之間，此角漸大。赤極至未爲一百八十度，極復至己爲三百六十度，故地球自轉九百四十四萬八千三百次。赤極行一周，而小圈外諸星，過子午圈僅九百四十四萬八千二百九十九次。此二數比若一·○○○○○○一一與一比。設星在己午未，申小圈之內，如昴，則子午圈距星之時角爲周己′昴。極初行漸大，至午未弧中間一點爲最大，過此漸小，至未而爲○。過未後，子午圈內在星之前亦漸大。至申己中間一點爲最大，過此復漸小，至已而復爲○。故小圈內之星，赤極一周內二次過子午圈之中數，即地球一周時，與無歲差無異焉。

　　任取黃道上一星，用無窮年太陽至此星之中數爲恒星年，推太陽日照各地子午圈。恒星周之比例法，命平太陽日爲丁′，所取星二次過子午圈之中數爲丁，恒星年爲地，則丁′時中太陽與子午圈所過二度分比。若三百六十度乘地分之丁，與三百六十度乘丁分之丁′比，此二率之較爲三百六十度。則三百六十度乘丁分之丁′，等千三百六十度乘地分之丁′加三百六十度。恒年爲三百六十五日。六時九分九秒。故得丁分之丁′。等于一加地分之丁′亦等于一·○○二七三七八。然丁非地球自轉一周數。尚有餘分，若一·○○○○○○一一與一之比。以此數增上數，得一·○○二七三七九一與一，爲太陽日與恒星日之比例也。此根出于自然不變，最便於用。竊謂若古今但用此法，於曆法大有益也。

　　埃及（Egypt）所行曆之年爲三百六旬有五日，爲最簡明之曆。然發政授時之要，依四時寒暑，乃用太陽年。以太陽二次至春分爲一年。春分每年向西行，故太陽年非恒星年。春分行平速，其差因黃道受諸行星攝動，方位漸變而生，故太陽年亦有變，今之太陽年較前二千年時少四秒二一。夫發政授時，既不能不用太陽年，而太陰年又未始無更，故必再立一假歲實，與真歲實之數略近。數百年中之積差可不論，于常算便用也。又太陽年與諸小單位無等數，日不能度盡。日帶分數，亦不能度盡，所度之餘爲無等數之數。用時分秒收之亦不能盡，故推時殊不便。今西曆用格勒哥里法（Gregory）設二假歲實：一、三百六十五日；一、三百六十六日。以衰樓久——所推，耶穌降世第一月正月初一日，子正爲曆元，所推之年在算內。置積年以四約之，不盡則爲三百六十五日。若盡再以一百約之，不盡則爲三百六十五日。若亦盡，再以四百約之，不盡則爲三百六十五日。若亦盡則爲三百六十六日，加積年一千八百三十三，以四約之。否盡，爲三百六十五日。又一千八百三十六，以四除之盡，以百除之不盡，則爲三百六十六日。餘類推。假設積一萬格勒哥里年，欲知其中有若干日，自一至萬，逐數計之，四不能約盡者，有七千五日。四能約，一亦能約，而四百不能約盡者有七十五，故一萬年中七千五百七十五年俱三百六十五日，二千四百廿五年俱三百六十六日，統計得三百六十五萬二千四百廿五日，約得每年之中數爲三百六十五日二四二五。太陽年之歲實，爲三百六十五日二四二二四。故用格勒哥里法，歷一萬年較太陽年少二日六，即二日十四小時二十四分，則三千年所差不滿一日。于發改換時已可無誤，欲令更密，再以四千約之，不盡爲三百六十六日，盡爲三百六十五日。則歷十萬年爲三千六百五十二萬四千二百二十五日，較今太陽年僅差一日。用格勒哥里年某節約在某月某日，歲歲相同，故雖婦人孺子，亦能記之。此法最便也。

凡紀年耶穌降世一年之前年，即爲耶穌前一年，無耶穌降世零年也，故凡以耶穌前若干年與耶穌降世若干年相并當減一數。如耶穌前四千七百十三年正月初一，至耶穌降世一千五百八十二年爲六千二百九十四年，非六千二百九十五年。曆家應謹記之。

西曆起於羅馬，羅馬曆自怒馬（Noman）至克撒（Caesar），一年爲十二月，即三百五十五日。祭司與大吏，任意改定，有時欲令寒暑與太陽年合，變亂至不可紀。克撒儒略徵請亞歷山達（Alexander）天算家銷西日泥（Cansjni）定曆，始創三百六十五日與三百六十六日二歲實之法。以三百六十六日爲閏年，每四年一閏。於耶穌前四十五年正月一日爲始，改用新曆乃冬至後第一合朔也。是時曆法甚亂，既用新曆，令其前一年爲四百四十五日，故史稱其年爲亂年也。儒略既定曆，下令諭民，其令不傳，意其中必有與隔三年閏一日之語。曆未行而克撒死，死後祭司不明曆，以本年爲第一閏年，第四年又爲閏年，如是每三年一閏，歷三十六年，法當閏九日，而誤閏十二日。克撒奧古士都（Augustus）覺其誤，乃連十二年不置閏日，方合儒略之本意。後不復改，至小餘積久自生差，而格勒哥里改之，合奧古士都所改。漢孺子嬰初始元年，新莽建國四年、天鳳三年等，俱爲閏年。曆家皆依此上推。

　　各種曆法俱古今屢改。記載時日，皆用此法推之。今曆家定一法可與各曆相較，而推以耶穌前四千七百十三年正月一日午正爲曆元，名儒略元，以七千九百八十儒略年爲一總，二十八年爲一會。置耶穌降世積年，加九，以二十八除之，餘爲人會年，十九年爲一章，共二百三十五朔望。與十九年每年三百六十五日又四分之一，相較所差約一小時半。故設章之首年正月一日合朔，則每後十九年遇正月一日亦必合朔也。又諸合朔在某月某日後一章俱與前章同，此爲雅典（Athen）天算家墨冬所定，曰墨冬章。置耶穌降世積年加一，以十九除之，餘爲人章年也。四章七十六年爲一部，乃加里波所定，曰加里波蔀。惟在一蔀內差六小時，四蔀即三百零四年內差一日。十五年爲律會乃君士坦丁所定，曆家用之。置耶穌降世積年加三以十五除之，餘爲人律會年也。會章律會俱名爲會，以二十八乘十九，再以十五乘之，得七千九百八十年，即一總也。則三會俱終，三會俱無等數，故一總中無二年相同者，故任一年但知爲三會之各第幾年，即知爲某年。蓋古今史中一總未終也。總之第一年即耶穌前四千七百十三年爲三會所同起，以是年正月一日亞力山達午正爲總之首，即曆元也。考古史時日皆以此曆元爲本，從此曆元至他曆元推其積日若干則二曆即可通也。

　　今將儒略元至西洋諸大事及諸曆元之積日列表如下：

儲元	《儒略曆》	耶穌紀年	《儒略曆》	積日
儒略元	正月初一	前四千七百十三	一	○

續表

儲元	儒略曆	耶穌紀年	儒略曆	積日
開闢 屋實所推	正月初	前四千〇四	七百十	二十五萬八千九百六十三
洪水 阿波哈三古沙所推	二月十八	前三千一百〇二	一千六百十二	五十八萬八千四百六十六
洪水 當月	正月初一	前二千三百四十八	二千三百六十六	八十六萬三千八百十七
亞伯拉罕元 泥各拉所推	十月初一	前二千〇十五	三千六百九十九	九十八萬五千七百十八
破特羅呀城 泥各拉所推	七月十二	前一千一百八十四	三千五百三十	一百二十八萬九千一百六十
開所羅門殿	五月初一	前一千〇十五	三千六百九十九	一百三十五萬〇八百十五
羅馬小會 常用之元	七月初一	前七百七十六	三千九百三十八	一百四十三萬八千一百七十一
築羅馬城 伐羅元	四月二十二	前七百五十三	三千九百六十一	一百四十四萬六千五百〇二
那波那要元	二月二十六	前七百四十七	三千九百六十七	一百四十四萬八千六百三十八
默冬章 天交元	七月十五	前四百三十二	四千二百八十二	一百五十六萬三千八百三十一
加里波蓜 皮阿所推	六月二十八	前三百三十	四千三百八十四	一百五十九萬九千六百〇八
腓立元	十一月十二	前三百二十四	四千三百九十	一百六十萬三千三百九十八
西魯寄地元	十月初一	前三百十二	四千四百〇二	一百六十萬七千七百三十九
安提阿元	九月初一	前四十九	四千六百六十五	一百七十萬三千七百七十
儒略改曆	正月初一	前四十五	四千六百六十九	一百七十萬四千九百八十七

續表

儲元	儒略曆	耶穌紀年	儒略曆	積日
西班雅元	正月初一	前三十八	四千六百七十六	一百七十萬七千五百四十四
羅馬元	正月初一	前三十	四千六百八十四	一百七十一萬〇四百六十六
亞力山達元	八月二十九	前三十	四千六百八十四	一百七十一萬〇七百〇六
耶穌降世	正月初一	一	四千七百十四	一百七十二萬一千四百二十四
表格列山元	八月二十九	二百八十四	四千九百九十七	一百八十二萬五千〇三十
回回元 文文合朔	七月十五	六百二十二	五千三百三十五	一百九十四萬八千四百三十九
波斯元	六月十六	六百三十二	五千三百四十五	一百九十五萬二千〇六十三
日拉利元 泥各拉所推	三月十四	一千零七十九	五千七百九十二	二百十一萬五千二百八十五
諸西國舊曆之末日	十月初四	一千五百八十二	六千二百九十五	二百二十九萬九千一百六十
英國舊曆之末日	九月初二	一千七百五十二	六千四百六十五	二百三十六萬一千二百二十一
諸元	格勒哥里里			
諸西國行新曆	十月十五	一千五百八十二	六千二百九十五	二百二十九萬九千一百六十一
英國行新曆	九月十四	一千七百五十二	六千四百六十五	二百三十六萬一千二百二十二
一千八百零一年之首	正月初一	一千八百零一	六千五百十四	二百三十七萬八千八百六十二
天文公會星表之元	正月初一	一千八百三十	六千五百四十三	二百三十八萬九千四百五十四
英格致公會星表元	正月初一	一千八百五十	六千五百六十三	二百三十九萬六千七百五十九

上墨冬章及回回元熱帶間所行之曆較天文曆遲一日。蓋天文曆用真朔，而熱帶曆以初見新月爲朔也。皮阿考加里波蔀之元爲冬至合朔，而本日已可見新月焉。求二時中間之積分，爲最要事，若不明法意，最易致誤。凡云某日，云某年，即所求之日與年也。如云耶穌前一年正月初五，非入正月已過五日，乃過四日而入第五日也。又前一年乃指耶穌降世第一年前之一年，耶穌降世與耶穌前相接皆無零年，故耶穌降世之年即耶穌前一年也。

　　設有耶穌紀年，求儒略曆之積年，其年爲耶穌前，則減四千七百十四；爲其降世，則加四千七百十三，觀前表自明。

　　日既統之以年，而一年之中日太多，不便記之。故各國皆分其年爲若干分，每分繫以名，而分中諸日，又各有名。則某分某日，了然易記。有以月分，不論年之日者，如猶太（Jew），土耳其曆。每年十二月共三百五十四日。英國分爲十二分，其日數不等，亦名之月，二月最小，故閏日恒在二月，吾國亦以月分年而有閏月，故四時不亂。西洋步天每日以午正起，而所行之曆，每日從子正起，故天文曆日之前半，與所行之曆日之後半相合，餘則不合。又各地以子午圈爲準，每日之始無論子正日入日出皆不同，故測天既記日，又必記地之經度，各國推經度，皆以福島爲準，因此島無天算家，免爭端也。然經度不能知一定之日，設一處爲一千八百四十九年正月一日禮拜一，同時必有一處爲一千八百四十八年十二月三十一日禮拜日，欲去此差，必用公時。或太陽過平春分時，而不用春分點者，蓋春分點恒變，有地軸尖錐動，有諸星攝動力，令黃道變而歲差不等。然俱有復初之時，尖錐動十九年而復，諸星攝動之復時甚長，尚未推定。故用平春分，此二事俱不論。一若春分以平速逆行，而日以平速順行，古今日表以日之平經度爲準，乃日之平恒星行，加分點之平恒星行之。此數用二千五百年，測簿推得之。三百六十度，爲平太陽年。無論何時，以日平經度變爲日時分秒，即得統地球之公時，名曰分點時。以本年平春分爲元。用分點時，始于耶穌降世一千八百二十八年，定用特浪勃之日表。表中平春分，倫敦（London）平分時爲三月二十二日一小時二分五十九秒零五，巴黎斯（Paris）平時爲三月二十二日一小時十二分二十秒五五，白露平時爲三月二十二日一小時五十六分三十四秒五五。而分點時爲零日零時零分零秒零零，自平春分至平春分得三百六十五日二四二二六四爲一分點年。準此推得道光八年平春分爲耶穌降世一千八百二十八分點年之始，爲儒略曆六千五百四十一分點年之始。

各地午正所得分點時積分，同分點年中，其小餘每日皆同，異年則不同。如耶穌降世一千八百二十八年三月二十三日，倫敦午正所得分點時，積分爲零日九五六二六一，即零日二十二小時五十七分零秒九五，二十四日午正大餘一，二十五日午正大餘二，小餘俱爲九五六二六一。如是至一千八百二十九年三月二十二日小餘皆同，至二十三日則不同。蓋二十二日午正後加小餘二八六零零三，即六小時五十一分五十秒六六，爲前分點年所終，後分點年所起。故置一日，以此小餘減之得零日七一三九九七，爲二十三日分點時積分而後分點年。每日之小餘，恒爲七一三九九七也。設從二十二日子正起曆十二小時，即小餘五零零零零零，所得分點時積分爲三百六十四日九五六二六一，再加小餘五零零零零零，則得三百六十五日四五六二六一，大於分點年三百六十五日二四二二六四，即知已入新分點年，以此二數相減得零日二一三九七一，爲一千八百二十九年。倫敦三月二十二日十二小時分點時，積分無論何地，但知一年中午正分點時之小餘，則後若干年以二四二二六四之若干倍減本年小餘不足減者，加一日減之，即得其年之小餘。設前若干年以二四二二六四之若干倍，加本年小餘滿日去之，即得其年之小餘。如法以倫敦一千八百二十七年之小餘一九八五二五，遞求得後諸年小餘如下：

小餘	耶穌降世年
一六二六五九	一八二八
七九三一七	一八二九
三三七一七四	一八三〇

續表

小餘	耶穌降世年
九六四九二二	一八三一
五〇二七八九	一八三二
一四九四四七	一八三三
七七六二〇五	一八三四
三一四〇六二	一八三五
九四一八一〇	一八三六
五八八五七七	一八三七
一二六三三五	一八三八
七五三一九二	一八三九
三九〇九四〇	一八四〇
九二八六〇八	一八四一
五六五四六五	一八四二
一〇三二二三	一八四三
七三〇〇八〇	一八四四
三七七七八三	一八四五
九〇五五九五	一八四六
五四二三五三	一八四七
一八九〇一一	一八四八
七一七八六八	一八四九

就上所述，乃知西曆之大體。至於近日新曆（即西曆）與中國舊曆之比較，分述如下。

近世西洋各國，以算學日進，儀器日精之故，遂使天文學歲有進步，因之曆學原理亦漸入精微。但考之事實，西人曆學爲一事，曆法又爲一事，曆學日求精深，曆法日趨簡易，與中國元明以前情形不同。蓋中國古代凡曆學上所得之新知識，新材料皆納之曆法，如日月交食等事，西人歸之曆學範圍，中國則歸之曆法範圍。又如歲實朔實等事，西人雖時有改革，然不因之而改曆，中國則歲實一改，全曆因之而改，故三十餘年曆法改革多至五十四次也。

西法四歲一千四百六十一日，一歲三百六十五日，其月即中國曆法之一中。凡一、三、五、七、八、十、十二，爲大月，計三十一日。凡四、六、九、十一，爲小月，計三十日。惟二月則有進退。每四歲之中，第一、第二、第三年皆二十八日，第四年則二十九日。其原理與中國古四分曆相同，蓋以四歲爲一減周。四歲多一日，乃積四歲中每歲末之餘分所成，古人所謂滅日也，俗名閏日。

以前說推之，四歲多一日，一百歲應多廿五日，然西法因每歲餘分，不足四分日之一，故於第一百之二月仍爲廿八日，俗稱百年減閏是也。但百年減一日，則餘分有餘乃於第四百年之二月不復減閏，爲二十九日，謂之四百年增閏，是以百年爲三六五二五日，實爲三六五二四日，四百爲一四六〇九六日，實爲一四六〇九七日。其算式如下：

四歲之日數＝1461，百年之日數＝1461×25－1
$$=36524$$

四百年之日數＝36524×4＋1
$$=146097$$

西曆之月首每在入中氣後十日，其歲首即冬至後十一日也。

中國自明季採用西人曆學，徐光啓等造爲新法曆書，未及施行，明亡清興。清初所公布之時憲曆，其曆學之根據，一依當時利瑪竇、湯若望、熊三拔、南懷仁、鄧玉閏諸人所輸入之西洋曆學。順治時歲實爲三百六十五日二四二一・八七五（以萬分爲日法），雍正時歲實爲三百六十五日二四二三・四四二，皆西法也。然在中國之舊曆乃取材西法，其中氣長短，朔周長短，以及測交食步中星等，無一不以西人學說爲準。其不同者述之如次。

(1) 月次用朔周，不用中氣，其朔周從西法出。

(2) 以無中氣之月爲閏月，十九年七閏，此乃取西法以就古說。

(3) 曆法起算雖始冬至，然以建寅之月爲歲首，約後於冬至四十五日，後於西曆歲首三十五日。其理與秦世頡項曆，歲首建亥略同。

（三）新舊曆之優劣

今爲方便起見，稱時憲曆爲舊曆，現在世界通行之西曆爲新曆。新舊曆之同異既如上述，今且論其優劣。

（1）新曆爲國際所通行，文明國家所公認。近世交通日繁，外交事件日多，若拘守舊曆，易招外人誤會。蓋舊曆雖係西法，但月次日與各國不同，外人疑爲陰曆，每與回曆相提並論。且公牘往來，易致參差，不如新曆之世界一致也。

（2）舊曆以建寅之月爲歲首，與起算不同日，蓋因襲三正舊說，絕無相當標準。新曆以冬至後十日爲歲首，乃取太陽距地最近之日，於科學上有根據也。

（3）月次用朔周，一年爲十二朔周。計其日數，半年爲三百五十四日，閏年爲三百八十四日，皆與歲實相差。平年太短，閏年太長，致與時令氣候不合。新月次以中爲準，一年十二中，計其日數爲三百六十五日，與歲實之差極微，又與節氣常合。如冬至必在十二月，大寒必在正月內，雨水必在二月內，春分必在三月內，穀雨必在四月內，小滿必在五月內，夏至必在六月內，大暑必在七月內，處暑必在八月內，秋分必在九月內，霜降必在十月內，小雪必在十一月內，知其月日，即知其時令。我國以農立國，施行新曆，於農時尤便。舊曆則不然，節氣之差，往往多至半月，非閱曆本，不知節氣，徒取與人生絕無關係之月缺月圓爲計日之標準，殊違觀象授時之眞理。

今列二曆之比較如下：

舊曆	中氣	新曆	中氣
第一年			
正月小	初一冬至	十二月大	二十二冬至
二月大	初二大寒	正月大	二十一大寒

續表

舊曆	中氣	新曆	中氣
三月小	初三雨水	二月小	二十雨水
四月大	初四春分	三月大	二十三春分
五月小	初四穀雨	四月小	二十二穀雨
六月大	初六小滿	五月大	二十三小滿
七月小	初六夏至	六月小	二十二夏至
八月大	初八大暑	七月大	二十三大暑
九月小	初八處暑	八月大	二十二處暑
十月大	初九春分	九月小	二十一秋分
十一月小	初十霜降	十月大	二十二霜降
十二月大	十一小雪	十一小	二十一小雪
第二年			
正月小	十二冬至	十二月大	二十二冬至
二月大	十三大寒	正月大	二十一大寒
三月小	十四雨水	二月小	二十一雨水
四月大	十五春分	三月大	二十三春分
五月大	十六穀雨	四月小	二十三穀雨
六月小	十六小滿	五月大	二十三小滿
七月大	十七夏至	六月小	二十二夏至
八月小	十八大暑	七月大	二十三大暑
九月大	十九處暑	八月大	二十二處暑
十月小	二十秋分	九月小	二十二秋分
十一月大	廿一霜降	十月大	二十二霜降
十二月小	廿二小雪	十一月小	二十二小雪
第三年			
正月大	廿三冬至	十二月大	二十二冬至
二月小	廿三大寒	正月大	二十一大寒
三月大	廿五雨水	二月小	二十一雨水

續表

舊曆	中氣	新曆	中氣
四月小	廿五春分	三月大	二十三春分
五月大	廿七穀雨	四月小	二十三穀雨
六月小	廿七小滿	五月大	二十三小滿
七月大	廿九夏至	六月小	二十三夏至
八月小	廿九大暑	七月大	二十三大暑
閏月大			
九月大	初一處暑	八月大	二十三處暑
十月小	初一秋分	九月小	二十二秋分
十一月大	初二霜降	十月大	二十二霜降
十二月小	初三小雪	十一月小	二十三小雪
第四年			
正月大	初四冬至	十二月大	二十三冬至
二月小	初五大寒	正月大	二十三大寒
三月大	初六雨水	二月小	二十二雨水
四月小	初七春分	三月大	二十四春分
五月大	初八穀雨	四月小	二十三穀雨
六月小	初八小滿	五月大	二十三小滿
七月大	初十夏至	六月小	二十三夏至
八月小	初十大暑	七月大	二十三大暑
九月大	十二處暑	八月大	二十三處暑
十月小	十二秋分	九月小	二十二秋分
十一月大	十四霜降	十月大	二十二霜降
十二月大	十四小雪	十一月小	二十二小雪

五、我國曆法之變遷

古之王者即位，首協五紀，敬授人時。傳黃帝乃命常儀臾區，考定星曆，建立五行，起消息，正閏餘，置天地神。物類之官，頒定分務，各司其序，不相亂也。顓頊繼之，乃命南正重司天，火正黎司地。後三苗亂德，二官咸廢，而閏餘乖次，孟陬殄滅，攝提無紀。至堯乃復重黎之後，使纂其業。又命羲和，欽若昊天，曆象日月星辰，敬授民時。察中星以殷四季，歲三百六旬有六日，以閏月定四時成歲，允釐百官，庶積咸熙。其後授舜曰："咨爾舜，天之曆數在爾躬。"又以命禹。至周武王訪於箕子，箕子乃告之，彝倫攸叙，五行五紀。至五伯之末，天下擾攘，史官喪紀，疇人分散，或在夷狄，或在諸夏。彝倫錯亂，五紀失序。秦運促短，未遑及此，然亦頗推五行勝克，而自以爲獲水德，乃以十月爲正，色尚黑。漢興，綱紀大基，庶事草創，因秦正朔，以北平侯張蒼言，用顓頊曆，比六古曆，疏闊中最爲微近，然正朔服色，未睹其真，而朔晦月見，弦望滿虧，多非是。至武帝元封七年，大中大夫公孫卿、壺遂、太史令司馬遷籌議，曆紀壞廢，宜改正朔。是時御史大夫兒寬明經術，上乃詔寬議正朔，至本年十一月乃改元爲太初元年，行太初曆以授時，此時曆書芻型，大抵皆備。

上古至太初，傳有六曆，其歲名月應日紀時紀之稱與其步算之術如下：

（一）歲名　太歲在赤道某辰，即命曰某歲。辰者十二辰，即地支也，如太歲在寅，命曰寅歲，太歲在卯，命曰卯歲。至太歲之名，本無其物，視歲所在而定。因歲星移一辰，逆行黃道，以之紀歲不便，故託太白之精爲太歲，而其與歲星行之地，曆各不同。殷曆周曆自丑寅分。顓頊曆自子丑分。

（二）月名　北斗指赤道某辰，即命曰某月，如北斗指寅，命曰寅月。然古人本欲以日所之辰紀月，因日亦月移一辰者。但日逆行黃道，以之紀月不便。故用北斗所指之辰紀月，至日與北斗，各有其軌，自子丑分行。

（三）紀日　古人紀日，只用天干。一月分孟仲季三旬，如寅月一日曰寅月孟旬甲日，二日曰寅月孟旬乙日，以下類推。至十一則曰仲旬甲日，二十一則曰季旬甲日，其後緣語言不便，乃配地支，從甲寅起，自乙卯下數。卯月一日不能過甲卯矣。次年寅月一日亦非甲寅。此法不論小月閏月，但以干支相配紀日，六旬一循環，不能虛減。用以紀日數多寡甚確。特不能表其爲某月之第幾，於是干支之外，別設初一初二。十一十二等名焉。五十七年之後仍復其初。

（四）加時名　黃道大周十二辰，日行一辰約三十日。黃道小周，十二辰，日行一周爲一日。行一辰爲一加時，日行大周，逆而右行。日行小周，順而左行。故曰小周所在之辰即可用以爲加時之名。如日在辰曰辰時，在巳曰巳時也。則其後亦效紀日之法，以干支相配紀之。

步算之術

朔日法九百四十朔餘四百九十九

中日法三十二中餘十四

滅法七（四百八十日餘七日）

小年三百五十四或三百五十五日

大年（十三月）三百八十四或三百八十五日

歲三百六十五又四分日之一

章法十九　閏法七

蔀法七十六

紀法千五百二十

元法四千五百六十

其例如下

正月小	小餘（四百九十九）	初一冬至	小餘（十四）
二月大	小餘（五十八）	初二大寒	小餘（二十八）
三月小	小餘（五百五十七）	初二雨水	小餘（一十）
四月大	小餘（一百一十六）	初四春分	小餘（二十四）
五月小	小餘（六百一十五）	初四穀雨	小餘（六）
六月大	小餘（一百七十四）	初六小滿	小餘（二十）
七月小	小餘（六百七十三）	初六夏至	小餘（二）
八月大	小餘（二百三十二）	初八大暑	小餘（十六）
九月小	小餘（七百三十一）	初八處暑	小餘（三十）

十月大　　小餘（二百九十）　　初九秋分　小餘（十二）
十一月小　小餘（七百八十九）　初十霜降　小餘（二十六）
十二月大　小餘（三百四十八）　十一小雪　小餘（八）
　　朔大餘五十四　　　　　　　中大餘五
　　共三百五十四日　　　　　　閏餘七

古六曆步算法皆如此，惟紀首不同。

黃帝曆紀首

一辛卯　二辛亥　三辛未

第一紀首即元首　按黃帝曆又一法其紀首

一丁巳（周之甲寅）　二丁丑（周之甲戌）　三丁酉（周之甲午）

顓頊紀首

一乙卯　二乙亥　三乙未

第一紀首即元首

夏曆紀首

一乙丑　二乙酉　三乙巳

第一紀首即元首

殷曆紀首

一甲寅　二甲戌　三甲午

第一紀首即元首

周曆紀首

一丁巳　二丁丑　三丁酉

第一紀首即元首

魯曆紀首

一庚子　二庚酉　三庚巳

第一紀首即元首

以上六家曆可考者八種，如《乾鑿度曆》《黃帝庚辰元曆》未列。漢綏和二年，劉歆作《三統曆》，以巧説《春秋》，謂合天地之法，六律六吕而十二辰立矣，五清聲而十日行矣，傳白天六地五數之常也。天有六氣，生降五味。夫五六者天地之中合，而民所受以生也，故日有六甲辰有五子，王子者謂甲寅無子也，十一而天地之道畢。言終而復始。太極中央元氣，故爲黃鐘，其實一龠以其長自乘，故八十一爲日法，所以生權衡，度量，禮樂之所由出也。其術爲日法八十一，朔餘四十三。

閏法十九

統一千五百三十九以閏法乘日法得統法

元法四千六百一十七參統法得元法

章月二百三十五

月法二千三百九十二

周天五十六萬二千一百二十

歲實三百六十五日又一千五百三十九分之三百八十五

至漢靈帝時，會稽東部尉劉洪，考史官自古迄今曆注，原其進退之行，察其出入之驗，規其往來，度其終始，乃悟四分於天疏闊，謂前曆家皆以月行十三度十九分之七，平度周天，而驗諸天象不合。天象月行或十三度不足，或行十四度有餘，足以知月行有遲速。前人謬以月行平度立算，而有永元七月後閏食。曆術以八月初乃閏食。於是造乾象曆，以五百八十九爲紀法，百四十五爲斗分。上元已丑，冬至日，日在斗二十二度，以術追日月五星之行，推而上，則合於古。引而下則應於今，較前法轉爲精密矣。其術如下：

日法一千四百五十七

朔餘七百七十三

章閏十七

章歲十九

章月二百三十五

沒法一百零三

周天二十一萬五千一百四十

歲中十二

自太初至晉，曆法屢改，歲實不一，朔策亦變，斗分紀法因實測而異。成帝時會稽虞喜，乃創歲差之法，以追其變，使五十年，退一度，謂冬至日躔，歲歲西移，一歲日行不足一周天。明末西人易爲恒星東行，而冬至不動，立法雖殊。而以爲歲之有差則一也。至秦姜岌以月蝕對冲檢日所在，造三紀甲子曆，以應天象，其術如下：

  上元甲子

  元法七千三百五十三

  紀法二千四百五十一

  通數十七萬九千四十四

  月法六千六十三　朔餘三千二百十七

  月周三萬二千七百六十六

  元月九萬九百四十五

  記月三萬二百一十五

  沒法六百三十三

  章月二百三十五

  章歲十九

  章閏七

  章中十二

  周天八十九萬五千二百二十

  南北朝制曆者多家，行用者凡九。南朝以何承天爲崇，北朝則以祖冲之爲法。兩家皆承虞喜之後，實測歲差治曆，言謂比歲考校至今又四十載，故其疏密差會皆可知也。夫圓極常動，七曜運行，離合去來，雖有定勢，以新故相涉，自然有毫末之差。連日累歲，積微成著，是以虞書著欽若之典，《周易》明治曆之訓，言當順天以求合，非爲合以驗天也。故以實測冬至日之所在，知歲差每百年退一度。其曆法如下：

  上元庚辰甲子紀首

  日法七百五十二

  朔餘三百九十九

  通數二萬二千二百零七

周天十一萬一千二十五

會數一百六十

會月九百二十九

甲子紀遲疾差一萬七千六百六十三

交會差八百七十七

齊祖沖之以古曆十一家之不同，且與天象不合，乃校何承天之曆，驗之實測。厥謬日月所在，五星見伏，至差四旬，留逆進退，或移兩宿，分至乖失，則節閏非正，宿度違天，則伺察無準，乃創新曆。以舊法一章十九歲有七閏爲章法三百九十一年有一百四十四閏，今却合周漢，則將來永無復差動。又以《堯典》日短星昴以正仲冬，以此推之，太初冬至在牛初度。晉時姜岌以月蝕檢日，知冬至在斗十七度，今參以中星，課以蝕望，冬至之日在斗十一度，通而計之，未盈百載，所差二度。舊法並令冬至日有定處，天數既差，則七耀宿度漸與曆行，乃改冬至所在歲，歲微差，減去閏分增立歲差之數，制大明曆，極星去不動處一度餘。

曆法：

上元甲子至宋大明七年癸卯五萬一千九百三十九年算外

元法五十九萬二千三百六十五

紀法三萬九千四百九十一

章歲三百九十一

章月四千八百三十六

章一百四十四

閏法十二

月法十一萬六千三百二十一

日法三千九百三十九

餘數二十萬七千四十四

歲餘九千五百八十九

沒法五萬一千七百六十一

周天一千四百四十二萬四千六百六十四

北齊張子信，博通技藝，尤通術數。專以渾儀測候日月五星差變之數。積三十餘年，乃知日月交道有表裏遲疾。五星見伏有感召向背，日行在春分後則遲，秋分後則速，朔月在日道裏，則日食。若在日道外雖交不虧，月望值交則虧，不問表裏。後至劉焯測七曜之行，始知日行有盈縮，以歲率月率而立定朔，月有三大三小。案歲率月率者，平朔之章歲章月也。以平朔之率，而求定朔，值三小者猶似減三五爲十四。值三大者，增三五爲十六也。校其理實並非十五之正，故張衡及何承天創有此意，爲難者執數以校其率，率皆自敗。故不克成。今焯爲定則須除其平率。然後爲可互相駁難，是非不決。至唐博仁均書。乃以定朔。造戊寅元曆。定朔者。得平朔而後以盈縮遲疾差加減之謂也。其曆可考驗者有七。一、唐以戊寅歲甲子日登。曆元以戊寅日起甲子。如漢太初。二、冬至五十餘年輒差一度。日短星昴合於堯典。三、周幽王六年十月辛卯朔入食合於《詩》也。四、魯僖公五年壬子，冬至合春秋曆序。五、月有三大二小。則日食在朔月食常在望。六、命辰起子半命度起虛六符陰陽之始。七、立遲疾定朔則月行晦不東見，朔不西眺也。其算法如下：

日法一萬三千零六

朔餘六千九百零一

章歲六百七十六

章閏二百四十九

度法氣法九千四百六十四

歲分三百四十五萬六千六百七十五

周分三百四十五萬六千八百四十五

與仁均同時者有李淳風據儀實測，而造甲子元曆。頒用時更名麟德。總法千三百四十，期實四十八萬九千四百二十八，朔實三萬九千五百七十一。古曆有章蔀元紀日分度，參差不齊。改爲總法以一之。凡期實朔實及交轉五星。並以總法爲母。又損益中晷術以考日至，爲木渾圖以測黃道。謂冬至之初日躔定在南斗十二度餘。至開元九年。麟德曆。暑日食不效。僧一行乃博覽前曆。采各家之長，駁前人之非，又各地置儀測影。見恒星移動，得歲差之時，以開西法之先。作大衍曆，据經傳旁采諸家以證其術之善。步推之法，可謂備矣。後世算造者，未能及也。唐末憲宗即位，徐昂奉詔改曆曰宣明術，上元七曜起赤道虛九度日躔月離皆因大衍舊術，晷漏交會則稍增損之。其推日蝕有時氣刻三則，前術所無也。三差謂日蝕加時距午中前後則有時差，若加時正當午正則無差。氣差最大之數，在二至，二至前後。其差漸減，至二分而空。刻差最大之數，在二分，二分前後其差漸減。至二至而無，步算莫難於日食。自三差之法立，則日食漸見密切。徐昂之功，不可泯矣。至宋姚舜輔，創黃赤互易中晷損益之率，赤道宿度有少半大之數。月離九道有九因八約三差，較之前術亦爲切矣。

　　自太初至元約一千餘年，歷經七十餘改。其創法者十有四家，可謂曆法更改時期。關於曆之證明，大抵俱矣。至元末，郭守敬乃總前之大成，爲後來之典要，自三統以來爲術者七十餘家，莫能與其比倫也。

　　守敬奉令改曆，以據簡儀實測。造新曆名曰"授時"。其測到實數有七。一、日冬至自丙子年之冬後日差同者爲準。得丁丑年冬至在戊戌日夜半後八刻半。又定丁丑夏至在庚子日夜半後七十刻。又定戊寅冬至在癸卯日夜後三十三刻。己卯冬至在戊申日夜半後五十七刻。庚辰冬至在癸丑日夜半後八十一刻。各減大明術十八刻。遠近相符，前後應準。二、歲餘自大明術以來，凡測景驗氣得冬至時刻真數者有六，用以相距各得其時。每歲合得三百六十五日二十四刻二十五分爲曆餘實合用之數。三、日躔用至元丁丑四日癸酉望可食，既推求日躔得冬至，日躔赤道箕宿十度，黃道箕九度，至己卯十二月凡三年，共得一百三十四，皆躔於箕與日月食相符。四、月離自丁丑至己卯考驗交食，加大明術三十刻，與天道合。五、入交自丁丑至己卯，每日測到太陰去極度，比擬黃道去極度得月道交於黃道，共得八事，仍依日食法推求，皆有食分，得入交時刻，與大明術所差不多。六、二十八宿距度自漢太初，至元，距度不同，互有損益。守敬以新儀皆細刻周天度分，每度爲三十六分。以距綫代管窺宿變餘分，並依實測不以私意遷就。七、日出入晝夜刻，以本北極出地高下黃出入內外度立術，推求每月日出入晝夜刻，得夏至極長。日出寅正二刻，日入戌初二刻，晝六十二刻，夜三十八刻，冬至極短，日出辰初二刻，日入申正二刻，晝三十八刻，夜六十二刻，永爲定式，前曆家莫能及也。

明初大統曆，全襲授時曆之舊。至明末西法輸入，乃用西法，以步日躔合朔之時。清時造時憲曆，則全用新法，與今之西曆算法全同。

後附中國曆代曆法之變更詳表、以供參考。

附錄三：中國天算家年表

時代	曆家	天文曆法	儀器
周秦 自春秋至秦	梓慎 裨灶 史趙	魯僖公十六年春王正月戊申朔，隕石於宋五。隕石之能書其地，記其數者自此始。	春秋之時，測天無器，所恃者惟一垂直之桿而已。《周禮》謂之土圭，當時即用以測正午日影之長短而定日南至（見前圖）
公元前七二二年至二〇五年	卜偃 子韋 甘德 石申 呂不韋	《春秋》：分、至、啓、閉，必書雲物。春秋戰國測定冬至在牽牛初度，立春在營室五度。黃帝、顓頊、夏殷周魯六曆，即在此時創制，以歲星所在之次爲記年之標準。戰國時，楚人甘德著《天文星占》八卷，魏人石申著《天文》八卷，後世謂之《甘石星經》，爲世界最古之恒星錄。	
兩漢 公元前二〇四年至公元二一九年	張蒼 劉安 鄧平 洛下閎 唐都	漢初以張蒼言用顓頊曆襲秦正朔，以十月爲歲首。 劉安撰《淮南天文》訓曆法、氣候諸大端，武帝元光元年六月客星見於房，爲世界第一客星。	漢文帝後三立儀表以測日景長短 元封七年即太初元年立晷儀下漏刻以追二十八宿之位。

續表

時代	曆家	天文曆法	儀器
	司馬遷 鮮于妄人 耿壽昌 劉向 楊雄 賈逵 李梵 編訢 張衡 劉洪 蔡邕	太初元年詔公孫卿、壺遂、司馬遷議定漢曆，招致唐都，分天部。洛下閎運算轉曆，用鄧平八十一律法作《太初曆》。是年五月，始定正朔，以正月建寅爲歲首。司馬遷撰《曆書》《天官》爲後世史志之模範。元鳳三年鮮于妄人及麻光等二十餘人雜候日月、晦朔、弦望、二十四氣鈞校諸曆。河平元年始測見日中黑子孝成世劉向總六曆作五言論，綏和二年劉歆襲《太初曆》作《三統曆》測定黃赤距緯及五星見復之期與今測密近。楊雄懷疑《三統》而作《太玄經》。元和二年，李梵、編訢定《四分曆》，有合朔弦望月食加時之法，并測定二十四氣晷景。順帝時，始以甲子紀年，六十甲子謂青龍一周。張衡作《靈憲》，中外之官，常明有百有二十，可名者三百二十，爲星二千五百，微星之數萬有一千五百二十。蔡邕撰《曆數議》。建安十一年，吳劉洪始減歲餘，悟月行有遲疾，造《乾象》，爲後世改曆之法，皆參酌《乾象》斗分朔餘以求折中。	洛下閎爲武帝於地下轉運渾天。宣帝時，耿壽昌始鑄銅爲象，故楊雄說渾天，謂洛下閎營之，鮮于妄人度之，耿中丞象之。建平二年改漏刻爲百二十。建武初以九日增一刻名《常符漏品》。永元十四年，霍融改漏刻。永元十五年，賈逵始造太史黃道銅儀，定黃道宿度。陽嘉元年，張衡造地動儀。適隴西地震，即有驗。張衡作渾天象，以漏水轉之璇璣所加，某星始出，某星方中，某星今沒，皆如合符。

續表

時代	曆家	天文曆法	儀器
魏晉 公元二百二十年至四百十九年	王蕃 陸績 韓翊 高堂隆 楊偉 劉智 杜預 虞喜 姜岌 孔挺 卜顯 李修 王朔之 趙㕕	三國時蜀承東漢，用《四分曆》，吳用《乾象曆》，魏初亦用《四分》，故三國晦朔互有先後。 魏黃初元年，韓翊造《黃初曆》，高堂隆造《太和曆》，歲餘皆比《乾象曆》大未果行。 景初元年，楊偉造《景初曆》，始推日食虧起角。 晉武帝泰始元年，劉智造《泰始曆》杜預著《春秋長曆》以古今曆驗《春秋》日食，知《三統》最爲疏闊。 虞喜發明歲差。 咸寧三年，李修、卜顯造《乾度曆》。 永和八年，王朔之造《通曆》。 太元九年，後秦姜岌造《三紀曆》始有推求日食分數之法。 義熙八年北涼趙㕕造《元始曆》。	吳闞澤受乾象法於東萊徐岳，著《乾象曆注》，廬江王蕃以洪術精妙，依其法而制儀像。 陸績造渾象，形如鳥卵。 咸和元年，魏丕造漏刻。 太元十年，參照永安宮銅漏刻置儲宮漏刻。 義熙十四年，劉裕入咸陽，得南陽孔挺所造渾儀。

續表

時代	曆家	天文曆法	儀器
南北朝 公元四百二十年至六百一十八年	錢樂之 何承天 祖沖之 祖暅之 李業興 宋景業 甄鸞 馬顯 虞劇 崔光 信都芳 劉孝孫 董峻 鄭元偉 張賓 劉焯 晁崇 斛蘭 袁充 耿詢 宇文愷 張胄玄	宋武帝元嘉二十年何承天造《元嘉曆》，以雨水如日躔之初，用室分而不用斗分，晤月食所衝以檢日之所在。 大明七年，祖沖之造《大明曆》，實測歲差以治曆，其子暅之測得極星距極一度有餘。 北魏行《正光》《興和》二曆，皆李業興所造。 北齊行宋景業《天保曆》。 後周行甄鸞《天和曆》、馬顯《大象曆》，餘如梁虞劇《大同曆》、魏公孫崇《景明曆》、崔光《神龜曆》、李業興《九宮曆》、北齊信都芳《靈憲曆》、劉孝孫《武平曆》、董峻、鄭元偉《甲寅元曆》俱未行用。 陳氏無曆，用宋之《大明》。隋開皇四年，張賓依元嘉法微加增損造《開皇曆》。仁壽四年，劉焯造《皇極曆》，有日食起訖分多少諸法。大業四年張胄元依大明法造《大業曆》始用定朔。大業間，令諸郡測影，雖未及果行，已開後世實測之法。	宋元嘉十三年，錢樂之鑄銅渾天儀。十七年又作小渾天以巫咸甘石三家星用朱黑白三色以別之。 二十年何承天造漏法，春秋分昏旦晝夜漏各五十刻。 梁天監六年始以百刻分配十二辰。大同十年改為百有八刻。 祖暅之造銅表於嵩山，表高八尺，表下有圭圭上為溝，置水以取平正測驗日晷。 梁末秘書府造木渾天儀，陳天嘉間朱史復古漏百刻制。 北魏天興元年晁崇制渾儀考天象。 永興四年斛蘭造鐵儀，隋作天圖繪星坐黃赤道及二十八宿度分。 開皇十四年袁充上晷影漏刻。大業初耿詢，宇文愷作古欹器以漏水注之。 隋創鐘車、鼓車、漏車以報時刻，又設漏刻生以時唱漏。

續表

時代	曆家	天文曆法	儀器
唐 公元六百一十九年至九百零六年	傅仁均 崔善爲 祖孝孫 曹士蔿 李淳風 瞿曇悉達 一　行 梁令瓚 南宮説 郭獻之 徐承嗣 徐　昂 邊　岡	唐武德二傅仁均去平朔而用定朔，造《戊寅元曆》，閲一年而月食不驗，乃由崔善爲祖孝孫等考定之。顯慶五年曹士蔿造符天曆元巳開授時之先惟祇行民間謂之小曆。 麟德二年，李淳風造《麟德曆》以考日爲本，又撰《晉》《隋》二書《天文曆志》。開元間，瞿曇悉達撰《開元占經》，譯《天竺九執曆》，行一二年疏闊即罷。開元十二年，測各地晷影以校其差而定各地緯度，南至交州，北及鐵勒，中爲浚儀之岳臺。 僧一行始測見恒星之移動，已開西法之先。 開元十六年，用一行所造《大衍曆》定各地交食之不同，有初虧食甚，復圓推算法爲諸曆之冠。 寶應元年，郭獻之造《五紀曆》。 貞元元年，徐承嗣造《正元曆》。 長慶二年，徐昂造《宣明曆》。 景福二年，邊岡造《崇元曆》。 其未行之曆有瞿曇羅《光宅曆》，南宮説《神龍曆》王勃《大唐千歲曆》、吳伯善《七耀曆》、韓穎《至德曆》徐昂《觀象曆》等	唐有漏刻職掌之制，麟德二年，李淳風製木渾天圖以測黃道。儀鳳四年，姚元依古法立八尺表於陽城測景臺。 開元十一年，僧一行、梁令瓚造黃道銅渾儀等器。 南宮説擇河南平地設水準繩墨植表。 十三年爲《覆短圖》，南自丹穴，北極幽都，每極移一度，輒累其差，可以稽日食之多少，定晝夜之長短。 梁令瓚造水運渾天，上具列宿，注水激輪，每晝夜自轉一周半，入水匱以準地平，另立二木人，每刻擊鼓辰擊鐘機械即藏匱内，其制甚巧。

續表

時代	曆家	天文曆法	儀器
五代 公元九百零七年至九百六十年	馬重績 王處訥 王　朴	五代初用唐《崇元曆》。晉高祖天福元年馬重績造《調元曆》，用曹士蒍法上古。 虛立之元而以唐天寶乙未爲元，行之五年，輒差，復用《崇元》。 周廣順二年，王處訥撰《明元曆》，藏之於家。 周顯德二年，王朴造《欽天曆》，分步日、步月、步五星、步發斂四術。劉羲叟謂其自成一家言，但行之僅及四年。 當時民間有《萬分曆》蜀有《永昌》《正象》二曆。南唐有《齊政曆》，未詳何人所造，其法亦莫可考。 五代享國日淺，表見無多。	五代紛亂，舊器散佚。 晉天福三年造懸壺，爨之以火，地雖寒沍，亦可施用。 周顯德三年樹圭置箭，測岳臺晷漏。
宋　附遼金 公元九百六十一年至一千二百六十三年	張思訓 吳昭素 徐　瑩 董昭吉 王　睿 昭　宴 史　序 韓顯符 張　奎 宋行古 周　琮	遼起於梁而終於宋，至西遼爲元所滅，前後三百餘年。初用何承天之《元嘉曆》。後用祖沖之《大明曆》。宋建隆二年詔王處訥別造新曆，賜名"應天"。 太平興國六年，吳昭素、徐瑩、董昭吉各獻新曆，昭素最善，遂用之，號爲"乾元"。 至道元年，昭宴上言：王睿所造曆以十八事按驗，所得者六，所失者十二。	宋建隆二年王處訥以漏刻無準，重定水稱及候中星、分五鼓時刻。 太平興國四年，巴人張思訓依開元遺法創渾儀，以水銀代水，冬無凝凍遲澀之弊。大中祥符三年，韓顯符依淳風、一行法造銅候儀。

續表

時代	曆家	天文曆法	儀器
	於　淵 舒易簡 劉羲叟 孫思恭 沈　括 衛　朴 耶律儼 蘇　頌 韓公廉 皇居卿 姚舜輔 王　黼 楊　級 陳得一 劉孝榮 趙和微 耶律履 石　萬 楊忠輔 鮑澣之 李德卿 譚　玉 陳　鼎	太宗謂晏曆術功深，令兼知曆算。咸平四年史序造《儀天曆》。祥符初，韓顯符定二十四氣日出没及晝夜時刻。 天聖元年，張奎、宋行古等造《崇天曆》。 治平二年，周琮、舒易簡等《明天曆》説明立法之源流，詳論古曆之得失，晤日月會合爲朔，以劉洪、姜岌以來八家名曆比較其日行盈縮之差，月行遲疾之數，孫思恭考定是非，爲密合。 劉羲叟作《長曆》，自漢高元年以訖五代，爲後世所本，又撰《唐書曆志》及《五代司天考》，歐陽修以羲叟曆法爲宋代第一。熙寧七年，衛朴、沈括造《奉元曆》。朴自稱缺乏候簿未能滿意。 元豐元年十二月詔司天監考遼金及高麗、日本諸曆與奉元異同。耶律儼撰《遼金朔閏異同考》以續羲叟《長曆》，載《遼史·曆象志》。 元祐七年，皇居卿造《觀天曆》。 崇寧二年，姚舜輔造《古天曆》，行三年，改《紀元曆》。 靖康二年，金天會五年，楊級得紀元而增損之，名曰《大明曆》，行於金者五十三年。	熙寧七年，沈括上《渾儀浮漏景》。表三議。 元祐四年，蘇頌、韓公廉爲臺三層，上設渾儀，中設渾象，下設司辰，貫以一機，激水轉輪不假人力，時至刻臨，則司辰出告星辰躔度不差晷刻，晝夜晦明皆可推見，頌所著《新儀象法要》三卷，圖繪極精。 宣和六年七月設璣衡所，王黼造璣衡小樣，時人稱爲精審。 靖康變起，未及遷運，測候之器盡被金人輦致於燕，因汴燕相去千餘里，望箇中取極星，須下四度方得窺見。 南渡後，太史局文籍散逸，儀象不備。紹興三年，始造渾儀木樣。丁師仁言東都舊儀四座：一至道儀，在刻漏所；一皇祐儀，在翰林天文局；一熙寧儀，在太史

續表

時代	曆家	天文曆法	儀器
		靖康之變,曆官離散,《紀元曆》亡。高宗南渡,紹興二年重購得之。 紹興五年,日官言,正月朔旦日食九分半,虧在辰正。布衣陳得一言:當食八分半,虧在巳初,及期果驗,遂令造新曆,賜名"統元",行之多年,有司不善用之,乃暗用紀元法推步而以統元爲名。 乾道二年,劉孝榮竊五代民間萬分小曆而造《會元曆》,皆未見所長金大定廿年,趙知微重修《大明曆》,終金之世,行百有一年同時耶律履造《乙未曆》,因不如知微密而未行。 淳熙十四年石萬竊唐末崇元法而爲《五星再聚曆》。 慶元五年,楊忠輔造《統天曆》。 嘉泰五年二月朔,日食,太史以爲午正。草澤趙大猷言午初三刻半,日食三分,驗之午初一刻起,末初刻復,如大猷言,統天曆先天一辰有半。開禧三年,鮑澣之造《開禧曆》。 嘉秦淳祐間以日食不驗,曆官屢降職,召布衣草澤修治曆法。 淳祐十年,李德卿造《淳祐曆》。 寶祐元年,譚玉造《會天曆》,咸淳七年行陳鼎《成天曆》。	天文局;一元祐儀,在合臺。每座約銅二萬餘斤,今若半之,當萬餘斤。紹興十三年,因嚴抑之請重創渾儀,蘇頌之書尚在,而廷臣莫通其制度。朱熹家之渾儀訪求不得,故水運之法已不復設,測候之功不絕。

續表

時代	曆家	天文曆法	儀器
元 公元一千二百六十四年至一千三百六十八年	耶律楚材 札馬魯丁 許　衡 王　恂 楊恭懿 郭守敬 李　謙 鄧元麟 毛鵬翼 劉巨淵 王　素 岳　弦 高　敬	元初用金《大明曆》。 太祖十五年，耶律楚材上《西征庚午元曆》而未果行。 世祖至元四年西域札馬魯丁進《萬年曆》稍頒行之。 至元十三年，王恂、許衡、郭守敬、楊恭懿。改治新曆，與陳鼎、鄧元麟、毛鵬翼、劉巨淵、王素、岳弦、高敬等參考累代曆法，測候日月星辰消息運行之變，分別同異，酌取中數以爲曆本。 至元十六年，測各地日月交會，分數時刻之不同，日月星辰去天高下之各異，節氣之早晚，晝夜之長短，派監候官十四人分道而出，東至高麗，西極滇池，南踰朱崖，北盡鐵勒，設測驗之所凡二十七，自北緯十五度至六十五度。 郭守敬等晝夜測驗，創立新法，參以古制，不用上元，但憑實推算，極爲精密，名曰《授時曆》。 至元二十年，李謙爲《曆議》，發明新曆順天求合之徵，考證前人爲附會之失。	天聖八年，燕肅上蓮花漏。皇祐初，舒易簡、於淵、周琮等參用淳風、令瓚之制改鑄黄道渾儀，復改造圭表，測候甚密。元世祖至元三年五月以黄金飾渾天儀。至元四年扎馬魯丁造西域儀象。 至元十三年，郭守敬造儀器十三等：（一）簡儀、（二）高表、（三）候極儀、（四）渾天儀、（五）玲瓏儀、（六）仰儀、（七）立運儀、（八）證理儀、（九）景符、（十）闚几、（十一）日月食儀、（十二）星晷、（十三）定時儀。又作正方案、九表。懸正儀，座正儀，爲四行測者用，復作仰規覆矩圖、異方渾蓋圖、日出入永短圖。至十六年，王恂上言建司天臺於大都，儀象圭表皆以銅爲之。 至元十九年，司徒阿你哥、工部尚書納懷製飾銅輪儀表刻漏。大明殿燈漏鐘鼓鉦繞運機自擊。 至正十四年，順帝自製宮漏，精巧絶倫。

续表

時代	曆家	天文曆法	儀器
明 公元一千三百六十九年至一千六百四十四年	劉　基 吳伯宗 元　統 王　褘 彭德清 貝　琳 童　軒 俞正己 吳　昊 周　濂 鄭善夫 唐順之 周述學 袁　黃 朱載堉 范守己 魏文魁 程大位 周子愚 李之藻 徐光啓	明太祖元年劉基進《戊申大統曆》，遂頒行之。 洪武元年徵元回回司天臺官鄭阿里等十一人至京議曆法占天象。 洪武十五年譯《回回曆》。 洪武十七年元統修曆，仍以"大統"爲名，全襲授時法數，改至元辛巳之元而爲洪武甲子。 嘉靖間，華湘、童樂、護丘濬等以曆法漸差宜修。萬曆二十三年，朱載堉著《律曆》融通進《聖壽萬年曆》，留中不行，又進《黃鐘曆》，亦未行。邢雲路議正曆元，曆官張應候反斥其妄議。 萬曆三十六年路士登考立春正月節曆。 萬曆初，意人利瑪竇來中國，著書倡西法，奔走南北，徐光啓師事之，至稱之爲今之羲和 萬曆四十一，李之藻薦西人龐迪我、龍華民、熊拔三、陽瑪諾等修曆法。 崇禎二年，徐光啓督修曆法，舉李之藻、龍華民同襄其事。三年，徵西人湯若望、羅雅谷供事曆局，南極星座始測而入表。 崇禎六年，徐光啓卒，天經繼之，督修曆法 布衣魏文魁年考自負力斥西法，但所撰《曆測》《曆元》二書亦無足稱。	洪武元年，司天監進元所製水晶宮刻漏，中設二木人，能案時自擊鐘鼓。 洪武十七設觀象臺於南京雞鳴山，造觀星盤。 洪武二十四年製渾天儀。 正統二年令監官往南京以木仿造渾儀，挈赴北京，按極出地度用銅鑄之，置齊化門城上。 京師觀象臺高五丈許，其上有渾天儀、天體儀、簡儀各一具，又玉衡一具，如尺而首尾皆曲，有孔以窺中星，台下小室有量天尺一具，室穴其頂以候正午日影。紫微殿旁有銅壺滴漏一器。 正統十一年造晷影堂。 弘治十四年改造觀象臺，修儀器。 崇禎七年，湯若望、羅雅谷等造測儀六式：一象限懸儀，二平面懸儀，三象限立運儀，四象限座正儀，五象限大儀，六三直遊儀。

續表

時代	曆家	天文曆法	儀器
清 公元一千六百四十五年至千九百零九年	王錫闡 胡　亶 徐　發 梅文鼎 李光地 陳原耀 王元啓 戴　震	著《曉庵新法》六卷《曆法》六卷 著《中星譜》《周天現界》《步天歌》，爲世識星惟一之書。 著《天元曆理》十一卷 著《曆學駢枝》二卷，《古今曆法通考》五十八卷 著《曆象本要》二卷 著《春秋長曆》十卷 著《星齊雜著》 《算經十書》	
其他不甚著名於曆無大發明者未録，今擇其要者如上所述，參考書：《廿四史》曆志			

六、其他曆法之介紹

——四分曆　東漢元和二年乙酉編

積年一萬五百六十一

日法四

——《景初曆》　魏景初元年丁巳楊偉造

積年五千零八十九

日法四四千五百五十九

——《正光曆》　後魏正光二年辛丑李業興造

積年一十六萬八千五百零九

日法七萬四千九百五十二

——《興和曆》　興和二年庚申李業興造

積年二十四萬四千七百三十七

日法二十萬八千五百三十

——《天保曆》　北齊天保元年庚午宋景業造

積年一十一萬一千二百五十七

日法二萬三千六百六十

——《天和曆》　後周天和元年丙戌甄鸞造

積年八十七萬六千五百零七

日法二萬三千四百六十

——《大象曆》　大象元年己亥馮顯造

積年四萬二千二百五十五

日法一萬二千九百九十二

——《開皇曆》　隋開皇四年甲辰張賓造

積年四百一十二萬九千六百九十七

日法一十萬二千九百六十

——《大業曆》　大業四年戊辰張冑玄造

積年一百十二萬八千三百一十七

日法一千一百四十四

——《五紀曆》　寶應元年壬寅郭獻之造

積年二十七萬零四百九十七

日法一千三百四十

——《貞元曆》　貞元元年乙丑徐承嗣造

積年四十萬三千三百

——《崇玄曆》　景福二年癸丑邊岡造

積年五千三百九十四萬七千六百九十七

日法一萬三千五百

——《欽天曆》　五代周顯德三年丙辰王朴造

積年七千二百六十九萬八千七百七十七

日法七千二百

——《應天曆》　宋建隆元年庚申王處訥造

積年四百八十二萬五千八百七十七

日法一萬零二

——《乾元曆》　太平興國六年辛巳吳昭素造

積年三千五十四萬四千二百七十七

日法二千九百四十

——《儀天曆》　咸平四年辛丑史序造

積年七十一萬六千七百七十七

日法一萬一千

——《崇天曆》　天聖二年甲子宋行古造

積年九千七百五十五萬六千五百九十七

日法一萬五百九十

——《明天曆》　治平元年甲辰周琮造

積年七十一萬一千九百七十七

日法三萬零九十

——《觀天曆》　元祐七年壬申皇居卿造

積年五百九十四萬四千九百九十七

日法一萬二千零三十

——《占天曆》　崇寧二年癸未姚舜輔造

積年二千五百五十萬一千九百三十七

日法二萬八千八十

——《紀元曆》　崇寧五年丙戌姚舜輔造

積年二千八百六十一萬三千四百六十七

日法七千二百九十

——《重修大明曆》　大定二十年庚子趙知微造

積年八千八百六十三萬九千七百五十七

日法五千二百三十

——《統元曆》　後宋紹興五年乙卯陳德一造

積年九千四百二十五萬一千七百三十七

日法六千九百三十

——《乾道曆》　乾道三年丁亥劉孝榮造

積年九千一百六十四萬五千九百三十七

日法三萬

——《淳熙曆》　淳熙三年丙申劉孝榮造

積年五千二百四十二萬二千七十七

日法五千六百四十

——《會元曆》　紹熙二年辛亥劉孝榮造

積年二千五百四十九萬四千八百五十七

日法三萬八千七百

——《統天曆》　慶元五年己未楊忠輔造

積年三千九百一十七

日法一萬二千

——《開禧曆》　開禧三年丁卯鮑澣之造

積年七百八十四萬八千二百五十七

日法一萬六千九百

——《淳祐曆》　淳祐十年庚戌李德卿造

積年一億二千二十六萬七千六百七十七

日法三千五百三十

——《會天曆》　寶祐元年癸丑譚玉造

積年一千一百三十五萬六千一百五十七

日法九千百四十

——《成天曆》　咸淳七年辛未陳鼎造

積年七千一百七十五萬八百五十七

日法七千四百二十

以下各曆見諸於書而未行

《黃初曆》　魏黃初元年韓翊造

《太和曆》　魏黃初中高堂隆造

《乾度曆》　晉咸寧三年李修、卜顯造

《永和曆》	晉永和八年王朔之造
《三紀曆》	後秦白雀元年姜岌造
《元始曆》	北涼元始元年趙㪺造
《永初曆》	宋武帝改太始爲永初造
《七曜曆》	宋元嘉初徐廣造
《建元曆》	齊高帝改元嘉爲建元
《景明曆》	魏景明九年公孫崇造
《神龜曆》	魏神龜元年崔光造
《大同曆》	梁大同十年虞劇造
《九宮曆》	東魏武定五年李業造
《靈憲曆》	北齊信都芳造
《武平曆》	北齊武平七年劉孝孫造
《甲寅曆》	北齊武平七年董峻、鄭元偉造
《孟賓曆》	北齊張孟賓造
《皇極曆》	北隋仁壽四年劉焯造
《九執曆》	唐顯慶三年瞿曇悉達譯
《符天曆》	唐顯慶五年曹士蔿造
《光宅曆》	唐嗣聖元年瞿曇羅造
《神龍曆》	唐神龍元年南宮説造
《千歲曆》	唐王勃撰
《七曜曆》	唐吳伯善造
《至德曆》	唐至德元年韓穎造
《觀象曆》	唐元和三年徐昂造
《萬分曆》	五代民間所用
《永昌曆》	五代蜀
《正象曆》	五代蜀
《齊政曆》	五代南唐
《調元曆》	五代後晉天福元年馬重績造

《明元曆》　五代後周廣順二年王處訥造
《至道曆》　宋至道元年王睿造
《乾興曆》　宋乾興元年張奎造
《乙未曆》　金大定二十年耶律履造
《五星曆》　宋淳熙十四年石萬造
《庚午曆》　元太祖十五年耶律楚材造
《萬年曆》　元至元四年札馬魯丁造
《寶鑑曆》　元大德七年
《回回曆》　明洪武十五年吳宗伯等譯
《聖壽曆》　明嘉靖三十二年朱載堉造
《黃鐘曆》　明萬曆九年朱載堉造
《西域曆》　萬明曆十二年
《新法曆》　明崇禎元年湯若望造
《曉庵曆》　明崇禎元年王錫闡造
《順治曆》　清順治十二年薛鳳祚造
以下西曆
《儒略曆》
《阿古斯都曆》
《久來曆》
《班班雅曆》
《安提阿曆》
《波斯曆》

附錄四：曆法之改進

緒　言

夷考科學之發展，天文學實肇其端。太古之民。日出而作，日入而息，早奉太陽爲圭臬。每當晴朗之夜，仰觀蒼穹；星斗棋布，是以天體之運行，太陽之盈虧，皆注意之對象。比至農業時代，因時耕植，太陽之位置，氣候之變遷，俱有深切之關連。於是序四時，建年月日，曆法創焉。惟初民之智識簡陋，曆法之推算不準，謬誤紊亂，在所不免。及文化日進，曆法之爲用益廣，因之改良求進，固事實之必要。校正誤差，使之精確，推算複雜，使之簡便，此改曆之主旨也。

  計量時間之單位，屬於天體運動者，計有三種，茲分述之：

  1. 以地球自轉而定：此時間之基本單位，以地球在空中自轉一周之時間，曰一恒星日（Sidereal day）。但地球依橢圓之軌道，繞太陽而運轉，故對於太陽而言，以太陽兩次在同一子午綫上之時間，曰一太陽日（Solar day）。前者適於星體觀測，天文學上用之。後者因晝夜之關係，曆法上用之。惟地球軌道爲橢圓形，太陽居於一焦點上，依照刻卜勒（Kepler）第二定律，地球公轉速度，隨時而異。冬季地球在近日點，運動速；夏春在遠日點，運動慢。因之，每太陽日之時間長短不一，最大差至三十分鐘。通常標准，係以一年内太陽日之時間平均之，曰一平均太陽日（Mean solar day），鐘錶恒以定速度運動，故可爲紀錄平均太陽時之用。

  2. 以月球繞地球運轉而定：月球繞地球公轉，其週期以兩次在一定恒星間之時間，曰一恒星月（Sidereal month），其平均值爲 27.32166 日。然月球固仍隨地球繞日轉動，故就其盈虧現象，恒以兩度月圓或新月之時間，曰一朔望月（Synodic month），其平均值計 29.53059 日。古代曆法，多以此爲標准。然因與年日間不能成簡單之比例，實不適用於曆法也。

  3. 以地球公轉而定：地球繞日轉動一週，曰一恒星年（Sidereal year），計 365.25636 平均太陽日，此係真正一年之長。然春分點每年西移 50.3，故以兩次春分點之時間爲一年，其時間較短，僅有 365 日 5 時 48 分 45.92 秒（365.242198 日）。是曰一太陽年，或曰回歸年（Tropical year）。因四季與太陽之位置有關，故曆法上，以太陽年爲標准。此外尚有近日點年（Anomalistic year）以兩次近日點之時間爲標准，並不通用。

至於非天文之時間單位，則有星期，以七日爲期。此與天體運行無關，因沿用已久，施行便利，故佔重要地位。惟全年日數，非七之整數倍：故星期日期，不能固定。今之倡改曆主要因素，即係如何分配星期於一年中，方爲妥適便利也。

太陰曆法

古代天文家，每於晚間，觀測天象。首先觸於眼簾者，即月圓月虧，故創曆即以朔望月爲主矣。每月計二十九日或三十日，以作建小建大之別，然一年中以十三月計則太多，以十二月計又不足。中國舊曆，年計十二月，故每年實合 354 或 355 日。因之每隔二年或三年另置閏月，以補不足之日數。然每年之日數不定。建大建小，又無規律，二十四節令，無固定日期，於農事工商業皆不便利，且推算繁複，時有錯誤，固早有廢除之必要。現僅少數回教國家仍奉行之。然其在近代曆法中，已無重視之價值。惟朔望對於潮汐極有關係，此月球之運行，應仍加以注意者也。

至於歐西方面，紀元前 433 年密通（Meton）氏已發現十九太陽年，計有 235 朔陰月，因於十九年內，亦置閏年，惟置閏不當，推算差誤。待紀元前 46 年，愷撒（Caesar）掌羅馬政權時，農事耕獲期，竟與以前差八十日之多矣。

儒略曆法

愷撒既發現舊曆之紊亂，乃與亞歷山大之天文家蘇西珍斯（Sosigenes），改訂曆法。決定延長紀元前四十六年爲四百四十五日。翌年實行新曆，自一月一日起算，即將舊曆中之三月改作歲首也，是即儒略曆法（Julian Calendar）。年分十二月，計三百六十五日。一，三，五，七，八，十，十二諸月，各三十一日。四，六，九，十一諸月，各三十日。

而二月則僅二十八日，蓋當愷撒制曆時；曾改舊五月爲七月，名 July，以己名命月名也。其後 Augustus 執政時，又將舊六月改爲八月，名 August 且定該月爲大月，計三十一日，以示帝王尊嚴。其增加之日數，乃自二月中移取也。每四年置一閏年，增加一日，爲二月二十九日，依此曆法，四年中共計一千四百六十一日，平均每年三百六十五日又四分之一。自紀元後，規定凡紀元年數，能爲四整除者，即爲閏年。

此曆施行後，一時稱爲簡便適用。惟歷年久遠，則又生問題矣，蓋一太陽年，實爲 365 日 5 時 48 分 45.92 秒，較儒略曆少 11 分 14.08 秒。差誤雖小，然年代過久，則有注視之必要。計一百二十八年中，相差一日。紀元 325 年 Nicae 會議，決定春分日期爲三月二十一日。至 1582 年時，則春分日期已提早爲三月十一日。蓋一千二百數十年間，相差達十日矣。因之遂引起曆法之第二次改革。

格列高里曆法

時有教王格列高里十三（Pope Gregory XIII）者，命天文家克拉維斯（Clavius）修改儒略曆。於置閏方法，重新釐正。依儒略曆，四百年間有一百閏年。今每一百二十八年，既提早一日，故刪去三閏年，計共九十七閏年。決定凡紀元年數爲百數者，須能以 400 整除方得置閏，庶符合前差。如是規定後，1700，1800，1900，2100，2200，2300，諸年皆非閏年，而 1600，2000，2400，諸年方爲閏年。是即格列高里曆法（Gregorian Calendar），現在通行者也。

教王爲適合 Nicae 會議之規定日期起見，將 1582 年時，已提早之十日取消。定該年十月四日（星期四）之翌日，爲十月十五日（星期五）。法國於該年即實行此曆，羅馬教諸國家，亦逐漸更改，惟英人素稱頑固，尤其一般貴族，視青春爲至寶，一旦改曆，則十日光陰，等閒虛度，故反對頗力。直至 1752 年時始由議會通過改正。並定是年九月二日（星期三）之翌日，爲九月十四日（星期四）蓋是時相差已有十一日矣，以後推行益廣。中國向沿用陰曆，民國改元後，實行新曆。日本則於 1873 年即通行。至於土耳其，蘇俄，羅馬尼亞，塞爾維亞，希臘諸國於 1917 至 1923 年間方改用斯曆也。

曆差之計算

依格氏曆法，每四百年共有 146097 日，平均每年計 365 日 5 小時 49 分 12 秒。故一太陽年仍少 26.08 秒，約三千三百年差一日。是以格氏曆法應規定紀元 4000 年、8000 年等不爲閏年。惟四千年差 1738 分 40 秒，故 4000 年中，置 387 閏年，應仍差 298 分 40 秒（每年僅差 4.48 秒）。二萬年後，將差 1493 分 20 秒。因紀元 20000 年已非閏年，故另定紀元 22000 年亦非閏年，如是計算，則太陽將多 53 分 20 秒矣。平均每年差六分之一秒，其數已極微。若於紀元 500,000 年置閏，則太陽年又少 106 分 40 秒，平均則每年曆差 0.00128 秒，約七百萬年方差一日。年代浩遠，每年之時間，容有稀微之變動，此種深謀遠慮，並非必要。遺諸萬世後之子孫，作爲研究之資可耳。

現行曆法之缺點

曆法推算，至是可稱精確完善。惟此僅年日間之關係耳。二者之時間單位，既相懸殊。故仍須分月，星期以介其間，方切實用。現行曆法，其分月方法，缺點甚多，其大端計有：

1. 各月之日數不同。多者三十一日，少者僅有二十八日，相差達 10%。對於工商業之交易，股票本金之計息，以及各種事業之策劃，因日數分配不均，畸輕畸重，困難實多。一年中不能等分成四季；即分成上下兩半年，其日數仍不能平衡也。

2. 現行制度，每星期七日中，休息一日。因每月日數不同，則實際工作日數，亦隨之而異。少者僅有二十四日，多者達二十七日。其勞逸之不均，顯而易見。

3. 通常一年，計五十二星期，另餘一日。是以就同月同日言，其星期日期，各年不同。至少五六年或十一年方可轉迴，且並無一定之週期。

故欲查出某月某日之爲星期幾者，不得不翻閱日曆。非特煩瑣；即每年爲日曆印刷費用，亦殊驚人，統計結果，總有數百萬元之巨也。

4. 至於紀念日期之爲星期幾，各年當亦不能固定。蓋可分布於全星期中也。故一特殊紀念日，有時爲星期日，有時則否。對於工作，影響甚大。

是以今之倡改曆者，對於星期月數之分配，頗費周章。要以簡便，易於記憶，永久適用爲目的。改進之方法甚夥，重要者有十三月曆法及世界曆法兩種。惟前者更改太甚，不易成諸事實。後者方法簡便，應用合宜，易於實行。茲將二種曆法之內容，分別述其梗概。

十三月曆法

1888年時，科斯渥斯（Cotsworth）計劃十三月曆法。以後美國人士，倡導鼓吹，是爲改曆之先聲。其法係每年分成十三月，以代替十二月曆法。每月二十八日，適爲四星期。定初一日爲星期日，則二十八日爲星期六。十三月共得三百六十四日，多餘之一日，作爲新年日，不計星期，定爲國際假日。閏年增加一日，置於夏季中，性質如新年日，亦不計星期。曆中新增之一月，有主張置十二月後，作爲第十三月。亦有主張置於六月七月間。二說雖無關十三月曆法之本旨，要以後法較爲適宜。並擬定其名曰自由月（Liberty），或太陽月（Sol），後名所以崇拜太陽者也。

此種曆法，極爲簡便。不但每日固定二十八日，且整爲四星期，工作日數恰爲二十四日。星期日期，各月中皆能固定，且免去星期之間斷，所謂間斷係指一星期中，一部分屬於上月，一部分屬於下月也。日期固定不移，便於記憶。惟是種曆法，更弦改張過甚，反不易於實行。蓋十二月曆法，已有數千年之歷史；今突增一月，每月日數減少二三日，則歷史書籍記載之年月日，都不能符合。爲先後適應起見，將起一番大擾亂。且交易，計息，預算，薪金，亦將重新計算，糾紛特多。紀念日期，亦須更改。且十三爲質因數，每年不能分爲二，三，四或六諸等分。

於實際應用，固仍感不便。即若分成四季，則各季應起始於正月一日，四月八日，太陽月十五日，九月二十二日，分配極不規則。而二十四節令，又不能平均分布各月中。至於天文方面，已有之天文數表，須重新編纂。商業上以上十二月計算表，亦須重新編製。此皆浩繁之工作，極不經濟。就出版方面言，月刊年份兩卷者，則兩卷之期數，不能相等。且增一期，既不整齊，費用又將增加矣。總上諸端，十三月曆法，缺點尚多，所得至微，而犧牲特大。故最初同情者尚多，以後則反對者極衆。且泰西習俗，以十三及星期五爲不幸之數及日期。如依十三月曆法，則每月十三日皆爲星期五。如是每年中有十三次雙料之不幸日期，更爲反對者之口實。

世界曆法

十三月曆法，既不合實施，於是另有新法之創立。美國世界曆協會，乃制世界永久曆（World perpetual calendar），允稱完善。該曆仍爲十二月曆法，具對稱性，永久適用。

一年十二月，分成四季。每季三月，計九十一天，包括十三星期。每季之首月（即一月、四月、七月、十月）有三十一日，首日定爲星期日。其他各月，均有三十日。每季最後一日，當爲星期六。每年多餘一日，置於年終，曰年終日（Year end day），不計星期，或作爲額外星期六，仍定爲國際假日。逢閏年，則另增之日，置於六月三十日與七月一日之間，性質亦如年終日，不計星期內，或作爲外加星期六。此曆之日期，與星期之分配，表列如下。

一月、四月、七月、十月日期表

星期 日期	日	一	二	三	四	五	六
	1	2	3	4	5	6	7
	8	9	10	11	12	13	14
	15	16	17	18	19	20	21
	22	23	24	25	26	27	28
	23	30	31				

二月、五月、八月、十一月日期表

星期	日	一	二	三	四	五	六
日期				1	2	3	4
	5	6	7	8	9	10	11
	12	13	14	15	16	17	18
	19	20	21	22	23	24	25
	26	27	28	29	30		

三月、六月、九月、十二月日期表

星期	日	一	二	三	四	五	六
日期						1	2
	3	4	5	6	7	8	9
	10	11	12	13	14	15	16
	17	18	19	20	21	22	23
	24	25	26	27	28	29	30

以上十二月，共計三百六十四日。最後一日，既定爲國際假日，一切工作停止，故不計於月中，且不入星期內。此世界曆法之大綱也。

世界曆法之優點　此種曆法，優點頗多，茲述其要。

1. 除年終日及閏日外，每季自成一單位。內容完全相似，故具有對稱性。印刷日曆，如不因紀念日及節令關係，有一季日期，已足敷用。蓋星期日期，每季固定不變也。

2. 各季首月，雖多一日（三十一天），然包含五星期日。故就實用言，每月工作日數，恰整爲二十六天。以爲標準，並無畸輕畸重之弊。

3. 每年可以等分。以半年爲一期，或一季爲一期固可；即以一月，二月，四月爲一期，亦無不可。蓋大月僅多一星期日，對於工作計息等，均可不計及之。

4. 最緊要者，即與現行曆法衝突極少。茲將現行曆法與世界曆法，每月日期列表比較之。

月份	一	二	三	四	五	六	七	八	九	十	十一	十二
現行曆法日數	31	28 28	31	30	31	30	31	31	30	31	30	31
世界曆法日數	31	30	30	31	30	30	31	30	30	31	30	30
增減數	0	+2 或 +1	−1	+1	−1	0	0	−1	0	0	0	−1

可知十二月中，一，六，七，九，十，十一諸月之日數，無變化。僅二，三，四，五，八，十，諸月中，有一二日之增減。對於二十四節令及紀念日期，可無須更動。蓋嚴格言之，四百年中置九十七閏年，是以精確紀念日期，以地球回至軌道上定點言，則有三四日之遊動。列如春分，可在三月十九，二十，二十一，二十二日之間也。今世界曆法，僅有一二日之增減，故可無庸計及。

是於世界曆法，簡單易於實行，故能得大部份人士之同情。如能通過，將於1939年實行，蓋是年一月一日，恰為星期日也。

結　論

科學之目的，在求事物之精確，謀應用之簡便。曆法亦何能例外。故自古制定曆法後，所以時有改革者，蓋不外乎此也。自格列高里曆法創出以還，曆差之計算，已臻完備。然仍時有改革之呼聲者，則欲求其用廣法便也。茲十三月曆法，既感困難，而世界曆法，允稱完善。國際聯盟，亦會組專門委員會商論其事，或有實現之可能。惟科學與時俱進，最近期間，或能有更完美之曆法，取而代之，亦未可知。吾人豈可袖手旁觀，拭目以待，而不迎頭趕上哉？

第三編　我國舊日的新年

一、新年中的文雅舉動

（一）春聯

　　除夕以紅紙書吉語，貼於門上，叫作春聯。這是舊曆新年中最能使兒童感覺興奮的一樁事情。全國各地的新年歌謠，差不多都有："二十八貼花花"（原來除夕始貼春聯，後來多半提早，故云二十八。）的一句話："花花"的意思，就是形容"春聯"和"門神"的紅紅綠綠的景致的。在新年慶祝聲中，這些紅紅綠綠的"春聯"，到處閃耀着，好像能使一切景色，都隨之而換了一種新氣象。牠的使人興奮的力量，底確是不小。所以自民國元年，改用新曆後，舊有的一切多被廢除，獨有"春聯"一事，却仍被大家很有興趣的採用着。

　　說起"春聯"也有着很長久的歷史。據歷代文人的記載和考證，說他源出於"桃符"王安石的元旦詩上說：

　　爆竹聲中一歲除，春風送暖入屠蘇。

　　千門萬戶瞳瞳日，總把新桃換舊符。

　　詩中所說的"新符""舊符"，就是指的"桃符"。然而"桃符"的來源便又早了。據近人黃華節的考究，說："桃符最古的形式爲'桃弧''桃茢'。在周爲'桃梗'。在戰國時爲'桃人'"。《周官》《禮記》等書均有記載。關於"桃弧"，《左傳》曾說明他的作用道："桃弧棘矢，以除其災"。（見《昭四年》）桃弧就是桃木弓，田縞《中華古今注》上又說："辟惡車，秦制也。桃弓，葦矢，所以禳除不祥也。《春秋》云：'桃弓荊矢，以除其災'，所爲辟惡也。""荆矢"就是"棘矢"，"葦矢"又是"葦矢"的轉化。總之，桃弓，棘矢，葦矢，都是古代辟惡禳災的法物，到秦時又變出一種"辟惡事"，法古人辟災除邪之意，以桃木爲兵器，更配以棘矢，葦矢，以張其勢，其認"桃木"爲有辟邪之力是一樣的。這時的桃木兵器雖不限定用之於新年，也不限定懸掛於門旁或門上。然而這種"桃木"辟邪的原意，却是後世"桃符"的濫觴。

　　與"桃符"的性質更近的一種東西，是周人的"桃梗"。"桃梗"就是桃樹的枝子，把桃樹的枝子折下，樹於門旁，用以治鬼，是當時的一種迷信舉動。《太平御覽》引莊子的話道："有掛雞於户，懸葦索於其上，樹桃其旁，而鬼畏之。"《春秋内事》説："夏后氏金行，初作葦茭，言氣交也。殷人木德，以螺首慎其閉塞，使如螺也。周人木德，以桃爲梗，言氣相更也。今人元日，以葦插户，螺則今日之門鐶也。桃梗今之桃符也。"解釋雖多穿鑿，而事實實可藉證，解梗爲更，原無不可，於此可知周時人民於新舊歲相更迭的時候，插桃枝於户外，以表示驅鬼禳災之意。後人將此意引伸演變，遂又產生了一種所謂"桃符"。這是桃符的第一次大轉變。

　　"桃符"最初雖甚簡單，僅僅是一條桃樹的枝。到戰國時候，便被人們改造的複雜了。他們用桃木刻作人形，著於門户之上，以表示驅災禳邪之意。這是"桃枝"變化的新進程，也就是後世門神的起端。《戰國策·齊策》上，蘇秦罵孟嘗君有句話説："土人與桃梗曰：今子東國之桃木，削子爲人，假以丹彩，用子以當門户之厲。"從這句話裏，可以很明白的看出，戰國時代，人們對於桃人製作的形式，並用之以當門户之厲的風俗。漢人應邵更以度朔山傳説，説明"桃人"的來歷。在他所作《風俗通義》上説："上古之時，有荼、鬱壘昆弟二人，性能執鬼，居東海度朔山上，章桃樹下，檢閲百鬼，無道理，妄爲人禍害。荼與鬱壘，縛以葦索，執以食虎，於是縣官常以臘除夕，飾桃人，垂葦茭、畫虎於門，皆追效於前事。冀以衛凶也。桃梗，梗者更也，歲終更始，受介福也。"至此"桃梗"不但已經不是原來的桃枝，而成了"桃人"，並且"

"桃人"又有了名子,叫做"荼與鬱壘"了。不過"桃梗"雖然已經變成了"桃人",但是"桃梗"的遺俗,却仍被大家保存着,所以上面的例子中,仍有着"葦荽""桃梗"的話頭。這是桃符的第二次大轉變。

"桃符"的第三次變化,便是"桃版"。宋高承《事物紀原》考"桃版"之原始,推本於黃帝,其説明桃所以有治鬼之力,則根據於《玉燭寶典》與《山海經》。其説曰:"桃,《玉燭寶典》曰:'桃者,五行之精,厭伏邪氣,制百鬼。故作桃板着户,謂之木仙。'《山海經》曰:'神荼、鬱壘二神人,主執惡害之鬼,黃帝乃立桃人於門户;畫荼、壘與虎索,以禦鬼。'此則桃版之制也。蓋其起自黃帝,故今世畫神像與上,猶於其下書右鬱壘,左神荼,元日置門户間也。"從這段記載中可以知道,"桃符"在宋是個什麽樣子。由"桃梗"變爲"桃人",更由"桃人"變爲"桃版"。在桃板上畫神像,或僅寫神的名字。牠的形狀已經最近於後來的門神了。

不過"桃符"在形式上,雖然愈變愈簡,由人形而成爲一塊板。但在板上的圖繪,却是愈演變愈複雜了。原來只畫神像,并於其下右書"鬱壘",左書"神荼"。但在五代時便又出了一種新的形式,就是不僅僅於畫像寫神名,並且還要題别的詞句,這種事情至宋而大盛,遂造成中國藝文上的一種新格式。這段故事在《宋史》上記得更清楚。《宋史·蜀世家》中説:"孟昶命學士爲題桃符,以其非工,自命筆題云:'新年納餘慶,嘉節號長春。'以其年正月十一日降,太祖命吕餘慶知成都。而長春乃冬節也。"《蜀檮杌》上也有這樣的記載。孟昶的詞,顯然就是"春聯"的最佳形式。雖然在他的文中後人説含着亡國的讖語,但是那樣工整穩妥的形式,遂使後人不得不爭來效法他。宋時皇帝更深重其事,每歲除夕,命翰林爲詞題"桃符",正旦置寢門左右。便已儼然成了春聯的形式。此後民間爭效,所以周密《癸辛雜識》中便會記着鹽官黃謙之的滑稽對聯説:"宜人新年怎生呵,百事大吉那般者。"從此可知宋時題桃符的風氣,早已由官廷流傳於民間了。現在鄉村人家所貼的門神上,還常有着"福如東海長流水,壽比南山不老松"的話頭,便是題"桃符"

的嫡系派頭。

"桃符"到此,本已成了與古制相去甚遠的形式。傳至後世更用紅紙書吉語以代"桃符",根本連桃木版也沒有了。這種風氣起自何時,後人無從考查。據清人趙翼的考證,他引陳雲瞻《簪雲樓雜話》的記載云:

"春聯之設,自明太祖始。帝都金陵,除夕前忽傳旨,公卿士庶之家門上須加春聯一幅。帝微行出視,偶一家獨無。帝詢之,知爲屠家,尚未倩人寫耳。帝爲大書:'雙手劈開生死路,一刀割斷是非根。'投筆徑出,校尉一擁而去。已而帝復出,不見懸掛。問之云:'知是御書,高懸中堂,以爲獻歲之祥。'帝大喜。"

又太祖賜陶安門貼曰:

'國朝謀略無雙士,翰苑文章第一家。'(見《列朝詩集》)

又賜廖永忠以漆牌書:

'功超群將,智邁雄師'八字,懸於門首。(見《明史》)

則門貼起於明太祖理或然也。"

於此可知,"春聯"之起,起於明初。而"春聯"實質之發生,則遠在五代及宋初。不過當時不叫"春聯"或門貼,而叫做"題桃符"罷了。

總上所述,是"春聯"形式之完成,成於明代。而其來源則始自遠古。初爲"桃弧""桃茢",後爲"桃梗",再變而爲"桃人",又爲"桃符",又爲"桃板",至"題桃符"之風氣一興,遂成爲後世"春聯"之前身。經明初提倡後,更以紅紙代"桃符","春聯"的形式到此,便完全成了現在的樣式了。

古人插桃符,意在辟邪。而"春聯"的用意,則純爲慶祝春節。其文字內容,不是讚美自然,便是歌頌和平。不然便是一派孝悌忠信禮義廉恥的道德格言。屆至近年,更多爲宣傳主義之革命標語,"春聯"之用意至此已全無迷信之迹,其進化的情勢,亦頗足令吾人尋味哩。茲將時下最通行的聯語寫在下面:

——屬於讚美自然的:

江山增潤色,桃李豔春光。鶯遷金谷曉,花滿錦城春。雲霞呈異彩,山水有清音。堦前春色濃如許，户外嵐光翠欲流。芝蘭得氣一庭秀，桃李成陰四海春。

——屬於歌頌和平的：

中華一統，九天日月開新運，民國萬年萬里歌聲醉太平。萬邦敦睦誼，五族享共和。黃金新歲月，錦繡好山河。山河歸一統，主義奉三民。

——屬於讚道德格言：

不是孝悌友恭更有何事可樂，只此謙和雍睦自然到處皆春。傳家有道惟存厚，處世無奇但率真。忠厚留有餘地步，和平養無限天機。爲人宜春風和氣，處世當白日青天。

——屬於宣傳主義的：

完成國民革命，實現世界大同。地與人文增氣象，天從民意放晴和。天下爲公，世界大同。

——其他民間流行之有趣聯語：

一夜連雙歲，五更分二年。老者點頭辭舊歲，童子拍手賀新年。

愛和平，守道義，尊敬祖宗，讚美自然，我中華國民一般之美德，均在新年紅綠春聯中淋漓盡致的發揮出來！處茲弱肉強食時代，雖不免失之愚樸，然直道而行，尚有大國民風度。往年，微聞政府曾有革命春聯之撰集，想係鑑於我國民過於酷愛"美善"，致養成纖柔靡漫習氣，欲藉聯語灌輸革命思想，使之鷹揚隼奮耳。

附錄：近人黃華節所製之"桃符"演進表

桃茢／桃弧（古代）—桃梗—桃人（戰國）
- 桃印剛卯（漢）— 赤靈符（唐宋）／迎年佩
- 桃符（魏晉）—桃版（六朝）—題桃符（五代）—春聯（明）
- 桃像書"神荼"、"鬱壘"門神

（二）燈謎

謎，迷語也，從"言"從"迷"，要解說起來，便是一種可以迷人的言語。不過這個謎字，古來並無其字，說文云："謎，隱語也。"這是後來附補的新文。"謎"字最初與人相見，就在唐代的《北史》上"試作一謎，當思解之"了。

謎語在古時，曾有過廋辭，隱語，射覆語，風人體，燈謎（亦名燈虎）等名稱。我們要攏統的給它們一個釋義，便是：廋辭有諷刺的特色，隱語只在隱寓意思，射覆語全爲迷信的傳說，風人體多係一般詩人的隱語，燈謎則爲文人們的詩文謎。

現在，我們所談的是年中娛樂之一燈謎。

"燈謎"在從前本名"商燈"，"商"字蓋取"商榷"之意；但後來又名"春燈"，同時也叫"文虎"，又名"燈虎"。世人解釋"燈虎"的"燈"字，有兩種說法：一種是說夜間由出謎人將詩文謎的謎面書貼於燈彩之上，任人猜射故名；一種則說謎面被人射中，即贈射中者以燈彩，所以"虎"上要冠"燈"字。兩義比較起來，前一說自然可靠得多。至於做"燈謎"起源，《委巷叢談》說過：

"杭人元夕，多以謎爲猜燈，任人商略。永樂初，錢塘楊景言以善謎名。觀此，則燈謎之戲，似始於明初。相傳有二十四格；但今只存解鈴、繫鈴、測字、會意、脫帽、捲簾、折腰、雙鈎、集錦、錦屏數格矣。"

我們知道燈謎的起源歷史，再來談談燈謎的本體就不成什麼問題了。現在且把它的格式列舉如下：

1. 解鈴格。解鈴格在燈謎中分量最多。所謂"解鈴"者，是將一個意思的上半或正面爲謎面，而以其下半或副面爲謎底，這是燈謎中的正格。如：

　　閫　　令　　打四子書一句："夫有所受之也"
　　御　　妻　　打四子書一句："夫執輿者"
　　爲臣不易　　打四子書一句："責難於君"
　　大禹惜陰　　打四子書一句："其間不能以寸"

2. 繫鈴格。"繫鈴"者，是將一個意思的下半或副面爲謎面，而以其上半或正面爲謎底，所以和"解鈴"之意思正相反對。如：

丹轂朱輪　打四子一句："乘殷之輅"
野人獻日　打四子一句："暴見於王"
太公避紂　打四子一句："遠則有望"
3. 會意格。會意格分量亦多，如：
小　　樓　打四子句："居上不寬"
頑　　石　打四子句："鄙哉硜硜乎"
萬取千焉，千取百焉　打四子一句："其實皆什一也"
不生不滅　打四子一句："可以死，可以無死"
4. 折字格。如：
政　打一書名：《正字通》
系　打《孝經》一句："無思不服"
及　打四子一句："無人乎子思之側"
五經無陣字　打一人名："陳代"
5. 捲簾格。如：
梁　　間　打四子一句："子之燕居"
舊　憲　書　打四子一句："歷年多"
小人有母　打四子一句："在親民"
周公吐哺　打四子一句："薦其時食"
6. 脫帽格。如：
其妻饁之　打四子一句："四飯缺"
7. 雙鉤格——如：
門人爲臣　打四子一句："孔子主我"
8. 折腰格。如：
東山折屐　打四子一句："安無傾"
9. 錦屏格。如：
家　　父　打四子一句："屋廬子不能對"
10. 集錦格。如：
一步一趨　打四子一句："孔子行顏淵後"

馮驩市義　打四子一句："爲營窟於薛"

以上所舉，都是比較清雅的燈謎。我們爲了博聞起見，就便將通俗燈謎舉出數則，以資談助：

1. 會意格。如：

瞎子推磨　打《四書》一句："先生饌"（諧轉）

孔明定下空城計，蘇秦能説六國平，六郎要斬親生子，宗保不捨穆桂英　打四一句："巧言令色"

四月將盡五月初，家家買紙把窗糊，丈夫出外三年整，千里家書一字無。打四藥名：半夏，防風，當歸，白芷（紙）

鐵打一隻船，四外金鑲邊，一脚踏碎了，還得用綫連。打四地名：陳州（沈舟），金州（舟），蘇州（酥舟），杭州（行舟）"行"讀厂ㄤ，以綫縫衣也。

2. 折字格。如：

孔　　明　打《四書》一句："仲尼日月也"

三人同日去觀花，百友原來是一家，禾火二仙對面坐，夕陽之下有雙瓜。打四字："春夏秋冬"

虫入鳳窩飛去鳥，七人頭上長青草，大雨下在橫山上，半個朋友不見了。打四字："風花雪月"

女子同眠，兩又齊肩，人挑扁擔，月去耳邊。打四字："好雙大脚"。

燈謎是一種最富趣味的文學玩藝，我們（尤其是兒童）平素若喜歡玩玩這種遊戲，無形中自己的性情上，每每便要起一種活潑的感化。再者，醫學家也常説："大笑多了可以長壽"，謎語雖不必一定要人家發笑，但取樂一層，却正是燈謎自身的能事，所以燈謎直接既能使我們的精神上感覺慰快；間接於我們的身體上更可增加健康。

燈謎在我們猜測問難的時候，彼此兩人一個要重重布網，另一個又要盡力解縛，正是所謂鈎心鬥角，各盡其妙。在這種狀況之下，猜謎的人，爲解決問題固然煞費思想；但問謎的人，爲迷難猜者計，也何嘗不用腦筋？所以此時無論問謎或猜迷的人，他們思想的發達，都正如湧泉一樣。這種思想的發達，不是猜謎的結果麼？

燈謎，我們可以說，它不但可以陶冶性情，煥發精神，而且足以啓發思想，增加知識，是民間高尚文藝的一種。

（三）酒令

酒令，爲新年飲酒遊戲樂事之一；一人爲令官，飲者皆聽其號令，違令者罰。有詩令，籌令，拳令等名目，茲摘要分述如次：

1. 詩令

（1）葩經（即《詩經》）花名令　此令舉《詩經》兩句，成一花名。如：

雞既鳴矣，冠緌雙止。雞冠　戴纓帽者飲

百兩御之，天作之合。百合　新娶者飲

佩玉鏘鏘，芃蘭之支。玉蘭　佩玉者飲

夙夜比偕，其香始升。夜香　佩香囊者飲

（2）花名詩　各誦詩一句，要有花名，但不得犯花字，誤者罰。如：

紅珠斗帳櫻桃熟　秦女金鑪蘭麝香　芙蓉如面柳如眉

（3）藥名詩　各誦詩一句，要有藥名，須不覺爲藥，亦不得犯藥字，誤者罰。如：

計程應説到常山　臥看牽牛織女星　盧家少婦鬱金堂

（4）玉人詩　各誦古人詩，以玉字飛觴，却不得犯玉字本義，誤者罰。如：

玉樓人醉杏花天　玉人何處教吹簫　小玉驚人踏破裙

（5）壽字詩　誦古詩一句，以壽字飛觴，却不得犯壽字義，誤者罰。如：

薛王沉醉壽王醒　行人獨上壽陽樓　墮雲孫壽有餘香

（6）五色詩　誦古詩，依青黃赤白黑五色飛觴，假如令官飛青字，接者飛黃字，下接赤字，錯亂者罰，不成者倍罰。如：

兩山排闥送青來　幾時塗額藉蜂黃　海東遷馭赤虬來

(7) 飲中八仙歌令　將歌順數，一人一字，遇口字一杯，遇酒字一大杯，遇水酉偏旁杯觴飲斗等字半杯，遇鈎剔所向爲左右轉，遇轉不轉者罰一杯。

(8) 折字對令　令官取古人詩一句，不論次第，先出一字，書之於紙，令合席對之，各書姓字於上，復出一字對之，迨七字對完，然後順寫原句，再寫各人所對，有不連者，一字罰一杯，佳者合席賀，粗通免罰。

(9) 續麻令（即黏頭續尾令）　此令行法甚多，寬嚴隨意，有限定一經者，有不拘經史子集者，有但須成語者，有兼用俗語者。假如令官限《詩經》云："福履綏之"，順數第四座飲一杯，接云："之子于歸"，又數四座飲一杯，復接云："歸寧父母"，餘類推，至收令仍須用福字，則循環無端，儻所言之句，末一字無可接者，還請言者代接，不能者罰，可接而不能接，則接者罰雙杯。

2. 籌令

(1) 古詩酒籌，如：

玉顏不及寒鴉色　面黑者飲

人面不知何處去　鬚多者飲

焉能辨我是雌雄　無鬚者飲

人面桃花相映紅　面赤者飲

西樓望月幾時圓　將婚者飲

(2) 唐詩牙碑籌令，如：

坐列金釵十二行　天牌　多婢妾三杯

十二街中春色編　天牌　普席各一杯

雙懸日月照乾坤　地牌　新衣一杯戴眼鏡一杯

金杯有喜輕輕點　地牌　新婚三杯

籌令除上面所講的以外，還有"名士美人令"，"訪鶯鶯令"，"訪黛玉令"，"尋花令"，"訪西施令"，"捉曹操令"等從略。

（四）拳令

1. 點將令。二骰遞搖，得四爲帥，下坐再搖得帥，分曹對壘，於是甲乙二帥猜拳，甲勝，聽點坐中某人爲將，乙勝亦然，迨坐客點盡，甲帥點某將索戰，乙帥點某將應敵，互相猜拳，敗則易將，一曹之將咸敗，則帥自出應敵，敗者飲大杯，另一巨杯，敗將分飲。

2. 擺擂台令。先尌巨杯高坐，有來姆戰者，照飲巨杯開拳，負則退，如負後再飲，可以重戰，擂臺負者讓位，勝者坐，聽人攻擊，如果紛紛敗去，無敢索戰者，封擂完令。

3. 贏通關拳。贏拳方過，輸則仍留。

4. 輸通關拳。輸拳過關，贏則仍留。

5. 搶三籌令。尌以巨觴，架三籌於上，甲勝一拳，即取一籌，如乙亦勝，即奪回甲已取之籌，以三籌全得爲勝。

6. 五毒令。大指爲蝦蟆，食指爲蛇，中指爲蜈蚣，無名指爲蝎虎，小指爲蜘蛛，分勝負之法，則蜘蛛吃蝎虎，蝎虎吃蜈蚣，蜈蚣吃蛇，蛇吃蝦蟆，蝦蟆吃蜘蛛。

7. 拍七令。從一數起，至四十九止，挨坐順數，明七拍桌上，暗七（如十四二十一之類）拍桌下，誤者罰。

8. 一字清令。自一至十，只呼一，二，三等單字，不得呼一品，二喜，三元之類，是爲一字清。又有以肘置桌直豎其臂，不得傾欹，則爲之一字清不倒旗令，誤者均罰。

酒令雖是一種遊戲，但不熟讀古詩或素精此道的人，便不能參與酒戰。在新年盛讌席上，它們差不多和音樂藝術一樣的能夠使人賞玩遊泳於美的快樂境界中。不過，有時狂歡過度，每每鬧成酗酒趣劇，這也是酒令的流弊。

二、新年中的民間風俗

我國國民，勤儉樸實，固執守舊，舊日新年的一切習俗，均有古代遺風，現在分作十項述之。即：一臘八，二祀灶，三除夕，四元旦，五破五，六人日，七元宵，八補天穿日，九春社，十清真教之新年。

（一）臘八

中國舊日的新年，嚴格的講起來，可說是不僅在正月，從前一年的臘月初八起一直到次年的正月二十九，這個狂歡的時期纔算完全過了。臘月初八舊稱"臘日"，各寺均煮七寶五味粥分送門徒，各家亦於是日煮粥，謂之臘八粥。《東京夢華錄》：

"十二月……初八日……諸僧寺作浴佛會，並送七寶五味粥與門徒，謂之臘八粥，都人是日各家亦以果子雜料煮粥而食。……"

是臘八粥之來源，已甚早。往年開封相國寺內，住僧數百人，是日煮粥，必用極大之鍋數口，且所煮之粥，亦不限定僅送僧徒。各督署道院大小衙門，及紳董大家均一一施送。相傳一次煮粥常用米十餘石，煮粥之鍋可容水數十車。搗鍋者則必打梯上台，數人輪值云。

今者各地人家每至是日亦必煮粥，粥中除米之外，尚加煮紅棗、柿餅、豇豆、綠豆、麥仁、白薯之類，富豪者更加添珍品，如元肉、核桃仁、白菓、蓮子等，蓋亦取七寶五味之意也。

臘八粥相傳不許一次食盡，必留若干待至明年方食。或云臘八以後，每日晨餐，將餘粥稍置於鍋內，謂之"接年氣。"

（二）祭灶

臘月二十三俗為祭灶日，各家均用餳糖、炊餅祀灶神，謂之灶糖、灶餅。有許多地方並以秫秸紮為馬形，夾於紙裸中焚之，意為灶神備代步也。相傳灶神於臘月二十三日上天報告人間善惡，至次年元旦五更始回。故祭竈時，焚香叩頭後，即將原貼神像扯去付於香火中焚之，並將餘燼送於戶外之東南方，意即送之升天也。

考竈神之名，見於典籍中頗早，《論語》曰："於其媚於奧，寧媚於竈。"朱熹高註云："竈，古五祀之一，夏所祭也。"《禮記·月令》："孟夏祀竈。"是祭竈之事古在夏令行之。不知何時爲民衆傳演相習，而移之余冬令。

且祀竈之日，即在臘月者，今昔南北亦多不一致。《東京夢華錄》所記者爲十二月二十四日。在其卷十中記云："十二月……二十四日交年節，都人至夜請僧道看經，備酒菓，送神，燒合家替代錢，紙貼竈馬於竈上，以酒糟塗抹竈門，謂之醉司命。"按：竈馬即今之竈神像。所謂醉司命即醉竈神，因竈神亦稱"東廚司命主"也。於此可知祀竈之日，開封一帶在宋時原爲二十四。不知何時改爲二十三日矣。故今民間竈神對聯，常寫："二十三日去，初一五更來。"

是祀竈之日爲二十三，通行於民間亦非一日矣。不過江南一帶，今多爲二十四日，淮河沿岸，則二十三，二十四者各有之。山西一帶且多以家人遠出者歸齊之日祭竈，則不限定爲二十三，或二十四矣。

至於竈神之來歷，爲說更繁，《古周禮》説："祝融爲竈神。"（見《禮記疏》）

高秀則云：吳回。回祿之神託於竈，故祀之。

《淮南子》云："黃帝作竈，死爲竈神。"

《五經異義》則云："竈神姓蘇，名吉利。夫人姓王，名搏頭。"

《酉陽雜俎》記竈神之名則曰："竈神名隗，狀如美女。"又"姓張名單字子郭。夫人字卿忌，有六女"。

近世民間傳說多稱竈神姓張，故曰張竈君。亦有敷會史事者謂："元時胡人入關，雄據中土，爲鎮民心，令其兵士家居一口，監視一切。飯熟必先供嘗，娶婦當使其度初夜。刀杖之類必由其掌管以防不測。強迫漢民稱之爲"一家之主"。嘗自比謂："人間家主，天上竈君。"故今人稱竈君，亦有稱爲"一家之主"者。若依此傳說證之，則祀竈直是污辱耳。

民國十六年後，上說被傳最力。因此民間祀竈之風稍戢。且有因上述傳說而自動扯竈神者。

（三）除夕

中國歲時節令中，典禮隆重而富有濃厚詩意者，要算"除夕"了。"除夕"即陰曆十二月晦日，其先日（二十九）曰"小除夕"，俗例於"小除夕"晚上，設酒置讌，歡呼狂飲，親朋鄰友，互相拜謁。這種風俗由來甚遠，典籍文學類有詳確記載。流風遠播，至今仍殘留於民間。《北京歲華記》有："先除夕一日，曰小除夕，人家置酒筵，往來交謁。"

復次，我們對於"除夕"的含義，不能不解釋一下。按"除"，"去"也，"易"也。書云"除惡務本"，故新舊歲之交，謂之歲除。因此，除夕，也就是除舊迎新的意思，現在把最普通的除夕風俗約略的說一說：

1. 吃年飯　吃年飯那天，先把廳堂，廚房等糞除乾淨，桃符（詳看春聯）春聯貼好，懸祖先遺像於堂，遍室燃燈，謂之"照虛耗"；然後家人團聚一堂，圍桌歡讌，叫作團年，富豪之家，珍饈羅列，美酒盈樽，固不待說；就是引車賣漿之流，也得要略備葷菜數種，薄酒一甌，來點綴點綴這一年一度的佳節！荊楚歲時記說過：

"歲暮家家具肴蔌，以迎新年，相聚酣飲。"就是指的除夕晚上民間設讌的情形。

年飯時間較平常日子晚餐特別提早，并且歡讌時間愈早，就愈表示闊綽。并燃放爆竹，慶祝佳節。

2. 驅鬼酬神　鬼神是甚麼？這當然是一般沒有科學頭腦的愚昧者對於自然界一切變幻現象不能理解，而想像出來的冥冥中的主宰者。雖然荒唐無稽，可是古代人民互相傳述。却確認為鬼神是有的，所以舊日的除夕，也就鬧這種驅鬼酬神的把戲。

《呂氏春秋注》曰："前歲一日擊鼓驅疫癘之鬼，謂之逐除，亦曰儺。"《論語》也說過："鄉人儺。"（按："儺"，即驅疫的意思。）

酬神，它是報答神恩，求福免禍的一種愚昧舉動。《輦下歲時記》：

"都人至年夜，備酒果送神，貼竈馬於竈上，以酒糟抹於竈門之上，謂之醉司令。"

《熙朝樂事》曰："除夕更深人静，或有禱竈請方，抱鏡出門，窺聽市人無意之言，以卜來歲休咎。"

根據上面所述，我們知道除夕所驅逐的鬼是疫癘鬼，所迎的是竈神了。今則村户人家無貧富，至除夕之夜必包水餃於五更食之，且必於多餃内另包一餃，内置制錢一枚，家人共食，以卜個人來年之運，食得有錢之餃者，家人共稱其爲來年家主之才。意亦在灶君新自天歸，即擇一有才之人，以爲將來之家主也。

3. 守歲　除夕歡讌之後，圍着熊熊爐火，終宵不眠，謂之守歲。又以赤豆作飯，留食至開歲三日，謂之"隔年飯"。古代詩歌中，關於守歲詩很多，有的竟把守歲時的情景，烘托成一幅最富有詩意的圖畫，如唐太宗《守歲詩》：

"暮景斜芳殿，年華麗綺宮，寒辭去冬雪，煖帶入春風，階馥舒梅素，盤花卷燭紅，共歡新故歲，迎送一宵中。"

4. 分歲　除夕晚上，子弟向尊長辭歲，尊長賜幼輩分歲錢，受者珍藏懷中，不得折封。元旦過後，始能撕去封皮，以之購買新年糖菓等物。近人叫做壓歲錢。演變結果，已不限定必在除夕，幾幾乎只要在正月，都可以賞壓歲錢的。

（四）元旦

一年之第一日，叫做"元旦"。一名"三元日"，《荆楚歲時記》："正月一日，是三元之日也。"又名"元日"，《書經·舜典》："月正元日。"（注：月正，正月也，元日，朔日也。）至於"元旦"之名起於何時，《晉書》説過："顓帝以孟春正月爲元，其時正朔旦立春。"後來稱一年之第一日爲"元旦"，恐怕就是根據這個説的。

中國舊稱禮教之邦，元旦習俗風尚，仍守古代遺風，繁文縟節，不勝枚舉，分晰評論，更難繁引。兹就禮文、飲食等項約略言之：

1. 禮文　元旦五鼓即起，名曰起五更，家長冠服沐手焚香，祭神祀祖，卑幼以次拜尊長親鄰，尊長賜幼輩壓歲錢，及飴菓。古代典籍，關於此類禮文紀錄甚多。《荊楚歲時記》：

"正月一日，是三元之日也，春秋謂之端月，雞鳴而起。"

《玉燭寶典》：

"正月之朔，是謂正日，躬率妻孥，潔祀祖禰。"

《東京夢華錄》：

"正月一日年節，開封府放關撲三日，士庶自早互相慶賀，坊巷以食物動使菓實柴炭之類，歌叫關撲，如馬行、潘樓街、州東宋門外、州西梁門外踴路，州北封邱門外。及州南一帶。結綵棚，鋪陳冠梳、珠翠、頭面、衣著、花朵、領抹、靴鞋、玩好之類，間列舞場歌館，車馬交馳。向晚，貴家婦女，縱賞關賭，入場觀看，入市店飲宴，慣習成風，不相笑訝。至寒食冬日三日亦如此。小民雖貧者，亦須新潔衣服，把酒相酬爾。"

2. 迷信　鬼神之道，渺渺茫茫，自求多福，何須禱祝？而中國往日元旦習俗，頂禮焚香之習，觸目皆是，虛糜金錢，耗費時間，且足阻礙科學之進步，尤爲愚昧不仁。

（A）畫鍾馗像　據古籍所載，鍾馗能驅鬼避邪，故元旦那天，畫鍾馗像貼於門上。《邇齋閒覽》："今人歲首畫鍾馗辟邪，俗傳起於唐明皇。"

《唐逸史》："開元中明皇晝夢一小鬼，繞殿奔戲。上前上叱問之，曰：臣乃虛耗也。上怒，欲呼武士，俄見一大鬼頂破帽，衣藍袍，繫角帶，靸朝靴，徑捉小鬼，先刳其目，然後擘而啖之。上問曰：爾，何人也？云：臣終南山進士鍾馗也，武德中應舉不捷，羞歸故里，觸殿階死，奉旨賜綠袍葬之，感恩，發誓與我王除天下虛耗妖孽之事。言訖夢覺，乃召畫工吳道子圖之。"

這真是一篇鬼話！

（B）燃爆辟鬼　古時以火著竹，畢剝有聲，叫做爆竹。元旦燃爆，爲的驅逐惡邪。《荊楚歲時記》：

"元日庭前爆竹，以辟山獠惡鬼。"

山獠是甚麽呢？《神異經》解釋的有：

"西方山中有人焉，其長尺餘，一足，性不畏人，犯之則令人寒熱，名曰山獠，以竹著火，烞熚有聲，而山獠驚憚，元黃經所謂山獠鬼也。"

（C）畫雞與桃符　元旦日除了畫鍾馗像和燃放爆竹來驅逐鬼物之外，其次便是貼畫雞和插桃符了！關於畫雞和桃符故事，古籍上記載得很多（詳見春聯）。

《拾遺記》上邊記載的有：

"堯在位七十年，有鸑雛歲歲來集，麒麟遊於澤藪，鴟梟逃於絕漠，有袛支之國，獻重明之鳥，一名重睛，雙睛在目，狀如雞，鳴似鳳，時解羽毛肉翮而飛，能逐搏猛獸虎狼，使妖災群惡不能爲害，飴以瓊膏，或一歲數來，或數歲不至，國人莫不灑掃門戶，以望重明之集。其未至之時，國人或刻木，或鑄金，爲此鳥之狀，值於門戶之間，則魑魅醜類，自然退伏。今人每歲元日，或刻木鑄金，或圖畫爲雞於牖上，蓋重睛之遺像也！"

三、飲食　元旦飲食，異於常日，上半天茹素，下半天葷食，禁宰生物，河南元旦早餐，均食餃子。正月初五，開始工作，始易饌飯。《荊楚歲時記》：

"正月一日爲雞，今一日不殺雞。"

《雲笈七籤·靈寶》曰：

"正月一日修續命齋，勿殺生。"

《法苑珠林》佛言：

"正月少陽用事，萬神代位。陰陽交精，萬物萌生，故正月一日，持齋以助和氣。"

這就是元旦禁屠生物之緣故。不過俗例於元旦還飲屠蘇酒。按屠蘇亦作酴酥，昔人居屠蘇屋以釀酒，因名。相傳爲華佗之方，元日飲之，辟不正之氣。《荊楚歲時記》曰：

"正月一日，長幼以次拜賀，進屠蘇酒。"

根據上面所敘的，我們可以看出元旦日的舊俗，是含有極濃厚的神話意味。神話本來是原始信仰的產物，流行於原始民族社會間，則當一民族文化漸啓，原始信仰失墜以後，此種表現原始信仰的風尚當然亦要漸漸衰歇，現在除了民智閉塞的鄉間尚仍然殘留此種風氣外，近代大都市已漸漸的在打破原有的傳統習慣與舊俗。

（五）破五

正月初五名"破五"，俗例開筵醉酒，歡笑如狂。河南風氣於是日後始易食常飯，因爲初五以前，無論貧富上下均極力設法，作佳食也。相傳"破五"意義，是：

1. 初五以前，禁婦女往來，新婦亦不得歸寧。俗傳"破五"前，新婦如望見母家門庭所懸年燈，於夫家翁姑不利，故新婦在新年時候，目不窺外，始能博得翁姑讚譽。

2. 我國人民，業農者十居八九，皸手炙足，披星戴月，終歲動勞於田野，歲首新年，始得稍爲休息，但"破五"過後，又得要卸下新裝，開始操作了！

（六）人日

正月七日，謂之人日，按《西清詩話》載東方朔《占書》，謂歲後七日，一日雞，二日犬，三日豕，四日羊，五日牛，六日馬，七日人。這天的風俗，和"重陽"差不多，携酒登高，漫吟賦詩。《荊楚歲時記》：

"人日登高賦詩。"

《直隸志書》："正月初七，人日，携酒登高。"（良鄉縣）

蘇轍《踏青詩序》："眉之東門十數里，有山曰蟇頤，山上有亭榭松竹，下臨大江，每正月人日，士女相與遊嬉，飲酒於其上，謂之踏青。"

在初七那天，爲甚麼要登高遠望呢？也無非去看看天氣好壞的意思。那天天氣晴和的話，年歲一定吉祥，如果是陰晦天氣，免不了在這年中要發生災異，或其他變故。《江南志書》：

"正月七日爲人日，晴則少疾疫。"

《遵生八箋》：

"七日爲人，是日日色晴明温暖，則本事蕃息安泰。若值風雨陰寒，氣象慘烈，思預防以攝生。"

東方朔《占書》：

"歲後七日，是日晴，所生之物育，陰則災。"

初七晚上，俗忌掌燈。又婦女於是晚迎紫姑（注）以占衆事，又炒豆粟粳米，擲諸室隅以飼鼠，叫做炒雜蟲。並且在那天，禁言鼠事。（紫姑神名，兒女子戲迎其神，以問休咎，如扶乩然。）

《直隸志書》：

"正月初七日，俗謂人日，民間忌點燈，爲鼠娶婦。"

《山東志書》：

"人日之夕，不張燈，爲鼠忌。"

在河南商丘縣，初七那天，男男女女們都到火神廟去祭神，相傳初七就是閼伯火正的生日。有些地方，婦女們剪綵爲人或爲燕雀形，互相餽贈，拿來做鬢髻的粧飾，古人有詩云"綵燕迎春入鬢飛，"就是指的剪綵飾鬢的故事。

（七）元宵

正月十五日，名元宵，亦名元夜，又名上元，元宵前後三夜，家家結綵懸燈，輝煌燦爛，火樹銀花，飲酒歡樂，較除夕，元旦更爲熱鬧。

1. 提燈　元宵節先數日賣燈，叫做燈市。燈有楮練羅吊之屬，繪縷人物故事，或者花果蟲魚動植之像。騷人墨客們更爲藏頭詩句，懸雜物於几，任人商揣，名曰燈謎，亦名燈虎，射中者其物聽其取去。豪貴富室則有繚絲，琉璃，魚魷，綵珠，明角，羊皮，夾紗，麥絲，竹縷，流蘇，寶帶，鼇山諸品，至期則結綵棚於衢巷，懸燈爭勝，簫鼓喧闐，遊人往來觀賞，熱鬧異常。又每家置小燈數百盞，燃諸廳堂，凡灶陘，井臼，户雷，楷橺等處，各置一盞，謂之除虛耗（虛耗，即鬼魅也）。

元宵張燈三日，十四日爲始燈，十五日爲正燈，十六日爲殘燈。排燈作天下太平等字，又謂之燈山。臨水居者多放河燈，超度孤魂野鬼，十四日至十六日初昏時，有風則歉，無風則豐，謂之占歲燈。

《舊唐書》：

"上宗於上元節放燈，前後三日，開坊市門。"

元夕燃燈，怕就是開始於那個時候吧！

2. 迎神　燃燈鳴鼓，亘街穿巷，旌旄前導，叫做迎神，他們除了迎城隍和土地神外，最重要的就是紫姑神了。《荊楚歲時記》：

"其夕迎紫姑，以卜將來蠶桑，并占衆事。"

關於紫姑和蠶之起源，從前有一段很美的神話，現在不妨把它錄在下面：

《紫姑顯異錄》云："紫姑，萊陽人，姓何名媚字麗卿，壽陽李景納之妾，其妻妒之，正月十五陰殺之於廁中，天帝憫之，命爲廁神。故世人作其形，夜於廁間迎祀，以占衆事，俗呼爲三姑，又云坑三姑娘。"

蠶是中華民族的特惠物，蠶之起源的故事，是：

"舊說太古之時，有大人遠征，家無餘人，惟有一女；牡馬一匹，女親養之。窮居幽處，思念其父，乃戲馬曰：'爾能爲我迎得父還，吾將嫁汝。'馬既承此言，乃絕韁而去，徑至父所，父見馬驚喜，因取而乘之。馬望所自來悲鳴不已。父曰：'此馬無事如此，我家得無有故乎？'乘以歸。爲畜生有非常之情，故厚加芻養。馬不肯食，每見女出入，輒喜怒奮擊，如此非一。父怪之，密以問女，女具以告父，必爲是故。父曰：'勿言，恐辱家門，且莫出入。'於是伏弩射殺之，暴皮於庭。父行，女與鄰女於皮所戲，以足蹙之曰：'汝是畜生，而欲取人爲婦耶？招此屠剝，如何自苦？'言未及竟，馬皮蹶然而起，卷女以行，鄰女忙怕，不敢救之，走告其父，父還求索，已出失之，後經數日，得於大樹枝間，女及馬皮，盡化爲蠶，而績於樹上；其繭綸理原大，異於常蠶。鄰婦取而養之，其收數倍；因名其樹而桑，桑者，喪也，由是百姓競種之，今世所養是也。"

3. 節食　元宵日和粉作丸爲節食，亦名吃餛飩湯，因爲在那天母氏迎女歸寧，所以又叫團圓茶。後人因元宵賣圓子，遂呼圓子爲元宵。

（八）補天穿日

正月二十三日，俗稱爲補天穿日，謂女媧於是日補天地也。在中國古籍上，紀載了不少煉石補天的話，現在，我們不妨引在下面：

《列子·陽問》：

"昔者女媧氏煉五色石以補其（天）闕，斷鼇之脚以立四極；其後共工氏與顓頊爭爲帝，怒而觸不周之山，折天柱，絕地維，故天傾西北，日月星辰就焉，地不滿東南，故百川水潦歸焉。"

《淮南子》：

"往古之時，四極廢，九州裂，天不兼覆，地不周載，火燄炎而不滅，水浩洋而不息，猛獸食顓民，鷙鳥攫禾弱。於是女媧煉五色石以補蒼天，斷鼇足以立四極，殺黑龍以濟冀州，積蘆灰以止淫水。"

《列子》，有人說是雜湊成的僞書，《淮南子》也是雜采舊說而成的，故煉石補天之說想來也是民間傳說述極盛的神話。不過這一節神話所含的意義最使我們感到興味的，就是它可以當作中華民族原始的宇宙觀。中華民族的環境是東南濱海的，長江大河皆流入海，西北却是山陸，這種環境在原始人看來是極詫異的，所以他們便創造了女媧氏的神話，說是"地不滿東南，故百川水潦歸焉"的話。

在那天，俗例以紅絲縷繫煎餅置臺上，謂之補天漏。

（九）春社

立春後五戊爲春社，社有二：春祈秋報。《孝經》說："社者土地之主，土地廣博，不可遍敬，故封土爲社而祀之。"因此，春社就是仲春祀土神以祈農事的典禮。《月令》云："仲春之月，擇元日，命民社，使民祀之，以祈農也。"

在原始民族中，祀神是他們最崇拜敬愛的神，因爲一切自然界的景物，到春天便都從大地上蓬蓬勃勃的生長出來；尤以農業民族是靠春季播種耕耘而得生活的，故對於社神視爲特惠的神。他們因爲希望年歲豐稔，也就事先迎社神以祈禱。醵錢穀，具牲禮，盛張鼓樂，演劇祭賽，劇名社戲，演畢，張筵歡飲，名曰社酒。

《荊楚歲時記》：

"社日，四鄰並結綜會社，牲醪爲屋於樹下，先祭神，然後饗其胙。"

相傳春社日飲酒一盃，能治聾疾。杜甫有詩云"爲寄治聾酒一盃"，即指春社酒而言，春社早上，襁褓兒女，尊長俱令早起，恐社翁爲祟故。

（十）清真教之齋月

我國幅員遼闊，人民衆多，因山脈水勢之區分，遂使各地民衆，風俗習慣，宗教信仰各有不同。清真教爲吾國民衆所信宗教之一種。其舊日年俗，與普通民衆類皆相同。惟齋月一事，爲該教特有信仰舉動之一種，在回曆新年前行之，如佛教之有臘八然。其期間爲一月。過去不明宗教關係之人，常目此爲回民實際奉行之新年。實則回民之新年與普通所行者無異，赴賽會，會親友，蒸饃，做菜亦概在舊曆新年中行之，所不同者，獨把齋一事耳。於此可知中國民衆，目爲有宗教之別則可，目爲有種族之別實不甚當。蓋自六朝以來，地理的自然限制，已爲民衆的政治活動所打破，各地血統早已溶合。惟存個人信仰，尚留於私團活動之間已耳。茲將清真教齋月事實略記於後。

回曆每年十二月，月有齋，以三日出庚爲齋之始。中土則以每年之終月爲齋，齋期一月，謂之歲齋。是月，雞鳴而食，日入而開。一日之中，不茹水穀，不近女色，或居於家，或守於寺，目不妄視，耳不妄聽，口不妄言，心不妄思，手不妄取，足不妄動。惟制欲檢身，日行五功，歸真認主而已。

五功者何？一曰念。念者，心乎主也。萬物皆爲主所造，故人皆應念主。經曰："念主者，主念之。念主則無過，主念則無虞。自我勤慎，自主祐之"。真念主者，時省於懷，常注於口。心念不忘，口念不輟。念兹在兹，正以示其無間耳。

二曰禮。禮者，拜乎主也。一日五時，所謂晨晌晡昏夜是也。拜各有數：晨禮四，晌禮十，晡禮四，昏禮五，夜禮九，日共三十二拜。又有儀："一曰立，端身正面，頫首齋足，目矚叩所。二曰躬，曲身正首，平脊促膝，目矚足。三曰叩，身首匍匐，鼻額着地，目視鼻端。四曰跪，曲足端坐，敬謹沉默，目視胷次。合數儀而成一拜，合數拜而成一禮。禮有條例，即沐浴，潔服，肅向，正念是也。斯時，勿他顧，勿旁視，勿搔首，勿舉足，勿作聲。故犯者復禮。經曰："爾民禮拜，務守其中。"又曰："拜主如見主，雖爾不見，主實見之。"

三曰齋。齋者，依乎主也。僅能近食色而不能止食色，非齋。僅能戒食色，而不能忘食色，亦非齋。氣質之偏，物我同之，齋者所以屏物我之私。嗜欲之感，人禽共之，齋者所以嚴人禽之界。離情去欲，所以對真宰。克己誠身，所以完本來。經曰："一私不立，一塵不染。"是謂心齋。

四曰課。課者，體乎主也。萬物皆主所造，人不得而自私。財貨者，主所與也。以之與主，則主無所用之，故施之於人，所以體主之大仁也。故有財者務捐其四十之一，金銀錢貨，牛馬駝羊，果穀生產，各有定例，依律清算無隱。一年一課，行於歲齋。先親後疏，先近後遠，餘課則扶老助弱，賑饑興學。經曰："凡物有課，有所能而施之以濟不能也。財富者，利濟貧乏。學優者，導化頑愚。言美者，繹訟解爭。力強者，扶危助弱。廣修屋廈，以延賓客。多備器用，以應借貸，皆課之義也。"

五曰朝。朝者，歸乎主也。天方為聖人所生地，朝聖即所以敬主，不辭險阻，跋涉山川，累月乃始詣其境。屆時沐浴易服，割牲佩香，迺入覲撫石，遊庭七匝，臨位而拜，致祈祝，讚頌而退。下經白土泥川，趨於兩塾之間，復入拜闕，如前儀。既，謁陵，探泉而歸，復辭朝。然有形之朝在身，無形之朝在心。反身而誠，則無時而非朝。驗之於心，則無處而非朝也。

五者之功，彌月而滿，一年之是是非非，皆交還於主宰。同人悉諷經讚聖，以報主恩。禮畢，衆悉團拜。歸則各見親族，詣其戚貫，咸如禮。坐後或贈以油鮦,或宴以飲饌。乃各盡歡而散。於是舊歲已去,而新年來矣。

三、新年中的民間娛樂

(一) 賽會

新年演戲迎神,謂之賽會,賽會地點,常設在坦平的曠野,有時也有設在廟宇裏面的。所迎的神,不消說,自然是社神了。前面已經說過,農業民族是靠春季播種耕耘而得生活的,故對於社神視為特惠的神。相傳社神不但可以豐樹五穀,並且可以保持鄉境安謐,它是和護衛人們旅途安寧的兄弟公(水神),懲兇除惡的雷神(天神),賜予人家產生兒女的屋主公(家神),更能操縱人們生死福禍的威權,所以民間信仰它的神能也比其他一切鬼神都要莊嚴隆重些。

"會社"是民間所組織的社祭團體;至於賽會會場的布置,乃先由"會社"籌備者(由會員輪流充當)搭棚造殿,及種種布置設備,以便敬神者依次燒香和就棚休息;如果表示闊綽的話,就在會場四周懸掛花球,花燈,又紮紙偶人作緣竿履索,飛龍舞獅之像,奇形怪狀,叫人目眩。神臺上燃燒蠟炬,火光熊熊,燦爛奪目。爆竹之聲,通宵達旦。

參加賽會的人物,我們願意給他分析的話,也可分為好幾種:一是鄉間農民,完全站在自身方面,祈禱社神保佑他年歲豐稔。二是一般以祈福免禍為懷抱的男女。三是志在新年娛樂的一班遊客。

"會社"籌備人除了負有布置會場的職務外,還要籌劃幢麾隊,舞龍,音樂隊等等組織,景象常極熱鬧。

每年新生的小孩子,那時都要到"社會"去開燈,叫做添新丁。(這是指男孩說的,所謂開燈,就是送一個花燈出來,燈的款色,聽人的喜歡,這叫做開燈。)鄉民對於社神,要表出恭敬誠虔的氣宇;燒香跪拜,更要規規矩矩的默求神佑。

河南民間之社，有春祈，社報，冬蹋，儺酬等舉。當新年時候，演戲賽會，教之明習禮讓，以正齒位，使得醉飽歡娛，鍛鍊體格，本來含有鄉人飲酒古意，不過崇拜偶像，又未免涉近迷信了！

（二）龍燈

舞龍，亦爲新年娛樂之一。其製法係用竹分節紮成，每節有柄，外糊以顏色紙，更用布或繩索貫串成蜿蜒長蛇形，長者至十餘丈，分龍頭，紮爲有角有髮之想像的怪狀，龍腹則爲一致之圓柱形，龍尾則如魚之尾鰭，列燃蠟炬，以十數人分執各節之柄，遊行燈市。其舞龍以賀年節者，有些地方名曰"送子"。

新年慶遊事畢，龍燈付諸焚燬，名曰"送災"。河南地方多不焚，而留至明年復裱糊使用者。

舊說龍爲鱗蟲之長，能興雲雨，利萬物，號爲四靈之一。新年舞龍，也無非邀福乞靈的意思。所以舞龍時每至一處，常有人燃鞭，歡迎，要求翻舞。舞的姿式變化極多，有穿雲，有戲珠，有穿襠，有翻身，又有高搭彩台表演鯉魚跳龍門的迷信故事的。故民衆對此多感興趣，每年元宵之夜，鑼鼓喧天，萬炬齊明，市民無論男女，往往空巷聚觀，爲舊日新年中，夜間遊戲最有勢力的一種。

（三）演戲

中國是一個農業社會的國家，十之八九的人民是從事於農業生產，他們沐風櫛雨，辛辛苦苦的勞動了一年，所得的不過是菜根礦食。要在體力上得到相當的休息與安慰，便不能不尋找良好機會來演唱幾齣戲劇！新年，正是耕作閒暇的時候，這正是宣洩苦悶，尋求安慰的時候。因此，新年中的社戲，便鑼鼓喧天的在民間流行了。

我們若以歷史的眼光，來考察戲劇演進的歷程，其最初的形式，是全以神權爲中心的戲劇。我們翻開希臘的戲劇史，再調查調查我國民間演唱的社戲，便可以給予我們事實的證明。

譬如悲劇吧，它是起源於古希臘的頌神歌，其目的在祭頌當時稱爲酒神之戴王尼色斯（Dionysus），此神在古希臘民衆信仰中非常普遍，故每當暮春三月萬花競放的時候，群民聚集野外，歌舞於戴神之前。其次，像喜劇吧，它也是起源於古希臘的一種"崇陽教曲"，這種歌曲在民間的勢力，正如現在我國鄉間流行的秧歌，一般婦女兒童們常在街頭巷尾，田野庭院唱著這種歌曲，所以戲劇可以説是真正民間的產物。

中國的社戲也是起源於酬神，同時，也是民間的正當娛樂。在新年演戲的時候，他們整天整夜，一般老的少的男的女的，三五成群，都去戲場觀劇，戲場常設在露天的寬闊曠野，有些搭蓋了棚廠在那裏賣各種食物的；也有終夜在那裏遊玩傾壺而醉的；還有些賣香火寶燭之類的。演戲之外，還有各種遊戲湊熱鬧——如舞龍，放燄火，幢隊，音樂隊，裝亭等（亭分爲硬亭軟亭兩種：硬亭爲用普通桌椅加以采飾造成，以便數齡孩童端坐的；軟亭乃以竹片製造的，以求適宜於僅及數月的嬰孩而坐的。也有用貝殼一類的東西紮成裝亭的，裝潢得極爲美麗。）

又因爲中國地方遼闊，各省文化水準不同，故各地間戲劇所表現的形式也就不一樣。略言之：有崑曲、平劇、弋腔、秦腔、徽調、大鼓書等。河南新年戲劇，則多爲開演本省梆戲，其種類亦極繁多：有高調，有小梆，有西府調，因皆用梆打拍，故稱梆戲。此外尚有越調、羅戲、皮影、木偶、二架弦等戲，四時雖皆開演，而以新年中開演的機會爲最多。

四、新年中的兒童遊戲

（一）爆竹

古時以火著竹，畢剝有聲，叫做爆竹。至於新年燃放爆竹的原因，在古代社會是含有極濃厚的神話意味。古代初民，智識譾陋，對於自然界的一切變幻現象，靡不認爲冥冥之中有鬼神主宰。鬼物，在他們是認爲極猙獰可怕的怪物，不祥的精靈。據説，鬼物是怕火光的，所以他們燃起那熊熊火光，與畢剥有聲的爆竹來驅逐它們，使它們不能災禍於人。後來燃放爆竹，却似乎有異於古意，在慶賀新年或其他典禮，燃放畢剥的爆竹；無非增加熱鬧表示歡欣鼓舞意思。現在，新年中燃放爆竹，竟成了兒童們的美妙遊戲了。

現在爆竹製法，和從前大不相同，它是用各種紅緑顏色紙裹着一定分量的火藥，火藥中埋伏一根引綫，用火燃燒引綫，爆竹便畢畢剥剥的響起來了！

爆竹的種類也很多，有一響、百響、千響、萬響等。多響爆竹，是連珠般響法；一響的大爆竹燃放起來，遠遠聽去，就好像戰場上開花砲的轟聲，雄壯而又嘹亮！

（二）陀螺

陀螺，俗稱菱角，用木製之，其形長圓。一端小而一端膨大，大端之中央，貫以鐵釘；小端則以繩盤旋數周，乃將陀螺之大端向上，小端向下，夾於拇指與食指間，而繩之一端，亦以他指夾之，即向地用力擲陀螺，隨抽其繩，則陀螺能以鐵釘立於地上，旋轉不定。此因陀螺之重心，偏近於大端，當大端向上時，其重心之位置高，而小端復有繩以抽動之，故易倒轉。至落地之後，能自轉動不致傾倒者，一則由於慣性，動者恒動，一則由於遠心力，以與地心引力相抵抗故也。

（三）不倒翁

糊紙作醉翁狀，頭大，身短闊，無足，以手推之，隨倒隨起。此因不倒翁上部之大半，其質爲紙而中空，下部之小半，其質爲泥面中實，故重心甚低，且底面亦頗平闊，凡物體之重心愈低底面愈闊者，即傾覆亦愈難，不倒翁實依此物理所製成的兒童玩具。

年俗亦有用之勸酒而旋轉之，視其面所向，則其人當飲，與古人用酒胡子勸酒相似。

（四）毽子

用銅錢一枚，外包棉布，上綴雞禽羽毛三四枝，以足踢之，隨起隨落，此因毽子之銅錢質重，羽毛質輕，且銅錢又爲扁圓形，則其重心低而底面闊，與不倒翁相似；故踢之使起，落下時，自不易傾側矣！《帝京景物略》有云："楊柳兒死踢毽子"是踢毽遊戲在從前早已盛行。

今人認踢毽爲柔軟運動之一種，國內各級學校雖少提倡此種遊戲，然新年兒童每多嗜好踢毽比賽，比賽陣形亦有多項，特爲列舉如下：

1. 傳毽　此種比賽，可分全人數爲相等之二組。每組立成一圈，各用拈鬮法，選一發毽人，即由發毽人首先踢毽一下，傳於左邊之人；如是每人接踢一下，順次傳去，至再傳於發毽人時，發毽人改踢二下，重向左邊傳去，以後每一循環，依次增加踢數，直到每人各踢五下爲止。凡接毽不中，或多踢少踢，或手指觸毽，均須受公正人處罰。

2. 單足踢毽競走　此種比賽，應先用石灰畫就闊一公尺三公寸長約四十公尺之跑道數條。起賽時，各賽員各用自備的毽子，立於起點上。及聞發令員發令後，即一面踢毽（專用左足，或專用右足均可），一面向前快跑，以先至終點者爲勝。在競走時如兩足踢毽，手指觸毽，毽子落地，或跑出界綫等，均以完全失敗論。

3. 雙足踢毽競走　此種比賽，其辦法於單足踢毽相同，惟競走時應以兩足踢毽，左發右接，右還左接，交互接踢，如用一足連踢兩次或兩次以上者，則取消其比賽資格。

4. 接力競走　此種比賽應用之跑道，可延長爲六十公尺至八十公尺。每組二人，甲立在跑道之起點，乙立在跑道之中點，起賽時，由司令員指定一種踢法，甲聞口令後，即踢毽至中點，再由乙接踢至終點，接踢時，甲乙均不能踏過中點界綫，違者取消比賽。其餘規則和前兩種比賽同。又每組人數，亦可增至三人或四人，惟跑道亦須酌量延長。

5. 合縱連橫　此係隔檯比賽踢毽，因分縱橫二組比賽，故稱"合縱連橫"。比賽前，先選用高八公寸闊一公尺之正方檯一隻，就檯脚作四對角綫於地上，其陣形如圖：

甲乙二人爲橫組，丙丁二人爲縱組，各以左右兩綫爲國界，比賽時，先用拈鬮法決定發毽，如橫組先踢，則甲乙可隔檯往來接毽，而縱組之丙丁則相機搶毽，無論接踢或搶踢，凡踏出本國界綫，或接踢不中，或手部觸毽，或一人連踢兩次以上，均以失誤論，失誤後，當讓他組對踢。比賽時間，應預先商定，時間終了，由公正人宣布勝負。計分法，以每組能連續接踢四次爲勝一分。

6. 勞燕分飛 此種比賽，最少由二人爲一組，比賽時各備一毽，東西對立，同時交互接踢，兩毽飛於空中，恰似伯勞和飛燕，此去彼來，不易相聚。凡接送錯誤，或接踢不中，或手指觸毽，均以失敗一分計算。

7. 供毽 此種比賽，須先就場地畫一直徑八公分餘之圓圈，再用拈鬮法決定各賽員踢毽之次序，並各依公決之踢法，逐一踢毽，凡接踢不中，或踏出界綫即當停止。及比賽終了，計其踢數之多少，分別等第，凡踢數少者，應向較多者一一供毽，供毽時須立於受踢者之對面，距離約一公尺八公寸許之處，以毽拋供，受毽者如能踢之墮地，則繼續執行一次，必待受毽者踢而不中，或踢出後被供毽者以手接住始作罷。

（五）風箏

風箏又名紙鳶，俗稱鷂子。河南兒童俗呼多爲"豪"音。據說，風箏之創製，係始於五代時候。《詢芻錄》記載有："五代李鄴於宮中作紙鳶，引綫乘風爲戲，後於鳶首，以竹爲笛，使風入竹，聲如箏鳴，故名風箏。"

風箏製法，是先用竹紮成種種形狀——如蜈蚣形，長蛇形，蝴蝶形等，再糊以顏色紙或絹。復於竹上繫數綫，綫之他端，互相聯絡，別取一繞於竹箸上之長綫繫之，乃以一手持綫，一手牽動風箏，風箏即慢慢上升，再以竹箸上之綫漸漸放出，風箏更上升於空中，此因風箏之質甚輕，以綫牽動之，風力斜衝於風箏之面上，而其中一部分之力，自下面直壓風箏，使之向斜而上昇故也。風箏飛在空中，因風之振盪，縛在風筝上的弓弦，便錚錚的發出聲音來。

按風筝的歷史，還有一種傳說：楚漢相争之時，漢謀士張良曾製鳶以探楚軍，鳶即風筝之謂也。這樣看來，風筝在五代以前就有了。今人以此爲玩物，在性質上説，不但可以貽情悦性，還能藉此鍛鍊身體，可以説是一種很高尚的遊戲呢！

（六）花燈

新年提燈，是兒童們最富於趣味的遊戲。燈用竹紮成，形式極不一致，如"龍頭""獅形""年魚""蘆雁"等形，顏色與繪事，力求描摹新穎，遠遠望去，栩栩如生，燈内燃蠟燭，列隊遊行。元宵前後三宵，花燈燦爛，兒童提燈祝節，異常快樂，火樹銀花，耀若白晝。

（七）出遊

新年時兒童相與嬉遊，三五成群，登高遠望，謂之出遊，出遊時間，並無一定節氣，惟於晴天舉行。兒童曳鳶引綫，臨風翱翔，遥望如生。間有提壺挈榼，席地野餐，酣醉於自然界懷抱中。

我國舊曆新年，時正冬末春初，皚皚白雪，逐漸融解，郊原野草，將重新掀開冰層，欣欣怒放，故兒童新年出遊，又名踏青。蘇轍《踏青詩序》：

"正月人日，士女飲酒蠹頤，謂之踏青。"

《歲筆紀麗譜》：

"二月二日，踏青節也。"

《舊唐書·太宗紀》：

"大曆二年二月壬午，幸昆明池踏青。"

後來兒童新年出遊，也無非拾取古人踏青遺風，登高望遠，攬勝賞春，藉以飽吸新鮮空氣，洗滌塵垢，擴張胸襟。今謂清明曰出遊亦曰踏青。

第四編　世界各國的新年

　　歷觀世界各國新年的過法，多充滿神話的意味，東方諸國中，除土耳其遵其教規另有其特殊活動外，中國與日本，則大致相同，均以奉祀祖先，敬禮鬼神，祈求幸福，爲一切活動之出發點。歐美諸國，大致亦同於是，乃由聖誕節開始，直至於新年，而新年之盛況，且遠不如聖誕節。每年度入秋以後之衣着、食品、玩具，多爲聖誕節而準備，一切享用亦多因神而推及己身，此中西民俗之所同也。

　　歐美諸國於聖誕節前，各家或公共場所，除紀念耶穌降生外，多以拉排芬納聖尼古拉 SA, Nicholas 或 Santa Clous 神之降臨贈物告訴兒童，故其兒童多於聖誕節前夜，就寢前將其鞋或襪置門外，靜候可老司神之降臨贈物，此種神話爲歐美新年中兒童最富興味之一事，殊點綴其新年生色不少，故成人多藉以爲兒童助趣，兒童於此過程，如置五里霧中，究不知"可老司神"之何厚於彼等耶。

　　相傳聖尼古拉乃羅馬之教主，一日彼聞羅馬某村有一屠夫，誘三幼兒於其家，將其置鹽桶中，擬醃爲鹹肉出售於市，聖尼古拉素愛兒童，聞此驚耗，乃至屠夫家索三幼兒，屠夫驚走匿地窖中，聖尼古拉循蹤跟去，叫喚童子，三幼兒聞有救聲，乃由鹽桶跑出；屠夫被聖尼古拉治死，從此聖尼古拉永爲幼兒好友，久之幼兒遂將其名聖尼古拉（SA. Nicholas）縮短直呼爲"聖太可老司。"（Santa. Clous）致於每屆聖誕節何以歐美兒童均盼可老司神之贈物。此另有一種傳說，謂有童子過年無果品，甚煩惱，夜夢可老司神來給以果品，置之其襪中，懸樹上，童子喜甚，醒乃知其爲夢，啓襪視之，盈盈皆果品，此爲可老司神贈物之所由來。歐美人士今猶因襲此說而爲新年之助趣，茲將各地新年情況略書於左，俾閱者藉悉一般。

一、意大利

意大利於每年聖誕節（十二月廿五）將來臨之先，各項雜攤上滿擺着小孩的糖食和玩具，孩子們的父母，都要爲他們準備幾件新奇的什物，好供他們在節日玩耍，一到聖誕節的前夜，他們除在家庭内環繞着事前布置好的聖誕樹，和耶穌降生的馬槽，講些耶穌降生的故事外，他們還要準備一雙鞋子，於兒童就寢前，由他放一個適當的地方，盼望夜裏頭拉排芬納的來臨，好把他喜歡的東西盛滿在鞋子裏，孩子們爲歡迎拉排芬納的來臨，便買些喇叭吹個不止，這天夜裏嘟嘟的喇叭聲，直至孩子們就寢了方息。他們的母親給他們講拉排芬納的故事，說：拉排芬納是一個慈善的老人，他時常在地球上遊行，到了這天夜裏，他聽到孩子們歡迎他的號聲，他便把許多可愛的東西，放在好孩子的鞋子裏，次晨孩子們起來一望，鞋肚内滿載着聖誕老人賜與的東西，你想他們是何等的高興喲！

孩子們拿着這些聖誕老人賜與的東西，立在馬槽一旁給降生的耶穌玩（事先置玩偶作耶穌，或理想中認爲有耶穌），或讓他食他所得的東西。一會教堂的鐘聲，鐺！鐺的響了，他們的經驗告訴他，這是羅馬教皇將在教堂作"彌撒"（即禮拜）的信號，於是便扶老攜幼直向鐘聲響着的教堂來了，教皇領導着大衆頌詩、祈禱，最後還要散布衣物食品給貧富老幼的人們，所以從這天起，他們是不斷的宴會、娛樂、賀節，直到這一年最末的一日；除夕到了，他們儘量的尋樂、守歲，待鐘鳴十二下，忽聽教堂的鐘聲鐺鐺；街頭的鈴聲鏘鏘，緊接着便是隆隆的炮聲，震動全市，這正如同我們中國"爆竹一聲舊歲除"的意思呢。

二、蘇俄

蘇俄革命以後，雖是頒用新曆，但他們多數的農民仍守舊歲，結果形成他們新舊都過，如同我國革命後一般，按俄國的新曆，自十二月二十五日起，全國植樹張燈，迎親會友，至除夕各娛樂場開放，大衆狂歡守歲，澈夜不眠，元旦則安息如常。相見僅互道"新喜"。舊曆自聖誕節起，各希臘正教教堂，一律開放，各大城市充滿着教堂的鐘鼓聲浪，教徒們聽到這種嚴肅的號令，車水馬龍雜沓而來，教堂中跪滿着手畫十字，口致禱詞的信男信女，壇上立着峨冠博帶，袞衣繡裳的神父，秉素燭，持鑪香，領衆吟哦詩歌。堂內因金鑄、木雕、繪畫、聖像極夥，禮拜的人們，多對聖像接吻，表示敬愛，其中尤以聖瑪利亞產生耶穌於馬槽的蠟像爲最美，天使飛翔，百靈佑護，裝飾壯麗，極爲美觀。故是日各教堂內遊人，蟻集圍觀者極衆，僧尼乘機持鉢乞錢，遊人揮手舍施千百不等。自是日起直至除夕，宴會慶賀，日夜不絕，是舊俄時代一年中最感幸福的一個時期。

三、德國

德國新年亦自聖誕節開始，聖誕節之前四週，爲預備期，預備期中各家商店鈎心鬥角，致力廣告，招徠生意，柏林市的花販，屆時格外起勁，特備鮮艷的花束，或盆栽代人贈送，他如松樹、蠟燭、蠟台及關於聖誕的東西。紛然雜陳市間。各家爲忙於采購禮品，手挾肩負，絡繹於途。雖在飛雪絮絮之下，其興致亦不稍減，街市上時見化裝的聖誕老人，朱衣紅帽，背負大袋，後面跟着無數兒童，向他撫弄嘲笑。郵局門前常人山人海，忙於投遞贈送禮品，戲院食館亦均熱鬧異常。總之無處不告訴你聖誕節的來臨，聖誕節一到，家家植一棕樹，上綴蠟燭，謂之聖誕樹，是夕點燃樹燭，焕耀奪目，滿院燦爛。是夜循例吃鯉魚，飲紅酒，席上一家碰杯相賀，席終互送贈品，然後挾手環繞聖誕樹，朗誦聖誕歌，間以跳舞遊戲，直至深夜方息。

新年元旦無甚舉動，惟歲除夕則甚熱鬧，是夜跳舞場與咖啡館澈夜開放，街上醉人成群結隊，唱歌作樂。家家各吃油黃麫球，圍坐桌前，猜謎談天，兒童均到廚下以燒鎔鉛塊倒入水中為戲。俟凝結後撈出，如果結成有名目之物，便象徵本人今年必結好運。到鐘鳴十二下，闔家環成一周，互執紙爆竹一端，使之發响，從餘紙中尋出有色紙帽及一段詩句，這詩句概為吉祥之語，便分別當衆朗誦，然後大家環站椅上，直道禮拜堂的鐘聲响至最後一下，便一齊從椅上躍下，謂之"跳新年"，於是闔家互祝新年，直至聖誕樹上燭火全熄，方齊就寢。

四、美國

美國自聖誕節的前二日至新年後三四日，全國歡宴安息，聖誕節前夕美國人視為大節，遍街張燈結彩，光耀奪目，男女相偕在街上遊行者滿街皆是，社會氣象為之一新，人民心理因之亦快，教街上行走之人，均面堆笑容，極富生氣，各家於是夕多植一翠枝碧葉之耶穌樹，上綴五彩電燈，紙花果品，玩具之類，意謂樹上之物皆"可老司神"贈送兒童者，至除夕美國舉國若狂，多於痛飲狂醉後偕女友在街上漫遊，無論認識與否，均以"孩子"相呼，并以紙花互撒，或鳴笛互吹，總之無處不顯示着新年之快樂。至元旦則因除夕澈夜狂歡，市面反甚寂靜。

五、瑞典

瑞典的新年是從聖誕節的前晚開始，一直連接十三天，在這佳節未有來臨之前，瑞典的姑娘們自是年秋初都在那裏縫織或刺繡聖誕節時美麗的贈品，直到聖誕節前夜，他們還邀約友伴一面縫織，一面談天，聖誕節前不僅姑娘們着忙，街市上亦增多許多的貨攤，陳列着各種異樣的貨色—玩具、食物—食物中有一樣叫作薑餅做成各種野獸的形象，招惹很多好奇的人們來觀賞購買，互相贈送，這時鄉下人除掉自己準備安息過節外，牛兒馬兒的欄內都有一種特別的食料，並且在他們的住宅內還矗立着一根長長的竿兒，上面縛着一束没有打的穀子，準備給天空飛翔的鳥兒來吃，這是表示着新年的將到，一切生物都應該享受相當的快樂，在這天的下午家族內年長的人，很秘密的背着孩子們，裝置一棵聖誕樹，上面懸着五顏六色的草球和蜜餞食物，并且有各種顏色做成的筐籃，內裏盛着杏仁和葡萄乾，樹杪上插滿紅色的臘燭，一旁環繞着萬國的國旗，待臘燭點燃之後，真的是五光十色，燦爛奪目，門兒一開，孩子們從外面進來，注視着這棵華美的樹兒，不住的暗自讚歎着"好一片美景"，這時並有人扮作老人的模樣，叫作地神，門開處，只見這個短小年老的地神，偕着一個婦人，慈祥和藹的踱入屋內，這老人有一副白而長的髯鬚，戴一頂紅色的僧帽，手裏拿着一個鐘兒搖着，老婦人提着一個大筐籃，內面裝滿了包裹，包裹上面寫明送給某某人的，但送者的名字是沒有的，聖節的點心用過，便環着聖誕樹伴着音樂跳舞，這樣歡歡樂樂的直過至元旦後二三日方止。

六、法國

法國在聖誕節來臨之前，各大城市的商店，都修飾得富麗堂皇，內面陳設着各色的食品玩具，其華美的樣子，迥然和素日的情況不同，尤其是這幾日的郵局，終日忙着賀年片的傳遞，所以這幾天郵局的辦公時間，照例須要延長，家庭內或禮拜堂內也都布置一棵叢綠的松樹，下面用玩偶布成下面的故事——樹旁堆着一座假山，山窟前有很多的牛羊在吃草，山窟內放着一個馬槽，松樹上裝置着電燈，彷彿一道星光照耀着耶穌降生在伯利恒的馬槽裏的時候的情景，上面天使翔護，下邊牛羊呵氣，耶律王的使者，循着星光尋覓耶穌的生地，那星光直照至猶太伯利恒的地方，便停止着特別的放亮，那使者看見那星停止處，便大大的歡喜，進入山窟，看見小孩子和聖瑪利亞，便俯伏拜那孩子，并拿黃金乳香敬獻給他。這些布置，都是表示耶穌降生的故事的。

這天夜裏家家戶戶樂聲不斷，一般市民都在痛飲狂歡。孩子們在睡眠前，必把最大的一雙鞋子，放在煙窗旁邊，靜待聖誕老人夜裏在他鞋裏裝滿了好東西，次晨視之，滿鞋菓品、玩具，他們簡直感覺無限的快活。成人於除夕的夜裏都在咖啡館內，跳舞場內澈夜的娛樂，所以這天夜裏醉漢到處都是。

七、英國

聖誕節和新年將要來臨的時候，街市上百貨店內的燈光分外明亮。裏面的陳設分外鮮艷，在雞鴨店前，我們可以看到法國火雞的鮮美，可以聞到烤鴨的香味，水菓店前不是橘子蘋果堆成的金字塔，便是糖栗子乾梅子的山，小孩子在他父母的腕上拉了一拉，便可以爲他買了很多，這時的孩子們是多麽的幸福啊！

到聖誕節這天，他們要互送慶賀年節的片子和禮品，而且在各家的住宅中，大概都要裝點一棵極其輝煌的聖誕樹，上面繫着許多禮物，待一包包謝下來時，上面注着各人的名子，并附滑稽詩一首，多爲取笑的句子，所以這禮物是極其有趣的東西，接着便是歌舞談笑，所以在這天是澈夜可以聽到嘹亮的歌聲，除夕日與聖誕之前夜相彷，元旦則但見安息無甚娛樂。

八、比國

比國在聖誕節的晚上，小孩子們總同了父母一同出去，到各店遊覽，在較大商店的門口，站着一個服裝華麗的聖像，手裏執了袋，樹袋裏面的小小的禮物分給孩子們，孩子們很是高興。在家庭裏面裝置一棵聖誕樹，并且上面滿綴紅燭，點燃起來，候着聖誕老人的來臨，他們一樣相信着有一個聖誕老人，聖誕老人走過，總帶了滿袋的糖菓橘子蘋果等，把來散給他們。所以他們在這天夜裏是十分的愉快，澈夜不斷的歌舞，他們在就寢之前，都要用一雙鞋子放在門口，待聖誕老人降臨時，好把他的鞋子內裝滿他所喜歡的東西，屋內裝置的聖誕樹，直至新年過去方才撤去：新年除夕的晚上，各娛樂場所，均排演較好的劇目，咖啡店通宵達旦，所以這天夜裏醉漢滿街，恣意狂呼，但爲慶賀新年，概不禁止。

九、土耳其

土耳其自十二月一日始，算是他們回教的聖月，這時他們便開始戒食，祈禱。其時間每日自黎明到日落，在這時間以內，必須完全戒絕飲食及煙酒，直到日落西山，一聲砲响，報知大衆，禮拜已經告終。於是大衆便開始筵宴，通宵達旦。竟然日變爲夜，夜變爲日，當他們召集教徒祈禱時，黎明便登臨禮拜堂上的尖塔上面，高聲宣稱"上帝惟一，祈禱上帝，勝於睡眠。"直到元旦日他們舉行團拜，宣布"罷齋"告畢。互賀新年。

十、日本

日本的新年和中國大同小異，在新年天色未明之前，各人須償還他素日的負債，以維持他金錢來往的信用，不然便失了名譽，所以日本人在除夕的夜裏，特有一個奇異的市。除夕夜裏，負債的日本人，便在家中翻箱倒篋，趕往這個奇異的市上販賣，如果你這天逢巧來看，一定可以見到集市上，燃着油光閃閃的花燈，燈光下無數貧窮的日本人，擔着兩隻方箱，喲呀！…………的魚貫而來。街攤上的陳設，多爲木屐，磁壺，銀飾或襤褸的衣物，這些可憐的器物盡是他不想賣，但爲着生活上的信用，又不得不來出賣的，所以日本的除夕，是使人哭笑不得的。元旦日，日本人一律休業安息，尋樂，街道上家家門前，都搭着綠樹的牌樓，點綴得好似園亭一般，門的兩旁，各插着松竹，表示歲暮耐寒的意思，這樣行列很整齊的沿着街道，翠綠可觀；中間一根草繩聯過各家門前的松竹上，傳說是避鬼神降災禍的意思（即中國葦索古制）。通衢充滿盛裝艷服的男女矮人，互相餽送，互相拜訪，見面相向鞠躬，互賀新年，所以這天一片"的答"的木屐兒曳動的聲音，不斷的在耳鼓中響着。夜裏更是熱鬧，各街上燃着千奇百怪的燈籠，街上遊人很多，都擁擠着觀賞各種賽會，其玩耍中一種是舞龍的，龍的頭極大，而且是一件顏色紙版做成的，挑在一支竹竿上，從竿上垂下一件長袍，袍內隱藏着舞弄的人，前面吹笛打鼓的人通報龍的到來，其次來了一群苦力，拖着一部車，車上一群扮假面戲的人，穿着古代的服裝在表演，再次是一班童子提起精神喊着表演着一種古代的跳舞，沿街的觀衆人山人海緊跟在後面。

附錄五：新年兒童故事二則

（一）十三郎五歲朝天子

宋神宗熙寧年間正月十五元宵佳節，家家點放花燈，燈月交輝，如同白晝，時有大臣名王韶者，家住京師。某年欣逢此節，乃自夫人以下合家個個化妝整齊，家人張着帷幔，沿街觀燈。王韶有一小兒，排行十三，乳名南咳，年方五歲，聰明俊秀，其父愛如珍寶，合家老少亦莫不珍視。是夜南咳頭上所戴帽子，多是豆大珍珠組成各色花樣，馱在家人王吉背上，隨着內眷一同觀燈。那王吉緊傍帷幔而行，惟恐有差，行至宣德門外，神宗皇帝正御宣德門前，聖旨："特許萬民瞻仰，令武衛不得攔阻。"這時鰲山燈光如畫，樓上御樂婉囀，樓下百戲獻技，觀衆人山人海，異常擁擠。王吉正在人叢中觀看，只因肩上負了南咳，擠得腰酸腿軟，正沒奈何，只覺身上漸漸減輕，好不快活，把腰一伸放心去看。猛然想起背上南咳，視之早已不見，四下探望亦無蹤影，王吉着了慌，擠出告知府人。家人聞訊，即偕王吉自人叢中往返進出，高號大叫，仍無影蹤，時有一老家人道："頭上東西耀人眼目，定被歹人盜去了；你們且休驚慌，可先到家稟知相公，趁早差人緝獲爲上。"王吉聞聽"稟知相公"，十分怯懼，乃哀告大家容彼再尋，府中人都是着了忙的，那由他說。衆家人倉皇奔至府中，稟明相公，王吉跪下叩頭請死，相公毫不在意笑道："去了自然回來，何必如此着急。"衆家人道："想是被歹人拐去，何能自回？還是着開封府早爲追捕。"相公道："這也不必。"衆家人見相公聲色不動，不解何故，一齊到帷中稟知夫人。夫人連忙回府，揮淚來與相公商量。相公道："若是別個兒子失去，便當急訪。今係吾十三郎，必能自會歸來，不必憂慮。"夫人道："五歲孩兒雖然伶俐，何能自歸？相公即不命府裏緝捕，招貼也寫幾張，有人貪圖重賞，或能訪得下落來報。"相公仍不以爲意，謂："過幾日自然回來。"夫人道："好好的一個孩子，怎捨得失去不在心上。"相公道："雖然失去，包在我身上，還你一個舊孩子便了。"夫人那裏放心，自去吩咐家人四出找尋。

却說南咳在王吉肩上，正在擁擠喧嚷之際，被一人挨到王吉身邊輕輕伸手接來，仍舊如前馱着。南咳正貪觀看，一時不覺，只見那人亂擠而走。南咳定睛一看，不是王吉，知是被人拐了，心內想道："此必是貪我頭上珠帽，若被他掠去必難尋討。我且藏過帽子，身子不怕他怎樣的。"遂伸手除下帽來，藏在懷中，也不言語，也不慌張，任他馱走，却像沒事似的。將近東華門，只見前面四五乘轎子接連而來，南咳想道："內中必有官員貴人，此時若不求救，更待何時？"看轎子來得切近，伸手拉住轎帷道："有賊！有賊！救人！救人！"那人忽聽喊叫，恐被拿住，急捨下南咳鑽入人叢中去了。轎中人聞得孩子聲喚，推簾一看，乃是聰明伶俐的一個幼童，遂命住轎，抱來問道："你是何處來的？"南咳道："是賊拐來的，我方才叫喊起來，那賊在人叢中走了。"轎中人聽他說話明白，便抱來撫摩他頭道："乖乖不要慌，且隨我玩耍去。"說罷進了東華門，直入大內去了。那轎中坐的乃是高品近侍中人，只因皇上看燈已罷，回宮排宴，進了大內，命從人領南咳入其房內與他菓品吃着，被窩溫着，住了一宿，次早乃到神宗面前奏道："奴僕等昨日在東華門外拾得孩童一個，領進宮來，此乃萬歲爺得子之兆，尚未知是誰家子，特此啓奏。"神宗一聽此言，便叫："快宣來見。"中大人領旨直入房內，抱了南咳前去見駕。神宗問道："你是誰家之子？可曉得姓什麽？"南咳答道："兒姓王，乃臣韶之幼子。"神宗見他從容答對，暗自驚喜。又問道："你因何得到此處？"南咳道："只因昨夜看燈，瞻仰聖容。嚷亂之際，被賊偷馱背上。偶見轎子前來，遂叫呼求救。賊人走脫，遂隨中貴大人到此。"神宗道："你今幾歲了？"南咳道："五歲了。"神宗道："小小年紀能如此應對，王韶可謂有子矣。昨夜舉家不知如何驚惶，朕今既要送還汝父，只可惜沒處查那賊人。"南咳道："聖上要查賊，一些不難。臣兒被賊人馱走，見不是家人，即把珠帽除下藏好，那帽頂上有兒母將繡針綵綫插戴其上，以壓不祥，臣兒於除帽之時，將針綫取下，密把他衣領縫綫一道，針插在衣內以為記認。今陛下令人訪查，若衣領插針綫者即是昨夜之賊，便可拿獲。"神宗大驚道："奇哉此兒，年小智大。朕若不拿賊，孩子不如矣。待朕獲賊，可送你回去。"即傳旨命欽聖皇后暫收養此兒，並令限期獲賊。不數日緝捕使者果從玉津園旁酒肆中拿獲賊徒，押解開封府尹審訊，大尹驗看賊衣領針綫，暗自稱喜，而賊猶詭辯不招，大尹笑道："你記得元宵夜大內轎邊叫救人的孩子麼？你身上已有針綫暗記，還賴到那裏去？"遂命人將衣領與賊人觀看。賊人面色蒼白，知被孩子暗算，只得招出實情。府尹據供即時奏知神宗，神宗覽奏，大悅道："果然不出幼兒所料。"批準奏章，即時出決。且說欽聖皇后奉旨將南咳領入宮中，問他來歷備細，南咳應答如流，嬉笑自若，皇后喜極抱在膝上，命宮人取過梳粧匣來，替他掠髮整容，打扮起來越發顯得俊俏。合宮嬪妃聞之，盡皆來到，一見此子，爭先奉出珍珠寶玩等物來做見面錢，一會兒只把他兩隻小袖子內塞滿了。皇后乃命老內臣逐一替他收好，領他到各宮玩耍，真是宮中的一件趣事。過了幾日，忽然神宗駕幸欽聖宮，宣召前日的孩子來見，欽聖皇后領了南咳前來朝見，朝見已畢，神宗道："只為此子針綫所記，那夜做歹事的人，盡行拿住斬訖。此子可謂有智極矣。今日好好送他回家去了。"當下傳旨前日抱他進宮來的那個中大人，敕令送他回家，南咳乃叩頭謝恩，挾着宮中賜物遂隨送使者去了。

（二）插柏枝的傳說

每年除夕之日，大家要在門口上插柏枝，這種風氣，據說是朱洪武時代所留下的。

　　朱洪武做了皇帝後，天下平静無事，人民安居樂業，所以他們的新年，過得極其熱鬧。當某年除夕的晚上，朱洪武微服出遊，見千家萬户，掛燈結彩，煞是好看。後來他看到一家的燈籠，形狀好似大脚，他便立刻生氣，暗暗用柏枝在這家門口作記號，準備明天派人去殺他。

　　他含怒回宫之後，馬皇后見他非常生氣，便設法試探他。他說："因爲你的脚大，他們便用大脚的樣子做燈籠，不是故意譏笑我們嗎？我已用柏枝插在他的門口，到了天明便殺他。"馬皇后聽了這話，便傳下密旨，着各户人家在門口插柏枝，所以到天明後，朱洪武雖是派人出外了，却見各家門口都有柏枝，竟分不出那是掛大脚燈那一家。

　　從此以後，插柏枝竟成爲過新年的一種風氣了。

新潮文庫

端　　午
（小學教學活動綱領及參考資料）

《端午》（小學教學活動綱領及參考資料），開封教育實驗區教材部 1935 年 5 月印行。

弁　言

　　入國問禁，入境問俗，自古然矣。苟其禁與俗業已形成民風，而無礙於社會發展；雖意義不可詳考，賢者亦必從衆，安之若素。吾國舊曆節日，所以歷世弗改其俗者，大都爲勞苦大衆讌樂之流風，端午節即具有斯義者也。夫中華民族，習尚勤儉，爲舉世所不及。彼其終歲胼手胝足，不恒寧處。而藉有數節日，謀所以奉口體，通餽問，極暫時之安慰者，豈非人生活動之元素，休閒實居其一，無貴賤智愚，固有不可或闕也耶。至於崇尚之事，間涉迷信，要亦舊俗遺傳，即此猶可想見初民延續民族生命之心理也。本區編輯教材，關於民風研究，先及端午節，刊竟，書此以誌編輯之意義云爾。

　　中華民國二十四年端午節前　李步青廉方識於開封教育實驗區

目　次

教學活動綱領 ……………………………………………………… 2433
　一、導言 ……………………………………………………… 2433
　二、綱領 ……………………………………………………… 2434
第一章　端午源流考略 ……………………………………… 2437
　一、名稱之研究 ……………………………………………… 2437
　二、史實之考證 ……………………………………………… 2438
第二章　端午之風俗 ………………………………………… 2440
　一、節前之籌備 ……………………………………………… 2440
　二、節日之餽遺 ……………………………………………… 2441
　　（一）食品 ………………………………………………… 2441
　　（二）服翫 ………………………………………………… 2442
　　（三）符籙 ………………………………………………… 2443
　三、節日之裝飾 ……………………………………………… 2444
　　（一）門戶之裝飾 ………………………………………… 2444
　　（二）身體之裝飾 ………………………………………… 2446
　四、節日之呪語 ……………………………………………… 2448
　五、節日之藥物衛生及禁忌 ………………………………… 2449
　　（一）藥物 ………………………………………………… 2449
　　（二）衛生 ………………………………………………… 2451
　　（三）禁忌 ………………………………………………… 2452
　六、節日之飲食 ……………………………………………… 2453
　七、節日之娛樂 ……………………………………………… 2455
第三章　端午日前後之農事操作 …………………………… 2462

一、高粱之摘苗和中耕……………………………………… 2462
　　二、粟稗之摘苗與中耕……………………………………… 2463
　　三、瓜之踏鋤………………………………………………… 2463
　　四、落花生之下種與中耕…………………………………… 2464
　　五、胡麻……………………………………………………… 2464
　　六、棉花之勻苗與中耕……………………………………… 2465
　　七、大小麥之成熟與收穫…………………………………… 2465
　　八、大豆與晚穀之播種……………………………………… 2466
第四章　有關端午之動植物…………………………………… 2468
　　一、動物……………………………………………………… 2468
　　二、植物……………………………………………………… 2474
　　附：雄黃…………………………………………………… 2480
第五章　附錄…………………………………………………… 2481
　　一、最近各地過端午節之盛況……………………………… 2481
　　　（一）《武漢日報》…………………………………… 2481
　　　（二）《天津庸報》…………………………………… 2481
　　　（三）《京報》………………………………………… 2481
　　二、屈原傳略………………………………………………… 2482
　　三、角黍考略………………………………………………… 2484
　　四、扇子考略………………………………………………… 2490

教學活動綱領

一、導言

端午在我國初古已爲節日，其遺傳習俗，至今猶爲社會所風行，雖其中多爲休閒娛樂且有涉及迷信舉動；然於民衆心理方面，確爲避禍祈福，求生命延續與發展之普遍表現；於民衆生活方面，亦有恢復疲勞，暫事休息，以便繼續努力於生活途徑之意義。故本綱領之教學目的，在使學生就端午節日所有之事物現象，由調查搜集，進而作民俗之歷史的研究，兼取得生活常識。教學重心，高年級應以有目的之調查搜集，記述端午節日所得之印象，作史地自然之研究。中年級應以所在地作中心，從事於簡易之搜集與觀察。低年級則重在端午節日各種事物之認識。教學綱領，不分年級，僅列舉應有之活動，予教者以適應時機自由運用之機會。讀寫計算之學習，雖未明列，却暗含於各種活動之中，應由教者相機插入，指導學習。所列活動事項，依序進行，自屬順利；即擇綱領中之較繁複者充分研究，分列爲小單元之學習，亦無不可；至因事實之需要或因興趣所及，而舉行展覽及製作，亦可擴大其教學範圍。總之，本綱領以研究端午節日之事物現象及民間風俗爲主要目的，而其他研究爲其附帶之活動。至實際教學方面，如何而達到教學目的，如何而把握教學重心，如何而擴展教學內容，如何而兼及學習符號，則在教者之斟酌學生程度，因應當時情景，熟覽本教學綱領，而斟酌損益，活動運用之。

二、綱領

（一）開始活動

1. 教師於適宜時機提出端午節使大家注意。
2. 追談過去端午節日所有之狀況。
3. 提出要點及疑問。
4. 根據疑問尋求解答。
5. 決定從事研究，並準備搜集調查或觀察。

（二）準備工作

1. 決定研究問題及搜集調查與觀察之事項。參看（三）
2. 劃分小組擔任工作，或由個人選擇擔任。
3. 推定每組領袖。
4. 準備應用器具（鉛筆，筆記簿，表格等）。
5. 制定調查表格（師生共同討論製定）。
6. 規定整理研究日期。

（三）正式活動

1. 端午節前籌備事項之調查或觀察。
2. 端午節日餽贈物品之調查或觀察（衣物食品等）。
3. 節日門戶裝飾品之搜集調查或觀察（鍾馗像，五毒符，艾，菖蒲等）。
4. 節日佩戴品之搜集調查，或觀察（五色絲，香囊，艾葉，五毒肚兜，黃虎頭鞋，符籙等）。
5. 節日藥物之搜集及調查（曬艾葉，取蛇皮，裝蝦蟆墨等）。
6. 節日禁忌事項之調查。

7. 節日飲食品之搜集及調查（菜肴，菓品，角黍，糖糕，麻糖等）。
8. 節日娛樂事項之調查或觀察（依所在地所有之事項調查或觀察）。
9. 商號過節狀況之特別調查（結賬，進退夥友等）。
10. 節日前後農事操作狀況之調查或觀察（視進行狀況相機指導）。
11. 有關端午節的動植物之搜集或觀察（艾，菖蒲，荷，榴，五毒虫等）。
12. 節日故事傳說之搜集及調查。
13. 節日歌謠之搜集及調查。

（四）整理研究

1. 各組或個人分別報告搜集調查及觀察之結果（口頭或文字）。
2. 分類陳列搜集得來之物品（供研究時參考）。
3. 研究端午節日名稱之由來。
4. 研究端午節日流傳之史實。
5. 根據節日餽遺之調查報告，進而研究互相餽遺之意義。
6. 根據節日裝飾品，藥物，禁忌之搜集調查報告，分別研究其有無效用，並追尋社會迷信之原因。
7. 根據節日飲食品之搜集調查報告，分別研究其品類及製法。
8. 根據節日娛樂之調查報告，進而研究節日娛樂之意義。
9. 根據節日動植物之搜集觀察報告，分別研究其形態，習性及與人生之關係。
10. 述說端午節日流傳之故事及歌謠。
11. 研究屈原之傳略。
12. 研究扇子之源流。
13. 研究端午節與民衆生活之關係。
14. 研究改良節期生活之途徑。

（五）結果活動

1. 記錄或口述各種研究結果（選擇最優記錄揭示保存）。

2. 記載或復述端午節日流傳之故事及歌謠。
3. 分類保存或發還所搜集之物品。
4. 記述此次調查端午節日各種舉動之經過（擇優揭示並保存）。
5. 發表個人對端午節之感想（擇優揭示並保存）。

第一章　端午節源流考略

一、名稱之研究

　　舊曆五月初五日，俗呼"端午節"，爲一年中重要節令之一。每值是日到臨，一般民衆，必大事鋪張，相與享受其是日過節之特殊生活。茲探索原委先作"端午節"名稱之研究。

　　"端午節"之名稱，據各志書所載及社會所流行者統計之，有謂爲"端五"者。周處《風土記》云："仲夏'端五'，烹鶩角黍。"又云："端，始也。謂五月初五日也。"有謂爲"重五"者，宋陳元靚《歲時廣記》云："仲夏之'重五'，季秋之重九，豈天之氣候然也，而人實爲之。"《金史・世宗本紀》："大定三年五月乙未，以'重五'幸廣樂園射柳。"，"端午"與"重五"，含義稍殊，然均表出月日的數字之意。有謂爲"端午"者，《湘素雜記》云："余按宗懍《荆楚歲時記》引周處《風土記》云'仲夏端午，烹鶩角黍'，乃直用'午'字。"又云："以余意測之，'五'與'午'字皆通。"是'午'、'五'本相通也。"又有謂爲"端陽"者，《如夢錄》云："五月初五日'端陽節'，蓋取五月陽氣始盛之義。"更有謂爲"重午"者，宋吳自牧《夢梁錄》云："仲夏五日'重午節'。"《古今圖書集成・端午部》引各縣志有云："'重午'喜薄陰。"按夏正建寅，五月適爲午月，所謂"重午"，殆指月爲午月，而日亦適爲午日也。此外，又有'天中節''地臘日''蒲節''浴蘭令節''女兒節'等名稱。"天中節"係取五月五日午時正當天之正中之義，"地臘日"係道家對五月五日之專稱，至"蒲節""浴蘭令節"及"女兒節"則因五月五日之特殊設施而命名也。"

統觀五月五日，有所謂"端五""重五""端午""端陽""重午""大中節""地臘日""蒲節""浴蘭令節""女兒節"諸稱謂，可謂繁複之至矣。

"端午"一詞，亦有謂爲不專指五月五日者，按清顧鐵卿《清嘉錄》引《荆楚歲時記》云："京師以五月一日爲端一，二日爲端二，三日爲端三，四日爲端四，五日爲端五。"又按宋文信公生于五月二日，其《生朝詩》有"客中端二日"之句，是"端"之一字，固不僅可冠諸五日之上也。洪邁《容齋隨筆》云："唐元宗以八月五日爲千秋節，張説上《大衍曆序》云：'謹以開元十六年八月'端午'獻之，'"《唐類函》有宋璟《請以八月五日爲元宗千秋節》云："月惟仲秋，日在端午。"是則凡月之五日，皆可稱爲"端午"矣。夫同一事物，古今多異其名稱，而同一名詞，各地又恒轉變其意義。"端午"一詞，在古代歲時方面，應用甚廣，迨至後世，範圍始狹，是殆沿用既久，而始有專屬歟。

二、史實之考證

依附於端午節之史實，以弔屈原之傳説爲最普遍。《荆楚歲時記》云："按五月五日，爲屈原投汨羅日，傷其死，故並命舟楫拯之。"梁吳均《續齊諧記》云："屈原以五月五日投汨羅而死，楚人哀之，每於此日以竹筒貯米，投水祭之。"又云："今五月五日作粽…………皆汨羅遺風。"是五月五日弔屈原之風，其來尚矣。然端午弔屈，初僅源於荆楚，後始傳播北方，觀隋杜台卿《玉燭寶典》云："計止南方之事，遂復遠流北土。"及《古今圖書集成·端午部》引《福州縣志》云"競渡，楚人以弔屈原，後四方以爲故事"諸語，其明證也。

按端午節社會民衆之特殊設施，如祈福，禳災，驅虫，避疫等事，尚甚繁夥，追弔屈原，不過其中事項之一；且查屈原投江以前，五月五日，早已被社會視爲多所禁忌之日，《史記》稱孟嘗君生於五月五日，其父田嬰誡其母勿舉，可知端午之爲人注意，由來已久，固不始於屈原也。

此外，晉陸翽《鄴中記》復有云："并州俗以介子推五月五日燒死，世人爲其忌故不舉餉食。"又云："北方五月五日自作飲食餉神，不爲子推也。"按子推爲晉人，屈原爲楚人，或當日晉人自弔子推而楚人自弔屈原歟。茲姑録之以示端午弔屈而外，復有此説。

第二章　端午節之風俗

風俗爲民族一致遵守之傳統的行爲型式，此種行爲型式之形成，常基於人類生活之需要，而含有歷史上之意義，惟傳襲既久，亦往往因環境及生活之變遷，致改變其原始之性質而僅具表面之形式。社會風俗，大抵如斯，端午節之風俗亦難例外也。

考端午節之原始意義，本爲驅疫除虫，核之我國祈福免禍，以求民族生命之延續與發展之心理，固不無相當之需要，然相演日久，性質遂變，時至今日，端午節不過爲一般民衆休息娛樂之假期與迷信行爲之表現而已。茲彙集古今各地關於端午節之風俗，分類叙述，以供參考。

一、節前之籌備

端午節既爲全國所風行，故節前無不爲相當之籌備。漢應邵《風俗通義》云："先節一日，以菰葉裹黏米以粟棗，以灰汁煮令熟。"宋周密《乾淳歲時記》云："先期學士院供帖子，如春日，禁中排當，例用朔日。"吳自牧《夢粱錄》云："内司意思局以紅紗彩金盤子，以菖蒲或通草雕刻天師馭虎像於其中，四圍以五色染菖蒲，懸圍於左右。又雕刻生百虫鋪於其上，欲以葵，榴，艾葉，花朵簇擁，内更以百索綵綫，細巧縷金花朵及銀樣鼓兒，糖蜜韻果巧粽，五色珠兒，結成經筒符帶。"又云："杭都風俗，自初一日至端午日，家家買桃柳葵榴蒲葉佛道艾，並市茭粽，五色水糰，時果，五色瘟紙，當門供養。"《歲時雜記》云："鼓扇百索市，在潘樓下……自五月初一日富貴之家，多乘車萃買。"孟元老《夢華錄》云："端午節物，百索艾花，銀樣鼓兒，花花巧畫扇，香糖，菓子，粽子，白團，紫蘇，菖蒲，木瓜，並皆茸切，以香藥相和，用梅紅匣子盛裹。"《如夢錄》云："小戶用紅黃夏布紗扇汗巾，巧做各樣戴器，皮金小符，五毒大符，小兒百鎖。"《酌中志略》記宮中端午云："五月初一日起至五日止，宮眷內官穿五毒艾虎補子蟒衣，門兩旁安菖蒲艾盆，門上懸挂弔屏，上畫天師或仙子仙女執劍降五毒故事如年節之門神焉。"是前代社會對端午節之籌備也。

民國十一年商務出版之《中華全國風俗志》述江西萍鄉端午節籌備盛況云："自初一至初五日，此數日中，閭境人極其忙碌，……售豬肉及魚者，利市三倍，轉瞬售罄。"二十三年《北平晨報》記北平端午節籌備盛況云："北平端陽節十餘日前，依然售賣'繫綵絲'……所繫綵絲，如同粽子，櫻桃，扁豆，辣椒等，五色斑斕。"河南開封等處，則於節前多為小兒製五毒肚兜及黃虎頭鞋，包角黍，炸麻葉，糖糕，菜角，並製看饌，以便節日聚餐。婦人及少女多購蒼朮……等香料縫作香囊，是現代社會對端午節之籌備也。

二、節日之餽遺

端午節日互相餽遺之物品，因時與地而不同，茲分為食品、服飾與符籙三種，列舉事實以資考證：

（一）食品

端午節餽遺之食品，以角黍為最普遍，而其他果品酒肴等次之。吳自牧《夢粱錄》云："……諸宮觀以……巧粽夏橘等送餽貴宦之家。"周密《乾淳歲時記》云："大臣貴邸，均被……彩團巧粽之賜。"《如夢錄》云："……送禮用角黍，油饊，南北果品，糟魚，時魚，麻姑瓶酒。"《古今圖書集成·端午部》引各縣志云："作角黍並以果酒餽遺為禮"；"戚里以角黍餉，男女姻家互饋為追節"；"以粽海魚王負芻親友相餽遺"；"以麥麫為白團與角黍相饋送"；"競以角黍五綵絲相餽遺"；"女未字者，壻家送花幣果羹曰賀節，女家酬亦如之"；"今州人以大竹葉裹米為角黍，亦有爲方粽以相餽遺"。《中華全國風俗志》引《寧波府志》云："端午爲角黍駱駝蹄糕，祀其先，親戚各相餽遺。"引《紹興府志》云："端午日以角黍相餽遺。"引浙江《湯溪縣志》云："是日取篛葉裹黏米爲角黍相餽。"引浙江《衢州府志》云："以角黍相餽。"引江蘇《儀徵縣志》云："人家以醃臘包糯米於蘆箬，謂之火骸粽，與鰣魚枇杷相餽遺。"引江西《萍鄉縣志》云："鄉村居民，爭購麥包角黍，餽送親友。"端午節日互相餽送食品，而且以角黍爲主要物品，自可證明。近則長江以南各省，於端午節日，以猪肉一塊，麵條一包，包子，粽子，火腿，紹酒，鹽蛋，糖食，……相餽贈，北平除餽贈粽子外，又以櫻桃，桑葚……等物相餽贈，河南各縣以粽子，麻葉（油炸之物），糖糕，菜角及其他果品瓶酒罐頭……相餽贈，皆古代遺風也。

古代又有以梟鳥爲羹並作餽贈者，《歲時廣記》引《漢史》云："五月五日，爲梟羹，以賜百官，以其惡鳥，故食之。蘇穎濱《端午帖子》云：'百官却拜梟羹賜，凶去方知舜有功。'"《古今圖書集成·端午部》引湖南《祁陽縣志》云："……古重梟炙，蓋欲去其類，則民間有然矣，不必大官之賜。"是又食品餽贈之別開生面者矣。

（二）服翫

端午節餽贈服翫，不知所始。據《唐會要》云："貞觀十八年五月五日，太宗謂司徒長孫無忌、吏部尚書楊師道曰：'五日舊俗，必用服翫相賀'。"推舊俗一語，則端午服翫之餽贈，必久已盛行於唐代之前也。惟服翫之贈，昔日頗盛，今已不若前代之普遍矣。

服翫之餽贈，内含甚廣。《唐會要》云："貞觀十八年五月五日，太宗爲飛白書，作鸞鳳蝶龍等字，筆勢驚絕，謂長孫無忌及楊師道曰：'五日舊俗，必用服翫相賀，今朕各賜君飛白扇二枚，庶動清風以增美德。'"《宋史·劉温叟傳》："太宗遣吏送角黍紈扇。"《歲時廣記》云："仁宗時，端午日自從官以上並講官賜御帛書扇。"《夢粱錄》云："御書葵榴畫扇，艾虎紗匹緞，分賜諸閣分宰執親王。"是以帛扇作餽贈者也。《中華古今注》云"漢中興每以端午賜百僚烏犀腰帶","漢章帝常以端午日賜百官文紋綾袴"。《歲時雜記》云："皇朝端五,賜從官已上酒團,粽,畫扇,陞朝官已上賜公服襯衫;大夫已上加袴。從官又加黃繡裹肚,執政又加紅繡裹肚,史官賜雜紗帽及頭巾帕子。"《夢粱錄》云:"仲夏一日,禁中賜宰執以下公服羅衫。"《楊文公談苑》云:"國朝之制。文武官諸軍校在京者端五賜衣服。"《繩水燕談》云:"陞朝官每歲端五賜時服。"是以服裝作餽贈者也。《乾淳歲時記》云:"……分賜后妃,諸閣,大璫,近侍,翠葉五色葵榴,金絲翠扇,真珠百索,釵符經筒,香囊,軟香龍涎佩帶及紫楝,白葛,紅蕉之類。"是以裝飾品及翫物作餽贈者也。

以上所舉諸書,均爲古代王室餽贈服翫之證,然民間以服翫相餽贈者,自亦不少。《荊楚歲時記》云:"婦人以條達等組織雜物相贈遺。"《歲時雜記》云:"鼓扇百索市,在潘樓下……自五月初一日,富貴之家,多乘車萃買,以相餽遺,鼓皆小鼓,或懸於架,或置於座,或鼗鼓,雷鼓,其制不一。又造小扇子,皆青黃亦白色,或繡,或畫,或縷金,或合色,製亦不同。"《熙朝樂事》云:"醫家亦以香囊,雄黃,烏髮香油,送於常所往來家。"《雲仙雜記》云:"洛陽人家,端午以花絲樓閣插鬢,贈遺避瘟扇。"《古今圖書集成・端午部》引各縣縣志云:"婦女剪綵縷金爲花草鳥虫相問遺。"《中華全國風俗志》引湖南《寧遠縣志》云:"婦女製香囊,自佩之外,並贈送親戚。"皆其明證也。

去年(二十三年)六月十六日《北平晨報》,記湖南一帶端午送節禮狀況云:"豬肉一塊……油紙扇或黑扇數把……如果那家親戚有小孩讀書的,再加送一點紙筆墨。"今日各地亦有製小兒五毒肚兜,黃虎頭鞋,香囊……相餽贈者,是服翫之贈,至今猶存遺風,惟較諸以前各代則甚形遜色耳。

(三) 符籙

餽贈符籙之目的,在用以避禍祈福,多出於僧人道家之餽贈。《夢粱錄》云:"諸宮觀以經筒符帶,靈符卷軸,送餽貴宦之家,如市井看經道流,亦以分遺施主家。"《熙朝樂事》云:"……以綵絨雜金綫,纏結經筒符袋,互相餽遺,僧道以經筒輪子靈符,分送檀越。"《清嘉錄》引《江震志》云:"五日,道士折紅黃色紙畫天師像,爲辟惡靈符,分送檀越。"皆其例證。今日各地之僧道於端午日,以天師像,鍾馗像,或五毒符,挨門施送,藉以索錢者,蓋源於此。

三、節日之裝飾

(一) 門户之裝飾

懸桃印　《續漢書》云:"漢時,仲夏之月,以桃印長六寸,方三寸,五色書文,如法施門户上,以止惡氣。"《事物紀原》云:"漢五月五日,以五色印爲門户飾,《續漢書》所謂桃印者也。"劉昭曰:"桃印本漢制,今世端午,以五色彩繒符以相問遺,亦置於牖帳屏之間,即漢時桃印之制也。"按桃木辟邪之説,始於上古,而削桃爲印,懸之户上,且於端午日懸之户上者,則始於漢代。近世雖不聞懸桃印,然《清嘉錄》云:"尼庵剪五色綵箋,狀蟾蜍,蜥蜴,蜘蛛,蛇虺之形,分貽檀越,貼門楣寢次,能魘百鬼,謂之五毒符。"河南《開封縣志》云:"家各懸紙靈符於堂",《汲縣志》云:"至端午節,堂前懸符。"江蘇《儀徵縣志》云:"初五日端午,楹上懸神符。"《津門雜記》云:"五日端午,比户貼葫蘆門符。"江蘇碭山縣端午日,門上貼紙剪葫蘆,並書"散災老者本姓雷,遇着葫蘆就請回"等字,是均意義相同,而形式轉變也。

畫天師　《歲時雜記》云:"端午,都人畫天師像以賣,又合泥做張天師,以艾爲頭,以蒜爲拳,置於門户之上。"《酌中志略》記宫中端午云:"門上懸掛弔屏,上畫天師或仙子仙女執劍降五毒故事,如年節之門神焉,懸一月方撤。"《清嘉錄》云:"朔日,人家以道院所貼天師符,懸廳事以鎮惡,肅拜燒香,至六月朔,始焚而送之。"是均懸掛天師符像以鎮惡也。然亦有懸其他靈符者,《清嘉錄》云:"……有貽自梵氏者,亦多以紅黃白紙，用朱墨畫韋陀鎮凶，則非天師符矣，而小户又多貼五色桃印綵符，每描姜太公，財神，及聚寶盆摇錢樹之類。"按天師之名，《清嘉錄》以爲始於六朝，證以前條懸桃印之説，是亦沿用既久，而有一部分之轉變也。

　　懸蒲劍蓬鞭　《清嘉錄》云："截蒲爲劍，割蓬作鞭，副以桃梗蒜頭，懸於牀户，皆以却鬼。"吴曼雲《江鄉節物詞·小序》云："蒲劍截蒲爲之，利以殺鬼。"《崐新聯合志》云："五日，户懸蒲蓬桃蒜等物以辟邪。"湖北崇陽風俗於端午日，貼"艾旗招百福，蒲劍斬千邪"對聯，是又門户裝飾之另一種也。

　　作門帖　《歲時雜記》云："學士院端午前一月，撰皇帝皇后夫人閤門帖子，送後苑作院用羅帛製造，及期進入，先是諸公所撰，但宫詞而已，及歐陽修學士，始伸規諫。皇帝閤曰：'佳辰共喜沐蘭湯，毒冷何須采艾禳，但得皋陶調鼎鼐，自然災珍變休祥。'……後人率皆效之，春日亦然，民間以朱書詩或符咒作門帖。"按此亦懸桃印之轉變也。

　　掛鍾馗　《清嘉錄》云："堂中掛鍾馗畫圖一月，以祛邪魅。"又云："鍾馗掛户，古人以除夕，今人以端午，其用亦自不同。"吴曼雲《江鄉節物詞·小序》云："杭俗，鍾進士畫像，端午懸之以逐疫。"，要皆不外驅災避惡，與懸桃印畫天師同一意義。《古今圖書集成》引《開封縣志》云："懸泥天師於户。"《中華全國風俗志》引江蘇《儀徵縣志》云："中堂懸判官。"又今日社會上有"鍾馗畫像必於端午日懸卦，始有靈應，他日則否"之語，蓋猶襲昔日舊俗也。

　　插艾人　《荆楚歲時記》云："采艾以爲人，懸門户上，以禳毒氣。"《夢華錄》云："釘艾人於門上。"《如夢錄》云："五月初五日端陽節地臘之辰，門懸艾虎。"《古今圖書集成》引《雲夢縣志》云："門懸艾虎，避五兵也。"按艾之結人形或虎形，均所以避毒禳災，今世各地于端午日，無不門插艾枝，或以縷繫獨蒜及以綵帛通草製五毒虫，綴於大艾葉上，懸之門楣，猶師此意。

（二）身体之装饰

繫五綵絲　端午繫五綵絲之俗，古今各地，均普遍盛行，古代之繫五綵絲，據《風俗通》云："五月五日，以五綵絲繫臂，以辟鬼及兵，令人不病瘟。"，是原爲辟鬼及兵與疾病；而《風俗通》又云："五月五日，集五色繒辟兵，余問服君，服君曰：'青黃赤白，以爲四方，黃爲中央，襞方綴於胸前，以示婦人蠶功也。'"《荆楚歲時記》云："仲夏繭始出，婦人染練，咸有作務，日月星辰鳥獸之狀，文繡金縷，貢獻所得。"宋歐陽公詩云："五色雙絲獻女功。"則又有表示蠶功之意義，近世忽略表示蠶功之意，而專重辟病及鬼，故如《清嘉錄》云："結五色絲爲索，繫小兒臂，男左女右，謂之長壽綫。"《崐新合志》云："五日，以紅絲綫紐小兒臂上，以驗日後肥瘠。"《湯溪縣志》云："小兒絲繩繫臂，綴繡符於衣袋，謂可消災。"浙江《衢州府志》云："以綵絲爲索，繫小兒項臂，曰百歲索，以避邪延壽。"福建《福州府志》云："婦女小兒繫續命絲。"以及河南各縣，以麥莖剪碎，綴以五色雜布作索狀，繫小兒頸，名曰'花豆娘'，謂可辟災等，均未涉及蠶功之意義也。

五綵絲之名目甚多，而意義均同，如《續漢書》所謂'五色索'，《風俗通》所謂'續命縷''雙條達''集色繒'，《提要錄》所謂'延年縷'，《酉陽雜俎》所謂'長命縷'，《新語》所謂'辟兵繒'，以及《歲時雜記》所謂'結百索'，皆五綵絲之類也。以上諸事，《事物紀原》以爲即漢時朱索之遺風，所異者，漢時以之飾門户，而今人以之約臂，或繫之於小兒頸項耳。

戴釵頭符　《歲時雜記》云："五綵剪繒作小符兒，争逞精巧，摻於鬢髻之上，都城亦多撲賣，名釵頭符。"《唐宋遺紀》云："江淮南北，五日釵頭綵勝之製，備極工巧，凡以繒綃剪製艾葉，或攢繡仙佛禽鳥蟲魚百獸之形，八寶群花之類，縐紗蜘蛛，綺縠鳳麟，繭虎絨繩。排草蜥蜴，又螳螂蟬蝎，又葫蘆瓜果，色色逼真。"當日注意裝飾之盛，於此可見。

戴健人　《清嘉錄》云："市人以金銀絲，製爲繁纓鐘鈴諸狀，騎人於虎，極精巧，綴小釵，貫爲串，或有用銅絲金箔爲之者，供婦女插鬢。"吳曼雲《江鄉節物詞・小序》云："杭俗，健人即艾人，而易之以帛，作騎虎狀，婦女皆戴之。"《長元志》云："五日翦綢爲人，以坐虎背，或併用金絲加以蒜粽之類，名曰健人。"《吳縣志》云："以金銀絲爲蒜形虎形，騎人於虎，名曰健人，極細小，懸釵上，貧家則以銅絲金箔爲之。"《古今圖書集成》引各縣志有云："婦人製綵繒爲人形，插於鬢名曰健人。"是則均與釵頭符相類，亦婦人頭飾之一種而已。

帶綵囊 《歲時雜記》云："端午以赤白綵造如囊，以綵綫貫之。搐使如花，俗以稻李置綵囊中帶之，謂之道理袋。"又云："以赤白綵造如囊，以綵綠貫之，搐使如花形，或帶或釘門上，以禳赤口白舌。"《江鄉節物詞・小序》云："杭俗。婦女製繡袋絕小貯雄黃繫之衣上，可避穢邪。"《清嘉錄》云："製繡囊絕小，類荷包之形，中盛雄黃，謂之雄黃荷包，繫襟帶間以避邪。"湖南《寧遠縣志》云："婦女製香囊，自佩之外，並贈親戚。"按以上意義均同，今世端午節，婦人幼女，皆購倉術……等香料，製爲香囊佩帶，亦帶綵囊之遺風也。

佩赤靈符 《抱朴子》云："或問辟兵之道，答曰：'以五月五日，作赤靈符著心前。'"。按所謂辟兵，即避免兵刃，《事物紀原》以爲戈戟矛劍之總名也。昔人重視辟兵，其厭亂心理，概可想見。而王沂公《端五夫人閣貼子》有云："如何金殿裏，猶獻辟兵符？"《章簡公帖子》云："自有百神長侍衛，不應額備赤靈符。"《歐陽公端五詞》云："五兵消以德，何用赤靈符？"是佩赤靈符爲迷信之舉，古人已有闢駁者矣。

佩老虎頭 《清嘉錄》云："編錢爲虎頭形，繫小兒胸前，以示服猛，謂之'老虎頭'，又小兒繫綵色帓襴，亦綵繡爲虎形，謂之老虎肚兜。"《江鄉節物詞・小序》云："杭人，午日製老虎頭，繫小兒襟帶間，示服猛也。"江蘇《江寧府志》云："女子帶各色草花，謂之五毒花，絨製虎形，插於婦鬢，綢製虎形，負於兒背。"浙江《湯溪縣志》云："婦女佩符艾，以繭作虎。"按今世端午，各地婦女多爲小兒製老虎頭鞋，且多剪布帛，繡蟾蜍、蜥蜴、蜘蛛、蛇虺之形，繫小兒胸前名爲五毒肚兜，或以五毒布製衣，令小兒服之，亦表示服猛之意也。

戴艾虎　《荊楚歲時記》云："五月五日，以艾爲虎形，或剪綵爲小虎，貼以艾葉，內人爭相戴之。"《歲時雜記》云："端五，以艾爲虎形，至有黑豆大者，或剪采爲小虎，粘艾葉以戴之。"福建《福州府志》云："婦女小兒繫續命絲，佩符簪艾虎。"《古今圖書集成》引各縣志有云："婦飾新繭爲虎，以飾釵頭，謂之艾虎。"按《風俗通》云："虎，陽物，百獸之長也，能執搏挫銳，噬食鬼魅。"戴艾虎，乃取其能噬食鬼魅，蓋亦與佩老虎頭同意。

插艾花　《歲時雜記》云："端午，京都士女簪帶，皆剪繒楮之類爲艾，或以真艾，其上裝以蜈蚣、蜥蜓、蛇蝎、草蟲之類及天師形像，並造石榴、萱草、躑躅假花，或以香葯爲花。"按今世婦女多剪髮，此風已衰，惟梳髻婦女，尚簪榴花艾葉，爲其遺俗耳。

佩楝葉　《陶隱居集訣》云："楝樹處處有之，俗人五月五日，皆取葉佩之，云辟惡。"蓋亦與插艾花同類。

四、節日之呪語

端午節日，民衆多書事物之名或吉利語句，或貼之門楣，或貼之牆壁，云可辟虫消災，事雖荒誕不經，於實際無補，然群衆求生存心理至爲普遍，固自信其有特殊效力，而頗引以爲慰也。茲總名之爲呪語，分述其名稱如下：

書天地　預研朱砂，雄黃，細末，五月五日，水調用槐紙五片，爲小錢大，寫'天地日月星'五字，捻作五圓，桃柳湯吞下，大治瘧疾。（見《玄微集》）

書赤白　以生硃於午時書'五月五日天中節，赤口白舌盡消滅'之句，揭之楣戶。（見《夢梁錄》）

釘赤口　寫'赤口'二字，貼壁上，以竹釘釘其口字中，云斷口舌，又以二紙寫'官符上天，口舌入地'，顛倒貼於壁間。（見《陳氏手記》）

寫風煙　寫'風煙'二字，貼窗壁下，辟蟟蜓蚊蚋。一云書'滑'字。（見《瑣碎錄》）

書儀方　午時，書'儀方'二字，倒貼於柱脚上，能辟虫蛇。應有蛇虺處，多以磚瓦寫'儀方'二字，蛇自畏退。又入林默念'儀方'二字，則不見蛇，念'儀康'二字，則不見虎。（見《提要錄》）

貼茶字　午時，以朱砂書'茶'字，倒貼屋壁間，蛇蝎蜈蚣皆不敢近。亦有云用倒流水，研墨寫'龍'字，貼四壁柱上亦驗。（見《瑣碎錄》）

黏白字　午時，多寫'白'字，倒貼柱上四處，可辟蚊蠅（見《瑣碎錄》）

五、節日之藥物衛生及禁忌

（一）藥物

端午節日之藥物，采取範圍至廣，所治病症亦多，據《荊楚歲時記》云："五月五日，競采雜藥，可治百病。"《夏小正》云："是日蓄藥，以蠲除毒氣。"《夢粱錄》云："五日采百草，修製藥品，爲辟瘟疾等用，藏之，良驗。"《江震志》云："五日采百草，留以供藥品。"《崐新合志》云："五日采百草之可療疾者，合諸丸藥。"《清嘉錄》云："土人采百草之可療疾者，留以供藥餌。"《四時纂要》云："端五日采百藥苗，以品數多爲妙，不限分兩。"《瑣碎錄》云："五月上辰及端午日合藥，可久不歇氣味。"《古今圖書集成》引各縣志云："醫家咸於午時采藥，相傳此日天醫星臨空門。"是均謂采藥療疾，必以端午方驗也。按動植物中含有之成分，本有可以療疾者，如配製合適，且下藥對症，則無論何時，均能生效，因不必俟諸端午也。不過相沿日久，展轉傳說，遂謂必於端午采藥始能療疾，而攙入迷信成分，後世狃於傳說，亦習焉不察，習俗勢力，可謂大矣。

端午藥物之效用，有所謂治蟲咬，治凍瘡，治惡毒，治目疾，治淋症，治久痢，治瘧疾，治中風，治難產，治喉痛，除口臭，取魚刺，治刀瘡傷，治小兒驚癇等等，其采取諸藥之時，常出以煩難之手續，以為必如是始有奇效。茲舉端午日所采藥物之普通流傳者，分動物性與植物性兩種略述如左，以示社會畏病求藥之一般。

甲、動物性之藥物

取蛇蛻　《本草》云："蛇蛻主小兒百廿種驚癇，一名龍子衣，一名蛇符，一名弓皮，生荊州川谷及田野。五月五日十五日取之最良。"《陳藏器》云："蛇蛻主瘧疾，正發時，以蛻皮塞病人兩耳，臨發時，又以手持少許，並服一合鹽醋汁令吐也。"

捉蝦蟆　《藥性論》云："端午取蝦蟆眉脂，以朱砂麝香為丸，如麻子大，孩兒疳瘦者，空心一丸。如腦疳，以嬭汁調滴鼻中立愈。"

裝蝦蟆墨　《古今圖書集成·端午部》引各縣志有云："端午，取生蝦蟆，以京墨填入其腹，掛於陰處乾之，兒童患疔腮者，以神醋研墨濃汁塗之，即瘥。"按此舉河南省開封附近各縣多盛行之。

取蟾酥　《帝京景物略》云："五月五日……太醫院官，旗物鼓吹，赴南海子捉蝦蟆，取蟾酥也。其法針棗葉刺蟾之眉間漿射葉上，以蔽人目，不令傷也。"按此與捉蝦蟆相同。

取螻蛄　《四民月令》云："五月五日，取東行螻蛄，治婦人難產。"

乾伏翼　陳藏器《本草拾遺》云："伏翼主蚊子。五月五日，取倒懸者，晒乾，和桂薑陸香為細末燒之，蚊子去。"《瑣碎後錄》云："端午日，以麻綫一條，圍床周匝，以蝙蝠血塗床四向，可絕蚊蚋。"

燒鱓頭　《本草》云："鱓頭，味甘，大溫，無毒，五月五日，取頭骨燒之，止痢。"

此外，又有謂飼蜥蜴可驗婦女貞淫，佩蟾蜍可避兵役，埋蜻蜓可化青珠，帶鱉爪可治善忘，汁蠅虎拌黑豆，可自擊蒼蠅……則荒誕無稽，更屬迷信之尤者矣。

乙. 植物性之藥物

製艾煎　《荊楚歲時記》云："宗士炳之孫則，字文度，常以五月五日雞未鳴時，采艾見似人處，攬而取之，用灸有驗。"《東坡志林》云："端午日未去，於艾中之以意求其似人者，輒擷之以灸，殊有效。"又云："艾未有真似人者，於明暗間，苟以意命之而已。"《本草》云："五月五日，采艾曝乾作煎，勿令見風，經久可用。"按艾爲藥物，原可療疾。孟子猶云："七年之病求三年之艾。"是艾之功用，殆已證明，今世端午，家家蓄艾，其來固已久矣。

粉葛根　《圖經本草》云："五月五日午時，采葛根暴乾，以入土深者爲佳，今人多以作粉食之，甚益之。"《陶隱居訣》云："端五日日中時，取葛根爲屑，療金瘡斷血，爲要藥，亦療瘧及瘡。"

采菊莖　《食療》云："甘菊平，其葉五月采，可作羹，莖五月五日采，花九月九日采，並主頭風目眩淚出，去煩熱，利五臟"。

剪韭葉　《瑣碎錄》云："端五日午時，剪韭葉和石灰，搗作餅，晒乾，大能治樸損刀傷瘡口，並蠶蜈蚣之毒。"

晒白礬　《瑣碎錄》云："端五日，取白礬一塊，自早日晒至晚收之，誤爲百虫所嚙，即以此物敷之，立效。"

種獨蒜　《瑣碎錄》云："取獨蒜，不分瓣蒜也，搗爛塗面皮手脚，一年不生惡瘡及冬月不作凍瘡。"

取木耳　《千金翼方》云："端五日，采桑上木耳，白如魚鱗者，患喉庳即以碎綿裹如彈丸，蜜浸含之，便瘥。"

其他關於植物性之藥物，名目尚夥，不勝枚舉。

端午日除采諸藥之外，亦有以焚故藥爲避災者，《歲時雜記》云："端五日午時，聚先所蓄時藥，悉當庭焚之，避疫氣。"社會習俗，每不能究其理由也。

（二）衛生

端午節日之衛生事項，自其廣義言之，則凡前節所述之采藥物，自均在其包含之中，而自其狹義言之，則沐浴實爲其主要事項。考端午沐浴之風，始於周代，據《大戴禮記》云："五月五日，蓄蘭爲沐浴。"《楚辭》云："浴蘭湯兮沐芳華。"實爲端午浴蘭之濫觴。今世揚州等處風俗，端午采澤蘭湯沐浴。湖南寧遠風俗，端午買各種藥品，煎水沐浴，云可避災。《歲時雜記》所謂"京師人以桃柳心之類煙湯以浴"，以及《瑣碎錄》所謂"五月五日午時，取井花水沐浴，一年疫氣不侵"，皆浴蘭之遺風也。

（三）禁忌

五月俗稱惡月，百事多所禁忌，考其禁忌之由，每多穿鑿附會，與事實殆若風馬牛之不相及，然社會習俗，既已風行，民間即普遍相信，固不暇追問其究竟也。其所禁忌之事項，則有：

忌蓋屋　《風俗通》云"五月五日以後至月終，最忌翻蓋屋瓦，令人頭禿"，又云"五月蓋屋，令人頭禿"，是禁人蓋屋也。然古代禁人蓋屋，亦自有其理由，迨後世輾轉傳説，始陷於訛謬，觀下段所列《玉燭寶典》之論斷，即可徵信：

《風俗通》云："五月蓋屋令人頭禿。"謹案《易月令》："五月純陽，姤卦用事，齊麥始死。"夫政趣民收穫，如寇盜之至，與時競也。又云："除黍稷三豆。"當下農功最務，間不容息，何得晏然覆蓋屋寓乎？今天下諸郭皆諱禿，豈家家五月蓋屋耶，俗化擾擾，動成訛謬，尼父猶云從衆，難復縷述之也。

忌上屋　《酉陽雜俎》云："俗五月上屋，言五月人蛻，如上屋，即自見其影，魂魄不安矣。"《歲時雜記》云："人多忌不上屋，小兒不得下中庭。"是忌上屋也。按《月令》，"仲夏，可以居高明，可以遠眺望，可以升山陵。"今云，不得上屋正與禮反，殆亦傳説之誤也。

忌菜蔬　《千金方·黄帝》云"五月五日，勿食一切菜，發下病"，是忌食菜蔬也。

謹飲食　《千金方》云："五月五日，勿食鯉魚子，共豬肝食之，必不消化，能成惡病。"《藏經》云："每歲五月五日，瘟神巡行世間，宜以朱砂大書云'本家不食牛肉，天行已過使者須知'十四字，貼於門上，蓋不食牛肉之家，瘟神自不侵犯。"是使人謹飲食也。

忌曝薦蓆　《異苑》云"五月五日，戒曝薦蓆，新野庾實嘗以此日曝薦蓆，忽見一小兒，死於蓆上，俄失所在，其後實子亡，因相傳以爲戒"，是戒人曝薦蓆也。

忌露宿　《靈寶經》云"五月五日，或夫婦容止，勿居濕地，以招邪炁。勿露宿星月之下"，是禁人露宿也。

其他尚有不可見血物，不宜問疾，勿燒灰，勿暴布，勿用火南方等禁忌，均不知其原始意義。

六、節日之飲食

端午節日到臨，社會人士多具特殊之飲食，以資紀念，其豐嗇恒稱家之有無。茲舉其普通流行者如左：

食角黍　角黍俗名稱粽子，爲端午節之主要食品，端午所以必食粽子之由來，據《齊諧記》云："屈原於五月五日，投汨羅，楚人哀之，每至此日，以竹筒貯米祭。今市俗置米於新竹筒中蒸食之，謂之裝筒，其遺事也。"是端午食粽由於屈原也。

粽子之製造法，其始爲以竹筒貯米蒸食，殆如上述，其後則進爲以菰葉或楝葉裹米爲之。《續齊諧記》云："漢建武中，長沙區曲，忽白日見一士人，自云三閭大夫，謂回曰，'聞君嘗見祭，甚善，但常年所遺，每爲蛟龍所竊，今若有惠，可以楝葉塞其筒上，以綵絲纏之，此二物蛟龍所憚也。'回依其言，今世人五月五日作粽，並帶五色絲及楝葉，皆汨羅水之遺風也。"按屈原爲愛國志士，生時精誠服人，死後豈懼蛟龍，是爲古代流行之神話，自不可信，然即此亦可覘粽子製法之演變。今日河南各縣，多以葦葉裹粽，是製粽法之又一轉變也。

以言粽子之形狀，則古今各地，多不相同。《事文類聚》云"端午粽子，名品甚多，形製不一，有角粽，錐粽，菱粽，稱鎚粽、九子粽等名",可證其外形之複雜。明張岳《惠安縣志》云:"凡陽象圓,陰象方,五月陰始生,黍先五穀而熟,則爲角黍,以象陰,角方也。"此其製粽爲角形之原因歟。

粽內所包之物,亦種類不一,有裹以棗糖或時果者。《歲時雜記》云:"端五,作粽或加之以棗,或以糖,近年又加松栗,胡桃,姜,桂,麝香之類。"蘇東坡詩云"時於粽裏得楊梅",是爲甜粽之證。亦有裹以雞肉或火腿者,江蘇《儀徵縣志》云"人家以醃臘包糯米於蘆箬,謂之火骽粽",是爲鹹粽之證。今南方各省多製鹹粽,北方各省多製甜粽,河南省各縣,則又有所謂黃米粽者,亦人之於味,有不同嗜焉而已。

粽子之較詳考證,另詳附錄,茲姑從略。

飲雄黃酒　節日飲雄黃酒,亦最普遍,雄黃酒之製法,爲研雄黃末,和酒爲之。據《清嘉錄》云:"研雄黃末,屑蒲根,和酒以飲,謂之雄黃酒,又以餘酒染小兒額及手足心,隨洒牆壁間,以祛毒蟲。"浙江《紹興府志》云:"設蒲觴,磨雄黃酒飲之。"浙江《湯溪縣志》云:"置雄黃菖蒲酒飲之。"福建《福州府志》云:"以蒲合雄黃酒飲之。"山東《惠民縣志》云:"用雄黃酒洒牆壁以辟五毒。"河南《汲縣志》云:"以雄黃酒塗小兒耳鼻,取避毒之意。"均可爲雄黃酒之成分及其相傳之功用作證明。今日各地飲雄黃酒後,並以塗兒額上,作王字形,湖北崇陽縣以蒜和雄黃加水搗汁,遍洒屋角,云可避蟲咬。猶其遺風,相傳《白蛇傳》中白蛇,因於端午日飲雄黃酒而現原形,亦有證明雄黃酒避毒之意。

與雄黃酒同類者,有菖蒲酒,硃砂酒,及艾葉酒。《千金月令》云:"端午,以菖蒲或縷或屑,以泛酒。"《月令廣義》云:"五日,用朱砂酒,辟邪解毒。"《玉燭寶典》云:"洛陽人家,端午造尤羹艾酒。"皆與雄黃酒同其意義也。

食糕點　節日之糕點,種類亦多,有製艾糕者。《遼史‧禮志》云:"五月五日,君臣宴樂渤海,膳夫進艾糕。"有製棗糕者,《歲時雜記》云:"京師端午日,以糯米煮稠粥,雜棗爲糕。"亦有製黏糕者,爲以黏麵入油中烹煎,加糖食之。又有製糖糕者,爲以燙麵包糖煎食。艾糕製法今已不傳，棗糕黏糕糖糕等，尚爲社會所流行。

食團子 《歲時雜記》云："端午作水團，又名白團，或雜五色人獸花果之狀，其精者名滴粉團，或加麝香，又有乾團不入水者。"按《歲時雜記》所云，僅述團子之形狀，惜未說明其製造方法及所用材料。然據張文潛《端午詞》云"水團冰浸砂糖裹"，已可窺其梗概。今世之所謂糖圓與元宵，或即團子之轉變也。

食糖果 《歲時雜記》云："自寒食日，晒棗糖及藏稀餳至端午日食之，云治口瘡，並以稀餳食粽子。"又云："都人以菖蒲，生姜，杏，梅，李，紫蘇，皆切如絲，入鹽曝乾，謂之乾草頭，或以糖蜜漬之，納梅皮中，以爲釀梅，皆端午果子也。"按今日端午節，餽送糖果之風，仍極盛行，惟品名及製法不同耳。

炸麻糖 麻糖製法，爲以麵加鹽，入油中炸之，亦有再加芝麻者，所裝形狀各地不同，名稱亦異。油饊，油果，麻葉，皆其別名也。

食赤豆 《雲南騰越州志》云："端午，人家咸用赤豆作飯，昔共工氏有不才子七人，死而爲厲，性畏赤豆，故作羮以祛之，其遺意也。"按食赤豆以祛厲鬼，是否有效，自係另一問題，惟此風不聞有他處舉行，是或僅行於騰越一隅也。

此外，又有食櫻桃，桑葚及鹽蛋，鷄，魚，肉，菜蔬者，則爲普通食品，而非端午節日所特有者矣。

七、節日之娛樂

端午節日之娛樂事項，據搜考調查所得，計有競渡，鬥草，解粽葉養鵪鴿，射粉團，射柳，牽鈎，遊樂，飲宴等項，茲依次叙述如下：

競渡 競渡之風，盛行於長江流域各省，舉動頗爲盛大，茲分起源，籌備，競賽狀況，觀衆情形四項述之。

1. 起源 競渡之起源，傳說不一。《荆楚歲時記》云"五月五日競渡，俗爲屈原投汨羅日，傷其死，故並命舟楫以拯之"，是謂競渡源於拯屈原者也。《荆楚記》又引邯鄲淳《曹娥碑》云："'五月五日，時迎伍君，逆濤而上，爲水所淹。'斯又東吳之俗，事在子胥，不關屈平也。"《清嘉錄》云"競渡，《吳越春秋》以爲起於句踐，蓋憫子胥之忠而作"，是爲競渡源於拯子胥也。《越地傳》云："競渡起於越王句踐，蓋斷髮文身之俗，習水而好戰者也。"《清嘉錄》又云："周櫟園因樹屋書影，以爲習水報吳，托於嬉戲。"斯則競渡之始，又含有政治軍事意義矣。按競渡起源，雖各地傳説不同，而以招屈説較爲普遍，故後世多主其説，觀古今詩人吟咏。爲劉夢得《競渡曲》云："沅江五月平地流，邑人相將浮彩舟，靈均何年歌已矣，哀謠振楫從此起。"蘇髯公詩云："遺風成競渡，哀叫楚山猿。"歐陽公詩云："楚俗傳筒粽，江人喜競舡。"古詩云："湘江英魂在何處，猶教終日競龍舟。"又無名氏《划龍舟樂府》云："汨羅已死三千年，招魂野祭端陽前。"以及安徽巢縣立競渡廟於東方河滸，而塑屈原像於中，匾曰三閭祠，武陵競渡，擊楫和曲，其音咸呼云："何在？"抵暮，又必唱"有也回無也回莫待江上冷風吹"之句，是可知競渡源於招屈説流行之廣矣。

競渡之意義，亦有謂爲禳災者，《武陵競渡略》云："今俗説禳災，於划船將畢，具牲酒黃紙錢，直趨下流，焚酹詛呪疵癘夭扎，盡隨流去，謂之送標。"《湖南省志》云："端午競渡，云可禳災，民之有疾病者，多就水際設盤祀神，爲酒肉以犒櫂鼓者，或爲草船泛之，謂之送瘟。"更有謂可以卜歲者，《競渡略》云："又划船不獨禳災，且以卜歲，俗相傳歌'花船贏了得時年'……蓋未有好事划船非樂歲者也。"是競渡之意義，於招屈之外，又有禳災與卜歲之説也。

然競渡之舉，亦有不專在端午者。文文山《指南集·元夕詩》云："南海觀元夕，茲遊古未曾，人間大競渡，水上小燒燈。"《陔餘業考》云："今江浙競渡，多用春月。"《舊唐書·敬宗紀》云："寶歷二年三月，幸魚藻宮，觀競渡。"《穆宗紀》"九月觀競於魚藻宮。"是元夕，春日，秋季，均有競渡，固不專在端午也。於端午競渡者，蓋沿荆楚遺風耳。

2. 籌備　競渡之籌備，據《古今圖書集成·端午部》引各縣志云：

"每歲於孟夏月朔後三日，祀水神，造龍舟，各坊一艘，各異色，大小不等。"是於一月前，即着手也。關於龍船之構造，亦甚富麗堂皇，《粟香隨筆》云："五月間，競渡龍舟最盛，舟廣一尋，長三尋，刻首尾以象龍，中腹結彩爲樓三重，列旗幟高五尋。"《武陵競渡略》述龍船構造尤詳，摘錄一段如下：

船一以杉木爲之，取其性輕易划，得燥木爲龍骨尤妙，一船司命全在龍骨，其次在篾，篾以麻竹相續爲之，繞船首尾，急速數十番，然後互相穿度，勿絞如織，此一船之筋，以前後促緊爲之梢，船行身不動爲良，否則鞾水易敗也。

除造船之外，尚有先期以銀米占募健兒選爲橈手，規定每船與賽人數，並延巫覡厭勝之舉，蓋凡船之決賭，以選橈爲第一義，橈手如不勇健，或無賽船技術，則雖勝亦倖也。至延巫厭勝，賽船者尤爲重視。《武陵競渡略》云：

划船用巫陽爲厭勝，或走聘名巫於萬山中，謂之山老師，法力尤爲高大，約划船先夜，頭人具牲酒倩巫作法，從船首打觔斗至尾，撒蕎燃火，名曰亮船，鼓聲澈旦不懈，以防敵巫偷作幻術……巫卷褌露足，跳罡七步，持呪焚符……餘法祕妄，不能悉知。

競渡籌備之豐嗇，依籌備費之多寡而區分，其詳細狀況，難以縷述。茲以雲夢縣爲代表，摘錄其籌備競賽情形，以見一斑：

五月五日賽龍舟，因邑河水淺，作旱龍縛竹爲之，翦五綵綾緞爲鱗甲，設層樓飛閣於其脊，綴以翡翠文錦，中塑忠臣屈原，孝女曹娥及瘟司水神像，蟒袍錦帶，珠冠劍佩，傍列水手十餘，裝束整麗，擇日出門，金鼓簫板，旗幟濟濟，導龍而遊，曰迎船。好事者，取傳奇中古事，扮肖人物，極其詭麗，用鐵杆撑之空中，前後輪轉，宛若半仙之戲。

3. 競賽狀況　端午競渡之日，每舟集少壯撓手數十人，穿號衣，列旗幟，擊鼓奮楫，踴躍争先，呼喊噪雜，鬥捷跨長，雖汗流如雨，或覆舟溺水，喪失性命，亦所不顧，結果勝者趾高氣揚，敗者喪氣灰心，有时且引起械鬥，雙方互有死傷，竟至涉訟。然競賽者，則視爲常事，並不因受創而停止其來年之復爲舉行也。《古今圖書集成·端午部》引《武陵競渡略》云："勝者，鄰里親知，踵門稱賀，明日結彩於門，開尊演戲，或書對聯小令於城門，縛狗，懸黿。繫芸芎蘋草果諸物，以嘲負者。"又引《閩部疏》云："閩俗，端午節尤重競渡，所過山溪數家之市，皆懸舟以待，往往毆擊成訟，禁稍弛復競，其俗不能止也。"即此已可知競渡遺俗勢力之大矣。茲更録前人競渡詩歌兩篇，及民國二十三年《北平晨報·紅綠副刊》中競龍舟一段，已見各地競渡之熱烈情況：

李東陽《競渡詩》

湖南人家重端午，大船小船競官渡。彩旗花鼓坐兩頭，齊唱船歌過江去。叢牙亂槳疾若飛，跳波濺浪濕人衣。須臾懽聲動地起，人人争道得標歸。年年得標好門户，舟人相嫉復相妒。兩舟睥睨疾若仇，戕肌碎首不自謀。嚴訶力禁不得定，不然相傳得瘟病。家家買得巫在船，船船鬥捷巫得錢。屈原死後成遺事，千載傳譌等兒戲，衆人皆禾我獨悲，莫遣地下彭咸知。

張建封《競渡歌》

五月五日天晴明，楊花繞江啼鶯鶯。使君未出郡齋外，江上早聞齊和聲。使君出時皆有準，馬前已被紅旗引。兩岸羅衣撲鼻香，銀釵照日如霜刃。鼓聲三下紅旗開，兩龍躍出浮水來。櫂影斡波飛萬劍，鼓聲劈浪鳴千雷。鼓聲漸急標將近，兩龍望標目如瞬。坡上人呼霹靂驚，竿頭綵掛虹蜺暈。前船搶水已得標，後船失勢空揮橈。瘡眉血首争不定，輸案一明心似燒。只得輸贏分賞罰，兩岸十舟互來往。須臾戲罷各東西，競脱文身請書上。吾今細觀競渡兒，何殊當路權相持。不思得岸各休去，會到摧舟折楫時。

《競龍舟》（録自二十三年六月十六日《北晨・紅緑》作者自稱屈原老同鄉，所指或係兩湖風俗）

……這個競龍舟，真是把人類的競爭心表現得十足，那些裸著上體的武士們（農工朋友）用一人拿指揮旗，兩人敲著'咚咚哐'，一二十人奮勇划船。他們不顧那熱烈的太陽，不顧身上的汗珠，祇知道要搶先，好像搶着了先，便是無限的光榮，落了後，便是最大的恥辱。結果勝的方面哈哈大笑，敗的方面，則垂頭喪氣。他們説："如果兩村相競，勝的村莊，今年就得旺盛，敗的村莊，會要倒霉。兩街相爭，則勝利的一條街，生意興隆，否則便要虧本。"可是事實方面，往往勝的方面比敗的方面，發生更不利的現象，然而他們便毫不記得了。

競龍舟固然在鄉村是一件很好的玩意兒，但往往因之發生更大的悲劇，因爲這些划龍舟的好漢，多是些糾糾武夫，而在過節的幾天當中，又多吃的醉燻燻的。他們划船時，或者用力過猛，失手跌在水裏溺死，或兩船相撞，雙方發生口角，而演起全武行來，手裏拿着划船的武器，往往把對方打的頭破血流。結果，競了龍舟，還要再來一齣打官司的悲劇。他們雖受了很大的損失，然而他們並不在意，並不因之而減低來年再競龍舟的興趣。

競渡於白日舉行之後，亦有於夜間仍繼續舉行者。《武進縣志》云"近日又有夜龍舟之戲，四面各垂小燈，競渡如白日"，其明證也。《清嘉録》云："入夜，撚燈萬盞，燭星吐丹，波月搖白，大爲奇觀。"

此外，又有不作競賽，而乘坐畫舫，放乎中流，飲酒宴樂，優遊終日者，《武陵競渡略》謂爲演船。《古今圖書集成・端午部》引各縣志云："士民競結棚縵於舟，飾以綵，或雙舟連結，下作平盤，上結綵架，舟首多栽盆景，挾蕭管樂妓，集親朋宴飲嬉遊，從流上下。"是不參加競賽而以划船爲樂者也。

4. 觀衆情形　南方各省端午競渡之舉，頗能轟動觀衆，大有萬人空巷觀競渡之勢。《武進縣志》云："觀者殆如堵焉。"《揚州志》云："龍舟競渡，士女遊人環聚而觀，貿易者爲之罷市。"《懷寧縣志》云："岸上觀者如堵，臨水台榭樓閣，少長咸集，置酒縱觀。"《嘉定縣志》云："在學前匯龍潭省看龍船，男女夾岸，艤舟飲宴，好事者以鵝鴨投水，龍船入號水手躍出，船入水，隨鵝鴨出沒，爭得以爲豪。"《武陵競渡略》云："觀者樹紅綠綵或製句綵上，俟船過賞之，凡船所經，必放爆竹黃煙，揮扇喝采。"《清嘉錄》云："男女耆稚，傾城出遊，高樓邃閣，羅綺如雲，山塘七里，幾無插足之地，河中劃楫，楫比如魚鱗，亦無行舟之路，歡呼笑語之聲，遐邇振動。觀衆熱烈助興情形，於此可見。"

鬥草　《荆楚歲時記》云："五月五日，泂民並蹋百草，又有鬥百草之戲。"《圖書集成》引各縣志云："男女於郊原采百草相鬥賭飲。"惜其法不詳，今日小學兒童每作鬥草之戲，其法爲甲乙兩人，以兩束青草，交叉摺合，用力互拉，折者爲負，未知與前代鬥草法，是否相同也。

解粽葉　《歲時雜記》云："京師人以端五日爲解粽節，又解粽爲獻，以葉長者勝，葉短者輸，或賭博，或飲酒。"按此種遊戲，其法不傳，今日已無人能爲之矣。

養鴝鵒　《荆楚歲時記》云："五月五日，取鴝鵒教之語。"又注云："此月鴝鵒子，毛羽新成，俗好登巢取養之，以教其語。"《零陵總計》云："鸚鵒人多養之，五月五日去其舌尖則能語，聲尤清越，雖鸚鵡不能過也。"按鴝鵒或作鸚鵒，俗名八哥，今人亦有取八哥教之學人語者，惟不限於端五日耳。

射粉團　《開元天寶遺事》云："宮中每到端午節，造粉團角黍，貯於金盤中，以小角造弓子，纖妙可愛，架箭射盤，中粉團者得食，蓋粉團滑膩而難射也。都中盛行此戲。"是當時直以食品作玩具也。

射柳　《識小編》云："永樂中，禁中有剪柳之戲，剪柳即射柳也。陳眉公云：'北人以鵓鴿貯葫蘆中，懸之柳上，彎弓射之，矢中葫蘆，鴿輒飛出，以飛之高下爲勝負，往往會於端午日，名曰射柳。'"《金史·禮志》："重五日，皇帝靴袍拜天，禮畢，行射柳擊球之戲，亦僚俗也。"

《如夢錄》云："演武廳設宴，中三路高結彩牌，上書穿揚奪錦，下懸籠鴿，走馬飛射，中者，鴿子騰空，任人逞能，俱有賞號。"今則箭之武器，已廢置不用，射柳一事，亦不復行矣。

牽鉤戲　《子史精華》引《隋書·地理志》云："五月五日，南郡及襄陽二郡，又有牽鉤之戲，云從講武所出，楚將代吳，以爲教戰，流遷之改，習以相傳，鉤初發，皆有鼓節，群噪歌謠，震驚遠近。俗云以此厭勝，用改豐穰，其事亦傳於他郡。"今則其戲已不復流行。

遊樂　《如夢錄》云："端午，亦有携酒赴繁塔寺、禹王台、九仙堂各處遊宴，觀賞芰菱、荷花、玉蘭、榴花、茉莉、玉簪、水紅、木香、鐵角、海棠、翠鵝眉、百日紅諸名花。"按端午遊覽名勝，古今各地均盛行之，當不止宋代東京爲然也。

飲宴　端午飲宴，古今各地，均甚盛行。《如夢錄》云："官員公宴，玩賞荷花。"《開封縣志》云："五月五日天中節，闔司張筵於演武堂。"江蘇《儀徵縣志》云："午時，燒午香，蒸蒼朮，點蚊香，進蒲觴，家宴賞節，小户之家，亦多買黃魚，雄黃燒酒慶節。"江西《萍鄉縣志》云："將粽子包子醃蛋大蒜各物置桌上，合家大嚼痛飲。"《武進歲時記》云："商店於是日停止營業，宴請夥友。"今日端午除商店不停止營業外，其飲宴之風尚風行也。

第三章　端午節日前後之農事操作

端午節俗稱"五月端午"，爲我國最大之節氣，以係一般農民所重視，然是節之前後，則爲農民最忙碌之時，耕種也，下種也，中耕也，收穫也，種種操作，使農民無片刻之休息，其勞苦之狀，可想而知矣。然幸有是節爲其身心勞苦調濟，而農民亦願在百忙之農作中，尚備有節日之種種服飾，飲食，娛樂等，由此則知農民之端午與有閑階級之端午，同一端午也，而其趣味與享受則大有不同。關于節日之種種，在前篇中述叙甚詳，故不多贅。茲將是節前後之農事操作略述大概，惟所謂前後之範圍頗廣，言之頗泛，故本篇祇限于立夏與夏至之間，爲時不過兩月耳。

一、高粱之摘苗和中耕

用途　高粱又名蜀黍，爲我國北部各省重要之食糧，而尤以東三省爲甚，熱帶地方亦視爲重要食品，又可供給家畜及家禽之飼料，且可釀酒，名曰高粱酒，銷行極廣，其穗可供製造箒刷，其桿可供燃料。

摘苗　高粱播種於陰曆二三月間，當四月底苗高二三寸，即應施行疏拔，每株留强健者二本，或以同一距離各留一本。農夫忙于疏拔之後，跟着便是中耕和除草，五月中更行中耕一次，其最後一次則在五月底或六月初行之。每次中耕後，壅土於根際，以防風剝。

施肥　高粱於第一次中耕時，即行施肥。其基肥以厩肥，堆肥爲主，追肥用人糞尿於第一次中耕時施之，凡能助苗之生長者，農夫不惜勞力，必盡心操作。

二、粟稗之摘苗與中耕

　　用途　粟稗俗名穀子，用以炊飯，煮粥，我國北方人民常食之，因其宜於砂質壤土，尤以開封小米食者最多。糯米可製糕餅，團子，點心等，且能釀造燒酒，粟又能耐貯藏，可供備荒之用。

　　摘苗與中耕　粟稗之下種，寒地宜早，暖地宜晚，普通在二三月間播種，亦有在五月初者。前者八月中收穫，謂之早穀，後者九月間收穫，謂之晚穀，穀宜多鋤，播後十日許種子即發芽，但在初時生長極慢，早穀在五月初苗可二三寸，即可行第一次疏拔，其後再行一二次，使各株間保有三四寸之距離，又於生長期間，當行二三次中耕。而晚穀在端午節後即須播種，故在此節日之前後，爲農人甚忙之時也。

　　施肥　施肥工作亦在此期施行，穀子吸收肥料之力甚強，施用少許之肥料能收良好之結果，穀施肥固屬簡單，而其中耕之次數，則較其他爲多。

三、瓜之踏鋤

　　用途　瓜之種類頗多，西瓜、甜瓜、南瓜等，我國北方各省栽培者甚多，其瓤夏日食之，可以消暑去渴利便，其皮部可供醬食，子亦可食。

　　踏與鋤　瓜費手續甚多，在二月即行下種，亦有三四月下種者，在其方出時即須看守，以烏鴉喜食此物，致瓜葉一出，則地中不克離人矣。且此物更須多鋤，鋤則饒子，不鋤則無實。在三四月間，農夫均忙於鋤此，比至初花，必須三四遍，不令有草雜生其中。瓜地如菜畦形，坑底得以足踏之，令其平正也。

四、落花生之下種與中耕

用途　落花生品種甚多，然今我國所栽培者，爲大粒種及小粒種二種，大粒種適於製糕點及其他用途，小粒種內含油分較多，故多用以榨油。

播種情形　春三四月，正是播種之時，先將土仔細耕鋤，耙碎土粒，使土質疏鬆，蓋落花生根部入土雖不爲深，然花梗須入土而結實。如土壤硬固，妨花梗之伸長，損其結果，而減少收穫量。

中耕及除草　發芽後四十日，即行第一次中耕，除去雜草，再一月後，行第二次中耕，以後每間半月，中耕除草一次，務使土質膨頓。使地無蔓草，以便花謝之後，花梗易於伸入土內，而行結實。如此忙碌者二三月，及莖葉繁茂花朵將開之時，即停止中耕，因恐踏踐地內，損傷花莖，害其生長也。

施肥　落花生爲荳科作物，肥料以氮素爲主。如堆肥油粕人糞尿等均極適宜，施肥即在第一二次中耕時行之，不宜過遲，遲則莖已成長，花將開放，肥效不及矣。故農夫之忙碌多在下種後一二月中。

五、胡麻

用途　胡麻又名芝麻，其主要用途，則爲製油，其桿可供燃料。

整地及播種　四五月間，農夫復忙於胡麻播種，耕鋤圃地，施以堆肥人糞尿草木灰等基肥，將種子用砂混合，條播土中，薄覆以土，行間距離二尺左右，至發芽苗長二寸內外，即行勻苗。株間約隔三四寸，以後中耕數次，再加以適宜之肥培。

六、棉花之勻苗與中耕

用途 棉為衣服,及某種日用品之原料,其供給之豐富,價值之低廉。且其製品最適於人類多數居住之溫帶氣候,及年中最長之春秋二季,此等優點,決非絹絲,羊毛,麻類所足以代之,故棉花實占現今世界人類衣服原料百分之九十以上。且近年之新發明品,如棉花火藥,汽車之車輪,打字機之印紐,飛行機之翼等,均須棉花,其他小小用途,不勝枚舉。棉子除供燃料之外,種皮剝落後,可以壓榨為油蠟,精製為肥皂,所餘糟粕,可供家畜飼料及肥料。

疏拔及中耕除草 棉即在小滿左右播種,播種後七日乃至十日發芽,斯時即施行一二回之疏拔,使距離適宜,並將不良者除去。勻苗之次數愈多,則苗之選擇亦愈精,故農夫不辭勞苦,而疏拔之。且雜草能奪地中養料及水分,其害甚大,此為各栽培植物所最忌,而棉尤甚。普通除草多與中耕並行,中耕者為棉管理上之至要工作。蓋棉花為深根植物,勵行中耕,土壤虛浮,則根能多吸氧氣。容易蔓延,可耐風雨,兼可耐旱。在花開之前中耕次數愈多愈好。在夏至前仔細勤鋤,至少六次以上,由此則知農夫之辛苦矣。

七、大小麥之成熟與收穫

用途 小麥之用途甚廣,饅頭,燒餅,日常食品等之原料。在我國北方為最重要之食品,在南方其重要程度,僅次于米,亦係主要食品之一。至於大麥較之少差,但亦係我國重要食料之一。不過大半供家飼料,又可製造漿油及飴糖。

小麥之成熟與收穫 農民一年中所最希望者,則為此種作物之豐收。小麥之播種分春秋二季,暖地宜秋種,寒地宜春種,而河南各地其氣候溫暖,故均種自秋季,多播種於八月下旬或九月上旬,至翌年四月底或五月初即成熟，故在端午節日左右數天，農夫無不在忙於收麥，早者已經收穫而待整理，遲者恰於此日尚在刈割。大麥則在半月前已被收穫完結。小麥不宜收穫過遲，一屆黃熟即行刈割，遲則枯熟。則種皮與穎增厚，粉少麩多以製麵粉乏黏性而品質惡劣。其成熟之徵爲穗全變黃色，自穗基以下至三寸左右呈黃色時即收穫適期，由播種起約需二百三四十日。

刈割之情形　一至麥熟之期，農夫則大行忙碌，或平治大麥之場，或購置收麥之器，或散步田間，評量收成，或監視隴畝，守望相助。雖無恒產者亦莫不欣欣然色喜。蓋遺留之麥穗爲其重大之收入，故男婦老幼皆置拾麥之器——繩，籃，鐮刀等——俗諺云"蠶老一時，麥熟一晌"當收穫遲滯一二日間即可枯萎，子粒易脫落，且遇冰雹狂風皆足爲災，河南氣候，寒暑無常，大風時起，是以屆時未明即起，日落不息，匆匆收穫，數日即畢。小田之家，收麥用鐮，此時工雇不多，工價每陡漲，平原廣田之中，多用"戳子"，法頗簡單，其器編竹如箕，方廣數尺，繫繩置柄，一面安長刃，極鋒利名曰"刪"，收麥者右手握柄，左手提繩，推刃割麥，則莖穗盡倒於戳子；遂翻倒於身後網包中，網包揉柳爲捲，形似仰盂，口徑五尺許。一戳每日收麥數畝，數倍於鐮，但遺麥較多，故老弱婦孺及無業之人，多以拾麥爲事。每屆富戶戳麥之時，隴畔塍上圍繞如堵，平原麥田之中遠望皆是。主人及看麥之工人——看工——時奮臂呼嚇其間，禁止前攫。昔者歲豐人少，所得尚多，近年生計日蹙，人多麥少，終日奔走，所得無幾，而婦女柔弱，尤可憐憫，如有懷抱提攜之子女，每棄置路旁，哭啼號啕，其苦更不可言喻。

收穫情形　數日後麥盡登場，用石碾軋之，仍甚忙迫。田中一望皆白，乃未收盡之麥桿，故仍有無業者星散其中，剗麥桿爲薪。

八、大豆與晚穀之播種

用途　大豆之用途頗多，內含有豐富之蛋白質及脂肪，對於人體之營養爲良。我國製爲豆腐、豆腐乾、豆腐皮等食用之，又可供製造醬油之原料。又如豆汁近爲牛乳之代用品等。

　　播種　小麥收穫完畢，即須播種大豆，晚穀等作物，大豆多播種於麥地中。大豆之發芽力甚強，通常在百分之九十以上，播下後，亦不行疏拔。

　　中耕及除草　大豆播種後，約經七日至十四日而發芽，發芽後兩星期行第一次中耕，此後每隔二三星期續行中耕一次，至枝葉滿布條間爲止，至於播撒之大豆，雖不便中耕，但亦宜行除草一二次。

　　其外尚有綠豆之播種，晚穀之中耕等，均係端午節日後之操作，總之，農夫在一年四季中，無不在農事操作中忙碌，至於端午節前後之操作，亦僅可知其一部分耳。

第四章　有關端午節之動植物

關於本篇之動植物，係依前篇端午節之考證連類而及，凡有關節日之動植，即將其形態生活等略加說明，自不免有涉零亂，缺乏系統。其動物先哺乳而後兩棲，即由高等漸及於下等，植物先林木，次果樹，最後則爲花卉，其詳細分類，從略。

一、動物

1. 虎　形略似貓，頭部圓。眼大，灼灼有光。耳殼甚小，能動。齒具門、犬、臼三種，皆尖銳。舌面粗糙，有無數逆鉤。軀幹略長，毛色黃褐，有黑色柳條橫紋。顎，喉，腹，眼緣及耳殼上面皆白色。四肢強壯，具五趾，皆有屈伸之鉤爪。尾甚長，垂下時達地面，亦具有黑色橫紋。體長五六尺，尾長二三尺。棲息於山林，晝眠於叢中，有時隱於衰草間，其黑紋如草影，不易辨識。入夜則出，捕食鳥獸，喜食肉，故爲食肉類。又常徘徊於卑濕地及水邊，亦善遊水。力猛，性殘忍，捕他獸時，突然跳出，以爪攫齒咬，無幸免者。鳴聲宏大，時或入村掠牛馬及他種家畜，兼襲人，故人多畏之。每年產二子至五子，育稚時其性尤爲猛烈。此種動物常出沒於樹林山野間，故在開封附近所罕見，吾人所見者，多係百戲中被馴熟者。虎最凶猛，雖列爲五毒之一，固不僅其毒可畏也。

2. 蟾蜍　一名癩蝦蟆，形似蛙，體較肥大，形狀醜惡，上面概黑，腹旁有灰色直條紋，腹面灰色，現黑褐斑。皮面燥而不潤，多疣狀突起，有毒腺，晝間隱伏樹洞垣隙敗葉中，夜出求食，喜食虫類，捕食時以舌舐取，迅速異常，故古來有蟾蜍吸虫之説。其性遲緩亦善跳躍，常徐徐匍行，能耐饑渴，不易死。經冬必須冬眠。幼時變化如蛙，亦爲蝌斗，其大者曰田父。所謂蟾酥者，即自其皮下之毒腺取得之，用以爲藥。但蛙與蟾蜍，常爲人混淆，且云二者均含有毒素，其實不然；蟾蜍皮下及腦後之瘤，確有毒汁，然其毒並不浪用，乃專用以防敵，如遇狗、鼴鼠與刺猬等敵害時，則自其毒瘤中，噴出酸液以禦之，蛙則無。至於蟾蜍與蛙其他區別甚多，如蛙善跳躍，蟾蜍則否。蛙有尖銳之齒，蟾蜍無之。蛙皮光滑而潤濕，蟾蜍則乾燥而粗糙。其雌蛙所產之卵。概成堆狀，蟾蜍之卵概爲條狀，蛙與蟾蜍乃田園中之保護者，蛙出於晝，蟾蜍出於夜，專尋食昆虫，故二者均爲益虫。

3. 蛇　爬虫類，體圓長，無四肢。頭部及面上，被特有之鱗，爲分類上之特徵。背面有整列之小鱗數列。腹面之鱗呈環狀，配列爲一行。口大，齒生於顎緣及口蓋骨上，齒甚小，故雖有齒而不能咀嚼，常將食物囫圇吞食。有毒牙者，則與頰部之毒腺相連。舌細長而分叉。肛門在體之稍後處，爲橫裂孔。體長，故脊椎骨之數亦多，往往達四百餘。肋骨數亦多，但無胸骨。胸部具肺臟及心臟。腎長形，左肺及左腎均不完全。皮下多脂肪。常棲於人家近旁草叢石隙樹穴等處，捕食小動物及蛙類。肋骨與腹鱗連繫，步行時以腹鱗抵物前進。經冬則蟄居洞穴而爲冬眠。卵生，卵殼甚薄。

蛇分有毒無毒兩種；有毒蛇，尾部略短，頭闊，或三角形，口內具毒牙一對，嚙物時，則自毒囊內放毒液。無毒蛇，尾部略長，頭部成橢圓形，口內無毒牙。喜食鼠、蛙、小鳥等。遇之即用其體勒斃，再行吞食。吾人如被毒蛇所咬，甚危險，宜速行醫治，故稱五毒之一焉。

4. 壁虎　一名守宮，普通多呼爲壁虎。形似石龍子而較扁。頭部扁，口大，舌肥厚。吻被方鱗。此鱗在上唇有十一枚，下唇九枚。頭大，有五角鱗。其次頤下有鱗一對。兩鼻孔相隔離，眼大，無瞼。脊部暗灰。有黑色小點，多粟狀突起。腹面黃白。四肢皆短，各具五趾，除第一趾外，多有鉤爪，趾之下面，有一種橫褶襞，用如吸盤。其第一趾有九襞，最長之趾有十五六襞。尾尖長，頗脆，有再生力，故能斷而復生。體長約三四寸，常見於壁間，每屆夏夜，則窗牖門壁等處，常爬行三五，因其趾有襞，雖光滑之牆壁，亦能爬行自如。喜食蜘蛛，蚊，蠅等昆虫，有益於人。但吾人每誤其食蠍，故又呼曰蠍虎，其實該動物，並不食蠍，亦不咬蠍，僅爲一般之傳說耳。卵形橢圓，白殼，常粘於壁角門隙間。每次產三四枚，至冬則須休眠，各地均產之。

5. 蚊 蚊分頭、胸、腹三部；頭小，有複眼一對，故在黑暗處亦能視物。口器細長如針，便於刺螫。胸部有翅一對，足三對。腹部細長。幼虫細長生毛，曰孑孓，生活於污水中，忽上忽下，屈曲活動，脫皮成蛹。數日，破殼而變成虫。瘧蚊尤喜吸人畜之血液，注入毒液，爲傳染瘧疾之唯一媒介。瘧蚊與尋常蚊之不同，瘧蚊體色暗灰，小腮鬚暗褐。胸背有金色毛。翅色稍黃，翅脈亦黃。其静止時，亦與尋常蚊不同。尋常蚊静止時，其體與外物並行，此則尾端向上，口吻向下，其體與外物，略成三十度斜角，且口吻與尾端略成一直綫，其雌者至夏每入室螫人。其孑孓在水中，體與水面略呈並行，而以尾端呼吸孔出水面呼吸，與尋常蚊之孑孓，在水中時而垂下其頭部者不同。

瘧蚊如何傳於吾人，患者之發作時期，何以常有一定，茲略言之。使吾人發生瘧疾者則爲瘧虫，人之血液中含有多數紅色圓形細胞，曰紅血輪，瘧虫即寄居在患者之紅血輪中，形似變形虫，及其成熟時，其體充滿紅血輪，成熟後其全體分裂成十二或十六小胞子，名曰胞子生殖。及紅血輪破裂胞子即散出於血液中，每一胞子復尋一未經破裂之紅血輪。及至此幼瘧虫在紅血輪中長大後復生出多數胞子。自前次胞子生成和紅血輪破裂到後次之胞子生成和紅血輪破裂，經過一定期間，有瘧虫經過一日，有經過二日者，有經過三日者，在每次血輪破裂期間，因有多數胞子同時攻擊其他紅血輪，故患是疾者即有寒熱一次。如有斑翅蚊，吸患者血液，即將瘧虫吸收該蚊體中經過一定程度，更分裂成許多長形胞子，以長形胞子聚集於斑翅蚊之唾腺中，該蚊咬第二人時，瘧虫之胞子即隨蚊之唾液進於人之血液中，再進而至紅血輪中變爲變形虫之形態，重行用胞子繁殖以破壞人之紅血輪。此瘧虫能在人體中潛伏數年，以是患斯症者每有數年而不癒者，即此故也。驅除之法，勿積存污水，或燃燒蚊香，但根本驅除之法，乃講究衛生，力求清潔，不使其有生長之餘地。

6. 蟋蟀　節肢動物，體圓長，色黑或褐。頭較大。複眼黑，爲橢圓形。有單眼三。觸角濃褐，長於身體。前胸長方形有斑紋。雄之前翅，其緣殆達腹部之末節；右翅在上，質較硬，表面有波狀脉，左翅在下，質較頓而透明，兩翅互相摩擦能發聲。雌之翅短，有直棱，腹部亦較大。尾端皆有尾毛一對，（雌體之尾毛中間具一產卵管）後肢强大，善跳躍。體長約五分。性畏日光，棲於土中石礫下，害食草木之幼根。雄者能鳴，且善鬥，故人常以之爲賭博，此種風氣在上海甚爲流行，正與開封之鬥雞，鬥鵪鶉同一性質。

7. 螻蛄　與蟋蟀同族，屬於直翅類。體圓長，被粗毛。背部茶褐，腹面灰黃，頭部圓，觸角短，爲絲狀，胸背有翅二對，前翅短，僅達腹部之半，後翅爲膜質而長。腹面有脚二對，第一對强大善爬掘，第二對小，第三對長大。腹部圓長而頓，尾端有尾毛，棲於濕地，常以前脚掘穴，捕食小虫，似爲益虫，然稻麥葡萄等之幼根，每被其嚙斷掘起，利害相較，實爲害虫。見火即向前撲，故常入室中。雄者每鳴於初夏之黃昏時，即世人誤以爲蚯蚓之鳴聲也。雌體亦於此時掘土爲巢而產卵。卵呈橢圓形，經十餘日，孵化爲幼虫。幼虫酷似白蟻，翅不完全。脚健，亦善掘土，脫皮數次，至翌年初夏化爲成虫。驅除之法，覓其穴，注以石油等，或埋瓦，於其蕃殖處，待其陷入□中而捕殺之。

8. 蟻　屬膜翅類，其形性多似蜂。體長形，色黑或褐。頭、胸、腹之區別甚明。頭大，有複眼二，觸角頗長。雌雄蟻皆具有單眼，而職蟻無。口有鉤屈之大顎一對。胸部頗呈卵形。有脚三對，脚端具二爪。腹部球形，或卵形，腰較細尾端或有毒刺。雌雄蟻每有翅職蟻無之。雌體長比雄大。性活潑勤勉，兩蟻以觸角相交，能通情意。巢常營於地中或朽木內，概分多數之隧道，集社會而群棲，群中之雌雄蟻營生殖。職蟻及兵蟻任保護，營巢穴，采食物，養幼虫，皆職蟻所司。禦外敵，任戰門，則由兵蟻司之。兵蟻之生殖器俱不發達，而爲非雌非雄之中性。全蟻群中有雌雄蟻數十，又有無數之職蟻及多數之兵蟻。冬季寒冷時潛伏，迨春暖則營生殖，是時雌雄蟻生翅，能飛行於空中，交尾後，雄蟻即死，雌蟻失翅。職蟻亦於此時增築巢穴，或別營新巢，采食動植物，凡含有糖分之物皆喜食之。偶得他動物之屍體，職蟻乃群出聯隊曳之而歸。兵蟻則輔助戒備於其間。蟻之卵透明，色乳白。孵化之幼虫，初爲蛆狀，司養育者之蟻，由胃中所出之一種液汁以養之。幼虫漸長，至長成時期，造長圓之白繭，化蛹，蛹復化爲成虫，初呈白色，漸變淡黃，後變赤，終變黑。

　　蟻之行動頗奇特，當相爭時則結隊惡戰，不肯驟止。或有畜牧樹藝之知識，如飼養甲虫，保護蚜虫，種植穀類，以收其利。更有使役奴隸之事，先掠奪他穴之蟻卵而養育之，似知大者不易馴伏故據其小者養之，易便驅策。如養育兵蟻等皆爲奴隸之職。曾有人欲得其確據，捕兵蟻置於玻璃中而以食物養之，皆惰不自食，乃復捕奴蟻納其中，見奴蟻携食而遍飼之，亦一奇事也。關於蟻之勵害甚多，以害而論，築巢覓食時，荒庭園，害苗圃，倒礎石，倒古木。以利而論，捕食動物之屍體骸片，似有清潔腐敗之功，然以利害相較，究不能認爲益蟲。

　　9. 蜘蛛　節肢動物。體形圓或橢圓，或長，分頭胸及腹兩部。頭之前端有口，背面有單眼二至八。大顎分兩節，末段爲鈎狀，能運動，尖端開一毒腺口，是爲毒鈎。下顎呈板狀，觸鬚分數節。雌雄異態，在雌之各節，大小與雄同。雄之末端膨大爲異狀，內具精虫。胸之腹面具脚四對，各脚分七節，末端有鈎爪二，具有多數之小爪，腹面肥大，下面近尾端處有肛門，肛門周圍具疣狀物，四至六個，是爲紡績突起，其尖端有多數小孔，與內部之絲腺相通，分泌一種黏液，此黏液一觸空氣，即凝結爲絲。生殖門與呼吸門，開口於紡績突起之前方。常在樹間檐下，屋角等處，以紡績突起分泌之絲，造成網狀巢兜取食物。大概營單獨生活，不群棲。捕食他種蟲類，食蟲時先以毒鈎咬斃；後吸其液汁。性貪食，至夜則活潑，同類相殘食者頗多。雌雄之關係甚特別，雌體較大，體力強，腹部亦大，恒造巢待蟲而捕食之。雄體較小，體力弱，不造巢，時時漂泊於雌體近旁，伺隙而突近，與之交尾即遁，若逃遁不速，每被雌體咬斃而食之。其雌雄間交情之冷酷，在動物中所罕見者也。

蜘蛛類之體形，體力，習性等，隨生活之狀態而異，如棲於樹間簷下者常能造八卦形之巢，腹形圓或長，脚概長而弱，運動不甚活潑。棲於屋角而營不規則形之巢者，亦相同。營巢爲漏斗狀或管狀者，體細長，脚長且強健。棲於地中者，體柔弱，生短毛。脚短而強，棲於樹皮壁間者，體扁圓，其第一及第二對之脚長，巧於橫走，徘徊於原野者，脚概長而強健，善疾走。蜘蛛類之產卵，每產數百，卵有包囊。發生時無變化，惟脫皮數次。產卵之多雖如此，而不見繁多者，一由同類相殘，二爲鳥類所食。蜘蛛體色，多似枯草土埃，且一觸即墜落作假死，此爲避敵之法，由天然淘汰之所致也。

10. 蠍　蜘蛛類，俗名鉗蠍。頭胸部及前腹部合爲軀幹，後腹部狹長爲尾。頭胸部連合爲一稱頭胸部。沿背面之中央綫有單眼二。其前方左右，亦各有單眼二至五。口在頭部前端，下顎爲鉗狀如螯。胸部有脚四對，脚由基節，轉節，腿節及三個跗節合成。末端有二爪，前腹分七節，後腹分六節，在最後一節爲囊狀，內含毒液，末端生尾鉤。體多黃褐，又有赤褐暗綠等。幼老異色，皮面之刻紋亦隨種類而異。呼吸用肺囊。體長約一寸五分。日中隱伏礫下牆脚，樹皮及枯葉內，夜出捕食他蟲，此時先以尾鉤翻至前方，螫之使斃而食之。子皆胎生，無變化。從尾鉤所出之毒甚劇烈，人被螫，則感痛苦。種數頗多，產於溫熱雨帶下，分布於北方，大抵以北緯四十度爲限。蠍乃饑餓之野蠻生物，能吃去無數之害蟲，然其習慣却甚壞，其尾佔全身之半，彼常以其尾豎於背上，以便防敵，遇物即從尖端伸出利刺，放出毒液。蠍乃殺害蟲之益蟲，但是以其遇物即螫，故吾人常受其害，是以人見之必殺害之。

11. 蜈蚣　俗稱百足，體長而扁，由多數同形之環節而成。頭上有數個單眼，單眼之前方有鞭狀觸角一對。口善嚙咬。第一對脚變爲顎脚，或稱毒肢，爲鉤狀。鉤端有腺口，常放出毒液，以便捉食蟲類。軀幹約分二十環節，每節皆有同形之步脚一對，唯最後一節之脚特長，向後如尾。背面暗緑色，腹面黃褐，體長三四寸。性畏日光，常棲於腐木石隙下或陰濕地，食動物兼植物、晝伏夜出，子卵生，幼蟲體短，環節較少，漸漸生長，則脫皮而化爲成蟲。蜈蚣專捕食有害之昆蟲與蠕蟲，但其眼不發達，除辨別明暗外，無甚作用，觸角靈敏可代眼用，彼之捕捉食物以及辨識路徑均賴之。

12. 蚰蜒　與蜈蚣同爲足多類，體圓長微扁，略似蜈蚣，能蜷曲。色灰白兼黃黑。全體分數環節，各節支出淡黃色細長之脚一對，計十五對。口器有毒鈎，善咬，觸角長。尾端禿，無分歧。脚細，能司觸覺。行動迅速，觸之脚易脫離。棲木石之下陰濕地，畏日光，晝伏夜出，徘徊於壁間屋角，覓食他種小動物，有時其脚相摩擦，能發一種聲音。體長一二寸，大者四五寸。每至夏夜，則活潑外出，捕捉昆蟲以食之。其利害與前述蜈蚣略同。

二、植物

1. 柳　落葉喬木，高至三四丈，枝細長而下垂。常栽培於庭園及路旁等處。葉細長，葉緣有鋸齒，爲互生。春日開化，花先於葉，花甚小，稍具香味，以誘昆蟲，傳播花粉，單性，其花序排列成穗狀，雌花與雄花異株。雄花下垂，有二雄蕊，雌花子房有柄甚短，柳係蟲媒花，故其開放最早。然亦能藉風傳種。大小蕊交配後，大蕊之子房即漸變爲果實。果實爲乾瘦之小蒴果，可開裂爲二片，種子極小，黑色或深褐色，外面生有白色細長之毛，身甚輕，隨風飛舞，即吾人常見之柳絮，此乃風傳種之一也。其木材供器具及薪料，嫩葉可食，惟其質甚鬆，非良才也。

2. 紫楝　生於暖地，落葉喬木，高至二三丈。葉爲二回羽狀複葉，小葉甚多，長卵形，有鋸齒。夏月開花，花作長形，淡紫色，故呼爲紫楝。花序爲圓錐狀，果實橢圓形，長五六分，冬月成熟，呈黃色。木材可供器具之用。

3. 梔　即梔子，生於熱帶，我國南方，如福建、廣東等地甚多。常綠灌木，莖高六七尺。葉有光澤，橢圓形，互生，夏月枝梢開花。花大，帶香氣。花冠白色，有六裂片，脫落之前，漸變而爲淡黃色。果實色黃褐，橢圓形，兩端數個縱棱。此植物常栽培於庭園間，爲觀賞之用，或采其果實而乾貯之，供黃色之燃料，亦可藥用。據云有下熱清血之效，其花又可供食。

4. 白葛　豆科植物，莖長二三丈，常纏繞於他物之上。葉大有三小葉，互生。莖與葉俱生有褐色之毛茸。秋日開花，其花軸自葉腋抽出，長五六寸。總狀花序，花冠蝶形，紫赤色。果實扁形，爲莢果，上有褐色毛。此植物之根，外紫内白，大者可三尺，内含澱粉頗多，搗碎取汁，製成白粉，謂之葛粉，爲粉中最佳之品，可製種種食物，其莖靱而柔，可代繩而用之，或編物。或自其莖采纖維，用以織葛布，古時夏布多以此爲之。

5. 桃　落葉喬木，高至丈餘，爲中國原產。各國亦多栽培之。葉披針形。長橢圓形，長約四五寸，有鋸齒。花五瓣，淡紫紅色，春日開花，頗爲美觀。雄蕊多個，雌蕊一枚。果實表皮生有小毛，爲保護之用。種類甚多，因其果實之顏色形狀等而有不同。以色名者有紅桃，緋桃，碧桃，白桃，胭脂桃等。以形狀名者，有綿桃，油桃，御桃，方桃，扁桃等。以其時名者，有'五月仙桃，十月冬桃，秋桃，霜桃等。能供食者，則爲以時命名之數種，開封附近，產額頗多，故爲吾人常見常食之物。而南數省則罕有之。'

6. 石榴　亦種安石榴，原產於地中海沿岸。落葉灌木，高至八九尺。葉長橢圓形，或倒卵形，表面與背均平滑，對生或散生。花大，赤色，花瓣深紅色，其種類不一，花瓣有單瓣複瓣（俗呼千層）。色有淡紅，深紅，白斑等，五月開花，可供觀賞。果實甚大，球狀，幼色青綠稱，成熟則變爲紅色，上部存萼，熟則裂開，現出無數種子。種子有紅肉，味甚甜，可供食用。此種植物出產於開封附近者頗多，爲吾人所常食者也。果實之皮，其汁黃色，着之不易褪落，故鄉間人常用之熬水以之助染黑色，其葉亦具有此功用。

7. 向日葵　菊科植物，一年生，高六七尺。常培植於庭園及牆垣附近。葉卵形，互生，邊緣有鋸齒，葉大，面粗糙。秋月開花，色黃，頭狀花序，甚大，徑約六七寸。周圍之花，係舌狀花冠，中部之花，爲筒狀花冠。花托平坦，此花序有向日性，隨日光而轉移故名。其種子形如馬牙，色灰白或黑紫，可食，又可榨油，其桿可供燃料。

8. 夏橘　一名金橘，栽培於暖地，常綠灌木，高至六七尺。葉橢圓形，或卵形。有透明之小點。夏月開花，色白，花五瓣有多數雄蕊。冬月果實成熟，橢圓形，略似橄欖，幼時色青綠，熟則漸變爲黃色。果實表面，不平滑。其瓤多酸味，皮却芳香甘美。宜於糖藏，供食用。冬日每移置室内，以過冬。其果實亦可至翌年三四月間。此種植物多栽培於盆中。該植物之枝葉上易生蠕虫，長一寸餘，有觸角甚長，能伸縮，全體綠色，亦其保護色也。

9. 芰菱　俗稱菱角，水生植物，一年生草本。根生土中，水中莖長達水面，莖及細裂之根狀葉，漂於水中。葉略作三角形，有鋸齒，葉柄長，浮於水面，中部膨大爲浮囊。夏月開花，花四瓣，白色，雄蕊四枚，單性，生於葉腋。果實爲堅閉果，其色嫩青老黑，有角狀之突起，分兩角四角等，其形大小不一，種子白色，嫩者可剝皮生食，其味甘美，老者可煮食，或風乾食之，更可與米共炊爲飯爲粥以代糧食。此植物因生於水，故南方數省甚多，而開封爲多砂之地，故不多得。

10. 荷花　即蓮，睡蓮科，一名水芙蓉，又名玉環。印度爲其原産地；草木，亦水生植物，生於淺水中。其地下莖肥大而長，有節甚明瞭，自各節生葉，其葉於幼嫩時均卷曲。成長後，始開展，呈圓形笠狀，或楯狀。上面生有細毛，着水於上，滾滾如水銀，葉下面之中央著以葉柄，甚長。夏月水面抽出梗，其頂開碩大之多瓣花，普通十六瓣，有淡紅色或白色，有單瓣複瓣大小各種之別，其配色之幽雅而美麗。味清香，非如茉莉之濃香可比。雄蕊甚多，花托上部延長，呈倒圓錐形，有二三十小圓孔，内生一雌蕊，子房一室。果實橢圓形，埋存於圓錐形之大花托內，如蜂巢狀，稱爲蓮房，內藏種子，稱爲蓮子，可供食，嫩時生食，肉脆甘美。凡多水之地，食之者甚多。熟時可以糖藏之，糖蓮子即此物也。其地下莖亦可供食用（即藕），其味均美。此植物又供觀賞之用，常栽培於池中及盆間。

11. 玉蘭　亦呼白蘭花，中國原產，落葉喬木，高至二丈餘。葉大，倒卵形，淡綠色，有光澤，葉綠無鋸齒，互生。花大，先於葉。花瓣九片，細長而先端尖銳，色潔白而肥厚，有香氣。其香味似蘭故名。此種植物，南方各省栽培甚多，故蘇滬一帶婦女多以此爲裝飾，完全供觀賞之用。

12. 玉簪　百合科，多栽培於庭園間，多年生，草本，高至四五尺餘。葉大，自根部抽出，綠色，卵形。有長葉柄，叢生。葉面有白粉，蠟質。夏日葉間抽出圓莖，上部開花，花色潔白，亦有帶淡紫色者，長二三寸，未開時，上端圓形，下端尖長，恰如簪狀，開放時有香味，花瓣六片，互相結合。雄蕊六枚，總狀花序。此植物性喜水，宜栽培於低濕肥沃之地，供觀賞之用。

13. 茉莉　一名柰花，小灌木，葉厚而對生，呈廣卵圓形有光澤，葉柄不長，夏秋之際，枝梢開單瓣花，白色，一花梗開花三朵至十二朵，花瓣五裂，芳香馥郁，可充茶葉中香料之用。婦女多佩之，與玉蘭之用相同，完全一觀賞植物也。其性畏寒，愈暖花愈香。夏日可放烈日中任其曝晒，遇冬須移於暖室，此植物應多施肥料。

14. 木香　薔薇科。落葉攀登植物，栽培於庭園中，莖長易於攀登，無刺，宜用棚架支持，春月出蕾，與新葉同時生出。初夏開花，放清香，花色白或淡黃。葉爲羽狀複葉，頗光滑。小葉五片，葉緣有細鋸齒。菊科中尚有木香之名，與此名同而非屬一科，然二者皆爲觀賞植物。

15. 海棠　薔薇科，栽培於庭園間，爲觀賞植物，落葉喬木，高可十餘尺。葉長卵形或長橢圓形而尖，有鋸齒。其嫩者稍帶赤色。春月與新葉共出長梗，葉叢聚於梗端，著花，其蕾朱赤色。開則外面半紅半白，內面粉紅色，頗艷麗，花片五片，雄蕊甚多。其萼黑赤色，結小圓實。

此與秋海棠有別，秋海棠之葉具有美麗之斑點，且其變化頗多，花瓣爲四片，秋海棠不但其花可供觀賞，其葉亦甚美觀。

16. 百日紅　一名紫薇，又名滿堂紅，落葉喬木。四五月開花，開謝接續，可至八九月，故百日紅之稱。高可丈餘，樹皮光滑，人以手摩之，則其枝葉皆搖動，故又名怕癢花。葉卵形，或橢圓形，全邊，對生或互生。夏秋之間，梢頭開花，如穗狀，花六瓣，紫紅色或白色。花瓣之皺紋頗多，爲觀賞之用。

17. 紅蕉　芭蕉科，産於暖地之多年生草本，今各地皆栽培之，狀如芭蕉，地下以匐枝繁殖。葉具長葉柄，長橢圓形，平行之橫支脈甚多。夏日開花，花自葉心而出。卵圓披針狀之苞數十片，密次如鱗，花序直立，苞之尖端多呈黃色。花色鮮紅，最爲美麗，花亦有黃色，或淡紅者，此植物爲觀賞用，人多呼爲美人蕉，古人以其花色鮮紅，故又呼爲紅蕉。

18. 蒲葵　中國原産，屬棕櫚科，常綠木本，與棕櫚相類似。葉大，掌狀分裂，其與棕櫚不同者，在葉裂片之形，棕櫚裂片不尖，蒲葵裂片頗尖。此種植物之木材，可供器具，其葉可做笠及扇等，此植物熱帶甚多，吾人所常見者，乃作爲扇用之葉，普通稱爲芭蕉扇，此乃誤稱，實在爲蒲葵之葉，而非芭蕉之葉也。

19. 車前　亦稱車輪菜，俗呼爲"車輪科"，多生山野中，多年生草本。葉廣圓卵形，五肋或七肋。具長葉柄，自宿根叢生，花莖則自花叢之中央而生，長至七八寸許。夏日開花，色爲淡黃。花少而多，穗狀花序。卵圓形。四片如筒狀，有一鱗片擁之，花冠漏斗狀，其末四裂，雄蕊四枚，雌蕊一枚，其嫩葉可供食用，種子用爲刺激緩和藥，稱爲車前子者即是。此種植物在端午日之晨，鄉間婦女，多乘日未出時出外采取，爆而儲之，治腹瀉。

20. 蒜　一名葫，或稱青葱，百合科，與葱同種，栽培於園圃間，爲蔬菜之一種，多年生草本。高至三尺餘，底下有鱗莖，葉細長而扁，夏日葉間抽出花軸，繖形花序，花被白色帶紫。各花之間，雜以珠芽。春月其鱗莖及葉供食用，其花梗亦可食，謂之蒜苔，臭氣甚强，可供藥用。其鱗莖即吾人尋常所食之大蒜。以其能敗毒，故人多喜食之。且有一年中食不間斷者。尤其甚者，乃在端午節日，每家均煮有蒜。據云是日晨每人如食熟蒜數個，一年中則不易生瘡，或其他毒疢。

21. 蒲公英 一名蒲公草，白鼓釘，俗稱呼爲孛孛丁、黃花郞。菊科，生於山野。多年生草本。莖高七八寸，汁液如乳狀。葉爲根出葉，叢生，葉身似倒披針形。葉緣有大鋸齒向於下面，春月，花自葉叢之間生出，頂上著一頭狀花序。各花爲舌狀花冠，深黃色，聚藥雄蕊，包圍於雌蕊之花柱外。子房下位，果實爲瘦果，頂端有白色之冠毛。藉以飛散。嫩葉供食用。又根與老葉味苦，供藥有清熱健胃之效。

22. 艾 菊科，生於山野中，多年生草本。高至二三尺。葉互生長卵形，羽狀分裂，下面有密毛，灰白色。花淡黃色。小頭狀花序，全部皆筒狀花冠。花序周圍之花，則爲雌花，中部之花爲兩性花。此種植物俱有別緻氣味，晒乾後燒之能驅蚊。氣愈盛其物愈佳。相傳以蘄州者爲勝，謂之"蘄艾"，相傳蘄州白家山産艾，置寸板上炙之，氣徹於背，其他山之艾，其氣僅徹五分或三分。俗於端午日晨采之，每家各門之兩旁，均插有艾之枝葉，其餘則晒乾儲之，以爲治瘡去毒及驅蟲之用。

23. 蒼朮 菊科植物，爲香料之一種，端午節常用之。生於山野中，多年生草本，每屆春月，則自舊根出稚苗，多被白色之軟毛，取之以爲食。至秋，莖高二三尺，下部爲木質，葉爲單葉，橢圓形，亦有三裂頗深者，或爲複葉，自三枚或五枚之小葉成，互生，秋月，梢頭開花，花冠筒狀，白色或淡紅色，頭狀花序，其根肥大，多鬚根，采而乾之，供食用，又熏之可以驅蚊，並爲殺菌之用，亦有稱爲白朮者。

24. 通草 一名通脫木，五加科，此與通草科之通草迥異，産於暖地，木本。莖質不堅，含有白色之大髓。葉掌狀分裂，有長柄，聚生於莖之上部。其莖髓切作薄片，可代紙而用之，壓之着色於其上，其花隆起，頗美觀，或以之製裝飾品，又可供藥用，藥店中有白色細條如紙者，即此植物莖之髓也。

25. 菖蒲 即白菖，又有水菖蒲，泥菖蒲等名，生於池澤中，多年生草本。其根莖甚長，淡紅色，其全部具特殊之香氣，葉狹扁如劍狀，平行脈，有中肋，長至三四尺，夏月自葉腋中出穗開花，花細小而多，淡黃色。肉穗花序，爲觀賞之用，俗於端午日將此植物之葉，插於檐前。其根莖製香味料，或用以爲健胃藥。

26. 黃連　毛茛科，可供藥用，生於山地，多年生草本，莖高三四寸至一尺許，爲羽狀複葉，其小葉多少不一。春日自葉旁發出花梗，長三四寸，開白色小花，根爲塊根，其味甚苦。性質大寒，有健胃，平肝，開鬱，解渴，定驚，止汗，除痁，解毒，治溫熱，瀉痢等效。采根以作藥劑。又可製黃色染料，四川、浙江及揚子江流域，黃河南岸各地均產之。四川所出者形較瘦小，狀類雞爪，稱爲雞爪黃連，或川黃連，爲最著名。印度、日本亦多栽培之。先均采自山地野者，後經醫認其有藥之效用。故今多栽培之。

附：雄黃

在端午節日，俗有"雄黃酒"，即每人于是日晨，以雄黃沫投於酒中，以之滴於耳中或塗抹手足等部，更或飲之少許，俗曰可避五毒咬害。雄黃，一名雞冠石，或名石黃，屬輝閃礦類。閃礦類成分爲二硫化二砷 AS_2S_2，含砷 70.08%，屬單斜晶系，完面像晶族，成粒狀，密緻狀，或皮殼塊狀，又爲短柱狀，長柱狀，至針狀之結晶，晶面光澤如金剛石，斷面現脂肪光，體半透明至透明，色橙紅至橙黃，條痕橙黃色。此石之精製品，可製顏料及煙火料。我國四川雲南、貴州等省皆產之。

第五章 附　　錄

一、最近各地端午節盛况

端午節爲三千餘年之遺俗，各地民衆無不熱烈過節。茲舉去年（二十三年）各地過端午節盛况，散見於各報紙者，擇要摘錄，以見一斑：

（一）《武漢日報》

節前茶食店，生意興隆，無論貧富之家，均食角黍，鹽蛋，豬爪子煨湯，家家户户都圍賭，軍警派崗戒嚴，商號閉市，遊人衆多。

（二）《天津庸報》

昨爲廢曆端午節，商民人等，狃於積習，凡諸點綴，仍若往年之盛，街上紅男綠女，較往日頗增，各戲園影院，均演應時佳劇，以資號召。公安局方面，恐不法之徒，乘機滋擾，爲維護治安計，保安隊，自行車隊，特務隊，全體出動，分布於各衝要街市，或往來梭巡……增加崗位，停止歇班。

（三）《京報》

今日爲廢曆端陽節，城鄉居民，依然蒲艾插門，雄黃飲酒，江南水濱，猶有龍舟競賽之舉，積俗難移，於此可見。

二、屈原傳略

屈原名平字原，楚之同姓，爲中國最早之大詩人，其生卒年月不甚明，有云其生於周顯王二十六年，楚宣王二十七年，死於頃襄王九年。相傳舊曆五月五日，爲其投水之日。其二十以前所享受者，乃富於詩意之貴族家庭生活，二十以後，便投身政界，當時約在楚懷王十年左右。爲人博聞强志，明於治亂，又嫻辭令，王甚愛之，故一二後后便升爲左徒。入則與王圖議國事，以出號令，出則接遇賓客，應對諸侯。屈子治事之才，愛國之誠，此時正足以展其所長。不幸被同列上官大夫所妒，欲謀害其能，適懷王使屈子造憲令，屬草未成，上官大夫見而欲奪之，屈子不與，因在懷王面前讒之曰："使屈平爲令，衆莫不知，每一令出，平伐（誇也）其功曰'以爲非我莫能爲也'。"懷王怒，自此疏之，繼又免其職。

當戰國時代，内有七國，即秦，楚，齊，燕，趙，魏等七國各欲保全，其中以秦爲最强。秦早欲伐楚，以齊楚親善爲患，乃令張儀至楚，勸懷王曰："秦甚憎齊，齊與楚從親，楚誠能絶齊，秦願獻商於地六百里。"懷王貪之，遂絶强齊之大輔，後懷王使人至秦受地，儀曰："儀與王約六里，不聞六百里！"使者回告於王，王怒，興師伐秦，兵大敗。再圖攻秦，魏國乘機來襲，齊怒不救，楚大困，此懷王十七年也。是時懷王悔不用屈原之策，以至于此。於是復用之，遣之至齊修好。次年秦割漢中地與楚以和，懷王不願得地，願得張儀，儀自請行，儀至，楚王囚之，儀賂用事者臣靳尚設詭辯於懷王之寵姬鄭袖，懷王竟聽鄭袖言，復釋張儀歸，時屈原方自齊歸國，聞之，即爲王言張儀之罪，并諫曰："何不殺張儀？"懷王悔，追之莫及。自此王復信任之，任官三閭大夫，三閭大夫乃管理王侯三姓——屈，景，昭。其後諸侯共擊楚，大破之，殺大將唐昧。懷王二十九年，秦昭王約之會於武關，懷王欲行，屈子諫曰："秦虎狼之國，不可信，不如無行。"懷王幼子子蘭勸曰："奈何絶秦歡？"

王信之，卒行，入武關，秦伏兵絕其後，因留懷王，以求割地，王怒不聽，遂留於秦，時太子橫即位，即頃襄王。頃襄王二年，懷王亡走趙，趙不敢納，復至秦而病，次年王死於秦，秦歸其喪。其言之不用，志之不行，以致國危主辱，因之言論，不免過激，子蘭乃使上官大夫短屈原於頃襄王，王不察，遂復被放。

屈原二次被放，仍希望君王之悔悟召之回國，留居今湖北東部，遲遲不忍他去。久不見召，於是復南行至溆浦，而心中仍眷戀故國，懷念君王，故寄居不久，又自行北返，行至洞庭，疑念復生；既不願南去，欲返郢都而不能，乃自投洞庭東之汨羅江中。在《漁父篇》中，設有屈子與漁父之對話，足表其志趣以及其必死之原因，茲錄於下，以資參考：

屈原既放，遊於江澤，行吟澤畔。顏色憔悴，形容枯槁，漁父見而問之曰："子非三閭大夫歟？何故至於斯？"屈原曰："舉世皆濁，我獨清，衆人皆醉，我獨醒，是以見放。"漁父曰："聖人不凝滯於物，而能與世推移。世人皆濁，何不淈其泥而揚其波？衆人皆醉，何不餔其糟而啜其醨？何故深思高舉，自令放爲？"屈原曰："吾聞之新沐者必彈冠，新浴者必振衣。安能以身之察察受物之汶汶者乎？寧赴湘流，葬於江魚之腹中；安能以皓皓之白，而蒙世俗之塵埃乎？"漁父莞爾而笑，鼓枻而去，乃歌曰："滄浪之水清兮，可以濯我纓，滄浪之水濁兮，可以濯我足。"遂去，不復與言。

屈子既不能與世浮沉，而頃襄王終不稍悟，是惟懷石以沉於江底矣。屈子死後，尚有宋玉、唐勒、景差，皆好辭而以賦見稱者，然皆祖屈子之從容辭令，終莫敢直諫，其後楚日以削，數十年竟爲秦所滅。關於屈子之作品，爲古今文人所崇拜，固以天才過人，思想超越，然爲其當時所處之環境而致者亦甚大。屈子著作甚多，傳世者僅二十七篇，如《橘頌》《離騷》《抽思》《悲回風》《惜誦》《思美人》《哀郢》《涉江》《懷沙》《惜往日》《天問》，及《九歌》（十一篇）、《遠遊》《卜居》《漁父》《招魂》《大招》，然有人以前十一篇係其自作，而後十六篇爲後人之假託，議論紛紛，各有持論，孰是孰非，還待深究國學者繼續追求之。

三、角黍考略①

俗語說："食過五月粽，寒衣收入籠。"今炎夏已臨，端午令節初過，想你們都已嘗過端午的節食——粽子了罷。按"粽子"是俗名，"粽"字是俗字，正經當作"糉"——據杜臺卿《玉燭寶典》說"糉"或作"糭"，亦作"㮇"，今古字並通云。此外因地異名，因時異字，不勝枚舉，但最普遍，並且也許是最古的名稱，則謂之"角黍"。惟據唐李匡乂《資暇集》引周處《風土記》，則"角黍"又叫做"鶩角黍"。他說"仲夏烹鶩角黍"（見卷中），考"角黍"之名見於載籍者，大概以宗懍《荊楚歲時記》和周處《風土記》爲最早。但《歲時記》却把食糉之俗，列入夏至，說"夏至節日食糉，周處謂爲角黍，人竝以新竹爲筒糉"（據《漢魏叢書》本）。但端五條記競渡之俗，旁注（云唐杜公瞻作注）則引梁吳均所撰的《續齊諧記》，說明粽的起原云：

"屈原以五月五日投汨羅而死，楚人哀之，每於此日以竹筒貯米，投水祭之。漢建武中，長沙歐回（一作區曲）白日忽見一人，自云三閭大夫，謂回曰：'聞君見祭，甚善！但常年所遺，並爲蛟龍所竊。今若有惠，可以楝樹葉塞上，以五色絲轉縛之，此物蛟龍所憚。'回依其言。'今五月五日作粽，並帶五色絲及楝樹葉，皆汨羅遺風。"

周處原書，久已散佚，僅諸書援引，尚存鱗爪②，故其詳不可得而

---

① 轉載《東方雜誌》三十卷十二號1933年黃華節作。——原注
② 《風土記》，晉平西將軍周處所撰。皆吳郡、陽羨之風土山川物產，故又名《陽羨風土記》。原書久佚，清王謨據諸書所引，重輯爲一卷。金武祥重加補輯，校刊，著錄於《栗香室叢書》，今據之。——原注

考，只得如上文所引的一言半語而已。宗檁皆晉時人①，所記又皆江漢一帶的土風，由此推測，大約角黍最初盛行於江淮流域一帶，後來才漸漸北傳的。不過這個推測，也並非全無根據，《玉燭寶典》（卷五）引《風土記》說吳地稱角黍爲"鶩角黍"，其夾注云："黍菰龜蒸組，南方妨食水族耳，非内地所行。"又引吳歌："五月節，菰生四五尺，縛作九子糭。"接住說："計止南方之事，遂復遠流北土。"按杜臺卿是隋時人，其所謂"内地"，當是指中原、西北而言。視此可知食糭之俗，隋時尚未盛行於黃河流域，則其俗創始於南方，殆無可疑了。

再說《續齊諧》的記載，無疑的全爲說明製糭的方法與形式，其民間傳說的色彩，甚是鮮明。角黍是不是爲祭屈原而起，今姑留待下文討論，但他所紀的傳說，却展露了角黍製作最初的形式，及第二期的轉變。據此，我們知道角黍最初的製法乃以竹筒盛米，烹而啖食。因此，角黍謂之"筒粽"又得"兵罐"之名。《古今圖書集成·端午節》記"兵罐"之制說："桃符兵罐二物，船人臨賽擲之以祈勝，非也。桃符能殺白鬼，乃禳災之具。兵罐中所貯者，米及雜豆之屬。按《齊諧記》（文同從略）此兵罐盛米，乃竹筒之訛，未有角黍以前之遺制也。"

合參這兩種傳載，可知角黍的製法，其始很簡單而且粗笨，僅以竹筒盛米和雜豆。嚴格地說，這不能叫做"角黍"（按"角黍"乃因其有稜角得名），也未得謂之"糭"字，稱爲"兵罐"，倒是最適當的吳均的傳述，倒代表了角黍演進的第二期，即拿楝葉堵塞竹筒的口，立拿五色綫裹紮，後世不明轉變之故，因幻作一段神話，說是遵屈原之囑，以懾蛟龍，屈大夫生而爲英，死當爲雄鬼，就令和蛟龍爭食，豈有爭而不勝之理？那白日見鬼的歐回（或區曲）顯然是發明改良糭子製法的無名英雄無疑了。

角黍進化的第三期，便是索性廢掉那粗笨的竹筒，拿樹葉包裹米豆，

---

① 《荆楚歲時記》，《通志·藝文略》以爲宗懍撰，杜公瞻注，宗或謂晉人，或謂梁人。——原注

再拿五色綫捆紥，以便烹煮。這一步的轉變，不傳於載籍，所以起於何時，創自何人，皆無可考。但其間的轉變，可以意料得之。雖是"意料"，却不能斥爲"臆斷"。演進到了這步田地，"角黍"二字，才真的名符其實。若照第一期的製法，則只可名之爲"筒黍"或"筒子"罷了。演進到了第三期，用以包裹的樹葉，自然因地取材，並不一致。依吴均之說，則梁朝某地方的人，喜用楝葉，却以神話釋爲"此物蛟龍所畏"。但在南朝宋明帝時代，已經有人取用竹籜了。由竹筒轉變爲竹籜，這是很自然的，發明的人，不消說一定由竹筒得到改良的暗示。可怪的是這個時代，居然有"裹蒸"的名稱了。吕種玉《言鯖》引《南史》說："宋明帝志慕節儉，大官嘗進裹蒸，上曰：'我食此不盡，可四破之餘充晚食'，裹蒸者，以糖和糯米，入香藥松子等物，以竹籜裹而蒸食之，即今之角黍也。"（見卷上）

按吾粵的角黍，大别爲"裹蒸""甜粽"。但前者却不是明帝所食的那種，因爲這種粽子不是甜的，倒是鹹的。其製法用糯米緑豆，入香料，栗子，醃蛋，肉食，用葉裹而蒸食。名之曰裹蒸，蓋指事也。"甜粽"俗稱"梘水粽"，不調味，不加肉食，但用竹葉裹米煮熟，食時則黏糖於其外。清人李調元曾在他的《南越筆記》上有翔實的記載："端午爲糉，以冬葉裹者曰灰糉，肉糉。置蘇木條其中爲紅心，以竹葉裹者曰竹筒糉，三角者曰角子糉。水浸數月，剥而煎食，甚香"。（據《小方壺齋》本）

按李氏所謂"竹筒糉"，即今之所謂"梘水粽"，"灰糉"亦屬此類。因包裹前略加梘水於糯米中，故名。"肉糉"即"裹蒸"之類，僅有肉而無其他佐味材料者，今名曰"肉粽"。材料多者則特稱爲"裹蒸粽"，從前我竟不知道"裹蒸"的俗名，居然有那麼長遠的歷史！又據屈大均《廣東新語》（卷九）則吾粵的粽，還有一種製法："五月自朔至五日，以粽心草繫黍，卷以柊葉，以象陰陽包裹"。按"柊葉"殆即上文所謂"冬葉"也。

裹粽的第三種樹葉，大約算到菰葉比較上最普遍了。考菰葉老早就已經有人採用了。《淵鑑類函》引《提要録》云："先（端）節一日，以

菰葉裹黏米粟棗，以灰汁煮令熟……節日啖之。黏米一名角黍，蓋取陰陽包裹之象也"。（見卷十九）

又《玉燭寶典》引《風土記》云："……先此二節（指端午，夏至）一日，又以菰葉裹黏米，雜以粟，以淳濃灰汁（《齊民要術》引作'浮濃灰汁'）煮令極熟，節日啖……裹黏米一名糉（原注：子弄反也）一名角黍，蓋取陰陽尚相包裹未包散之象也……"

又上引《吳歌》："五月節，菰生四五尺，縛作九子糉。"這都是拿菰葉來包糉的顯例。視此可知包粽用菰葉，縱然不是與楝葉同時發生，也是差不多的了。

以上幾種通用的葉，都有載籍可稽，但還有一種很通行的樹葉，常用於今日，而據我所知，似乎並不見於載籍的，這便是糉葉。按角黍創始於南方，而糉樹又是南方特產的植物，南人亦常利用來包裹東西，依就地取材的原則，應用之於角黍，自是當然的事情。所以雖無文字的證明，我們也可以意料而知這種利於包裹的糉葉，一定不會很晚才被南人採用——雖然確實的時代，今未能考定。再者，糉與糉字音相近，字形亦相差無幾，則"糉"的得名，説是"糉"的訛轉，也是很可能的。視於糉子可作糉，亦可作糉，亦可作糉，杜壹卿説是"今古字並通"，而今粵人又叫做"粽"，可知是一音的訛轉，而其最初的語根出自糉葉的糉，可説是"蓋然性"很高的臆説。不知語文學者，以為怎麼樣？

自角黍的製作法，幾經轉變了之後，人類的食慾嗜好也跟著時代一天比一天講究，於是角黍這種節物，花樣愈出愈巧，名色也愈來愈多了。上面已經提示過好幾種花樣與名色，茲不再贅。此外還有種種的名品，幾於不勝枚舉，最著名的是吳地的"九子糉"，居然見於詩歌吟咏。除吳歌外，還有王沂公的名句"爭傳九子粽，皇祚續千春"。又唐人的《歲時雜記》説："端午粽子，名品甚多，形制不一：有角糉，錐糉，茭糉，筒糉，秤鎚糉，又有九子糉。"

這些名色，一望而知差不多都是指形狀相似而言，可惜製法與調味材料不傳耳。最特別又值得深考的，有所謂"楊梅粽"見於宋人的筆記。

張邦基《墨莊漫錄》："東坡爲翰苑，元祐三年供端午帖子，有云：'上林珍木暗池臺，蜀產吳苞萬里來；不獨盤中見廬橘，時於粽裏得楊梅。'每疑粽裏楊梅之句。《玉台新詠》徐君蒨其內人《夜坐守歲詩》：'酒中角桃子，粽裏覓楊梅。'今人未見以楊梅爲粽。徐公乃守歲詩，楊梅夏熟，歲暮安有此果，豈昔人以乾實爲之耶？東坡以角黍，爲午日之饌，故借言之耳。"（卷三）今按"以乾實爲之"，信然是很可能的。至端午以楊梅爲粽，尤其可能，仲夏之時，楊梅當已熟了。但姑無論是乾實還是鮮果，萬不能因"未見"今人以楊梅爲粽，便硬說連從前也沒有。不過徐陵的守歲詩，却真的甚屬可疑，難道那時候角黍也是歲暮的節物嗎？依理而論，角黍既可用於夏至，當然也沒有不可以用於除夕之理。不過這究竟是孤例，暫時是不能下斷語的。

此外，唐時又有所謂"益智粽"和"百索粽"者。後者見於宋人寵元英的《文昌雜錄》，其說云："唐時五日有百索粽，又有九子粽。"前者則見於一段諷刺故事，《淵鑑類函·歲時部》云："盧循遺劉裕以益智粽，益智藥名以之爲粽，言其智力窮也。裕報以續命湯，亦藥名，治中風不省人事，言循不省事也。"

粽的名品形制，大致如上述。此外，還有一種和粽子同類的端五節食，順便在這裏附帶說一說。這種節饌，唐時叫做"滴粉團"，頗像上元的"元宵"——兩邊叫做"水圓"或"湯圓"，實即"水團"的訛轉。《歲時雜記》紀之頗詳："端午作水團，又名'白團'，或雜五色人獸花果之狀。最精者名'滴粉團'，或加麝香。又有乾團，不入水者。"和這種東西同類的，還有最講究飲食的張手美家的"如意圓。"《食譜》說"張手美家五日如意圓"，可惜不詳其製法。開元天寶時代的"粉團"大約也是這一類。大概唐人的風氣，趨尚粉團，所以有這許多名品吧。

說道粉團，我又想起端午的節饌，不但是滿足人的食慾，並且還可以供人遊戲玩耍。據我所知，有兩種玩法：一種是粉團的，一種是角黍的。粉團的玩法是"射粉團"，開天時代最盛，關於此戲，王仁裕《開元天寶遺事》卷上有說："宮中每到端午節造粉團角黍，貯於金盤中。以角造弓子，纖妙可愛。架箭射盤中粉團中者得食。蓋粉團滑膩而難射也。都中盛行此戲。""粽子的玩法是賭賽葉的長短，《山堂肆考》引《歲時記》云：'京師以端午爲解粽節，以粽葉長者勝，短者輸。'"（見《宮集卷》十一）

末了，中國的歲時節令，都是共同享樂的良辰，絕不是個人單獨享樂的日子，於是親友之間，便假歲時節物，來聯絡感情。所以每逢端五節的前日，我們便見肩挑挈盒，餽遺角黍的婢僕，相接於道。這種現象，我們在今日，已屬司空見慣，今姑略舉數例，聊以代表歷史的情形。例如《吳郡志》卷二有云："重午以角黍糰，采索，艾花，畫扇相餉。"兩宋時代，內廷更以巧粽等物，分賜王公大臣，以示帝澤，民間亦互相送餽，以敦交好。吳自牧《夢粱錄》云："重午節又曰浴蘭令節。內司意內局以……蜜韻果，巧粽……分賜諸閣分宰執，親王兼之諸宮觀亦以經筒，符袋，靈符，仙軸，巧粽，夏橘等送饋貴宦之家。如市井看經道流，亦分遺施主家。……"（見卷三據《學海類編本》）又據《翰林志》，則唐時帝王，也有賜角粽節物："興元元年敕……沒歲內賜……角粽三服沙蜜。"明清之世，角黍相遺之風亦盛，今姑以首都所在的京師概括其餘。《北京歲華記》云。"端午用角黍杏子相遺。"又富察敦崇《燕京歲時記》說："每屆端陽以前，府第朱門，皆以粽子相餽。並副以櫻桃、桑椹、荸薺、桃、杏及五毒餅，玫瑰餅等。其供佛，祀先者，仍以粽子。"觀此，則享受端午時食者，不獨活人，連死人神佛，也都沾嘗了。惟據圖經，則古時的風俗，也有在夏至饋遺角黍的。例如："池陽風俗，不重端午，而重夏至，以角黍舒雁相饋貽，謂之朝節。"（據高士奇《天祿識餘》卷上所引）按夏至食粽，原是很古的風俗，已見於《荊楚歲時記》。不過傳到後世，粽子已成端午節專有的普遍節物，夏至日餽粽食粽之風，已很少見了。

角黍的形制和演變，已大略考徵如上文。依理對於角黍的意義和真正的起源，尚有所論列，但一切節物，皆與整個端五節全般的意義和起源相連繫，不能獨提出來，單獨解決。而這個問題，又是那麼重大，說來話長，不是這篇短少的篇幅所能容納。所以本文不能不暫時結束，未決的大問題，只好留待他日另作專篇討論了。

四、扇子考略

摺扇之起源及其演變，前人筆記雜錄及近時《太白》雜誌一卷二期，一卷五期中，均有所考證。惟摺扇僅扇之一種，摺扇而外，尚有羽扇，紈扇……未曾論列，似尚有所缺陷。茲參證諸說，並增而廣之，名曰"扇子考略"。

扇子之起源，崔豹《古今注》以爲始於虞舜。《古今注》云："舜廣開視聽，求賢人以自輔，作五明扇。"而《黃帝內傳》亦有："五明扇之起，以五明而制也。"是扇在黃帝時已有之矣。陸機《扇賦》又云："昔武王玄覽造扇於前。"以上諸說，是否確爲扇之創作者，不得詳矣。惟最初製扇之材料，可略窺其梗概。《拾異記》云："周昭王廿四年，塗修國獻青鳳丹鵲，各一雌一雄；孟夏之時，鳳鵲皆脫易毛羽，聚鵲翅以爲扇，輯鳳羽以飾車蓋。"《宋史·儀衛志》云："古者扇翣，皆編次雉羽或尾爲之，故於文從羽。"清高士奇《天祿識餘》云："雉尾扇起於殷世，高宗有雊雉之祥，服章多用翟羽。周制以爲王后夫人之車服，輦車有翣，即緝雉羽爲扇翣，以障風塵也。"是扇之初創，係以禽鳥羽尾爲之，且僅爲貴族所有，而非平民所使用者也。

按以上所言"扇翣"，即後人所謂翣扇，亦名羽扇，古時僅以障風沙日光，迨至蜀漢西晉各代，始用以招涼而流行亦漸廣，證以蜀漢諸葛亮持白羽扇指揮三軍，及晉顧榮亦以羽扇麾軍，其或然歟？

漢魏以還，均用羽扇，晉宋各代，則多用團扇。《晉書》云："王羲之見姥姥持六角扇賣，因書其扇各五字。姥有慍色，因諭曰'爾但云王右軍書以求百金'，姥從之，人皆競買。"《清異錄》云："孟昶夏月水調龍腦末，塗白扇上，用以揮風。"《楊妃外傳》云："貴妃每至夏月，常衣輕絹，使侍兒交扇鼓風，猶不解其熱。"所用蓋皆團扇也。清褚人穫《堅瓠秘集》亦云：“古人所用團扇羽扇，王珉贈嫂婢，及王右軍爲戴山姥姥書扇，蘇東坡爲春夢婆書扇，皆團扇也，方麵，形如餅，而四棱，以木爲之，亦團扇之類，《北史》魯漫漢遇楊愔，騎驢不下，以方麵障面而過是也。”

是不惟證明團扇流行於晉宋各代，抑且說明當時團扇之種類及其製法，惟未述及發明團扇之人耳。

漢唐之間，又有所謂輪扇及皮扇。《西京雜記》云：“長安巧工丁緩作七輪扇，以七輪相連，一人運之，滿堂寒顫。”《開元遺事》云：“王元寶都中巨豪也，家有皮扇，製作甚精，寶每暑月宴客，即以此扇置於前，使人以新水洒之，則颯然風生，酒延之間，客有寒色，遂命撤去。”此兩種扇未見流行，僅在歷史上表現扇之又一製法而已。

此外，又有一種扇子，可以摺叠，名曰摺扇，又因其可以撒開，亦名撒扇，同時更以扇骨可以聚攏摺叠在一處，又名聚頭扇或聚骨扇，此種扇子之起源，有謂爲元時貢自東夷者。清褚人穫《堅瓠秘集》云：“摺叠扇古名聚頭扇，奴僕所執，取其便於袖藏以避尊貴者耳，元時東夷始以入貢，明永樂間，稍效爲之，今流行寖廣，團扇廢矣，至於揮洒名人翰墨，則始於成化間。”高士奇《天禄識餘》，亦主其說。亦有謂爲明永樂時貢自朝鮮者，明陳繼儒《太平清話》，陳貞慧《秋園雜佩》皆云：“宋朝握團扇，其摺扇叠扇一名撒扇，自永樂朝鮮貢始，始頒其式。”馮時可《篷窗續錄》亦謂：“貢自東夷，永樂間乃盛行”。《客中閑談》又謂：“撒扇，永樂中，朝鮮貢至，上喜其舒卷之便，命工如式如之。”

更有謂爲宋時即已有之者。《雲麓漫鈔》云宋人“用摺叠扇，以藏竹爲骨，夾以綾羅，貴家或以象牙爲骨，飾以金銀。蓋出於高麗《雞林志》云：‘高麗叠紙爲扇，銅獸壓環，加以銀飾，亦有畫人物者，中國爲轉加華侈……’”

《山樵暇語》亦云“東海張武部汝弼云：‘中國古無摺扇，王秋潤《惲玉堂雜記》載元初東南夷持聚頭扇，當時皆笑之，我朝永樂初，始有摺叠扇，但僕隸下人所持以便事。及倭國稱貢，太宗徧賜群臣，内府又仿其制，以供賜與。天下遂徧行之，而團扇古製廢矣。江南婦人僅存一二，"余按《容齋續筆》載朱新仲《摺扇詞》云："宮紗蜂趕梅，寶扇鸞開翅，數摺聚清風，一捻生秋意。搖搖雲母輕，裊裊瓊枝細。莫解玉連環，怕作飛華墮。"摺扇宋時已有，其來尚矣。汝弼在當時，最號洽博，不知何以云然，未見《續筆》故也。

《陔餘叢考》亦云："按陸深《春風堂隨筆》云：'今之摺扇，張東海以爲貢於東夷，永樂間，盛行於中國。'然予見南宋以來，咏摺扇者頗多，東坡謂高麗白松扇，展之廣尺餘，合之止兩指，即此也。又按洪邁《容齋隨筆》記朱新仲有《摺扇詩》云（文見前段），張安世見而書諸扇。又豐坊云：'家有趙彥所畫摺扇，金章宗題。'則摺扇非始於元，蓋宋金時已有之矣，特其時尚未盛行，民間猶多用團扇，是以陸放翁有'生綃裁扇又團團'，及'團扇家家畫放翁'之句，直至永樂中，始盛行於中國耳。"

按摺扇在宋時，既已見諸詞咏，並詳載其製法，形式及材料，是宋時之有摺扇，殆已證明，明陳繼儒、陳貞慧諸人所以誤會明時始有者，是蓋因宋時摺扇，未曾傳至明朝，且未見《云麓漫鈔》《容齋隨筆》諸書也。至清褚人穫、高士奇以爲元時貢自東夷，爲奴僕所執，更爲不確，蓋當時貢入朝廷，用則賜群臣，不用則入庫，奴隸何得而執，且元人明人筆記中，均未道及，褚高兩人，不知何所據而云然也。

明代誤會宋時無摺扇而明時始有之故，《太白》雜誌一卷二期載李正躬君之論斷，頗爲近理，茲摘錄如下：

"摺扇的來歷，宋代沒有明文，各種筆記雜書裏頭又沒有記載，無從稽考，我所知道的，明朝流行的摺扇，已經是紙面的了。《雲麓漫鈔》說是'蓋出於高麗'。以我的觀察，簡直是高麗傳來的。高麗離中國最近，而且有陸路可通。日本還隔着海洋，何況當時的日本，並沒有什麼文明進步的現象，'高麗紙'是出名的，用紙作扇面比用綾羅做扇面，總高明得多。而且紙面子能寫字，作畫，又比團扇便於携帶，摺扇在明朝能夠普遍的風行，是必然的。所以有人以爲摺扇在明朝才有，大概就是因爲宋朝和明朝的摺扇不相同之故。

……宋明之間，因製扇的式樣和質料不同，而且有天壤之別。宋人的摺扇，沒有流傳到明朝，而明朝人從朝鮮傳來摺扇之後，因爲比較宋朝的摺扇好得多，就沒有人再想起摺扇是宋朝已經有了。"

總括以上所述，可知摺扇宋時已有，惟未普遍，至明朝始流行全國，而團扇遂被廢棄。觀陳貞慧《秋園雜佩》云："宣宏間，扇名於時者，尖根爲李昭，馬勳爲單根圓頭，又方家制方，相傳云，文衡山非方扇不書，川扇戈扇以地着，後又有蔣三蘇，台荷葉，李玉台，柳邵明，若李文甫濮仲謙，雕邊之最精者也。"

明代製扇名家與雕骨名家，俱已詳載，當時摺扇流行之盛，尤可證明矣。

清代對於摺扇之好尚，清阮葵生《茶餘客話》述之頗詳：

> 明人皆尚金扇，即上方賜予，亦皆金面。康熙間，尚金陵仰氏扇，伊氏素紙扇，繼又尚青陽扇，武陵夾紗扇，曹扇，靴扇，溧陽歌扇。近日士人又尚豐潤畫扇，《野獲編》稱聚頭扇，吳製外惟川扇至佳。其精雅宜士人，其華燦宜豔女。至于正龍側龍百龍百鳥之屬，尤宮掖所尚。

清代摺扇名稱之多，及樣式之繁由此可見。

現代中上級社會流行之扇，仍爲摺扇，其著名產地，爲蘇杭二州，稱爲蘇杭雅扇。摺扇之優劣，全視扇骨，而扇面次之。扇骨有青竹，檀香，沖牙，光漆，棕竹，湘妃等之分，扇面則多用桃花紙，質細而軟，堪稱佳品。現代扇之製法，爲先以人工削骨，再加以磨光，雕刻，上漆，貼金，穿孔，釘眼；一面以桃花紙糊成扇面，摺疊陰乾，照骨子大小長短，製成各種樣式，將骨子插入扇面即成。扇面上有撒以碎金，或刊印名人書畫者。每扇之價值，由二三角至二三十元不等。此外，尚有羽扇，雕翎扇，紈扇（即團扇）、芭蕉扇，蒲扇，以及河南滑縣之油紙扇，皆可用以招涼，惟除芭蕉扇外，均不若摺扇流行之廣耳。

在鎮平講演錄

《在鎮平講演録》，河南鎮平地方建設促進委員會、開封教育實驗區 1937 年 9 月印行。原书名爲《李廉方先生在鎮平講演録》。

目　　錄

第一講　我的教育實驗立場 …………………………………… 2499
　一、先提出的幾個問題 ……………………………………… 2499
　二、怎樣研究教育 …………………………………………… 2499
　三、研究經過 ………………………………………………… 2500
　四、最後感覺 ………………………………………………… 2501
第二講　怎樣成立我的教學法 ………………………………… 2502
　一、目的 ……………………………………………………… 2502
　二、目標 ……………………………………………………… 2502
　三、途徑 ……………………………………………………… 2503
　四、主要條件 ………………………………………………… 2503
第三、四、五、六講　我的實驗教育的程式及其活動 ………… 2504
　一、課程 ……………………………………………………… 2504
　二、教材 ……………………………………………………… 2505
　三、教法 ……………………………………………………… 2508

第一講　我的教育實驗立場

一、先提出幾個問題

我在未講話以前，先提出幾個問題，請各位想一想：

（一）學校與私塾之不同點：（1）是否只是形式不同？（2）是否只因課本不同？

（二）各位在學校時，先生所教給你們的以及你們所讀過的教育心理一類的書，第一要問的，所指示的原理和方法，是否足以解決你們的實際問題？第二要問的，是否有一種教學方法從一定原則產生低中高級的整套方式，供給你們應用？

（三）各位在自身方面從事教學曾否發現哪些是需要的，哪些是不需要的？又兒童在你們教學之下，是不是能自己發現自己的錯誤，並且能有確實的證明？

上面提出的幾個問題，都是實際的，望各位回想一下，我可以講我怎樣研究教育。

二、怎樣研究教育

（一）未留學前　個人在未留學以前還沒有學校，曾在書院讀書，對於中國學術，稍注意樸學。當時有名師教我，要求學問必有成功，必集中目的於一種專業上研究。我奉行此旨治舊學並應用於求新知方面。

（二）留學以後　我是最初留學生習師範教育之一人，因受教育學說之薰陶，感覺國家強盛，不是少數人，而是要全體國民都受教育。小學爲國民教育的基礎，所以我立志研究教育，必從小學起。回國以後，勿論辦何項教育，不廢小學研究。因爲研究日久，又感覺到研究教育，不深究教學法，任何項教育學科，皆不能措諸實用，而教學法又非專靠書本可以了解一切實際問題的。所以，我當省視學、部視學、教育廳長，都時常去實際參觀，爲系統研究三十餘年，歷在師範學校及大學任課，專講小學教材、小學課程、小學教學法。並且多次在小學任課或作指導，以及爲書坊編讀本及教授書，都是以全副精力，集注於小學課本，不僅近三四年，專作小學實驗哩。

三、研究經過

（一）海爾巴特的五段教學法（預備、提示、比較、綜合、應用）在我國初興學校，這是教學上唯一的根據。我頗懷疑以此過程分配單元授課時間，太重形式，引起許多障礙。在民初我編的教授法課本和民十以前講課和論文，不少議論。

（二）自學輔導　民五以前在我國很流行，不過理論雖對，而方法太簡單，所改進的影響甚小。

（三）蒙特梭利法　注重感官訓練，但不免有些孤立而單調，用在完全小學上頗成問題，而且教具需費亦嫌過多。

（四）單級教學及二部制　這只是一種編制，並無精密教學法可言。

（五）分團制　注意兒童個性，在資本主義國家頗有許多特殊編制，一般學校不易實施，因之授課和升降級仍生問題。

（六）設計教學法　是打破科目制的一種方法，國內一般小學幾於全演形式，未了解設計真義，固不必論。就是從西籍介紹，在設計本身上也有問題。第一，大單元引入歧途的曲解；第二，學習過程也不免論理的偏見；第三，由分科而分系以進于完全混合課程的不正確的步驟；第四，易爲優生所操縱；第五，單元預計無適當的辦法；第六，缺乏學習的系統。因爲設計只適於有具體工作的成就，通用於全部課程，自有困難。

（七）道爾頓制　這是打破班級制的一種方法，若是班級較少，作業室開放便成問題。又教材仍採用固定課本，根本就不易發生興趣。

（八）文納特卡制　國、算兩科注重學生自修。除算術課程有特別優點外，國語以故事鑰爲練習關鍵，一則編故事成爲問題，二則止於反復練習，無助于自修工具之取得。

（九）德可樂利法　這是比設計式較有控制程式，選取教材亦有目的，不過一種統一的規定，用之大於比利時無數倍之中國，殊不適當。

四、最後感覺

（一）一般學校教學情形：（1）科目孤立；（2）課本固定；（3）授課浪費；（4）自習不徹底；（5）兒童在教室內缺乏調節活動；（6）教和訓分離；（7）趨新專尚形式；（8）忽視個性。

（二）回憶未改學校以前，雖然教法簡陋，教材乾燥，但有幾點可注意：（1）所習者學與用一致；（2）因兒童天資而各別得到適當的進度；（3）講解占時間甚少。

（三）抄襲歐美之弊：（1）中外國家情況不同，外國有效教法，常含有資產社會之設施，不適用於大貧之中國；（2）中外工具不同，工具爲基本學習，應自闢途徑；（3）應在兩種不同之中，適應現代教育的公同傾向，而創立有同等效率之特殊教法。

第二講　怎樣成立我的教學法

一、目的

（一）盡量減除舊有一切教法之缺陷而保持其優點，並推闡未達到目的之學說原理，而期求有系統的具體表現。

（二）爲使國民基本教育確實發生基本作用，即以一定期限能完成自學能力，此後隨時隨地可以無師自修，利用其能力取得進步之知識。

二、目標

（一）實用——近來的生產、生計、生活、實用、鄉土等教育的聲浪高唱入雲，但俱是空論而缺乏具體的有系統的辦法。即如已往所盛稱之直觀教學、實物教學等，亦未有從整個課程上得到明確圓滿之程式。所以確立兩個原則，統馭一切實施：（1）完全出發於環境事物，使兒童由感覺而演進。（2）完全適用當前活動，取得知能和工具。

（二）興趣——興趣固在引起兒童愉快，然必足以策進其努力，而後爲真正興趣。一方要使兒童感到需要，這和實用有關；一方要使兒童樂於爲之，不生厭煩，不覺疲倦。

（三）正確——在以讀講爲唯一教學方法，讀得對不對，講得對不對，都不易證實。所以取得知識和練習文字，關於程式和動作，另闢一條新路。

（四）經濟——經濟有兩方面：（1）時間。（2）財力。凡實用、興趣、正確均有經濟的因素，才有價值。

三、途徑

（一）訓教合一——訓教合一是在教學中由訓練習慣而得到學習，不是在課外動作講訓育。任何一種習慣之養成，常和他項發生聯屬關係。道德只是其中最高尚的成分，亦不宜以抽象的名詞來作訓練習慣的中心。所以我的教學法，是特注重這點立方式的。

（二）身心協調——身心協調與訓教合一有相當關係。沒有身的動作，便缺少訓的機會。已往教學，全是靜的，全是被動的，教和訓自然分離。我的教學法，是使兒童由動而取得學習的，時時涉及人的方面、物的方面，動作稍不如式，便影響本身學習。並且學習必要動，則無關學習的不正當的動作，自然減少。

四、主要條件

（一）適於有組織的個別活動。班級教學毛病太大，一面不能適應個性，一面兒童不能表現群的作用。本方案注重這個意義。

（二）要兒童學得快樂而且質量學得多。現有教學，因為建築在授課方式之上，難得到兒童為所願為和適如其量的活動，在如何從心理方面求新的方法，都不是適當的學習。我是認清這點，并作整套的實驗的。

（三）一般教師都能做的。一般很有效的教法，常需最優良的教師而作，我的教學法，是要使普通教師也做得有效。不過這和一切教法不同，如果絲毫不受訓練也有未可。這並不是我的教法難，而是從前所習各種教法虛費了精力，不可不知的。

（四）省費。這是要算總帳的，因為重新開路，舊有的設備不盡適用，開始籌設自然要稍需一點錢。又各學期教具和讀物，有相互性，不要專拿一個學期作算。先一班用品，可供後若干班使用，不能專就一班作算。至於由我的教法而減少若干學期，更是很明顯的省費。

總結：本總上所述，是本章的原則，以後均是根此來的。

第三、四、五、六講　我的實驗教育的程式及其活動

一、課程

（一）二年半制

這只說到初等小學入學到畢業，拿減少年限來控制實驗工作的效率。各處採用，不必以此標榜。第一，原有班次，從中途採用自由閱讀，或減年，或不減年，要看從何年級使用。第二，開始依照本教學法實施，聰明的到了二年，如果年齡非過小，或者即可升入高小；太遲鈍者到二年半終了，或者尚須延期，但不致如舊時降級所招的困難。至於所以規定二年半制，如下所論：

1. 教學檢驗

（1）減除原來的浪費，如問答、授課、讀講等浪費。

（2）新成的效率，如集中基本練習，減除散漫的分布時間，注重開始的訓練所到轉移作用，由部分而得到全部的體會等，是最顯的。

2. 生理

兒童在八歲以後，身長、體重、細筋肉發達，一般的較有明顯異徵，所以年齡必須達到九歲。

3. 閱讀興趣

兒童閱讀興趣，在六七歲時接近幼稚時期，他的閱讀興趣都偏重於童話、神話、物語等。到八九歲時，身長、體重及細筋肉均發達，逐漸脫去幼稚時期，他的興趣漸注重於現實生活，關於寫實的自然故事、日常生活的故事、兒童故事等，都感興趣中心。十歲以後，對特殊事情發

生興趣，如神怪，戰爭，冒險，英雄偉人，及有關史事的紀述常喜閱讀。像這樣由想像世界進於現實生活，再進於特殊事情，是通常心理狀態。不過由人事經驗之增進，稍稍影響心理，使常態興趣少許變更，所以學習效率提高，閱讀興趣自可在相當限度以內推進。

（二）課程配置

我們的課程是對立的，分爲讀書式和非讀書式，即合科的、獨立的：1. 合科的——國語、常識；2. 獨立的——算術、國畫、手工、唱遊。

我們所以要如此分，因爲人類學習有兩條路線：其一，取得知能必由文字介紹，且從文字上加以練習。其二，不限于由文字介紹，亦無須從文字上加以練習。故其課程分兩大類，在廣大領域內，向一定之分明路線前進，使能力可以發生相互或轉移，各從其類而配置課程，不因學科的孤立或混合陷於形式分配，減低學習效率。對立課程特點有二：其一，合科以國語、常識爲主，其餘科目需特殊練習者，各保持其獨立學習。其二，文字工具依據學習心理原則，確立漢字學習的簡明方式，取得自學途徑，成爲理解一切科目內容之基礎。

（三）合科學習途徑

1. 開始由實際活動取得常識觀念，進而抽習其文字。
2. 可由書本上取得的知識，藉徑于運用文字而理解。

學習共分三步驟：1. 自學初步準備。2. 養成使用自學工具的能力。3. 完成自學功用。

二、教材

（一）混合編制

混合以國語、常識爲主，因爲國語的構成是靠常識供給的；談到混合便要廢除課本，因課本是學習的障礙。第一，課本內容不適於兒童當前活動。第二，課本形式重在授課，不適於自由閱讀，而且學習分量太少。就是由書本上取得知識，教科書體的課本亦絕不可用。

（二）學習過程

我所謂學習過程不是五段教學法，也不是設計教學法，因爲它們都偏於形式了。現在先講單元活動的學習過程：

1. 取得常識階段　必須從環境事物引起感覺，以取得知識，進而依進程與能力，由空間或時間推廣，用聯想以充實其所未逮。

2. 練習文字的階段　根據取得知識所有的觀念，抽提主要文字，一方由文字認識而使觀念再生，無須藉助於講解，一方用種種方法變換練習，培養自學的基本工具。自由閱讀的過程則又不同：第一步閱讀，在文字之認識與了解，以記生字難語及其查得音義爲表現成績。第二步閱讀，以答題及摘要爲表現的成績。第三步爲表述準備。每經一個過程，都有進一步的心得。教者惟從所表現成績而考察，而讀者自然分步練習，這都是從前自習法和道爾頓制未有完整規畫的。

（三）單元活動

這專就於前兩學期實施的來說。活動原則：

1. 單元須分則獨立，合則自成系統　固定課本抹煞當前活動，設計教材合全學期，難有完整系統，故本方案專注意此點而謀適當活動。

2. 教材須兒童自己發現　要兒童自動，莫要於自己發現教材，在用固定課本是決不能做到的。形式的設計教學，也不能達到這樣境界。然而兒童自己發現，又必須在教者目的控制之下，教材始有價值，學習始能統一，本方案是專向這條路線而進的。

3. 在廢除課本下不感供給教材的困難　在過去設計等教學法裏找教材，教者常感分歧。我的教法，確定一個找教材的範圍和路線，便易進行，而且隨地運用，均極合適。

（四）由取得常識的領域確立單元

先分四大單元：即我的學校；我的身體；我的家庭；我的鄉土是。四大領域確定後，尋取教材即不涉於空泛，但這裏應注意兩個要件：

1. 出發點——取得常識必用環境事物，目的在使兒童能有真實的感覺，並非以此爲止境。就是國家世界所須了解者，都建築在環境上面，而後能有真實的體會。彼以鄉土國家世界分期者，已違反直觀教學原則了。

2. 適應能力與興趣——兒童取得知識有三個條件：（1）應當的；（2）可能的；（3）願意的。根據兒童的當前活動自然能適合能力與興趣。

下面四大領域分析項目，以便確立小單元，但這裏只提出四項來：

1. 我的學校：（1）入學。（2）教室內。（3）校內各場所。（4）學校四周事物。（5）校內可以省識自然現象。（6）學校的集會及紀念。

2. 我的身體：（1）身體各部分的名稱及動作。（2）我的食物。（3）我的衣服。（4）保健。

3. 我的家庭：（1）住處。（2）呼吸與禮儀。（3）生活需要。

4. 我的鄉土：（1）村莊或街市。（2）田園或廠店。（3）物產。（4）交通。（5）名勝古蹟。（6）公共機關。（7）外方人居留與往來。

要貫徹兒童自學的主張，對於教材的運用，須合於下列諸原則：

1. 項目活用　按時令及當前活動運用上列各項目，四大單元所轄小單元，可以相間配置，又專案併合或分析，或變更，亦可因環境與實際而酌定。

2. 依場所或事物而組織　組織小單元活動，要注意依場所或事情，使兒童在確定範圍內去，而各別選擇適當的活動。

3. 提供程式　首由觀察所得活動，為兒童直接的教材，根據直接而引起聯想，以補充觀察所不及之教材，即為經驗之擴大。

（五）抽習文字

單元活動，分常識取得、文字練習二階段。

兒童所取得的常識，不能完全寫出，只寫出一部分，觀念卻仍是整個的。因之練習文字有下列二點必須說明：

1. 割裂一部分詞語　因為有取得常識的經過，不是由文字而領會內容，所以抽習是文字學習的方便。

2. 詞語孤立　初識文字，但求文字在限度以內如何比較學得多，即不適於編成課文來讀。而且抽習者係由一定範圍內已得知識觀念而出，即各個獨立，相互間具有聯會。

（六）文字認識的程序

1. 由實體進於表像
2. 由活動工具進於生活材料
3. 由形象進於動作
4. 由本體進於附隨
5. 由名字進於短語

標語是根據當前活動的，非當時教學需要，即用不着標語。

三、教法

今天開始研究教學方法。我們的教法，共分兩個大階段，第一階段是自學準備期，此階段又分兩小段：一是自學初步期（即識字期），二是養成自學工具期。第二階段是完成自學功用期（即正式讀書期），此期完全注重自由閱讀。

（一）第一學期活動

1. 準備——預計觀察的場所或事項，以及練習的字牌圖片，或實物與單元中必需的口令，應訓練的新習慣。

2. 取得常識。（從略——原注）

3. 文字練習——此係就觀察聯想中既得之經驗，提出詞語而練習之。不過在練習時，先生不多說話，而叫學生自己活動的練習方式，要多有變化才不機械，才使兒童感生興趣。

（1）應用教具

字牌——爲兒童進行練習的最要用具，用三分板塗以油漆，約需十餘塊，用時書寫，用過即拭。

口令箱——一具，內置當時所用口令片，懸於黑板左上側，凡進程中命令多不用口說，而以看口令代之，口令片以鐵皮製成。

指引尺——一具，讀兒歌或故事畫，作句片練習用之。

指名筒——一具，內置各兒童姓名片，於指名時即抽此片。

字架——有兩種：其一，專作懸挂字牌圖片之用，以木條三根，嵌於黑板上；其二，作發字片之用，約需八九具，甚簡單。

(2) 練習方式

甲、對示　在以往的教學法上是提示，即有需乎教者口說的必要。此用對示，便是矯正這樣的形式。就應提出之字片和圖片或實物兩種，先懸示圖片，以看口令問：「這是什麼？」兒童答對後，再對懸字片以看口令問：「怎樣讀？」如式懸示三四種，即令復讀一遍，最後以看口令「誰會領着讀？」就舉手者令領讀一遍。這是字片練習之最初步，在使依據圖片或實物而讀音，這樣可以避免擾攘，兒童也特別注意，所以進行較快，而且準確減少許多廢話。

乙、查眉標　這是以眉標介紹，使兒童的注意移轉於符號與符號之間，由此逐漸與圖片分離，使認字片。如當兒童持粉筆等字牌尋找圖片時，並不識字牌之上之字爲粉筆，然而與管領粉筆圖片的眉標，以爲介紹，兒童即將字牌對挂於相同眉標上，再俯視圖片，即能順口將字牌讀出。似此必經字牌與眉標之一度比較，由疑難而至於成功，兒童深感興趣。即此經過，已與普通之看圖識字誠不可同日而語。其方式分爲二種：

1. 取置式　一是對準眉標挂上字牌。二是對準眉標取下圖牌。取置式練習，有抽名片取置、分組取置，教者可酌量應用，取置時圖片切不可離開本身眉標的地位。

2. 錯綜式　錯綜式練習，繼於取置式練習之後，字牌、眉標、圖片三者皆係對準的，做時令兒童閉眼，教者調動字牌一二或二三塊。與眉標不對，調動後敲板爲信，再令兒童還原。每次可令二個或三個兒童前來，最後亦可調動圖片與眉標相對地位而令其還原。這種練習，有何錯誤，容易改正，而且都感興趣，注意力非常集中。

丙、對讀　兒童因眉標之介紹，對字形已有相當認識，自當進而認識孤立符號，其方式很多，每單元活動可任用數式，作分組或輪次的活動，現略舉列如下：

1. 未撤去眉標以前之活動　一是分給字牌，令對眉標取下相合的圖片。二是分給圖片，令對眉標挂上而讀之。三是分給圖片或字牌，先生任讀一字牌的文字，持此牌者，即來撤去眉標而讀之。

2. 撤去眉標以後之活動　一是先生任示一字牌，指令讀出音來。二是分給字牌，各到先生前，舉所持者讀出音來。三是分給字牌，先生任讀一字牌之文字，持此牌者，到先生前舉以示衆。四是分給圖片，令取相合之字牌舉示而讀。

丁、對演　進行若干單元後，提示文字有表演動作之語，照下式演之：

1. 先生擬勢持此字牌者，舉以示衆而讀之。
2. 先生持示字牌，則全體如式表演。

戊、發字片

1. 發字片的原因　一是使家長易於考查學生成績。二是補充學生練習文字的機會。

2. 發字片的方式　其法將已習過之字牌若干個，照印若干字片，其每種字片之數目與學生人數相等。發時每種字片依人數各爲一束，分置於字架上，架前並懸相合的字牌。兒童取字片者，立於架前，每種字片需一個兒童管理，字片有若干種，即需若干兒童管理。從第二個兒童起算，同時前來立於架後。管理某字片者，向衆持所管之字片而讀，誤者退出，移坐於原來席次之最後席上，易一兒童前來。管理人讀畢無誤，則取字片之兒童須讀字牌，讀時即給一字片。讀不出或誤，管理人搖手，不許停留。順序讀畢以後，管理最前之一人爲取字片人，另由以下席次起來一人補充之，每起來一人則坐原來席次之同學同時向前移坐，以下均依此進行。其時離架前二三尺，排列二三個坐位，不得全付字片者即坐於此，注意以下同學讀領字片。坐滿，還有人來，則最先一人移坐於原來席次之最後席上。領全付者讀畢，則坐於原來席次之最後席上。全體領取以後，再檢查未領全付者，即同時補發，人數稍多，當於抽習後再行補發。

己、抽習　此係就以上學習經過，查知何種字片，有多人未習熟，何人有較多字片未習熟？於是將未習熟的人序坐一方，酌用以上方式復習，而以熟習的同學訂正之，有時在抽習中得利用優生作個別指導。

庚、對字片

此係利用所發字片作齊一活動：①先生示字牌或圖片，或擬勢，兒童皆取相合的字片舉而讀之。②先生任讀一字牌之詞語，兒童皆取相合之字片舉示之。

辛、補充練習

（1）用於發字片後練習過程中有餘時間，常作分組比賽及猜字遊戲。（2）用於進行學習期間兩三月以後，可進行單字辨認，常作露字圈字的練習。

壬、綜合練習

在三四個單元以後，須進行綜合練習，其方法有二：（1）閃爍練習——先生拿字牌，很迅速地令學生讀（這辦法只須五六分鐘）。（2）設計練習——設計練習方法頗多，如開商店、遊園、請客、送信等單元活動。

此外，尚有不同的教學過程，並略述於下：（1）入學開始訓練——入學之始一周内，先以不正式上課的形式，作訓練習慣的學習。（2）調節活動——如兒歌、故事畫等。

（二）第二學期活動

本期爲自學工具獲得期，仍以進行單元活動達其目的。學習過程與第一期略同，但活動旨趣已更進一步。

1. 活動內容

（1）單元活動——仍以前四個大單元爲範圍，因季節與進度而稍有不同，常識研究已較前充實或擴大。

（2）開始自學工具的訓練——在本期兒童應獲得如下的各種自學工具：甲認識標點符號。乙注音——令學生會拼讀。丙檢字——使學生會檢查字典，認識音系部首等。丁書寫——完成基本練習，如筆順、筆畫、間架等。

（3）特殊練習——每日必抽出一二節，在課首若干分鐘中，或特定若干分鐘，作書寫計算的初步練習。此另有詳細方案之規定。

　　（4）文字進於語句獨立練習——開始練習不用眉標介紹，最後練習單字分析較爲注重。

　　2. 活動方式

　　（1）準備——約同前期，惟句片須觀察、聯想中談話定之。

　　（2）觀察及聯想——大體同前期，惟稍稍進於調查搜集並運用記憶畫與談話爲提示資料。

　　（3）練習

　　甲、提示整理觀察、聯想的談話，提出本單元應習語句，其生字新詞，旁注國音讀之。

　　乙、試習　此接續於提示後行之。①對讀——對字牌五式，讀字牌六式，教者可酌用，以資變換。②找答案——變更提示語句的形式，作成答案，或取無文字的答案，使於對讀之外更爲有意義推求。作進一步練習，分爲對問、對拼、對照、對演四式：1. 對問——以完全語句命題，用斷定或説明語作答。2. 對照——命題與圖片相對而問答。3. 對拼——將提示語句分爲兩截。4. 對演——以動作表示解答。

　　丙、復習　復習的練習方式很多：①抽習方法同前期。②單字分析——可分六種方式：辨字形，排句，綴寫，拼音符，拼字，集字分部首、形似、音同。③綜合練習——本期綜合練習與前期同，但較繁複變化。

　　（4）應用教具。除前期教學均須取用外，另增以下教具：①句牌。較前字牌長度加三倍，約須二十塊。②四對筒。裝對問、對拼、對照、對演的題目及答案。③拼字袋。專備漢字拼形之用，如不及備，僅由兒童舉示亦可。④拼字及拼音片。此可預備磅紙數張，臨時取用。

　　（三）第、三、四、五學期活動

　　1. 自由閱讀的真旨趣

　　本期活動爲完成自學功用期，即正式讀書期，使兒童個別盡量發展其自學能力。此進程時間較長，約估三個學期，其目的在自由閱讀。可是在此要知道它雖與道爾頓制有些相同，其實有不相同的地方很多。如：（1）係應用前兩期基本準備，逐漸完成自學之功用。（2）混合國語常識，以讀書式的課程與非讀書式的課程對立，無同時開放作業室引起之困難問題。（3）讀物不用教科書的課本，而且選擇自由，足以表現其真正興趣。（4）學習指引較為明確，可以減少個別指導之繁難。（5）常識讀物，全依部定課程標準而配置，比任習如何課本為完全而有系統。

以上五點是本教法的特長。至於過去的一般教法，無論是注入或啓發都是授課式，先生作，學生跟着學，這是很誤時的。先生任如何講得好，是先生而非學生的；先生越做得多，學生越學得少。那麼不免發生了兩種毛病：（1）不能達到兒童自學的目的；（2）不是在實際活動中去學習。

如果要使兒童的學習覺得是獲取的，而不是接受的，則當注意下面三個原則：（1）如何使兒童獲取的資料如印象然。（2）如何喚起知覺構成觀念。（3）不由感覺而獲取的知能，如何使覺得所學的為豐富生活的泉源，或適應其迫切的需要。

本期的自由閱讀，為構成第三期教法之唯一方向，占課程主要部分。但與過去視為課外作業的自由閱讀不同，因為以自由閱讀方式來代替課本授課。所以自由閱讀之新意義，當具有如下之條件：（1）各個兒童閱讀，能以自己興趣取得豐富生活之讀物。（2）能自己克服困難而了解整體讀物之內容，並逐漸熟練其閱讀工具，日益敏捷。（3）能各別以自己要求，得到先生適宜之指導。（4）同時集兒童於一室內閱讀，能各以力所能及為適如分量之學習，不受任何牽制，而得相互觀摩之益。（5）因興趣、能力各適其度，不浪費時間，學習進步超過普通教學。

2. 讀文與讀書之分別

現在課本教學，只是讀文而不是讀書。中國古詩，也是讀書的，後來崇尚詞章，才有人讀文了，不過還有一部分人讀書。到科舉制度興起，讀文風氣更盛，及八股文流行，竟至專讀文了。現在的學校教育，仍受傳統流毒，用讀文方式來授課，注重逐字逐句的解釋，因之讀書無多，以此而求言皆有物，自然不可能了。

3. 兒童文學

在我們廢除教科書後，教材宜用兒童文學來代替，這名詞是由歐美傳入的。中國《左傳》有童謠，如《漢書·藝文志》有小說，《四庫提要》分爲敘述、雜誌、記錄、異聞、綴輯、瑣語等。但在當時只是一種貴族文學的消遣品，根本不適合於兒童。兒童文學是取資於兒童的言語、適合於兒童的思想與兒童的生活的，它的內容包括童話、故事、神話、寓言、小說、史談、傳記等。

要使自由閱讀有效，第一不用授課式的教法，第二不用教科書體的課本，而要用兒童文學來使兒童自由閱讀。

4. 自習法

在舊時授課式教法下，傾向於自學輔導，有所謂自習法，總其要點有三：

（1）一般課外作業，以在正課時間外，由教師指導之下，在教室內進行其自習工作，始有明確效率。

（2）自習與直接教授相輔而行，凡學習材料、學習進程，有適於自習，必盡量使其自習，務使授課所浪費時間減少，以發展自學的相當能力。

（3）自習進程有適當步驟——初學三四年開始自習，在此以前，必培養其自學相當基礎。及進行自習，有三個步驟：①開始在直接指導下，進行自習。②如上經過數月後，使之完全自習。③在高級則於完全自習中，進行較繁複之工作。

5. 道爾頓制

（1）作業室　分設各科作業室，凡關於本期科目應用書籍、圖表、試驗器具等，均陳列室內，爲適宜佈置，室內設教師座位，兒童用長方桌，數人圍坐，不另設自習室。

（2）功課指定　計畫一學期應作業之科目，分每月作業爲一大段，每大段又分四小段，四小段爲每週作業。其材料按各級原有程度而推進，規定最小限度,達到限度及格,優者另給補充材料。並且各種教材力求聯絡,製定綱要,並作指導作業細目,共分十項,學生依此進行學習。

(3) 成績紀錄　最通行者,有三種表格:①日課登記表——教師在室內記各個兒童成績,便於統計。②工約表——備兒童日課登記之用,每人各須一張。③周表——此係各科作業總計,存教務處備查。

6. 本方案自由閱讀的概要

(1) 讀物配置

根據學習興趣分段選擇讀物,常識部分依據部定目標而定,讀物分開始讀物與普通讀物。

①開始讀物。謎語——此爲試讀教材,藉以熟練注音拼讀,並作檢字準備。反復故事——讀文較長,則興趣大。字多重復,則檢字無須多費功夫,便於速讀。此項讀物都在二十冊以上,即可進讀普通讀物。

②普通讀物共分四段:

第一段爲緊接反復故事之讀物。內容純屬於想像生活,圖畫與文字參半,與篇幅複雜之反復故事略等,選讀十五冊已通過者,進讀第二段讀物。

第二段爲開展閱讀能力之讀物。篇幅比第一段較長,大部分以純文藝發展其想像生活,小部分參入常識之物語體讀物,插圖亦多。選讀廿冊已通過者,進讀第三段讀物。

第三段爲充實閱讀能力之讀物。篇幅比第二段又較長,插圖較少,主要讀物則集注於實際生活,以童話故事爲調節,參以笑話寓言,進而讀陶冶人格之傳記史談。本段時間較長,選讀須在五十冊以上,關於常識讀物,合前段須達到目標三分之二。

第四段爲進一步之讀物,純文藝稍重文學之藝術面目,並進讀長篇之萬餘字以上之書。常識除完成目標所未及者,並得進讀高小讀物。

(2) 學習指引

每冊讀物,皆揭示一個學習指引片,應默讀筆記表述等,以書面指引之，依進程與類別而別。用處有二：①減少教師直接指導之時間。②使學生減少學習之困難。

（3）讀物的陳列

①先生在閱讀準備期間，先示以簡單的閱讀規則，取書、還書、看書的手續作一練習。

②陳列的冊數，要超過學生人數三分之一或四分之一，給兒童有選擇之機會。

③書籍每種至少有三冊，以便兒童同時選閱。

④書的數目，要逐漸增加，其添書方法：一是在相當時間後，看某種書大家已經看完，可將其取去，另換他書添上。二是考查某種書無人閱讀，或閱讀者少，非不合兒童需要，或由介紹未清楚，當慎重選書更換。

⑤開始用書。一圖書要多，二字句短而有興趣，三冊子不可過厚。

（4）直接指導

其方式有介紹、示範、答問、討論、講解、訂正五式，其原則不外兩點：①如何在直接指導以外，取得多方啟示，足以控制其自習，減少個別需要指導之事。②如何使個別指導，常能影響於全體或大部分，減少其需要重復講解之事。

（5）教具。①各段讀物。②各冊學習指引片。③陳列讀物的書架。④記載表。⑤小黑板。⑥字典。

結論：各位，這次我在匆忙中，為時間所限，講的都很簡略，大家有志教學研究，一方面請讀我所著的各種改造方案及本區實驗報告，一方面常常作一個通信的商榷。各位不要輕視自己只是一個小學教師，在歐洲的唯一教育家是一個小學教師。我們要想把時代責任扛在身上，最低限度南陽的鎮平、內鄉、淅川三縣的教育是要重新改造。如照舊下去，再過十年，它還是停滯而不能再有顯著的進步。因為自衛自治都已確立基礎，目前所急需的是教育改造，尤其國民基本的小學教育。

[附]

介紹幾種教育書籍

1. 《明日之教育》（商務）。
2. 《歐洲新學校》（中華）。
3. 《普通教學法》（商務），俞子夷譯。
4. 《教育方法原論》（商務），原著者克伯屈。
5. 《一年級、幼稚園溝通教學法》（大東）。
6. 《文納特卡教學法》。
7. 《開學與管理》（北新）。
8. 《語言與綴法》（北新）
9. 《小學低年級綜合課程論》（中華）。
10. 《教育哲學》（商務），孟憲承譯。
11. 《德可樂利教育法》（中華）。

三民主義綱要

《三民主義綱要》，中華書局 1929 年 3 月初版，署名"李廉方編"。第三篇"民生主義"部分有刪節。

例　　言

一、本書係在北平政治分會黨義研究會輯述的。因爲聽講和閱讀領會心得的感覺截然不同，聽講藉助於講者語言輕重和表演動作，以及特別指出注意要點，可使學者於不知不覺中自然了解整個旨要；閱讀便得不到這樣機會。若用講演體的文字來讀，完全由讀者主觀尋繹，不惟不易得到整個旨要，並且對於重複錯綜之處非重讀多遍，無從貫通。茲爲讀者學習時間經濟，及給與普通概念，俾便研究起見，於是有《三民主義綱要》之作。

二、屬於三民主義現行各書淺說精義之類，只於敷陳大意，或編者主觀認爲切要，表解之類多半只有題目，缺乏內容問答之類，問題多嫌抽象，答語又多繁簡失當。凡此諸書於閱讀三民主義不能補助若何心得。

三、本書輯要專引原文，除爲上下語氣連屬起見，增損一二虛字，或者綜合本講前後互見之文撮要歸納。此外，未曾另加片詞支義。至於原文重要事實和意義，無不儘量錄入。僅文字有繁簡不同，並無任意去取之處。

四、原書浩博，每講中重複錯綜之處時有互相發明之文。本書在使原書全文從整體方面看，表出一貫之統系。從分疏方面看，條理秩然，朗若列眉。故於重複錯綜之處，必加貫串。因之，排比綱目大體依每講段落序次而進，但爲避免記述繁複與零碎之弊，間或依類歸納自成體系，俾便省覽。

五、本書輯述方法，先會通每講全文，分疏小綱，繼綜合小綱以類相從，標出大綱，然後分別輯要，務使全書若綱在綱、簡而不漏，該而不泛。計文字不過原書十分之一，而原書精要整個實現，讀者不惟學習方便，且易領會。

六、現在中央規定，軍政警各機關各學校訓練各種人員考試，都以三民主義爲必讀之書。手此一編，於學習和記憶頗多便利。

目　錄

民族主義 …………………………………………………………… 2527

　第一講　民族概論 ………………………………………………… 2527

　　一、三民主義即救國主義 ………………………………………… 2527

　　二、民族即國族而與國家有別 …………………………………… 2527

　　三、民族由於自然力造成之分析 ………………………………… 2528

　　四、救中國危亡要提倡民族主義 ………………………………… 2528

　　五、列強人口增加 ………………………………………………… 2528

　　六、列強人口增加和中國的關係 ………………………………… 2529

　第二講　中國所受列強的壓迫情形 ……………………………… 2530

　　一、民族滅亡的原因 ……………………………………………… 2530

　　二、中國歷來受政治力壓迫所失的領土 ………………………… 2531

　　三、列強改用經濟力壓迫之故及中國現在地位 ………………… 2531

　　四、經濟力壓迫的種類和損失 …………………………………… 2532

　　五、中國受壓迫的危險 …………………………………………… 2533

　第三講　中國民族主義消滅的原因 ……………………………… 2533

　　一、中國因亡國而失去民族主義 ………………………………… 2533

　　二、世界主義不適用於現在的中國 ……………………………… 2534

　　三、中國民族圖生存的方略 ……………………………………… 2535

　第四講　世界弱小民族與中國民族之責任 ……………………… 2535

　　一、歐洲民族現狀和中國取捨方針 ……………………………… 2535

　　二、歐戰經過情形 ………………………………………………… 2536

　　三、弱小民族覺悟 ………………………………………………… 2537

　　四、被壓迫者聯合打倒帝國主義 ………………………………… 2537

五、恢復中國民族主義以謀世界和平 ……………………… 2537
　　六、中國應學歐洲的是物質文明 …………………………… 2538
第五講　列強壓迫情形和抵抗方法 ……………………………… 2538
　　一、政治力的兵力亡中國 …………………………………… 2538
　　二、政治力的外交亡中國 …………………………………… 2539
　　三、經濟壓迫亡中國 ………………………………………… 2539
　　四、更加人口增加的壓迫 …………………………………… 2540
　　五、抵抗列強的方法 ………………………………………… 2540
第六講　恢復民族地位的方法 …………………………………… 2540
　　一、先恢復民族的精神 ……………………………………… 2540
　　二、恢復中國固有的道德 …………………………………… 2541
　　三、恢復固有的知識 ………………………………………… 2542
　　四、恢復固有的能力 ………………………………………… 2542
　　五、要學歐美最新的發明 …………………………………… 2543

民權主義 ………………………………………………………… 2544
第一講　民權概論 ………………………………………………… 2544
　　一、民權的定義 ……………………………………………… 2544
　　二、人類生活和來源 ………………………………………… 2544
　　三、人類奮鬥時期的變遷 …………………………………… 2545
　　四、中國民權思想和歐美革命 ……………………………… 2545
　　五、中國必須採用民權制度 ………………………………… 2546
第二講　民族和自由的關係 ……………………………………… 2547
　　一、歐美民權發達由於爭自由 ……………………………… 2547
　　二、中國發達民權無爭自由的必要 ………………………… 2548
　　三、中國運用自由的方法 …………………………………… 2549
第三講　民權和平等的關係 ……………………………………… 2550
　　一、平等的由來和平等的分析 ……………………………… 2550
　　二、歐洲不平等甚於中國 …………………………………… 2551

三、歐美革命所爭得的平等 …………………………………… 2551
　　四、平等包括於民權以內 ……………………………………… 2552
　　五、平等的流弊 ………………………………………………… 2552
　　六、求其平等的方法 …………………………………………… 2553
　第四講　歐美近來所爭得的民權及其進步 …………………… 2554
　　一、歐美民權思想和實際 ……………………………………… 2554
　　二、美國實施民權的情形 ……………………………………… 2554
　　三、法國初次試驗民權的情形 ………………………………… 2555
　　四、歐洲各小國和英國的民權發達情形 ……………………… 2556
　　五、德國俾士麥防止民權的情形 ……………………………… 2556
　　六、歐美民權已往的障礙和現在的進步 ……………………… 2557
　　七、民權不能以代議制爲止境 ………………………………… 2558
　第五講　研究民權根本辦法 …………………………………… 2559
　　一、義和團經過爲中國對外心理大變動 ……………………… 2559
　　二、政治哲學和物質文明的區別 ……………………………… 2560
　　三、解決民權的根本辦法 ……………………………………… 2561
　　四、全民各盡的責任和領導者的責任 ………………………… 2562
　　五、就中國歷史證明權能分開的主張 ………………………… 2562
　　六、就現在事實證明權能分開的主張 ………………………… 2563
　第六講　權和能分開的原理及其組織 ………………………… 2564
　　一、政府是機器 ………………………………………………… 2564
　　二、由機器進步推論民權辦法 ………………………………… 2564
　　三、充分民權的實施法 ………………………………………… 2566
　　四、完全的直接民權 …………………………………………… 2567
　　五、政府的完全機關 …………………………………………… 2568
　　六、運用政權和治權的理由 …………………………………… 2568
民生主義 …………………………………………………………… 2570
　第一講　從學理推論民生和共產的異同 ……………………… 2570

一、民生的名詞解釋……………………………………… 2570
　二、社會問題…………………………………………… 2571
　三、社會主義的學說變遷………………………………… 2572
　四、批評馬克思的學說…………………………………… 2574
第二講　從辦法推論民生和共產的異同…………………… 2577
　一、歐美解決經濟問題的方法…………………………… 2577
　二、經濟潮流影響於土地問題…………………………… 2578
　三、就主義論共產和民生是相容的……………………… 2579
　四、別於共產黨的第一個方法是平均地權……………… 2580
　五、別於共產黨的第二個方法是節制資本……………… 2581
第三講　實行農業政策解決吃飯問題……………………… 2583
　一、吃飯問題和國家的關係……………………………… 2583
　二、人類養生的物質……………………………………… 2584
　三、規定保護農民的法律………………………………… 2584
　四、增加生產的方法……………………………………… 2585
　五、注重生產分配………………………………………… 2588
第四講　實行工商政策解決穿衣問題……………………… 2589
　一、穿衣和民生的關係…………………………………… 2589
　二、中國穿衣的材料……………………………………… 2589
　三、打破條約束縛和保護國貨…………………………… 2591
　四、穿衣本題……………………………………………… 2592

民族主義

第一講　民族概論

一、三民主義即救國主義

（一）主義的解釋：由思想再到信仰，次由信仰生出力量。

（二）三民主義救國的目的：促進中國之國際地位平等，政治地位平等，經濟地位平等；使永久適存於世界。

（三）信仰三民主義的效用：信仰三民主義，便發生極大勢力，這勢力便可救中國。

（四）救國方法：注重宣傳，演明主義。

二、民族即國族而與國家有別

（一）中國沒有國族

家族宗族的觀念重，團結力沒有擴張到國族。

（二）民族即國族在中國是適當的

中國自秦漢以來，都是一個民族造成一個國家。

外國有一個民族造成幾個國家，盎格魯撒克遜人，爲英國基本民族；美國也很多。

外國又有一個國家包涵幾個民族，英國用白人爲本位，結合棕人黑人等民族，成一個大不列顛帝國。

（三）民族和國家的區別

民族是由自然力（王道）造成的。香港幾十萬中國人，團結成一個民族。

國家是用武力（霸道）造成的。香港的土地和人民，是英國以兵力奪取的。

三、民族由於自然力造成之分析

（一）最大的力是血統。中國人黃色的原因，是根源於黃色血統而成。

（二）次大的力是生活。蒙古族統一中國，西征服中央亞細亞，阿剌伯，及歐洲一部分，東幾乎征服日本；就是因爲他們的人民是遊牧生活。平日習慣，便有行路不怕遠的長處。

（三）第三大的力是語言。外來的民族，得了我們的語言，便容易被我們感化。

（四）第四個的力是宗教。阿拉伯和猶太兩國，亡了許久，因爲各有各的宗教，種族就不能消滅。

（五）第五個的力是風俗。人類中有一種特別相同的風俗習慣，久之也可結合成一個民族。

四、救中國危亡要提倡民族主義

（一）漢族爲主體。民族四萬萬人：參雜的不過幾百萬蒙古人，百多萬滿洲人，幾百萬西藏人，百幾十萬回教之突厥人；外來總數不過一千萬人。

（二）民族結合，備具以上五個條件。

（三）因沒有民族精神而逼處危亡。文明有四千多年，因爲只有家族和宗族的團體，今日便處國際中最低下的地位。如果再不結合四萬萬人，成一個堅固團體，便有亡國滅種之憂。

五、列強人口增加

（一）英國人口增三倍

民族本位,是盎格魯撒克遜人。所用地方的本位,是英格蘭和威爾斯。百年前,人數只一千二百萬,現在有三千八百萬。

(二) 日本人口增三倍和國力發展

叫做大和民族。百年前,人數約計二千萬,現在除高麗、台灣不計,有五千六百萬。維新不及五十年,便成強國。華爾賽會議,列在五大強國之一。

(三) 俄國人口增四倍及革命的影響

百年前,人數四千萬,現在有一萬六千萬。在帝國時代,專恃侵略,英日聯盟抵制,日俄之戰,日本把俄國趕出高麗南滿以外,保全了東亞領土;世界局勢一變。歐戰後,變成新社會主義的國家;不僅是打破世界的帝國主義,並且是打破世界的資本主義。這種思想宣傳,引起弱小民族的覺悟;土耳其因此修改一切不平等條約。將來國際大戰,不起於不同種間;是主張公理的和主張強權的,各自聯合起來,成被壓迫者和橫暴者的階級戰爭。

(四) 德國人口增加兩倍半

百年前,人數二千四百萬。歐戰後,雖減少了許多,現在還有六千萬。

(五) 美國人口加十倍

百年前,人數不過九百萬,現在有一萬萬以上。各國人口增加,多由於生育。美國人口增加,多半由歐洲移民而來,是多由於容納。

(六) 法國人口增四分之一

百年前,人數有三千萬。現在有三千九百萬。拉丁民族散在歐洲的國家,有西班牙,葡萄牙,義大利。移到美洲的國家,有墨西哥,比魯,芝利,哥侖比亞,巴西,阿根廷,以及其他中美諸小國。

六、列強人口增加和中國的關係

(一) 列強人口增加的原因

由於科學昌明,醫學發達。衛生的設備,一年比一年的完全。所以減少死亡,增加生育。

（二）美國百年後當有的人口

照舊增加，當有十萬萬。多過中國人口兩倍半。

（三）法國獎勵生育

從前中了英人馬爾賽斯學說的毒（人口增加是幾何級數，物產增加是數學級數），主張男子不負家累，女子不要生育。現在知道減了人口的痛苦，獎勵生育。一個人生三子的便有獎，生四五子的有大獎，生雙胎的格外有獎。男子三十不娶，女子二十不嫁的，便有罰。

（四）日本民族向外發展

東走美國，加利佛尼亞省閉門不納；南走澳洲，英人不容白種以外的人侵入，於是一意經營滿洲、高麗。

（五）中國人不增加或且減少

中國人數四萬萬，是清乾隆時候調查的。自乾隆到今，將及二百年，還是四萬萬。從前有美國公使樂克里耳，到中國各處調查，說中國人最多不過三萬萬；是已減少四分之一。

（六）少數人不能使多數同化或且被消化

現在全世界的土地和人口，比較已經有人滿之患。一百年後，全世界的人口，一定要增加好幾倍。從前蒙古滿洲征服中國，是用少數征服多數，因爲人數少，還是同化於漢人。如果列強將來征服中國，是用多數征服少數。不但是失去主權，要亡國；並且恐怕被他們民族所消化，還要滅種。

第二講　中國所受列強的壓迫情形

一、民族滅亡的原因

（一）自然力

即天然陶汰，多由於人口減少。古時有很多和有名的民族，現在已絕跡了。美洲紅番，幾乎盡被白人消滅。

（二）人爲力

分爲兩種：一是政治力，一是經濟力。比自然力更大，更快，更容易消滅很大的民族。

（三）中國民族不堪自然力、人爲力兩種壓迫

中國民族有四千多年歷史，生長了四萬萬人，得天獨厚。但是世界進化，是自然力和人爲力湊合而成。單受自然力陶汰，還可支持一百年。兼受政治力和經濟力的壓迫，就很難渡過十年。

二、中國歷來受政治力壓迫所失的領土

（一）最强盛時代的領土

北至黑龍江以北，南至喜馬拉雅山以南，東至東海以東，西至蔥嶺以西，琉球、暹羅、蒲魯尼、蘇綠、爪哇、錫蘭、尼泊爾、布丹等小國，都來朝貢，尼泊爾在民國元年，還到四川進貢。

（二）百年以來所失的領土

最先送與俄國遠東政府的，先爲伊犁流域霍罕及黑龍江以北諸地，後爲黑龍江烏蘇里。其次爲法占安南，英占緬甸。再次爲日清之戰，高麗、台灣、澎湖割歸日本。最近失去領土，是威海衛、旅順、大連、青島、九龍、廣州灣。

三、列強改用經濟力壓迫之故及中國現在地位

（一）從前所用的政治手段

把中國沿海地方占領，做一個根據地。

（二）變更政治力壓迫的原因

見中國起了革命，再用政治力征服，定要反抗。所以稍緩其政治力，改用經濟力壓迫，便可免彼此衝突。

（三）經濟力無形政治力有形

中國受列強幾十年經濟力壓迫，至今還不覺痛癢。各國派二十幾支兵艦到廣州示威，人民便立時感覺。

（四）中國成了次殖民地

高麗是日本殖民地，安南是法國殖民地，都是做一國的奴隸。中國做各國的奴隸，實在地位比高麗、安南還要低。所以不能説是半殖民地，應該叫作次殖民地。

四、經濟力壓迫的種類和損失

（一）洋貨侵入的損失五萬萬元

海關權喪失　始因抵押英國賠款，把海關給英人收税。繼因英人收税，比中國官吏管理時收入多。於是把海關交給英人管理，税務司盡以英人充當。後來各國爭海關權利，依商務大小，爲用人比例。海關税則，都由外國所定。

各國用保護税抵制外貨　美國以農業國和歐洲工業國通商，創保護税法。用意是將別國入口貨，特別科以重税，本國貨物無税，因之價平，便可暢銷。

中國加重土貨的税，海關在外人手中，入口税輕，所以洋貨價賤。然而對於本國貨物，不但海關要抽重税，進到內地各處，還要抽厘金，於是土貨都被洋貨排斥了。

洋貨侵入的損失　前十年出入口貨物相差，不過二萬萬元。一九二一年進口貨，超過出口貨五萬萬元，加兩倍半。

（二）外國銀行操縱損失一萬萬元

紙幣　僅銷行廣東的總數，有幾千萬。用最少價值，印幾千萬紙，換我們幾千萬塊錢的貨物。

匯兑　除匯錢的時候，賺千分之五的匯水以外，並強賺兩地的錢價，在交錢的時候，又賺當地銀元。合銀兩的折扣，總算起來，損失必須過百分之二三。

存款　辛亥年調查外國銀行，所收中國人的存款，總計一二十萬萬，利息不過四五厘。把存款轉借中國小商家，利息最少也有七八厘，甚至一分以上。統合紙幣、匯兑、存款三種損失，當在一萬萬元左右。

（三）運費損失一萬萬元

中國貨物運去外國，固然靠洋船；就是運往漢口、長沙、廣州各內地，也是靠洋船的多。日本要和各國經濟勢力相競爭，政府既以經濟補助民間航業，又用政治力維持水上交通。和各國締結條約，運費每噸有一定價錢。中國無航業可與抵抗，運費就貴得多。每年出入口貨物價值，已至十餘萬萬以上。損失當不下一萬萬元了。

（四）租界與割地的賦稅地租地價不下四五萬萬元

香港、台灣、上海、天津、大連、漢口那些租界及割地內的中國人，每年納外人賦稅，至少在二萬萬以上，地租無切實調查，總比之地稅十倍。地價又年年增加。總計每年不下四五萬萬元。

（五）外人特權營業一萬萬元

外人在中國境內的團體和個人營業，單就南滿鐵路一個公司說，每年賺利已達五千餘萬。推之各國人種種營業，至少當在萬萬以上。

（六）投機業損失約數千萬

租界之外人，利用中國人貪婪弱點，日日有小投機，數年一次大投機。中國人每年損失，亦當有數千萬元。

五、中國受壓迫的危險

（一）損失的總數：六項經濟壓迫，每年損失不下十二萬萬元。

（二）損失的影響：社會事業，都不能發達。

（三）有危國滅種的危險：因為中國幾千年以來，沒有受過這三個力量一齊壓迫的。

第三講　中國民族主義消滅的原因

一、中國因亡國而失去民族主義

（一）滿洲人消滅的方法

消滅人才　康熙時開博學鴻詞科，把有知識學問的人，幾乎網羅淨盡。

消滅文字　康熙雍正時，出了許多書，如《大義覺迷錄》等，作反宣傳。到了乾隆時代，刪改史書，關於記載滿洲、匈奴、韃靼等書，定爲禁書。自康熙以來，興過幾次文字獄。於是民族思想，保存在文字裏的，便完全消滅了。

消滅機關　左宗棠因湘軍淮軍多屬會黨，要維持軍隊出新疆，也去開山堂，做起大龍頭來。他知道其中詳情，就破壞碼頭，消滅會黨的機關。

（二）明朝遺民傳播民族思想的方法

結合會黨　明朝遺民，見大勢已去，不能專靠文人維持民族主義。便對於下流社會和江湖上無家可歸的人，收羅起來，結成團體。又用文人所不講的語言去宣傳，使人不大注意。

會黨的組織　會黨在康熙時最盛。中葉以後，有民族思想的，只有洪門會黨。洪秀全失敗後，更流傳到軍隊和遊民方面。青幫紅幫，也是由軍隊流傳而來。散在珠江流域的，叫三合會。散在長江流域的，叫哥老會。

下流社會的知識幼稚　當洪秀全時代，反清復明的思想，已傳到軍隊。因洪門子弟不能利用，仍然是清兵。又華僑有洪門三合會，即致公堂，保皇黨流行到海外後，竟歸化保皇黨。

二、世界主義不適用於現在的中國

（一）主義在合用

大凡一種思想，不能說是好不好，只看他合我們用不合我們用。

（二）帝國主義者提倡世界主義是有作用的

要保全他的特殊地位，做世界的主人翁。

（三）中國病根就是早已進於世界主義

1. 平天下的唯一政策　以王道收服弱小民族。
2. 平天下的普通觀念　自稱大一統，天無二日，民無二主。
3. 異族征服後利用固有心理以消滅反響　滿清入關，康熙便說舜東夷之人也，文王西夷之人也，東西夷狄之人，都可來中國做皇帝。

4. 學者尊王而不恥事異族　中國學士文人，替滿洲説話。説滿洲受過明朝龍虎將軍的封號，推翻明朝，是易朝不是亡國。保皇黨就是漢人結合的，專保護大清皇帝，消滅漢人的民族思想。

（四）現在不能提倡世界主義

英俄現在有學者提倡世界主義，意思是反對民族思想狹隘，英俄德和中國新青年都有贊成。世界主義發自英美等國，以及中國從前強盛時候，這是很適當的。我們現在受外人政治力經濟力一齊壓迫，如果民族主義不存在，便失去人類圖生存的工具。

三、中國民族圖生存的方略

（一）中國民族起源

由西方過蔥嶺，到天山，經新疆以至黃河流域，把原來的苗人或消滅或同化，才成中國今日的民族。

（二）應負的責任

天生我們四萬萬人，能夠保存到今日，就要負發展世界進化的責任。

（三）打破列強的方略

內而提倡民族主義，將四萬萬人先聯合起來。外而聯合各弱小民族，以被壓迫的十二萬萬五千萬人，共同去打破二萬萬五千萬人。

第四講　世界弱小民族與中國民族之責任

一、歐洲民族現狀和中國取捨方針

（一）白種的民族情形

1. 種族系屬

條頓民族　在歐洲中北。最大德國，次奧國，瑞典，和蘭，丹麥。

斯拉夫民族　在歐洲東。最大俄國，歐戰後，有捷克斯洛伐克和佐哥斯拉夫兩新國。

　　撒克遜民族　在歐洲西。有英美兩個大國。

　　拉丁民族　在歐洲南。最大的是法國，義大利，西班牙，葡萄牙；拉丁民族移到南美，也建立數國。

　　2. 種族勢力

　　各有特性　撒克遜民族占領土最多，且最富強。條頓斯拉夫兩民族，歐戰前在世界最強盛，尤以條頓民族聰明才力爲最大，聯二十幾個小邦成一個大德意志聯邦，變農業國爲工業國。

　　占世界各民族的總數四分之一　世界所有的人數十五萬萬。白種人數，合計約四萬萬，與中國人數等。

二、歐戰經過情形

　　（一）歐戰原因

　　歐洲民族受了帝國主義的毒，用政治力去侵略別國，即中國所謂勤遠略，現在名爲帝國主義。所以構成這次戰爭的原因如左：

　　1. 白種人互爭雄長　第一是英國要打破第二海權的德國，第二是歐洲各國想瓜分土耳其。

　　2. 解決世界的問題　德國想行帝國主義的目的，因戰敗便達不到。

　　（二）歐戰經過

　　1. 戰爭方面　一方爲同盟國，初起有德奧兩國，後來加入土耳其布加利亞。一方爲協約國，初起有塞維亞法俄英日本，後來加入義大利及美國。

　　2. 戰爭劇烈　軍隊四五千萬，時期經過四年之久。

　　3. 勝負情形　頭二年法國的巴黎和英國的海峽，幾乎被德奧占領，自美國加入協約國後，遂戰勝了德國。

　　4. 美國加入的關係　因美和英同屬撒克遜民族，所以加入戰爭。並且鼓動全世界的中立民族，共同參加。

　　（三）詐欺弱小民族

　　威爾遜維持世界和平，提出十四條。最足動聽的，是讓民族自決。

所以印度助英，安南助法，波蘭捷克斯洛伐克羅米尼亞一齊加入協約國，中國也送幾十萬工人，做後方勤務。及戰勝講和，英法和義大利用種種方法，騙去威爾遜的主張。議定條件，壓迫弱小民族，比從前更要利害。

三、弱小民族覺悟

（一）俄國革命

歐戰前一九零五年，俄國起過革命，沒有成功。這次大戰，俄國一般兵士和人民，知道是一國的帝國主義和別國的帝國主義相衝突的戰爭，於是先對本國革命，同時與德講和，免去外患壓迫。

（二）各弱小民族覺悟

因俄國革命成功，人類生出一種大希望。安南緬甸爪哇印度南洋群島以及土耳其波斯阿富汗並歐洲弱小民族，都覺悟列強所主張的民族自決，完全是騙人的，還是要自己實行民族自決。

四、被壓迫者聯合打倒帝國主義

（一）被壓迫的人種

歐美白種四萬萬人，吞滅別色人種。美洲紅番將消滅淨盡，非洲黑人不久就要消滅，印度棕色人正在消滅中。亞洲黃色人現受壓迫。

（二）侵略的方法

政治力的海陸軍所不及，便用經濟力去壓迫，經濟力有時而窮，便用海陸軍侵略。

（三）被壓迫者反抗的趨勢

俄國革命成功，有一萬萬五千萬人，脫離了白種戰綫，正想引起弱小民族加入，以十二萬萬五千萬人，聯合一氣，和所勝的二萬萬五千萬人奮鬥。

五、恢復中國民族主義以謀世界和平

（一）世界主義藏在民族主義之內

世界主義，從民族主義發生出來的。必先把我們民族自由平等恢復起來，才配講世界主義，才能用四萬萬人的力量，爲世界打不平。如果民族主義不能鞏固，世界主義也不能發達。

（二）中國的和平思想

在漢時已經發達。如棄珠崖議，就是反對擴充領土，同南方蠻夷爭地方，明朝南洋各小國歸順中國，都不是用武力壓迫來的。十餘年前，暹羅外交次長說願做中國一行省，但是暹羅現在已修改各國的苛酷條例，成獨立國了。

（三）世界主義的真精神

英語所說的能力就是公理，就是以打得的爲有理。中國以講打就是野蠻，這種愛和平的美德，就是世界主義的真精神。我們要保守這種精神，擴充這種精神，必用民族主義做基礎。

六、中國應學歐洲的是物質文明

（一）真共產主義

俄國所行的，是馬克思主義，不是真共產主義。蒲魯東巴古寧所主張的，才是真共產主義。共產主義在外國只有言論，沒有完全實行。

（二）中國政治哲學發明最早

黃老的政治學說，列子所說華胥氏之國，其人無君長，無法律，自然而已，就是無政府主義。洪秀全所行的經濟制度，是共產事實。

（三）歐洲優於中國的是物質文明

歐洲古時文明，還不及中國。近二百年來，科學昌明，大學問家用觀察和實驗研究，遂駕乎中國之上。要學歐洲，是學中國沒有的東西。

第五講　列強壓迫情形和抵抗方法

一、政治力的兵力亡中國

（一）歷史證明

宋以崖門一戰亡於元，明以揚州一戰亡於清。拿破侖第一亡於滑鐵盧一戰，拿破侖第三亡於斯丹一戰。

（二）列強亡中國的可能力

日本　陸軍平常可出一百多萬，戰時可加到三百萬。海軍驅逐艦，中國無力抵抗的有百餘隻。並且近在東隣，隨時可以長驅直入。動員到中國，最多不過十日。

美國　海軍比日本多。國民在大學中學受過軍事教育，隨時可以加兵。動員到中國，只要一個月。

英國　海軍最強。據香港爲根據地，駐有海陸軍。合印度澳洲殖民地的軍隊一齊來攻，不過兩個月可到中國。

法國　陸軍強盛。有飛機兩三千架。據安南爲根據地。鐵路直通雲南省城，只要四五十日，便可攻擊中國。

中國未亡的原因　列強窺伺中國，彼此不肯相讓，勢力成了平衡狀態；但是中國自己無力去抵抗，是靠不住的。

二、政治力的外交亡中國

（一）無形滅亡：只要用一張紙，和一枝筆，亡了中國，我們便不知道。

（二）避免衝突：列強恐怕因中國問題，引起大戰爭，所以不主張戰爭。表面上爲縮小軍備問題，實則爲中國問題，想不用兵力，可以避免彼此衝突。

（三）波蘭前例：俄德奧瓜分波蘭，由於彼此一日協商停妥，波蘭便亡。

三、經濟壓迫亡中國

（一）海關出入口貨相抵的虧損

前十年虧二萬萬元，現在虧五萬萬元，依此類推，十年後每年當虧三十萬萬元。

（二）每人每年擔負四十五元

將三十萬萬元分擔到四萬萬人身上，爲七元五角。除二萬萬女子，又除去三分二的老弱，則男子每人每年平均應擔負四十五元。

四、更加人口增加的壓迫

（一）滅種的前鑒

□①現在我們民族，被列強人口增加的壓迫，亦難免於滅亡。

（二）要使國民皆知道危險

三重大禍臨頭，便要到處宣傳，使四萬萬人都知道亡國慘禍，自能拼命奮鬥。

五、抵抗列強的方法

（一）積極的

用宗族和家鄉的觀念做基礎，擴充到國族，結合成大團體；可以化各宗族之爭，而爲對外族之爭。

（二）消極的

實行甘地不合作的主張。外國人所要的，我們不供給。外國人所供給的，我們不要。最容易做到的，就是不做外人的工，不去當洋奴，不用洋貨，提倡國貨，不用外國銀行的紙幣，專用中國政府的錢。

第六講　恢復民族地位的方法

一、先恢復民族的精神

（一）要能知：就是要知道現在處於極危險的地位。

（二）要合群：就是善用宗族團體家鄉團體，聯合成一個大國族團

---

① 此處刪去十四字。

體，共同奮鬥。

（三）宣傳：就是使四萬萬人都知道用上兩個條件，恢復民族精神。

二、恢復中國固有的道德

（一）國家和民族能長久的原因

國家強盛，由於武力發展，繼以文化發揚。但是要維持長久，必須有好道德。元代武功在各朝上，因爲道德不及，不久便亡，並且民族亦同化於漢人。

（二）解決新舊潮流的標准

固有的東西，好的要保存，不好的才放棄。

（三）固有的道德

忠　君主可以不要，忠是不能不要的。要忠於國，忠於民，忠於事。我們做一件事，要始終不渝。如果做不成功，就是犧牲性命，亦所不惜。所以古人講忠，推到極點，便是一死。

孝　《孝經》講孝，無所不包，無所不至。世界最文明國講孝，沒有中國完全。

仁愛　古時講愛，無論對甚麼事，都用愛來包括。在政治方面，有所謂愛民如子，有所謂仁民愛物。不過中國人現在不如外國人實行，應該把仁愛道德恢復起來，加以發揚光大。

信義　就信說，在商業上，中國人沒有契約，只要彼此口頭說一句話，便能履行。不像日本人和外人訂立合同，因交貨時價跌落，時常不肯履行原約。就義說，中國最強盛時候，沒有完全滅他人的國家。比如高麗從前爲中國藩屬，實際還是一個獨立國。日本強了二十年，就把高麗滅了。這都是中國比外國好的道德。

和平　外國都是講戰爭。近來所開的和平會議，如海牙會議，華賽爾會議，金那丸會議，華盛頓會議，洛桑會議。這樣講和平，是因爲怕戰爭，出於勉強而然的，不是出於國民天性。中國人幾千年酷愛和平，論到個人，便重謙讓。論到政治，便說不嗜殺者能一之。這種精神，不但要保存，並且要發揚光大。

三、恢復固有的智識

（一）政治哲學最有系統的理論

就是大學所說的格物致知誠意正心修身齊家治國平天下一段話，把一個人從內發揚到外。講修身，推到正心誠意格物致知，這是很精密的智識，是一貫的道理。這種正心誠意修身齊家的道理，要放在智識範圍內來講，外國還沒有這樣精微開展的理論。

（二）高談內治而忽略外修

正心誠意是內治的工夫，修身齊家治國是外修工夫。孔子席不正不坐，一坐之微，亦很講究，宋儒講正心誠意和修身的工夫，更為謹嚴。中國普通讀書人，常用《大學》一段話作口頭禪。但多是習焉不察，不求甚解。一舉一動，如吐痰、放屁、留長指甲、不洗牙齒，尋常修身工夫，都欠檢點。所以對於本國便不能自治，並且使外人譏誚中國沒有教化。

四、恢復固有的能力

（一）從前發明的應用物品

指南針

印刷術

磁器

有煙黑藥

（二）從前發明衣食住行的設備

飲料的茶葉

衣料的絲

房屋的拱門

交通的弔橋

（三）中外人今昔的能力比較

上所說的那些東西，外國人認爲很重要的，都是中國幾千年前發明的。可見從前中國人的能力，還比外國人大得多。現在外國的機器發達，科學昌明，中國還不及外國，民族地位也逐漸退化。所以要把已失的固有能力，恢復起來。

五、要學歐美最新的發明

（一）歐美長處是科學

僅恢復國粹，不學歐美長處，不能進中國於世界上頭一等地位。

（二）學歐美要迎頭趕上去

歐美科學，用了兩三百年的工夫，研究發明，到近五十年，才算十分進步。從前用煤發動汽車，最新發明用電。美國正計畫用電統一全國工廠，以求便當和節省。我們也應該不用煤力而用電力。這樣學法，雖然退後了幾百年，十年後，一定可以和歐美並駕齊驅。

（三）日本是好榜樣

日本從前學中國文化，近來專學歐美文化，不過幾十年，便成列強之一。中國人的聰明才力，不亞日人，人口多十倍，領土大三十倍，富源更多，能够學到日本，便可以到頭一等地位。

（四）要立扶傾濟弱的志願

中國强盛，不可走列强帝國主義的路，爲害世界。要決定政策，扶傾濟弱。恢復了民族地位，便用固有的和平道德做基礎，去統一世界，成一個大同之治。

民權主義

第一講　民權概論

一、民權的定義

（一）民字的解釋
有團體且有組織的衆人，叫做民。
（二）權字的解釋
權就是力量，那些力量，大到同國家一樣。有行命令的力量，有制服群倫的力量。
（三）民權的解釋
就是人民政治的力量。政是衆人的事，治是管理，管理衆人的事是政治。有管理衆人之事的力量，是政權。以人民管理政事，叫做民權。
（四）軍人應懂政治
政治原動力在軍人，軍人可不干涉政治，不能不懂政治。

二、人類生存和來源

（一）人類必須奮鬥
保、養爲人類生存兩件大事。因保養和他項動物衝突，便發生競爭，便要奮鬥。人類由初生以至現在，天天在奮鬥中，由此便知權是人類用來奮鬥的。
（二）人類來源
地質學家推究地球由氣體變成液體，由於液體變成石頭，各要幾千萬年。由最古石頭至今日，至少有二千萬年，有人類遺跡憑據的石頭，不過兩百萬年。當時人和禽獸，沒有甚麼大分別。距今二十萬年，才生文化，所以哲學家說人是由動物進化而成。

三、人類奮鬥時期的變遷

（一）第一期人和兽争，是用力氣不是用權

能戰勝的原因如左：

能用物　自衛力雖只有雙手雙足，但曉得用木棍和石頭。

能結合　人類為自衛打那些猛獸，同類便不約而同。決沒有和他動物集合，殘害同類的。

（二）第二期人同天争是用神權的

到了沒有獸類的禍患，地廣人稀，覓食很易。只有天災，如水火風雷的災害，古人實莫名其妙。極聰明人便提倡神道設教，用祈禱方法，避禍求福。所以從二十萬年到萬幾千年前，是用神權。

（三）第三期人同人争是用君權

就是國和國争，這個民族和那個民族争。起初半用神權，半用君權。所以日本皇帝稱天皇，中國皇帝稱天子。歐洲當羅馬分裂後，神權漸衰，君權漸盛，到法皇路易十四，他說我就是國家，可算極盛時代，和中國秦始皇一樣。中國文化早過歐洲，君權多過神權，老早便是君權時代。

（四）第四期是民權時代

科學發達，人的聰明也進步。知道君主專制無道，人民應該反抗。所以百餘年來，革命思潮，便非常發達。

（五）政權要隨時代轉移

聖人以神道設教，維持社會，那個時候適用神權。人類智識未開，賴有聖君賢相引導，那個時候適用君權。政治上各時代的情形不同，所用的方法也各有不同，現在神權君權都成了過去陳迹，一定要用民權。

四、中國民權思想和歐美革命

（一）中國兩千年前已有民權思想

孔子說："大道之行也，天下爲公。"孟子說："民爲貴，社稷次之，君爲輕。"又說："天視自我民視，天聽自我民聽。"又說："聞誅一夫紂矣，未聞弒君也。"

（二）歐美革命

民權萌芽 遠在二千年前希臘羅馬時代。

最初發生革命在英國 正當中國明末清初，格林威爾殺查理士第一，是把他拿到法庭，公開裁判，宣佈不忠於國家和人民的罪狀。不到十年，英國復辟，迎查理士第二做皇帝，君權又極盛，現今是用政黨治國，可以說是有皇帝的共和國。

美國革命 在英國革命後一百多年，脫英國羈絆而獨立，成立聯邦政府。不過八年，便告成功。這是世界中頭一個實行民權的國家，到現在有一百五十年。

法國革命 在美國建立共和後，不到十年。當時情形，因路易十四厲行專制，子孫更是無道。人民群起革命，殺路易十六，和英人殺查理士第一一樣。歐洲各國爲他復仇，大戰十多年，革命還是失敗。後經八十年革命，才能成功。

盧梭《民約論》的功勞 立論根據，是說人民自由平等的權利，由於天賦的，本不合歷史進化的道理。但是民權主張，剛合當時人民的心理，所以能轂引起法國革命。

五、中國必須採用民權制度

（一）順應世界潮流

世界變遷 當中國發起革命時候，俄國皇帝把君權教權統在一人身上；德皇奧皇把很強的海陸軍統在一人身上。現在都推翻了，變成共和國家。

本國反抗潮流的明證 滿清皇帝，在辛亥年被革命黨一推就倒。袁世凱有很大的力量，張勳有很蠻悍的軍隊，都因反抗潮流，終歸失敗。

（二）縮短國內戰爭

洪秀全失敗 有說是不懂外交失敗（英大使波丁楂不肯叩頭便不得見洪秀全），有說是到南京後不乘勢長驅北進；實則始由於楊秀清韋昌輝互爭皇帝，自相殘殺，繼由於防李秀成陳玉成勢大，同時分封三四十個王；使彼此位號相等，互相牽制。

陳炯明阻擾北伐 陳炯明常對人說：他少年時曾夢一手抱日，一手抱月。他的名字取義，就是想應這個夢的。因為想做皇帝，附和革命，所以先要消滅與皇帝不相容之革命軍。他的部下，只有鄧鏗是革命黨，便老早把他暗殺了。北伐軍進到贛州，就造起反來。

建立共和國的原因 用人民做皇帝，就是四萬萬人做皇帝，免得大家相爭。若是大家有了做皇帝的心理，一來同志要打同志，二來本國人要打本國人。

競爭的進步 外國常有為宗教為自由而戰的。中國幾千年來，常是一治一亂。當亂的時候，兵權大的就爭皇帝，小的爭王爭侯。現在一般軍人，不敢大者王、小者侯，也是一個進步。

第二講　民權和自由的關係

一、歐美民權發達由於爭自由

（一）人民不自由的痛苦太大

自羅馬分為列國，成了封建制度，專制到了極點。人民直接受苦時間既長，方法日密，最大的是言論思想行動三種都不自由。如華僑在荷蘭或法國的南洋領土上岸時，巡警檢驗，要打模量身體，住處要報明，行路要路照。這種待遇，一定是從前歐洲皇帝對人民用過的。此外還有人民的營業工作和信仰種種不自由。

（二）重視自由的原因

人民在極端專制政體下，深感不自由的痛苦。所以革命時，提出自由口號，人人都明白這個名詞，便拼命去爭，流了許多血，纔爭到了，大家便覺得自由可貴。

(三) 以爭自由取得民權

民權名詞，在希臘羅馬亡後，久已忘記了。最近二百年，爲自由戰爭，纔恢復這個名詞。然而不是說爭民權，是說爭自由。可見最初戰爭，是爲自由。自由爭得後，學者才稱這種結果爲民權。

(四) 自由的界限

限制自由的學說　英國學者彌勒氏說自由以不侵犯他人自由爲範圍，才是真自由。彼中學者，已漸知自由不是一個神聖不可侵犯之物，要定一個範圍來限制；不像從前爭自由的時候那樣歡迎。可見爭自由的革命，已成兩三百年前的舊方法。

限制自由的法律　法美爲實行民權的先進國，像學生，軍人，官吏，和不及二十歲未成年的人，都是沒有絕對自由的。

二、中國發達民權無爭自由的必要

(一) 政體尚寬大人民很自由

自秦以來，歷朝政治，對於人民皆取寬大態度。惟危及皇位的，便用嚴重刑罰。所以一人造反，株連九族。如果人民不侵犯皇帝，勿論做甚麼事，皇帝便不理會。人民除了納糧之外，幾乎與政府不發生關係。

(二) 中國提倡自由的錯誤

沒受不自由的痛苦不明白應爭自由　中國被列強經濟侵略，弄得民窮財盡。這種痛苦的由來，是間接得來的。如果對普通民衆說自由，他們一定不懂得。

不明白甚麼是自由　一般新青年和留學生，或者留心歐美政治時務的人，常常聽到或在書本上看見自由兩個字。究竟甚麼是自由，還是莫明其妙。

不必學歐洲人爭自由　中國學者翻譯外人學說，把不自由毋寧死一句話，搬到中國來。新學生及許多志士，都發起提倡自由。他們以爲法國革命是爭自由，我們革命也應該學歐洲人爭自由。這種言論，可說是人云亦云。對於民權和自由，沒有用心研究，沒有澈底了解。

誤用自由 中國新學生講自由，把甚麼界限都打破了。沒有別的地方用，便拿到學校內去用。於是常常生出鬧學風潮，美其名曰爭自由，此自由用之不得其所也。

誤用自由的弊病 自由對待名詞，爲放任放蕩，學校內沒有校規，軍隊內沒有軍紀，這樣還成爲學校號稱軍隊嗎？我們革命黨，從前自師旅以至兵士，各有各的自由，號令不能統一。袁世凱有北洋統系的軍隊，所以把革命黨打敗了。

外人批評的錯誤 既說中國人不明白自由，又說中國是一片散沙。就理論講，各顆沙都很活動，沒有束縛，便是一片散沙，當然是很自由的。就實際講，中國人所以成一片散沙，因爲人人把自由擴充太大，不能結合成一個堅固團體。外人只知道歐洲人爭自由的價值，和中國人政治思想薄弱，不知道中國歷史，所以有自相矛盾的批評。

三、中國運用自由的方法

（一）自由的眞解

在一個團體中，能殼活動，來往自如，便是自由。

（二）革命口號的目標

提出一個目標，要大家去奮鬥，一定要和人民有切膚之痛，人民才熱心來附和。

（三）中國革命的方法當和外國不同

革命的目的不同，方法也就不同。外國革命是爭自由，中國革命在抵抗外國的壓迫，就要打破各人的自由，結成很堅固的團體。所以要明白民權是一件甚麼事，還要明白民權同類的自由又是一件甚麼事。

（四）比較國民黨和法國的革命口號

法國革命口號，是自由平等博愛三個名詞。可說自由平等博愛，是根據於民權；民權又由這三個名詞才發達，我們革命口號，是民族民權民生。和法國革命口頭比較，民族主義是提倡國家自由，和自由口號相同。民權主義是提倡人民在政治地位平等，和平等口號相同。民生主義是圖四萬萬人都得幸福，和博愛口號相同。

（五）自由的用法

實行民族主義，就是爲國家爭自由。所以自由不可再用到個人上去，要用到國家上去。中國的國家得完全自由，便是强盛的國家。

第三講　民權和平等的關係

一、平等的由來和平等的分析

（一）平等的價值

是法國革命的第二個口號　和我們的民權是相對的。

人民重視平等的情形　和自由看得一樣重大。更有人以爲要能彀自由，必要得到平等。

（二）平等學說的來歷

美國革命時《獨立宣言》，法國革命時《人權宣言》，都是說平等自由，是天賦與人類的特權。學者創造這一說，就是爲推倒帝王是天生的傳說。

（三）分析平等的道理

天生的不平等　天生的萬物，除了水面以外，沒有一物是平的。就一株槐樹說：幾千萬葉片，用顯微鏡試驗，沒有完全相同的。此處和彼處所生，今年和明年所生，也是不同。由此可見天地間所生的東西，總沒有相同的。不同的就不能平等，人類當和自然界是一樣。

人爲的不平等　帝王專制，要保障自己的特殊地位，造出帝王公侯伯子男民等階級，這是人爲的①平等。

假平等　人類本有聖賢才智平庸愚劣各等。照天賦平等一說，想達

---

① 的，後疑缺"不"字。

到人人的平等，必定要把位置高的壓下去，成平頭的平等；至於立足點還是彎曲綫，這是假平等。果然如此，世界便沒有進步，人類便要退化。

真平等　各人的聰明才力，有天賦的不同，造就結果當然不同。我們講民權平等，又要世界有進步，是要人民在政治上的地位平等，這才是真平等。

二、歐洲不平等甚於中國

（一）歐洲不平等的情形

歐洲兩百年前，封建時代所留的產物，現在還沒有完全打破的，就是世襲制度。帝王公侯等世襲貴族，人民則世襲一種職業，不能自由改變。職業不自由，所以失了平等。不但政治階級不平等，人民彼此階級也不平等。人民受這樣痛苦，所以拼命去爭自由，解除職業上的束縛。拼命去爭平等，打破階級專制的不平等。

（二）中國人不懂爭平等的原因

中國兩千多年前，便打破了封建制度。

祇有皇帝是世襲。

專制不像歐洲那樣利害，人民不大感覺不平等的痛苦，便不爲這個道理去奮鬥。

三、歐美革命所爭得的平等

（一）英國革命未成功

至今仍存君主國體。

（二）美國兩次爭平等的戰爭

第一次戰爭，因受英國不平等的待遇，白人爲自己求獨立，求平等，打過八年仗，才脫離英國，訂定憲法，大總統華盛頓是很有功勞的。第二次南北戰爭，在六十年前，是爲黑奴爭自由平等，打過五年仗，大總統林肯是主張放奴最力的，當黑奴初解放時，一時受沒有衣食住的痛苦，無知識者便非常恨林肯，但是世界至今稱頌。

（三）法國爭得假平等

革命反覆幾次，爭了八十年，才算成功。但是人民把平等兩個字走到極端，要無論那一種人都是平等。這樣被自由平等引入歧路，就是假平等。

（四）俄國成功最大

俄國革命，不但是把政治階級打到平等，並且把社會上所有的資本階級，一齊打到平等。

四、平等包括於民權以內

（一）古時共和國沒有達到平等

希臘羅馬都是共和國，早有民權思想。但奴隸制度存在，人民便不平等。

（二）歐美爭得自由平等還要奮鬥

美國法國革命至今有了一百多年，把平等爭得了，因為自由平等沒有歸到正軌，還要為民權奮鬥。

（三）有民權才有平等

平等是在民權上立足的，沒有民權，平等自由還是一種空名詞。所以我們革命，不能殼單說是爭平等，要主張爭民權。因為民權不能殼完全發達，就是爭到平等，不久便要消滅的。

五、平等的流弊

（一）自由平等發生流弊的原因

由於民權沒有充分發達，所以自由平等，還不能殼向正軌道去走。

（二）歐美工黨的情形

工黨初發生的情形　工人沒有知識，雖受資本家壓迫，並不知道自己處於不平等的地位。後來有許多好義之士，宣傳工人和資本家不平等的道理，喚醒他們固結團體，和貴族及資本家抵抗才發生工黨。

抵抗的唯一武器　以消極的不合作為唯一武器，就是罷工。這種影響到全國人民，比普通戰爭，不相上下。

歐美工人走入迷途　工人的團體成功，排斥本行以外的人當領袖，又沒有智識引導自己，於是內部漸漸腐敗，失却大團體的效力。

（三）中國工人錯講平等之一例

《漢口工報》有兩個標題，第一個標題，是我們工人不要穿長衣的領袖。第二個是我們工人奮鬥，只求麵包，不問政治。

（四）中國工人不及歐美

國民的一切幸福，都是以政治爲依歸的。中國工人生產，不敵外國洋貨每年侵占五萬萬元，就是因爲政治不良，政府沒有能力所致。歐美工人雖然排斥非工人做領袖，但目標還是要問政治。如漢口工人那樣口調，太無知識，團體不久必歸消滅。

六、求真平等的方法

（一）天賦的三種人類

發明家，先知先覺；宣傳家，後知後覺；實行家，不行不覺。此三種人互相爲用。

（二）人類兩種思想

一種是利己者，每每不惜害人。此種思想發達，則專用彼之才能，去奪人家利益，漸而積成專制階級。一種是利人者，肯犧牲自己。此種思想發達，則專用彼之才能，謀他人幸福，漸而積成博愛之宗教、慈善之事業。到了宗教之力窮，慈善之事不濟，就不得不以革命圖根本解決。

（三）善用平等

平等好的採用，不好的除去。這樣才可以發達民權，才是善用平等。

（四）以達道德最高目的爲平等的終點

調和三種人使之平等，人人當以服務爲目的，而不以奪取爲目的。聰明才力愈大者，盡能力服千萬人之務。略小者盡能力服千百人之務。無聰明才力者，亦當服一人之務。如此雖天生人之聰明才力有不平等，而人之服務道德心發達，必可使之成爲平等。這就是平等的精義。

第四講　歐美近來所爭得的民權及其進步

一、歐美民權思想和實際

（一）中國人所想像的歐美民權

從書報上得來的民權思想，是很熱烈的。

以為發達民權，像歐美一樣，便算達到目的。

（二）歐美事實上所得的民權比希望還差得多

二、美國實施民權的情形

（一）戰勝君權

美國人民反抗英皇壓迫，打過八年仗，才爭得自由平等。

（二）爭論民權實施分成兩派

獨立戰勝後，民權實施發生問題。主張不同的有兩大派：一派領袖是財政部長哈美爾頓，一派領袖是國務部長遮化臣，都是開國元勳，爭論許久，最後是哈派占了勝利。

（三）兩派的主張

遮派以為人性是善的主張地方分權　相信民權是天賦的。人民有充分的民權，國家事業一定充分進步。有時誤用民權作惡，是遇著障礙，一時出於不得已的舉動。

哈派以為人性不完全是善的主張政府集權　以為性惡的人，拿到國家大權，便把國家利益自私自利，分給同黨，不理會甚麼道德法律正義秩序，弄到結果，不是一國三公，變為暴民政治，就成為無政府。因為大家作惡，沒有人可以監視防止，比皇帝作惡還要利害得多。由是創立聯邦派，主張大權集於中央。普通人只能彀得到有限制的民權。

（四）建設聯邦

聯合的原因　原有十三邦，歸英統轄，當時對英作戰，便聯合一氣，這十三邦人口，不過三百萬，其中有三分之一的人口，幫助英國在內部搗亂。雖戰勝後，著名的保皇黨，都逃到聖羅倫士河以北，成立了加拿大殖民地。然而各邦還是不相統屬，國力很弱，所以主張各邦聯合起來，建設一個大國家。

　　分治的原因　因爲各邦由分而合，所以讓其自定憲法，分邦自治。

　　富强的原因　不是由於各邦之獨立自治，還是由於聯合後進化所成的統一國家。

（五）聯邦的憲法

這是世界有成文憲法的第一個國家。政府組織，是立法司法行政三權分立。政權分配屬中央政府的，在憲法內明白規定，在規定外的，便屬地方政府。如幣制，外交，國防上海陸軍訓練，和民團調遣，都歸中央政府辦理。

（六）爭得的民權

只限於選舉議員，和一部分的官吏。至於選舉總統和上議院議員，還是間接選舉，後民權逐漸發達，總統和上議院議員，以及與地方人民有直接利害的官吏，才由人民直接選舉，這叫做普通選舉權，在一二十年前，女子還没有普通選舉權。

（七）中國不當采聯邦制度

　　聯省主張的謬誤　中國各省，在歷史上都是統一的。而且統一之時就是治，不統一之時就是亂。如果學美國聯邦制度，變爲聯省，先定省憲，再成立國憲，就是將本來統一的中國，變成二十幾個獨立的單位。這種見解和思想，眞是謬誤到極點。

　　武人託辭聯省實行割據　中國眼前不統一，是暫時的亂象，是由於武人割據。像唐繼堯據雲南，趙恒惕據湖南，陸榮廷據廣西，陳炯明據廣東，這種割據式的聯省，是利個人的；不是人民自治的聯省，有利中國的。

三、法國初次試驗民權的情形

（一）暴民專制

貴族在本國不能立足，都逃往外國。

有人說民衆沒有知識，沒有能力，便是反革命。

真革命黨因一言和大衆意見不對，便要受死刑。

（二）民權發生障礙

1. 贊成民權者生出阻力。

看到那樣暴虐行爲心灰意冷，便反對民權。

所謂穩健派的人，主張國家集權，民權要有一定限制。

2. 主張充分民權者，生出大障礙。

人民不要領袖，殺死許多有知識有本事的人。

暴徒觀察事物不明瞭又易被人利用　常有一件事發生，人民都不知道是非。只要有人鼓動，便一致盲從附和。

四、歐洲各小國和英國的民權發達情形

（一）民權的趨勢

民權的風潮，雖遇君權反抗，不能消滅。雖有民權自身的障礙，不能阻止發達。所以許多專制國家，都順應潮流，看風行事。

（二）歐洲各小國的民權風潮

丹麥、荷蘭、葡萄牙、西班牙等國，於不知不覺中，發生民權風潮。

（三）英國調和民權

貴族對人民退讓

民權本發源於英國，自復辟後，貴族執政，要維持政體和現狀，不和民權反抗。一千八百三十二年以後，准普通平民有選舉權。歐戰後，女子也有選舉權，現在容納工黨組職內閣。

本部對屬地退讓　英國初對愛爾蘭，本用武力壓迫。後見民權風潮擴大，便准其獨立。埃及要求履行助戰時的前約，亦許其獨立。又許印度擴充選舉。

五、德國俾士麥防止民權的情形

（一）德國是最新民權思想的發源地

十九世紀後半，德法戰爭後，世界上不但有民權戰爭，並且發生經濟戰爭，就是工人和富人的戰爭。工人團體在德國發達最早，所以社會主義也發達最先。社會主義和民權主義，是相連帶的。世界上大社會主義家叫馬克思，就是德國人。

（二）當時不發生經濟革命的原因

因為德國發生社會主義的時候，正是大政治家俾士麥當權。

（三）俾士麥戰勝民眾

1. 功業壓倒反抗政府者的力量

有造成聯邦的功業　德國原是二十幾個小邦，各自為政。自俾士麥執政，拿普魯士做基礎，整軍經武，刷新內政，聯合其餘二十多邦，成一個大德意志，把弱國變為強國。

有執歐洲牛耳的勢力　聯邦成立後，一千八百六十六年，打敗想爭雄歐洲的奧皇。一千八百七十年，打破法皇拿破侖第三，占領巴黎，割據阿爾賽和羅倫兩處地方。從此歐洲各國的事，都惟德國馬首是瞻。

2. 用國家社會主義打消經濟革命

採用這政策的原因　知道德國民智很開通，工人團體很堅固，不是政治力壓迫，可以打消經濟革命的。

採用這政策的旨趣　是用先事防止的方法，不是當衝打消的方法，就是在無形中消滅人民要爭的問題，社會自然不發生革命。

所以有打消經濟革命的效力　英法基本實業，歸富人所有，社會上便生出貧富不均的大毛病。俾士麥不許德國有這樣毛病，把全國鐵路收歸國有，把基本實業由國家經營。對於工人方面，作工時間，養老費，保險金，都一一規定。全國工人，都心滿意足。從前德國每年有幾十萬工人到外國做工。到了他的經濟政策成功，不但沒有工人出外做工，且有許多外國工人到德國做工。

六、歐美民權已往的障礙和現在的進步

（一）民權障礙的經過

1. 哈派主張政府集權占了勝利，是民權的第一次障礙。
2. 法國變成暴民政治，是民權的第二次障礙。
3. 俾士麥用最巧手段防止民權，是民權第三次障礙。

（二）民權發達時普通狀態

民權經過障礙，還是自然發達。不過在發達的時候，流弊還是免不了的。

（三）女子選舉權

七八年前，英國女子才爭成功，後來美國也爭成功。這是由於歐戰時候，男子都去當兵，國內許多事業，像兵工廠的職員散工，電車的司機賣票，和後方勤務，都靠女子補充。因此反對女子有選舉權的人，不能再以女子不能做男子事業爲口實。

（四）四種民權

世界各國要有充分民權，一定要行這四種民權。實行下去，能不能完全解決民權問題，在今日還是問題。

1. 選舉權　是美國革命後人民所得的頭一個民權。
2. 創制權和複決權　是近來瑞士所行的。大多數人民對於一種法律，以爲很方便的，便可以創制，這便是創制權。以爲很不方便的，便可以修改，這便是複決權。
3. 罷官權　在美國西北幾州，除上述三權外，又得到罷官權，已經行得很有成績。

七、民權不能以代議制爲止境

（一）近百多年所行的代議政體

1. 制度　人民被選議員後，在議會中可以管國事。凡是國家大事，不經議會通過，不能執行，這叫做代議政體。歐美先進國實行民權一百多年，只得到一種代議政體。
2. 代議制不能充分發達民權　歐美人民初爭民權，以爲得到代議政體，便算無上民權。

3. 流弊　各國實行代議政體，都免不了流弊。傳到中國，流弊更不堪問。像一般豬仔議員，有錢就賣身。讓他們亂作亂為，國家前途是很危險的。

（二）俄國新發生的人民獨裁政體

比代議政體改良得多。

（三）三民主義的民權是全民政治

拿歐美已往的歷史做材料，不是要步後塵；是用我們的民權主義，把中國改造成一個全民政治的國家。

第五講　研究民權根本辦法

一、義和團經過為中國對外的心理大變動

（一）義和團經過

1. 發生義和團的始意　要排歐美勢力。
2. 義和團激戰情形　英國提督帶了三千聯軍，想從天津到北平，經過楊村，被義和團團團圍住，雖用機關槍掃射，死傷數萬人，前仆後繼。聯軍另請大兵幫助，才到北平，解公使館的圍。西摩有幾句批評說，照義和團當時勇氣，如果用新式武器，聯軍一定要全軍覆沒。
3. 表示民族特性　經過那次血戰，外人才知道中國還有民族思想，這種民族是不可消滅的。
4. 失敗的原因　專用大刀，抵抗聯軍的機關槍和大炮，就是當時中國人對於歐美新文化之反動，對於物質進步之抵抗。不信歐美文化，比中國進步，並且想表示中國文化，好過歐美，甚至像歐美洋槍大炮那些精利武器，不信比中國大刀還要利害。所以當時把仿效外國的鐵路和電報都毀了。
5. 證明守舊時代中國人的心理　反對外國，極端信仰中國比外國好。義和團所表現的心理，是中國人最後自信思想和自信能力，同歐美

新文化相抵抗。雖然和外國早通了商，知道外國好處很多。但是全國人的心理，總不信歐美有真文明。

（二）中國對外的心理大變動

1. 原因　由義和團失敗後，知道弓箭刀戟，不能彀和洋槍大炮相抵抗。此外交通上的鐵路電報，人類日常生活的機器，和農工商所用的方法，也沒有不比中國進步的。所以中國一般有思想的人，以爲中國強盛，不但是物質科學要學外國，就是一切政治社會上的事，都要學外國。

2. 好處　得到很多的外國思想。就是外人才想到，還沒做的，也想拿來實行。辛亥革命，成立民主政體，目的就是取法乎上。

3. 壞處　中國人自信力完全失去，反過來極端崇拜外國，這心理一天高過一天。把中國舊東西都不要，只要聽說外國有的東西，便要去學，便要拿來實行。對於民權思想也有這種流弊，究竟民權是甚麼東西，也不去根本研究。

二、政治哲學和物質文明的區別

（一）進步不同

1. 外國物質文明的進步　以武器進步最快，戰鬪艦尤甚，現在每艦價值要值五千萬元至一萬萬元，槍炮也日日進步，我們所用的槍，在外國已成廢物，其他機器物品，也是天天改良，時時發明。

2. 政治哲學進步很慢

理論　二千年前柏拉圖所著的共和政體，至今還有研究價值。不像兵船操典，過了十年，便成廢物。

實施的民權辦法　美國現在民權，和一百多年前革命時候，沒有大分別，法國還不及革命時候充分哩。

（二）運用不同

1. 物質文明可學歐美　有形的機器，本物理而成的。歐美的物理之學，近百數十年發明甚多。我們把歐美機器只是學到了，隨時隨地，可以使用。譬如電燈，在中國無論甚麼房屋都可裝設使用。所以管理物的方法，可以學歐美。

2. 改革政治不能完全學歐美　無形的機器之政治，本心理而成。歐美心理之學，近二三十年始進步。政治道理，至今沒有想通。一切辦法，在根本上沒有解決。並且歐美的風土人情，和中國不同的很多。如果像學外國機器一樣，把外國管理社會的政治，硬搬進來，便是大錯。所以管理人的方法，不能完全學歐美。

三、解決民權的根本辦法

（一）歐美根本辦法未解決的原因

民權發達，不是從學理上發明出來的，是一般人民順其自然做出來的。因爲總是順其自然去做，預先沒有根本辦法，前後沒有想通。所以歐美實行民權，在中途便遭許多挫折，遇許多障礙。

（二）中國實施應注意的根本問題

1. 不要盲從附和　照自己的社會的情形，迎合世界潮流去做，社會才可改良，國家才可進步。

2. 要借鑒歐美　把已往的民權經驗，和新學理，研究清楚，拿來參考，免費冤枉工夫，也不致蹈歐美覆轍。

（三）歐美最新對於政治問題的發明

1. 美國學者的主張　最怕的是得一個萬能政府，人民沒有方法節制。最好的是得一個萬能政府，完全歸人民使用，爲人民謀幸福。但這位學者所欲所怕，都是萬能政府。俾斯麥當權，確是萬能政府，然而他是反對民權的，各國主張民權的政府，沒有那一個可以叫做萬能政府。

2. 瑞士學者的主張　各國實行民權後，人民總是防範政府，政府能力便行退化。要解決這個問題，人民對於政府態度，就應該改變。但怎樣改變，至今沒想到辦法。

（四）中國人民對政府的態度

1. 從前希望有負責任的良政府　最希望的是堯舜禹湯文武那些皇帝，因爲有兩種長處：一本領良好，能爲人民謀幸福。二有仁慈的良好道德，視民如傷，愛民如子。

2. 革命後持反抗政府的態度　人民得了民權思想，勿論政府如何良善，皆不滿意。以爲堯舜禹湯文武是專制皇帝，雖美不足稱，長持這種態度，政治是難望進步的。

（五）權與能分開　這個道理，從前歐美學者都沒有發明過的。

四、全民各盡的責任和領導者的責任

（一）全民各盡的責任

先知先覺最少數，比如發起人。後知後覺次少數，比如贊成人，不知不覺是實行者，占最大部分。世界上的事業，先要發起人，再要贊成人，然後要實行者。改革政治的責任，應該人人有分的，所以這三種人缺一不可。

（二）領導者的責任

民權是人造成的，先知先覺和後知後覺的人，應該造成民權，交到人民。不要等人民來爭，才交到他們。並且要指導他們，引上軌道去走。日本人說如果高麗人都曉得爭民權，一定把政權交還他們。我們革命黨對全國人民，不當如是。

五、就中國歷史證明權能分開的主張

（一）古時奉有能的人做皇帝

堯舜以前的皇帝，都是公天下，替大家謀幸福。譬如人同獸爭時代，體魄強壯者能保護人，便奉他做皇帝。燧人氏鑽木取火，教火食，就是廚子做皇帝。神農嘗百草，就是醫生做皇帝。軒轅氏教民做衣服，就是裁縫做皇帝。有巢氏做宮室，就是木匠做皇帝。

（二）人民反抗政府的原因

堯舜以後的皇帝，漸漸變成專制，都要家天下，不許人民擁戴有本領的人做皇帝。幾千年來皇帝，多是無能力的人。現在雖成立共和政體，人民心目中還怕有皇帝一樣的政府來專制，所以生出排斥政府的態度，這是由從前崇拜皇帝的心理反動發生出來的。崇拜和排斥兩種心理，都是不對。

（三）中國一般人對皇帝的心理

都以為有大本領的人，便可做皇帝。西山農夫，見田邊電綫能通消息，便說能做這東西的外國人，可以做中國的皇帝，這是對丁韙良的談話。

（四）以阿斗用諸葛亮為比喻

阿斗是很庸愚的，把國家政事都付託於諸葛亮。諸葛亮很有能，西蜀就能成立很好的政府。

（五）改變人民對政府的態度

四萬萬人大多數是不知不覺，好像四萬萬個阿斗。政府好，便當作諸葛亮，把國家全權給他。不好，我們四萬萬人，便實行皇帝職權，罷免他。這樣分開權與能，人民防範政府的態度，才可改變，政府才可以發展。

六、就現在事實證明權能分開的主張

（一）事證

1. 把政府的人當作看門巡捕　軍閥官僚住上海租界，請印度巡捕在門口保護，只在物資方面給些錢。

2. 把政府的人當作工廠總辦　公司開辦工廠，請一位有本領的人做總辦，管理工廠。總辦是專門家，就是有能的人，股東就是有權的人。工廠的事，只有總辦能彀講話，股果不過監督總辦而已。有了這種態度，股東便能彀利用總辦，用很少的成本，出很多的貨物。

3. 把政府的人當作汽車夫　國家就是一輛大汽車。政府中官吏，就是大汽車夫。汽車夫是有能的專門家，有權的主人，要靠他駕駛汽車。民國大事也是一樣。

（二）信賴有能力的政府

國家政治，只要人民有權。管理政府的人，便付之有能的專門家，不要看作很尊貴的很榮耀的總統總長。他們是有本領，忠心爲國家做事，應該付以大權，不限制他們的行動，然後國家才可進步，進步才快。有一個故事，由法租界赴虹口，限汽車夫十五分鐘趕到。他不走直路，繞一條彎路走。當時不明白這個道理，只因爲汽車夫是有經驗的，聽他自由駛去。後來問他，才知道直路擁擠，繞這條彎路，加足速度，才準能如限趕到。人民對政府，也應該取這樣態度。

第六講　權和能分開的原理及其組織

一、政府是機器

（一）行政機關的意義

歐美政治家同法律學者，都說政府是機器，法律是機器中的工具。日人把政治組織譯作機關，機關和機器兩個名詞，是一樣的意思。所以行政機關，可以說是行政機器。

（二）行政機器和製造機器的區別

1. 質的區別　製造機器，是用物質做成的，靠物的能力去發動。行政機器，是用人組織成的，靠人的能力去發動。

2. 進步難易的區別　製造機器，做成後易於試驗。試驗後，不好的易於放棄，不備的易於改良，所以進步很慢。行政機器，當中活動的人，固然可以隨時改換，但是全體組織，因爲習慣太久，不易根本改造。所以行政機器成立後，不易試驗，試驗後亦不易改良。若要改良，除非革命不可，進步是很慢的。

二、由機器進步推論民權辦法

（一）機器進步

1. 運用兩個方向的動力　機器發動，由一端接受蒸汽，把活塞推過去。更在他端接受蒸汽，把活塞推回來。來往不息，機器便運動不已。

2. 從前只有一個動力　最初發明時候，每用一架機器，要一個小孩子幫助。等活塞前進後，便用手拉回活塞，不能來回自如。

3. 只能用小力的機器　一個機器力量最大的不過幾匹馬力。如果馬力太大，便沒方法管理。所以試驗機器的人，常常打死自己。（八個強壯的人力合攏起來抵一匹馬力）

4. 管理機器的新發明　一個又聰明又懶惰的小孩子，想了一個方法，用一條繩和一條棍，綁在機器上面，令活塞推過去後，自動的拉回來。這個發明，傳到工廠全體，都不必動手去拉。工程師便照這方法，逐漸改良，做成了今日來回自如的機器。

5. 新發明後的功效　機器構造，天天進步改良，雖有十萬匹或二十萬匹馬力的機器，只用一個人，便可從容管理，沒有一點危險。

6. 就機器證明權能效用各別　機器本體，就是有能力的東西，譬如十萬匹馬力的機器，供給相當的煤和水，便可發生相當能力。管理機器的工程師，就是有權的人。無論機器有多少馬力，只要工程師一動手，要開便開，要停便停。

（二）民權辦法的推論

1. 應求管理方法不當妨礙政府能力　君權時代，以皇帝為動力，政府力量越大，越顯得皇帝尊嚴。民權時代，以人民為動力。因為從前被政府壓迫太過，所受痛苦太多，便不願意政府能力太大。其實民權管理方法完全，就是政府有大力，只要把自己意見在國民大會發表，對政府加以攻擊，便可推翻；加以頌揚，便可鞏固，人民不想方法改良政治機器，總是怕政府能力太大，想方法防止，弄得政治不能發達。所以人民管理政府，要像工程師管理機器一樣。

2. 民權機器要完全　只有一個選舉權，選舉出來的人，究竟賢不肖，沒有別的權管理，就是像機器只有一個發動力，只能彀把民權推出去，不能彀拉回來。這是由於民權機器不完全。照世界潮流說，民權思想天天進步，管理民權政治的機器，這是絲毫沒有進步，所以歐美至今沒有根本解決辦法。

三、充分民權的實施法

（一）藉證於鐵路建築

日本初學歐美從前的做法，鐵軌很窄，車很小。中國建築鐵路在日本之後，所做的車和軌，比日本寬大。因為學的是歐美新發明，所以好過日本。

（二）歐美民權的現狀

1. 對國家社會的現狀不滿足　法美現在還要革命，我們學到歐美，百十年後，免不了再起革命。那麼此次革命，豈不是徒勞無功。

2. 人民和政府衝突　因為民權是新力量，政府是舊機器。我們要解決民權問題，要另造一架新機器。人民要有權，政府要有能。

（三）不要失掉自信力

中國文化，在世界是先進國家。從前政治發達，沒有借過外國材料，歐美文明，只在物質方面，不在政治方面。我們要想一個新辦法，解決民權問題，不是不可能的事。

（四）根據製造機器的原理

1. 機器本身的力量　譬如十萬匹馬力的輪船機器，能發生十萬匹馬力運動輪船，便是機器本身的力量。好比政府的本身力量一樣。

2. 管理機器的力量　輪船或前進，或後退，或向左右轉，或停止，或快，或慢，工程師要怎樣便怎麼樣，便是管理輪船的力量。好比管理政府的力量一樣。

3. 機器力量的效用　輪船機器如果發生馬力很小，速度當然很慢，運費當然很少，收利當然很微。好比建設沒有力的政府，做的事業，當然很小，成就的功效，當然很微。

4. 管理方法周密機器力量大便無妨　從前機器構造不完全，管理方法也不周密，所以不敢用大力量的機器；現在機器很進步，不但是有機器知識的人可來管理，就是沒有知識的小孩子，也可以管理。譬如電是很危險的，電光發明很久，不敢做燈用。現在用電紐開閉，甚麼人都可用手來轉他。又如飛機近來用作交通機器，普通人便敢去坐。人民對於政府的態度，好比工程師對於機器一樣。使用民權，先造好這種機器，想通使用的方法，便沒有危險。

（五）根據政治意義

集合衆人之事的大力量叫政權，就是民權，這是管理政府的力量。集合管理衆人之事的大力量，叫治權，就是政府權，這是政府本身的力量。

（六）中國不及美國的原因

天然富源，駕乎美國之上，然而不及美國，就是只有天然的資格，缺少人爲的工夫。

四、完全的直接民權

（一）最新發明的有四個權①

1. 管理官吏有兩個權　除了選舉權外，就是罷免權。人民有了這兩個權，對於一切官吏，一面可以放出去，一面可以調回來，來去都從人民自由。

2. 管理法律有兩個權　大家看到一種法律，以爲有利於人民，便自己決定，交政府執行。以爲不利於人民，便自己修改，交政府執行新法，廢止舊法。

（二）直接管理

代議士管理政府，是間接民權。有了四個民權，才算是充分民權。能彀實行，才算是澈底的直接民權，才叫做全民政治。

（三）直接管理的用法

不是要管理的人，自己都來做工夫。不要自己來做工夫的機器，才叫做靈便機器。譬如兵船裝了十二門大炮，不要許多炮手瞄準放炮，只要指揮官就測量機器的報告，按距離遠近，撥動機器。要用那一門炮打

---

① 詳細情形參考廖仲愷君所譯《全民政治》，民智書局 1925 年。——原注

敵人，或者要十二門炮同時瞄準放炮，都可命中。就是要政府動作，隨時受人民指揮。所以四個民權，就是四個放水機或是四個電鈕。

（四）各國實施情形

選舉權是各國最通行的民權。加上創制權複決權，瑞士已經行過了。再加上罷免權，美國四分之一的省份已經行過了。實行這四個民權，有了很周密的辦法，得了很好的成績，實在是經驗中的事實，不是假設的理想。至於試驗這方法，只有小國。歐洲各先進強盛國，還沒採用，這是時間的問題。

五、政府的完全機關

（一）採用歐美已行的三個權

就是立法權司法權行政權。美國獨立後，創三權分立，得了很好的成績。各國仿行，有了一百多年。

（二）加入中國固有的二個權

一個是監察權，就是彈劾權。外國放在立法機關中，不能殼獨立成一種治權。像中國滿清的御史，唐朝諫議大夫，是很好的監察制度。一個是考試權，更是中國幾千年的特色。英國舉行文官考試，沒有達到中國考試權之獨立的精神。

（三）五權分立

外國所行立法司法行政三權分立，還是不大完全，加入中國考試監察，造成一個五權分立的政府，才可以做到民有民治民享的國家。

六、運用政權和治權的理由

（一）平衡人民和政府的力量

人民是工程師，政府是機器，一方面要政府機器是萬能的，一方面要人民的工程師，也有大力量，可以管理萬能的機器。用人民的四個政權，管理政府的五個治權，彼此的力量，才可以平衡。

（二）分晰政治的統屬和作用

五權是屬政府的權。就它的作用說，就是機器權。要這個機器所做的工夫，很有成績，便要它分成五個做工的門徑，才可以發生無限威力，才是萬能政府。四個民權可以說是機器上的四個節制。人民有這樣多的節制，便不怕政府萬能，沒有力量管理。

（三）配置

用圖表來說明

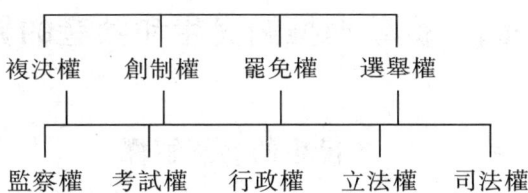

民生主義

第一講　從學理推論民生和共產的異同

一、民生的名詞解釋

（一）定義

民生就是人民的生活，社會的生存，國民的生計，群眾的生命。

（二）民生主義和社會主義、共產主義比較

1. 命名的起因相同　民生主義就是社會主義，又名共產主義，即是大同主義，因為都是應付近百年來所發生的社會問題。

2. 包含的意義不同

（1）就名詞外表說　始意就在正本清源，把這個問題的真性質表明清楚，一般人聽到這個名詞，便可了解。我們提倡民生主義，有二十多年，當初詳細研究，覺得民生兩個字，包括社會問題，較用社會或共產等名詞，適當切實而且明瞭。歐戰發生後，事理更明。馬克思的宗徒，亦有發明相同之點。

（2）就不學外國直接講社會主義說

　　因無解決方法　社會主義之中，有叫做共產主義的。社會主義在中國很流行，所以共產主義也很流行。歐美社會主義發生了幾十年，還沒有找出一個解決方法。中國學者拿社會主義和共產主義來研究，想尋一個解決方法，也是很難的。

　　因名稱混亂　共產主義和社會主義，辦法雖然不同，但是兩個名詞，外國是一樣並稱的。現在中國有把社會主義同社會學兩個名詞作一樣看待，實在是混亂。社會學的範圍，是研究社會的情狀和進化，以及群衆結合的現象。社會主義的範圍，是研究社會經濟和人民生計問題。這種混亂，外國人也是一樣有的。社會名詞英文是梳西乙地，社會學梳西柯羅之，社會主義是梳西利甚。這三個字頭一半的英文串字，都是相同，許多人便生出混亂，其實英文的梳西利甚，從希臘文變出來的，原意作同志解。

二、社會問題

(一) 發生社會問題的來歷

1. 機器發明　近幾十年來，各國物質文明進步，工業發達，人類的生產力忽然增加。著實言之，就是由於發明了機器。

2. 不用人工　因爲有了機器，就用天然的汽力、火力、水力、電力，代替人的氣力。用金屬的銅鐵，代替人的筋骨。

3. 生產力特別大　沒有機器以前，一個人的生產力，就令本領最大，體魄最強，並且最勤勞，不過是大過普通人十倍。用機器做工，就令一個很懶惰且尋常人管理，生產力也可以駕乎一個人幾百倍，或者是千倍。

4. 演成社會現狀　機器占了人工，有機器的人，把無機器的人錢都賺去了；便有許多人一時失業，没有工做，没有飯吃。這種大變動，外國人叫做實業革命。工人受了這樣痛苦，要求解決，便發生社會問題。

(二) 歐美不能解決社會問題的原因

1. 學說紛歧　研究社會主義學理的學者千百家，所出書籍千百種，聚訟紛紛。外國俗語說社會主義有五十七種，不知那一種的確。由此可見普通人對社會主義，無所適從的心理了。

2. 黨派複雜　歐戰前，各國只有贊成社會主義和反對的兩種人。反對的大多數是資本家。歐戰發生後，反對的人都降服了。從前不理社會主義的人，也跟上路來走。不過贊成的人，沒有想到好辦法，社會黨內部便發生派別紛爭，最著名的是共產黨、國家社會黨、民主社會黨。不但是德國社會黨反對俄國社會黨，或者俄國社會黨反對英美社會黨，就是一國社會黨內，也演出種種紛爭。比從前反對派和贊成派的紛爭，更要利害，所以到現在還找不出一個好方法來解決。

三、社會主義的學說變遷

（一）社會主義要解決的問題是民生

各國社會主義主張不同，解決問題的方法也不同。其中最大問題，就是社會經濟問題——一般人的生活問題。工人不能毅生存，便發生社會問題。專就一部分道理講，社會問題便是民生問題，所以民生主義可以說是社會主義的本題。

（二）馬克思以前的學說

1. 學說的來源　人類由太古經過漁獵遊牧農業各時代，都是靠人工生活。進至工商時代，遇事都用機器，人工沒有用處。一般道德家見人類受了痛苦，不易得衣食，便發明社會主義的學說，來解決這個問題。除了在經濟上已經成功自私自利不顧群眾生活的資本家外，多數有良心有道德的人，都表同情，便組織社會黨，團體發達，便擴充到各國。

2. 學說的缺點

（1）陳義甚高　極有道德和悲天憫人的人，見人類痛苦，很不忍心，沒有力量改良，只好從理想上提社會改良，成一個安樂國家，所以叫做烏托邦派。

（2）無辦法　以理想上的希望，來消滅人類的痛苦。至於怎樣消滅的具體方法，毫沒想到。

（三）馬克思的學說

1. 研究的主旨　以為單靠社會主義的理想研究，就是全世界人都贊成，也是做不成功。一定要憑事實，用科學方法研究。

2. 研究的工作　他亡命在英國時候，有一所圖書館，藏書幾百萬種。他天天去研究，用了二三十年功，把關於社會主義的古今書籍，都搜集起來，過細參考比較，求出結果，所以叫做科學派。

3. 新發明的要點　他說世界一切在歷史，集中於物質。物質有變動，世界也隨之變動。並說人類行為，都是由物質境遇所決定，故人類文明史，可說是隨物質的境遇變遷史。

4. 深切的批評　他憑經濟原理，作透澈的研究後，便批評從前主張社會主義的人，不過是有個人的道德心和群眾的感情作用。其實經濟問題，不是道德心和感情作用可以解決的，必須把社會情狀和進化研究清楚，才可解決。

5. 學說的影響　自他發明物質是歷史的重心，有人比之牛頓發明天文學之重心一樣。許多反對社會主義的人，都來贊成。過細研究的人，更是信仰，好比盧梭發明民權一樣。

6. 共產黨大綱　是馬克思門徒於一千八百四十年在比利時開國際共產黨大會定的。現在各國馬克思派，許多還是奉行。

（四）威廉修正的學說

1. 修正的動機

（1）由於俄國實施改變了主義　俄國革命所行的辦法，是一種戰時政策，和歐戰時英德美把全國鐵路、輪船、大製造廠，都收歸國有是一樣；並不是馬克思主義。因為俄國革命黨信仰馬克思主義，欲見之實行，大家便說是馬克思主義。

（2）由於同門紛爭　德法俄的社會黨，本來都服從馬克思主義，成了國際派。歐戰後試驗有些不對，大家便爭論起來，互相詆毀。攻擊的人，總是說被攻擊的人，不服從馬克思主義。美人威廉見同門紛爭，一定是學說還有不充分的地方。

（3）修正的主張　他說古今人類，都是求解決自己的生存問題，人類求解決生存問題，才是社會進化的定律。馬克思唯物主義，沒有發明社會進化的定律，不是歷史的重心，所以他主張社會問題是歷史的重心，社會問題又以生存為重心。這種發明，歸結到歷史的重心是民生，不是物質。由此便知道社會主義和民生主義的範圍，是甚麼關係。

四、批評馬克思的學說

（一）階級戰爭問題

1. 馬克思的觀察　階級戰爭，不是實業革命後所有的，過去的歷史都是。古時有主人和奴的戰爭，有地主和農奴的戰爭，有貴族和平民的戰爭。簡而言之，有種種壓迫者和被壓迫者的戰爭。到了社會革命成功，這兩個互相戰爭的階級，才可消滅。由此知馬克思的主張，定要有階級戰爭，社會才有進化。這是以階級戰爭爲因，社會進化爲果。

2. 近來社會進化的事實　把社會經濟事業，用改良方法進化有四種。

（1）社會與工業改良　用政府的力量，保護工人的教育，保護工人的衛生，改良工廠和機器。使工人有做工的大能力，有大效率的生產，並且極願意做工。這方法德國施行最早，最有成效。英美仿行，也是一樣。

（2）運輸與交通收歸國有　把一切交通的大事業，都由政府辦理。使運輸迅速，交通便利，原料和出品，不致中途停滯，或受損失。若由私人辦理，不是財力不足，就是壟斷，便沒有政府辦理的效果。這也是德國明白最早。美國在歐戰時候，也是這樣辦理。

（3）直接徵稅　用屢進稅率，徵資本家所得稅和遺產稅。不像舊稅法只是錢糧稅和關稅兩種，使國家財源，取之於一般貧民。並且可增加收入，用以改良種種社會事業。德國行這種稅，歲入占全國收入百分之六十至八十。英國到歐戰時候，也到百分之五十八。美國十年前才行；一千九百一十八年，僅所得稅收入，約美金四十萬萬。

（4）分配之社會化　貨物分配，由社會組織團體分配，或是由政府分配，可以省去商人所賺的傭錢，免去消耗者所受的損失。英國新發明的消費合作社，是由社會組織團體分配的。歐美各國最新的市政府，供給水電煤汽，以及麵包牛奶牛油等食物，是用政府分配的。

3. 經濟利益的衝突　講物質自然注重生產。因爲用工人和機器，得近世的大生產。所有利益，資本家獨得大分，工人分得少分。所以，工人和資本家，常相衝突。如果資本家改良工人的生活，增進工人的生產力，工人有了大生產力，便爲資本家多生產。這是利益相調和，不是相衝突。就令在一個工業極發達的國家，全國的經濟利益，不相調和，發生衝突，也不是一個工人和一個資本家的戰爭。社會大多數人要求生存，免去經濟上的戰爭，用種種改良方法，做大多數經濟利益相調和的事業。事業發達，社會便有進化。

4. 社會進化的原因　由於社會大多數的經濟利益相調和，爲大多數謀利益，社會才有進步，所以要調和的原因，是爲要解決人類的生存問題。古今人類不間斷的努力求生存，社會才有不停止的進化。

5. 不妥協的問題　馬克思門徒第一次所開的國際共產黨大會，普法戰爭時被消滅了，後來又成立第二次國際共產黨大會。第一次主張和第二次不同，就是要本階級戰爭原理，用革命手段，解決社會問題。主張不與資本家調和，所謂不妥協。至於黨員加入國會活動，是共產黨所不許可的，以爲這不是科學的方法。但是後來德國共產黨通同到國會活動，英國工黨又在君主立憲政府下組織內閣。

6. 結論　馬克思只見到社會進化的毛病，沒有見到社會進化的原理。認定階級戰爭，是社會進化的原因，便是倒果爲因。所以他的學說與社會事實不合，有時並且相反。

（二）盈餘價值問題

1. 馬克思的判斷　資本家的盈餘價值，都是從工人勞動中剝奪得來的。

2. 社會情形

（1）不專是工人勞動結果　凡是社會上各種有用有能力的分子，無論直接間接，在生產方面或是消費方面，都有多少貢獻。

（2）社會全體不專是工人　在工業極發達的美國，工人數目也不過是二千多萬，只占全國人口五分之一。其他工業不發達的國家，像我們中國做工的人，更是很少。

(三）資本消滅問題

1. 馬克思的判斷　資本發達的時候，大資本家一定消滅小資本家。到了資本發達的極點，自己更行破裂，成一個資本國家。那時候，世界上只有極富極窮的兩種人。再由社會主義，順著自然去解決，成一個自由社會式的國家。

2. 實際經過狀況　從他至今有了七十多年，各國資本家不但不消滅，並且更加發達。

（四）資本家盈餘必具的條件

1. 馬克思的判斷　必具三個條件：一減少工人價錢，二延長工作時間，三抬高出品價格。

2. 反證　美國有一個福特汽車廠，增加工錢，減少工作時間，減低出品價格；然而這車廠因此便發大財。

（五）減少工作時間問題

1. 不須必用革命手段　英國工廠罷工，要求作工八點鐘。馬克思以爲資本家必不許可，必須用革命手段，才可做得到；然而這種要求，居然成爲事實，並且定爲英國一種通行法律。

2. 生產反可加多　馬克思當時以爲工作減到八點鐘，生產力一定要減少。然而俾士麥以鐵血手腕，由國家規定作工時間爲八點鐘，生產力反加多，駕乎各國之上。這個理由，就是工人的精神體魄不至疲倦，管理機器便周到。因此，機器少損壞，不要停工修理，生產自然加多。

（六）消滅商人問題

1. 馬克思的判斷　資本家和商人都是剝奪工人的利益，應該消滅的。不過要資本家先消滅，商人才能消滅。

2. 反證　近來工人聯合組織一種合作社，買賣都是自己需要的貨物，不向商人間接買來，得到盈利，依雇主消費的比例分息。英國許多銀行和生產的工廠，照這樣辦理，消滅了許多商店。因此，國內大商家，都有變成生產家的趨勢。像美國三達火油公司，在中國只是一家賣油的商店，在美國便是製造火油的生產家。

（七）發展工業靠生產的資本的問題

1. 馬克思的學理　世界上大工業要靠生產，生產又要靠資本家。這意思就是有了好生產和大資本家，工業便可發展，便可賺錢。

2. 反證　中國漢冶萍公司有鋼鐵的好出產，又有大資本。因爲市面需要建築鋼槍鋼炮和工具鋼，公司沒有好煉鋼廠，只出生鐵。市面需要的，公司沒有；公司所出的，市面不需要；於是運到外國去賣。美國消納這便宜鐵，製造好鋼來賺錢，所以這公司只在歐戰時候很賺錢，現在是虧本。

3. 結論　實業的中心，在消費的社會，不是專靠生產的資本。所以，近來世界上的大工業，都是照消費者來製造物品。

第二講　從辦法推論民生和共產的異同

一、歐美解決經濟問題的方法

（一）兩派主張不同

激烈派　用革命手段，解決一切政治經濟問題，即馬克思派的辦法。
和平派　用政治運動和妥協手段來解決，即第一講所指的四種方法。

（二）由俄國試驗得的教訓

1. 俄國試驗情形　俄國革命，只解決政治問題，沒有解決經濟問題。近日改行一種新經濟政策，還是在試驗之中。

2. 馬克思黨徒的辯護　俄國工商業沒有發達到英美那樣程度，經濟組織沒有成熟，所以不能行馬克思的辦法。

3. 反對方面的意見　英美資本發達的國家，不能用馬克思方法，立時解決。就使用政治運動去解決，也不是一日可做得到的。

4. 結論　純用革命手段，不能完全解決經濟問題。

（三）因資本家專制而激成的情形

資本家保守自己的私利，勿論激烈或和平辦法，都被反對。主張和平办法的人，受了种种激刺，渐渐变更素来的主张，赞成激烈办法，欧美社会党将来为势所迫，或者都采用马克思办法，解决经济问题，也未可定。

二、经济潮流影响于土地问题

（一）资本发达的程序

最初是由地主，后由地主到商人，再由商人到资本家。

（二）土地随经济潮流变动的情形

1. 地主发生时的情形　当封建制度的时候，有地的贵族便是富人，没有地的人便是贫民。

2. 现在变动的情形　就欧美社会主义书中，举澳洲一处土地为例。

（1）在没有成立市场以前的情形　地价是很平的。

（2）拍卖时的情形　政府拍卖一块土地，抬高价钱到三百元。只一个醉汉糊涂答应了，醒后是很懊悔的。

（3）地价涨高时的情形　相隔十多年，那块地皮周围，都建了高楼大厦，地价高得非常，后来涨价到几千万。这个醉汉成了澳洲第一个富翁。其实毫没理会，也没加工改良，只是坐享其成。

（三）地主间接剥夺众人的利益

1. 地价涨高的原因　因为大家改良那块土地，争用那块土地，做成了工商事业的中心点，地价才逐渐增涨。

2. 地主不劳而获利　地主对于地价涨落，没有一点关系。只是把众人经营那块地方所应赚的钱都抢去了。

（四）中国的社会经济

1. 中国人普通是贫　没有大富的特殊阶级，只有一般普通的贫。顶大资本家和外国资本家比较还是小贫。

2. 中国社会变迁的情形　封建制度，自秦以来已打破了二千多年，不像欧洲至今还没脱离封建制度。只因为工商业不发达，今日社会情形，还是同从前一样。虽然没有大地主，还有小地主，不过大多数地方，还是相安無事。

3. 現在中國的土地問題　歐美經濟潮流，一天一天侵進來了。廣州長堤地價以開闢馬路後較之二十年前，上海黃浦灘的地價較之八十年前，大概可説相差一萬倍，地主變成歐美資本家一樣。

（五）預籌解決方法

1. 方法的根據　要拿事實做材料，才能殼定出方法。如果全照普通學理，一定不行。

2. 不可蹈歐美覆轍　經濟發達，土地受了影響，發生變動。各國最初不大注意，後來變動越大，才去理會，便不容易改動。我們國民黨對於這種地價的影響，不可不思患預防。

三、就主義論共産和民生是相容的

（一）批評各方面對共産主義之傾向

1. 青年方面　以爲社會問題，要正本清源，非從根本解決不可，便極力組織共産黨。在中國活動，要實行馬克思主義，用心是很好的，但是主張用馬克思的辦法解決中國政治經濟問題，是不知中國只是患貧不是患不均的道理。所以，師馬克思之意則可，用馬克思之法則不可。

2. 舊同志方面　同盟會同志，在進會的時候，以爲只要能殼排滿，民族主義能殼達到目的，民權主義和民生主義，便自然跟住做去。他們當時對於民權主義和民生主義，沒有過細研究。國民黨改組時候，許多同志反對共産黨，説中國只要行三民主義，不能容納共産主義。這也有一種原因，就是共産黨員有不明白共産爲何物，嘗有反對三民主義之言論，所以激成反感。但是不能以黨員個人行爲，便反對全體主義。

（二）人類初成立社會是共産

1. 徵之於野蠻人的社會制度　現在非洲和南洋群島的土人生番，毫未受過文明感化，一切制度，都是共産。

2. 徵之於古代社會無買賣　古代日中爲市，交易而退，各得其所。這時候以貨易貨，有無相通，還是共産時代的制度。

（三）共產打破以後的情形

1. 打破共產　由於金錢發生，由交易而變成買賣，共產制度便漸漸消滅了。

2. 變遷情形　由買賣逐漸生出大商家，當時工業不發達，商人便是資本家。後來工業發達，有機器的人，才成資本家。

3. 釀成階級　資本家有了機器，靠工人生產，掠奪工人的血汗，生出貧富懸殊的階級，便起衝突。

（四）要行共產制度的原因

因爲人類最快活的時代，是纔脫離禽獸時代所成的共產社會。一般悲天憫人的道德家，要消滅人類現在劇烈爭鬥，所以想回復到一種新共產時代。

（五）民生主義是要達到共產目的

社會的文明發達，經濟組織改良和道德進步，都是以民生爲中心，因爲民生不遂，所以發生種種不平事情。像階級戰爭和工人痛苦，那些種種壓迫，都是由於民生不遂的問題沒有解決。

（六）結論

共產主義是民生的理想，民生主義是共產的實行。所以兩種主義沒有甚麼分別，要分別的還是方法。

四、別於共產黨的第一個方法是平均地權

（一）原則

大目的要衆人能共產，不過是共將來不是共現在。

（二）要平均的起因

1. 投機者操縱地價　有許多地皮，要到十年二十年後，才可以值高價。有人把土地當作賭具，做投機專業，預先擡高地價。

2. 財源太不平均　同是一畝土地，甲的地在上海黃浦灘，可租一萬數千元。乙的地在上海灘鄉下，最多不過租五元至十元。

（三）辦法

1. 照地價收稅或收買　地價由地主自定，報告政府，稅率值百抽一。因爲可以照價收買，地主自然報折中的市價。

2. 以後地價漲高歸爲公有　這須用一種法律規定，就是從定價以後，那塊地皮的價值漲高，全歸爲公有。推論地價漲高，是由於社會改良和工商業進步。所以改良和進步的功勞，是由衆人經營而來的。這種將來的共產，是很公道的辦法。以前有產業的人，因現在所定的地價，還歸地主私有，便不至害怕。

3. 地價專指素地　不算人工改良及地面建築。比方有一塊地價值一萬元，地面樓宇值一百萬元。照價收稅，只抽一百元。照價收買，在給地價一萬元外，另給樓宇價一百萬元。

（四）利益

文明城市實行地價稅，政府有了大宗收入，整理地方。一切雜稅，可以豁免。就是人民所用的自來水和電燈費用，都可由政府負擔。其他馬路修理費和警察給養費，也可向地稅項下撥用。

（五）中國現在容易實行

中國現在最大收入的資本家，只是地主，並無擁有機器的大資本家；且是小地主，不像歐洲大地主，已經養成很大的勢力。現在就來解決，還容易做到。如果等工商業發達後，更沒有方法可以解決了。

五、別於共產黨的第二個方法是節制資本

（一）製造國家資本

就是發展國家實業。申言之，由國家經營所得的利益，歸大家共享。

（二）節制資本要發達國家資本的理由

1. 鑒於外國沒有解決民生問題　外國行所得稅，就是節制資本之一法。但是他們的民生問題，還是沒有解決。所以單靠節制資本的辦法，是不足的。

2. 鑒於俄國不穀行馬克思主義　外國富，中國貧；外國生產過勝，中國生產不足。俄國改用新經濟政策，就是因他們的社會經濟，比不上

英美，不彀行馬克思主義，中國更不必說了。若用馬克思辦法來中國實施，和廣州富家子弟穿起皮衣，說不翻北風會壞人民，是一樣口調。

（三）辦法

1. 發展國家實業的門徑　由國家設備種種生產機器。這門徑計有三種：第一交通事業，第二礦產，第三工業。美國以這種大實業，發達資本。計畫詳《建國方略·實業計畫》。

2. 藉助外資　發展這三種大實業，照中國資本和學問經驗，是做不來的。等待自己有了資本，才謀發展，更迂緩了。所以要拿外國已成的資本，藉助外國有學問經驗的人才，經營這種實業，造成中國將來的共產世界。

（四）功效

1. 挽回利權外溢　中國所用的貨物，都是靠外國製造運輸而來的。要挽回這種利權，便要趕快用國家的大力量振興工業，用機器來生產，使全國人都有工做。

2. 防止階級鬥爭之產生　在中國實業未發達的時候，由國家力量經營，就是不任由中國私人或外國商人經營。結果不致私人的資本發達生來大富的階級。社會沒有貧富不均的大病，馬克思的階級戰爭無產專制，便用不著。

3. 人民享資本的利益　三種實業的每年收入，都是很大的。外國因爲大資本歸私人所有，人民便受痛苦，這是受資本的害。如果由國家管理資本，發達資本，得的利益，歸人民大家所享，便得享資本的利，不受資本的害，並且和資本家不相衝突。

（五）與共產黨異同之點

1. 不用馬克思的辦法　用一種思患預防的辦法，阻止私人的大資本，不是先提出一種毫不合時用的劇烈辦法，等到實業發達，以求適用。

2. 目標相同　要全國都得安樂，不受財產分配不均的痛苦，就是要共產，所以三民主義的意思，是國家爲人民所共有，政治爲人民所共管，利益爲人民所共享。這就是孔子所希望之大同世界。

第三講　實行農業政策解決吃飯問題

一、吃飯問題和國家的關係

（一）吃飯問題很重要

一個人或一家吃飯問題，容易解決。全國人民都要有飯吃，便是很重要的問題。所以吃飯問題，不能夠解決，民生問題便沒有方法解決。

（二）關於各國吃飯問題

1. 有飯吃的國

美國　每年運送許多糧食接濟歐洲。

俄國　地廣人稀，產糧食也很多。

法國　夠吃飯，不靠外國運進糧食。

澳洲和加拿大阿根廷　靠糧食做國家的富源，每年運到外國去賣的很多。

2. 沒飯吃的國

英國三島　一年中所出糧食，只夠三個月吃。歐戰時德國潛水艇封鎖了海口，幾乎沒有飯吃。

日本　本國糧食，一年中可以供給十一個月。

德國　一年中可以供給十個月，歐戰發生，德國始終沒有打過敗仗。因為農民多去當兵，生產比平時更減；及至海口被聯軍封鎖，糧食不能支持，便至失敗。

其他歐洲各小國　許多都是不夠有飯吃。

（三）中國人民吃飯問題

1. 廣東情形　每年進口糧食值七千萬元。一月沒有外國運米進來，便鬧饑荒。他省也有相同情形。

2. 和外國比較

和美國比　土地面積大得多，人口多三四倍，吃飯問題自然比不上。

和法國比　人口多十倍，土地大二十倍。如果能照法國改良農業，該可以養八萬萬人。

3. 現在情形　全國都是飯不夠吃，每年餓死的人不少，遇着水旱天災更多。近來中國人口減少，就是由於沒有飯吃的原故。

4. 沒飯吃的最大原因

農業不進步

受外國經濟壓迫　每年損失十二萬萬元中，有一部分是糧食。照外國報告中國出口貨中，鷄蛋一項，除了製成蛋白質不算。止算有殼的，每年運進美國，便有十萬萬個。運進日本英國也很多。南京下關有一所大建築，就是運送外國的製肉廠。再像北方的大小麥和黃豆，每年運出口的也不少。當北方大旱，沿平漢平奉一帶，餓死的人民很多。但是當時牛莊大連，還有很多的麥豆運出外國，這是受外國經濟壓迫的原故。

二、人類養生的物質

（一）類別

1. 吃空氣（吃風）　每分鐘吃十六次，就是十六餐。每日要吃二萬三千零四十餐。少了一餐，便覺得不舒服。數分鐘不吃，必定要死。

2. 吃水　沒有飯吃，支持過五六天，還不至於死。沒有水吃，過五天便要死。

3. 吃動物（吃肉）　魚獵時代捉水陸動物做食品。

4. 吃植物　文明進步到農業時代，便靠植物養生。

（二）糧食問題

1. 植物最重要　風和水是不煩人力，隨地皆有的。動植物便成問題，我們的糧食，多是靠植物。

2. 要研究生產　植物靠土地生長，要費許多工夫，經過許多生產方法，所以要研究生產問題。

三、規定保護農民的法律

（一）保護的原因

以農立國　中國糧食生產靠農民，農民又很辛勞勤勞。

農民占大多數　至少有八九成。

農民不能自養　農民所耕的田，大都屬於地主。他們辛苦勤勞得來的糧食，被地主奪去大半。據調查農民所得到的，不足十分之四。

（二）保護所企求的目的

目前效驗是增加生產，最終結果是耕者有其田。

（三）保護的方法

用鼓勵和保障兩種，讓農民自己可以多得收成。假使所得糧食，歸到農民，一定高興去耕田，便可以多得生產。至怎樣保障權利，怎樣多得收成，這是關於平均地權的問題。

四、增加生產的方法

（一）用機器耕種

效用經濟　用機器代人工生產，至少可加多一倍，費用可減輕十倍或百倍。

墾荒便利　地勢太高，沒有水來灌溉。用機器把低地的水抽起來，便可開闢來耕種。

（二）改造肥料

1. 用肥料的效率　耕一畝田，不用肥料，收五籮穀。用了肥料，可以多收二三倍。

2. 各種肥料

（1）中國向來用的肥料　人與動物的肥料和各種腐壞植物。

（2）各國所用的化學肥料

智利硝　由南美洲智利國運來的。廣東有許多地方，用智利硝種甘蔗，生長的速度加快一倍，長出來的甘蔗也加大。

燐質灰質　燐質取之海中各種甲殼動物，鉉質取之礦嚴。

混合肥料　硝質燐質鉉質三種混合而成的。

（3）新發明的電造人工硝　和天然硝的功用相同，成本又極便宜。

近來外國利用不費錢的瀑布和河灘的水力，運動發電機，再用電力製造人工硝。

3. 中國製造肥料的來源甚多

（1）天然硝的原料　像智利硝一種原料，老早用來造火藥。

（2）人工硝的來源　瀑布和河灘，中國是很多的。西江到梧州以上，有許多河灘。南寧附近伏波灘的水力，可以發生一百萬匹馬力的電。撫河、紅河有很多河灘，可以利用發生電力。廣東北部之翁江，可以發生數萬匹馬力的電。揚子江上游，由宜昌到萬縣一帶的水力，可以發生三千餘萬匹馬力的電。黃河的龍門，可以發生九千萬匹馬力的電。如果把揚子江和黃河的水力，用新法發生電力，大約可以發生一萬萬匹馬力，便可抵二十四萬萬個工人做工（工人每天工作八點鐘）。

（三）換種

1. 方法

換不同類的種　在一塊地方，今年種這種植物，明年改換別種植物。

換不同地的種　種一樣的植物。今年種廣東種，明年種湖南種，後年種四川種。

2. 功效

土壤交替休息

種子得新土壤的新空氣，結實必夥。

（四）除物害

1. 植物害　用科學方法，研究治療秕草以除害。同時研究利用秕草，增加五穀的結實。

2. 動物害　美國費許多金錢，研究消除害蟲的方法。每年農業收入，增加幾萬萬元。南京昆蟲局規模太小，要用國家的大力，仿效美國辦法。

（五）農產製造

1. 種類

曬乾　如菜乾魚乾肉乾等。

醃鹹　如鹹菜鹹魚鹹肉等。

2. 製造　無論魚肉果蔬餅食，皆可製爲罐頭，分配全國，或銷行外洋。

（六）運輸

1. 運輸和農產的關係

（1）須運輸的理由　糧食到了有餘的時候，要拿此地有餘，補彼處不足，便要靠運輸。

（2）運輸不通的害　用上五種改良方法，增加生產。如果運輸不通，吃飯問題便不能解決。

2. 中國運輸不通的現象

（1）過勝的生產成爲廢物　雲南某土司收入的穀很多，因爲附近人民都有糧食，又不能運到遠方去賣；每年新穀上市，要騰出空倉，便燒去舊穀。

（2）耗費太大　許多地方運送貨物，都是靠挑夫。頂強壯的每日只能挑一百斤，走一百里路，便需工錢一元。像廣州開了馬路，一架手車可抵幾個挑夫，一架自動車可抵十幾個挑夫，不但減少費用，並可省時間。

3. 運輸的方法

（1）水運　中國古時有一條運河，長三千多里。現在對於這條運河，要修理。沒有開闢的，要推廣。在海上更要用輪船。

（2）陸運

——鐵路　二十八行省和西藏蒙古都修築鐵路，聯絡起來。糧食便可以四處交通，人民便有便宜飯吃。但是只可以到繁盛地方，才能彀賺錢。

——車路　窮鄉僻壤，沒有多生意，用火車便要虧本。所以要築車路，使自動車和火車的路綫聯絡起來。

——挑夫　用於自動車不能到的地方。

（七）防天災

1. 防水災

（1）治標方法：築堤、浚河

（2）治本方法　多種森林：枝葉可以吸收空中的水，根株可以吸收地下的水。古代水災很少，就是由於有很多森林。

2. 防旱災

（1）治標方法　地源高和水源少的地方，用機器抽水。

（2）治本方法　多種森林，使天氣中的水量可以調和。

五、注重生產分配

（一）有私產便不能平均分配

1. 理由　民生主義，以養民為目標。資本主義，以賺錢為目標。在私人資本制度之下，糧食在本國沒有高價時候，便運到外國去賣。就使本國有饑荒，資本家也不去理會。

2. 事證

（1）證之於農產最發達的美國　美國農業，運輸的鐵路，防災的方法，和種種科學設備，都很完全；每年運很多的糧食到外國去賣。因為農業還在資本家之手，生產方法太發達，分配方法便完全不管。所以民生問題，便不穀解決。就是人民的吃飯問題沒有解決。

（2）證之於受經濟壓迫的印度　印度每年都有饑荒，但是運到歐洲的糧食數目，還占世界上第三個重要位置。

（二）打破資本的方法

對於資本制度，只可逐漸改良，不能馬上推翻。

（三）達到養民的目的

糧食要供給公眾使用。每年生產有餘的糧食，便要儲蓄起來，這就是古時義倉制度。等到三年糧食都充足，才可以運到外國去賣。

（四）使全國人享受四種需要

民生的需要，於經濟學家所說衣食住之外，還有一種是行，就是走路。要國家擔負責任，把四種供給，弄得很便宜；並且令全國人民都能穀享受。生產和分配都解決了，人民對於國家能穀大家盡義務，自然家給人足。

第四講　實行工商政策解決穿衣問題

一、穿衣和民生的關係

（一）人類獨有的需要

動物植物都要吃飯，只是人類才有衣穿，且止是文明人類。

（二）穿衣的進化情形

原人身上生長的毛，便是天衣。進化到遊牧時代，用獸皮做衣。文明愈進步，更發明別種材料。就是和吃飯材料同一來源，要靠動物和植物。

（三）穿衣和生活程度

第一級是需要，夏葛冬裘，便算滿足了。第二級是安適，不僅求需要，更要穿得很舒服。第三級是美觀，夏葛要弄到輕綃幼絹，冬裘要取到海虎貂鼠。

（四）解決民生問題

只要解決需要　就是要全國四萬萬人都可以得衣食的需要。

研究解決的方法　要從生產和製造上通盤籌畫。

二、中國穿衣的材料

（一）原料

1. 來歷　原料爲絲麻棉毛四種：絲和毛是從動物得來的，麻和棉是從植物得來的。

2. 發明　絲和麻是中國最先發明的。

（二）絲

1. 絲在最初通商時候的價值　當時出口貨，以絲茶爲兩大宗，絲爲第一大宗，因爲絲和茶只有中國出產，外國的貨物不很多，中國人需要外國的貨物也不十分大。所以出口貨比進口貨的價值，還要超過。

2. 近來國際貿易情形　中國絲茶的貿易，被外國的絲茶奪去了。出口貨物的數量，日日減少。又沒有別的貨物，可以運出外國，抵消進口貨的價值。

3. 中國絲業失敗的原因

（1）中國不知改良　生產的方法不好。養的蠶多病。所出的絲，品質不良，色澤不好。而且繅絲的方法不完全，斷口太多，不合外國織紬機器之用。

（2）外國絲業進步的情形　數十年前，外國養蠶的方法，也和中國一樣。自法國科學家柏斯多發明去微生物治蠶病的方法，傳到法國意國養蠶家，病蠶便少了，到繅絲時，成績很好。日本學了這個方法，出產比中國多，品質比中國好。

4. 改良絲業的方法

（1）改良蠶種和桑葉

（2）考究繅絲的方法

（3）用機器織造

（三）麻

1. 生產　發明最早產地很多

2. 製麻沿用舊法　只供夏天衣服之用，並且專靠手工，製出麻布不佳，成本也很貴。

3. 外國製麻情形　用新機器把麻織成麻紗，光澤和絲差不多。更和絲混合，織成種種東西，輸入中國很多。

4. 改良方法　自種植起以至製造麻布，每步工夫，都採用科學新方法來改良，才可以得到好麻，才可以製出很便宜的麻。

（四）棉

1. 原料

（1）出產多　自輸入印度棉種後，各處種得很多。世界產棉的國家，第一美國，次印度，中國算世界上第三等國。

（2）天然品質好　日本和歐美買中國棉花，與本國棉花混合，才能織成好布，日本大阪各紡紗織布廠所用原料，不止一半是中國棉花。

2. 織物　洋布比土布好，價錢又便宜，土布便被洋布打消了。

3. 由工業不進步而成的現狀

（1）不能用棉花製成好布　土布小工業，要用洋紗來織布。所以穿衣的需要材料，不能不靠外國。

（2）不能製造便宜布　農業和工業不能解決，不能增加生產。並且只可將棉花運到外國去賣，由他們織成布後，運到中國，便要出很高的價錢。

4. 由不平等條約束縛而成的現狀。

（1）受外國經濟壓迫　中國出口貨，比進口貨少五萬萬元。進口的損失，大多數是洋紗洋布，每年有三萬萬元。就是中國每一個人要用一塊錢來穿洋布。

（2）不是純粹經濟問題　手工業和機器競爭，因以失敗，還是純粹經濟問題。同是一樣用機器，外國工價既高，又由中國買棉花運回去。織成布後，再運來中國，往返要花兩筆費，還能賺錢。中國開新式大紗廠大布廠，資本大的千萬，小的百數十萬，只能在歐戰時候賺錢，現在都是虧大本。

（五）毛

1. 原料優勝　生產多，品質比外國好。

2. 製造劣敗　因為工業不發達，只用帶皮的毛。那脫皮的散毛，便被外國用賤價收買，織成絨呢和氈料，運到中國來賺錢。

3. 改良方法　用國家力量經營毛業，使所用的絨呢，不向外國買，有餘還可銷行外國。

三、打破條約束縛和保護國貨

（一）中國稅率不平等

外國貨物，在中國進口，行值百抽五的關稅。通過中國內地，再行值百抽二‧五的釐金。統計，洋紗洋布只要百分之七‧五釐稅，便可以在中國內地暢行無阻，中國在上海等處所出的布疋，和外國洋布一樣行值百抽五的關稅。經過內地，到一處便要納一次的厘金，又不和外國洋布一樣。所以土布非常之高，不能和洋布競爭。

（二）歐美關稅情形

1. 保護稅法　歐美平等的獨立國家，都是可以自由加稅。這種加稅的變更，是看本國和外國的經濟狀態，定稅率高下。如果外貨進來，要侵奪本國的貨物，馬上可以加極重的稅。這就是以壓制外貨，來保護國貨。

2. 行保護稅的成效　從前美國的小工業，被英國壓迫，不能發達。後來實行保護稅法，凡是英國運到美國的貨物，便要行值百抽五十或值百抽百的重稅。美國工業，便因此發達。德國從前也是一樣。

（三）抵制洋貨的方法

1. 用國家力量，經營這四種農工業。

2. 收回海關　從政治上著手，打破一切不平等條約。保護這四種農工業，加重原料出口稅及加重洋貨入口稅。

四、穿衣本題

（一）穿衣作用

一護體，二美觀，三等差（陸海軍以衣飾爲等級），四方便。要能護體能，美觀，又能方便，不礙於作工，乃爲完美衣服。

（二）設大規模裁縫廠於各地

就民數多少，寒暑節氣，製造需要衣服，務使人人都得到需要衣服。

（三）國民義務

游惰流氓，不盡國民義務，政府必執行法律以強迫之，使變爲勞工。如此人人皆爲生產分子，民生問題便可解決。

荆楚文库

辛亥武昌首义纪

《辛亥武昌首義紀》分上、下兩卷，湖北通志館 1947 年 8 月印行，署名"京山李廉方編"，爲"鄂故叢書"之二，書前有萬耀煌所作序。另有台灣國民黨黨史史料編纂委員會 1961 年 10 月影印版，爲"革命史料集刊"之一。本書據此影印版整理。

序

逮清末造，女后驕侈，樞臣頑劣，法敝而不知變，計拙而不知改，割膏腴要害之地而不惜，竭民膏血而不顧，但求旦夕之無事，以保其佚樂尊榮，外侮日深，亡國滅種之禍迫在眉睫。於時，憂時之士倡言變法以救阽危，然而親貴盡據要津，訶謀徧於薄海，目志士爲亂人，必欲草薙禽獼之而後已。自是謀國者知非革命無以救亡，所由奮臂搤腕，朝夕以待事機之熟也。先總理孫公揭此義以詔有衆，奔走海內外，武漢聞風興起最早，其間摧挫淩折，所遭之阨亦最甚。當其始事之計，不過決於有數革命志士耳，寧知其事之必有濟哉？然而，出於萬死一生之途，潛移默運，前蹶後起，積年推動，得助已多，用能義旗一舉，雲合響應，曾不半稔啓中華民治之新局，蓋自古未有若斯之盛者也。顧辛亥距今三十有六年矣，迄無專書可供採錄，蓋有短書小記，紀而不全，街談巷語，譌傳失實，抑以事起潛伏，初不相謀，及其既著，又分途各鶩，即以耀煌曾隨諸君子之後參與斯役者，今茲追憶，怳然如夢，況其局外者乎？湖北通志館副館長李廉方先生，自最初秘密策動及首義以來，效命馳驅，皆躬與其事，乃薈萃群言，博諮故老，囊括全局，貫穿始終，勒成一編，名曰《辛亥武昌首義紀》。全書節目凡十有二條，舉件係朗若列眉，洵可彰殊烈之耿光，備國史之甄採，其有一事而參互異同者，則仿裴松之《三國志》注例分注於下，以博異聞，意至慎，體至善也。余維辛亥之役，鄂人伸海內之公憤，犯天下之至難，捐頭顱，耗資產，卒用有成功。又幸茲書之成，足以信今而示後，俾當日謀夫志士之烈，不隨煙埃散滅，以盡爰綴語簡端，以俟載筆博聞之士考覽焉！

中華民國三十六年八月
湖北省政府主席萬耀煌序於武昌省府勤政樓

目　　錄

卷上 ··· 2599
　第一　革命團體 ··· 2603
　　附一：革命團體大事年表 ································ 2623
　　附二：革命團體黨員表 ··································· 2627
　第二　起義前籌畫 ·· 2673
　　附三：起義前鄂軍概狀表 ································ 2680
　第三　秘密機關破露 ······································· 2686
　第四　十九之夕 ··· 2691
　第五　擁黎元洪爲都督及宣誓 ··························· 2710
　第六　三鎮光復 ··· 2720
卷下 ··· 2727
　第七　成立軍政府 ·· 2729
　第八　各國領事宣布中立及國際情態 ················· 2744
　第九　陽夏戰爭及吳禄貞與黄興 ······················· 2752
　第十　湖北軍隊所在地之光復 ··························· 2808
　第十一　各省光復 ·· 2823
　第十二　停戰議和 ·· 2830

卷　上

本書分十二編：第一、革命團體；第二、起義前籌畫；第三、秘密機關破露；第四、十九之夕；第五、擁戴黎元洪及其宣誓；第六、三鎮光復；第七、成立軍政府；第八、各國領事宣布中立及國際情態；第九、陽夏之戰與黃興及吳祿貞；第十、湖北軍隊所在地之光復；第十一、各省響應；第十二、停戰議和。畧依月日序次，標揭主題，臚叙事實，以類相屬，間及附見之事。本文下間有註，大抵爲補助材料，或各家所紀參差互見，摘錄於下，藉便參覽；亦有加以訂正者。

第一　革命團體

　　武昌首義，湖北人獨有其對國家民族之特負使命，與其創立史蹟。蓋武漢控長江中心，橫縮南北，進取利，號召便。是以歷代驅除異族，必由楚人憑其地以發難。庚子富有票起事，唐才常雖失敗，然以武漢爲根據，可謂知其要矣。所以失敗者，當時湖北軍學各界，多未接受革命思潮，惟煽動會黨爲發動主力。時至近代，政府武力雖不足恃，但憑無餉、無械、無訓練之烏合衆撲之，未有能制勝者也。然湖北人當富有票起事，雖未群起相助，而對甲午庚子迭遭外侮，有識者固已深感於開通民智以救國，雖匹夫亦有責焉。夫禦外侮必先傾覆滿清，以謀民族解放，此爲革命最初必經之步驟，亦即成爲辛亥首義之主要目的。自張文襄公督鄂以來，以建設地方振興國家，實大有造於辛亥起義。最彰著者，首在作育楚材非以自植勢力爲務。其所設文武學堂之多且優良，冠乎各省，湖南少年有志者，皆來武昌就學。軍事則設兵工、鋼藥兩廠，新軍練一鎭一協，招收士兵，必須識字，後且命題考試，衡文以定去取，有志之士，至有棄舉業輟學籍而入伍者。壬癸之交，多派高材生先後赴東西各國留學，分習文武學科，黃興即其中遣派之一人。此出洋生驚睹外國文明，如夢初醒，紛紛爲文宣傳，激勵其鄉人。加以中山先生領導革命，一旦海外親炙，更深信仰，最初贊助先生發起同盟會者，大抵皆湖北學生也。及陳天華《猛回頭》《警世鐘》，鄒容《革命軍》等書以及類此新書報出版，輸入境內，士子幾於人手一編。湖北軍學各界，因此日增活氣，進至結爲團體，密謀革命，由宣傳而進於實行，由學界領導而進於軍界獨立大結合，歷時七八載，演變五六次，遭患愈多，組織愈強。經無數有志者埋頭苦幹，前蹶後繼，秘不外宣。卒至取得主動地位，一發即舉大事，而清祚以終，豈偶然哉？惟以民國建立，湖北被制於北洋軍閥，即起義門且毀之，其事蹟不錄於官府，不聞於外省，當日稽勳局採訪材料，錯亂頗多。事後個人記述，大抵皆斷片之文；間有參以臆說偏見。今則同志幾盡爲鬼，存者能識整體事實，不止寥如晨星矣。然就聞見所及，拾遺存真，亦編者之責也。述革命團體第一。

一、日知會

武昌日知會演變爲革命團體，肇端於科學補習所。先是光緒二十九年（一九〇三）癸卯，吳祿貞畢業回鄂，與武漢有志之士談革命，言者相傳花園山孫森茂花園爲吳祿貞在鄂時進行革命機關，見胡祖舜《六十談往》。實則此爲李廉方由日回國賃居之所。朱和中遺著（稿存張難先處）記明爲李步青寓（廉方，原名步青）。黃興初回時住此二日，萬聲揚、耿伯釗亦住若干日，後匡一嘗住此。後三年李第二次住此，聯合學界發起湖北教育會，湯化龍、張國溶、王紱煒以留日代表集議於此，旋由教育會集合士紳反對諮議局籌辦處，紳者吳兆泰等極力贊助，迫滿人喜源等辭職，另聘姚晉圻爲坐辦，湯化龍、張國溶、夏壽康爲參事，張知本亦爲重要職員，湯、夏、張因得於起義，後在政治上活動。學界往來者頗多，凡以後留學東西各國者十之八九曾到是處。祿貞常由小朝街本寓至是處與朋友縱談，尚無具體組織也。未幾李被逐出省，吳亦應練兵處召入都。是後多寶寺街時寓，遂爲同志時常聚談處。時寓爲枝江時象晉住所，起義後象晉曾繼姚晉圻爲教育司長，功璧、功玖其子也。與此有關而影響以後革命進行者，他紀亦有論及，或拉雜言之，茲舉二事，以明體要。

其一，《湖北學生界》月刊：光緒二十八年（一九一二）壬寅秋，湖北留日師範部三十一人及各大學專科學生、陸軍學生共同發起，商科王璟芳（恩施，號小宋）爲總幹事，主編者：劉成禺、藍天蔚、張繼煦、李廉方、盧慎之、金華祝、周維楨、李熙、李書城、張鴻藻、程明超、范鴻泰、權量、屈德澤、萬聲揚、王式玉、余德元、張孝杕、周龍驤、左德明、但燾等，主旨在以世界知識及民族主義喚起內地學生覺醒。先是湖北最初留日學生戢翼翬（元成）、劉成禺（禺生）、程家檉（韻生，安徽人，由湖北官費遣派）三人，戢、程二人皆於袁世凱入軍機後槍斃。皆與孫先生通往來，成禺時在成城學校肄業，以與師範生等前在鄂同學，每星期六下午及星期日，必來晤談，因之多數人革新思想，亦傾向孫先生，後三年而同盟會始建立。而師範生係兩湖、經心、江漢三書院學生，與武昌學界關係更密近，自《湖北學生界》出版後，枝江張繼煦、漢川李熙、潛江李書城等復各撰印致同學書，語多激昂，鄂學界大爲振奮。適值日俄在東三省開釁，東京留日學生懼國土被人侵陵，組織義勇隊，作歸國禦侮之準備，推舉鄂省官派陸軍學生藍天蔚爲隊長，鄂籍文武學生參加者尤衆，益引起清吏查禁與取消官費之騷動，《湖北學生界》改名《漢聲》，黃軫、號廑午，後改名興，號克強。萬聲揚、李廉方電召回鄂被逐，劉成禺赴美留學。在舊金山創辦日報，鼓吹革命。李書城，湖北官費取消。頂用浙撫保送陸軍自費生丁人俊名，考入日本陸軍學校。在校結合同學孔庚、耿覲文、朱綬光、何成濬、李俊、王家駒、劉一清、蔣作賓、徐家瑢、周斌、雷壽榮、范熙績、陳裕時、黃愷元及河北楊曾蔚、姜登選、陳之驥、劉炳初、山西閻錫山、溫壽泉、何澄、江西李烈鈞、俞應麓、彭程萬、雲南李根源、殷承瓛、羅佩金、葉荃、楊昭鴻、浙江黃郛、王凱成，湖南程潛、程子楷、陳强、仇亮、楊源濬、高兆奎、趙恒惕，安徽孫榮、孫方瑜、吳和宣、胡萬泰、李乾璜，河南曾昭文，福建王孝縝，陝西張鳳翽，四川尹昌衡等，分別組織秘密革命團體。其名稱有大夫團、革命本團、死友三種，後爲同盟會內軍人核心特別組織，因嚴防洩露其名册，由黃興副會長秘密保存。在辛亥首義時，多爲各省光復之中堅人物。至同盟會成立以後，湖北學生參加者最多，黨史當有詳細記載，不贅。即以此故，武漢各學堂學生，從此漸傾向於秘密結合，私印宣傳革命小册，寖及於軍界。

其二，昌明公司，由湖北留日學生發起，創於光緒二十九年癸卯，任務在招待湖北出洋學生，與運售文化書報，兼密輸革命刊物，傳遞海內外消息。萬聲揚爲總經理，馬剛侯副，黃興在湘創立華興會，聲揚即其在滬之通訊員也。設公司於上海，後武漢亦有分所，公司在王慕陶（宜昌人）寓處分租。慕陶早識孫先生者也，張繼、章士釗曾住慕陶寓所,亦由慕陶而知有先生也。師範生編印《師範講義》四册①,板權捐贈昌明公司,曾暢銷數年,獲利二萬元以上。先提二千元購幻燈機片,運往武漢放演,時功璧管理機片,耿覲文(伯釗)說明,間參以講演,吴禄貞、劉伯剛、金華祝、余德元等常往講演者也。凡片中涉及世界民族運動與被壓迫情事,必盡量發揮。此片在各處放演,往觀者甚衆,於激發思潮,亦頗有效。日知會開始演變,其組織者多爲參與放演幻燈片之人。此外有黄公徵者,願以資財贊助革命,在水陸街設一會所,名曰"武庫",每月約集同志開數次會,形式稍類閲報所,而開會又稍含有秘密意義。劉敬庵、李亞東、馮特民、范騰霄等皆常與會,迄科學補習所成立,是會逐停。

當光緒三十年(一九〇四)甲辰春,劉敬庵、曹亞伯、胡瑛、張難先、吕大森、朱元成、何季達、歐陽瑞驊等皆集武昌省垣,一日在時寓見章裕昆《文學社運動紀實》。談及革命進行方畧,大意以會黨發難易,成功難,即成而嚚悍難制,不成則徒滋騷擾。暗殺爲個人舉動,不足以摇撼全局。軍隊則將官多薰心利禄,偶得一二同志,掣肘多則事不易舉。三者固可並進,如主動不足以懾服衆士,則群起響應,即不可期,此於革命黨已往失敗歷歷可鑒,前此花園山聚談,早論及之。當時湖北方訓練將弁,爲改編新軍預備,各營士兵不識字者已大減少矣。談者詳加研究,皆主張從運動軍隊入手,不輕率發難。於是胡瑛、張難先投工程營爲兵,運動同伍,密散革命書册。是時秀士入營者頗多,如朱元成、范騰霄、曹進等皆是,劉敬庵已在馬隊營入伍矣。敬庵入馬隊營,范騰霄與有力焉。是年四月,假座斗級營同興樓商議組織機關,定名"科學補習所"。宗旨標名科學,實則掩蔽官府耳目,而以革命排滿爲密約,推吕大森起草章則。大森,武高等學堂肄業,當時清廷訂《中俄密約》,大森鼓動學

---

① 該書由黄珍(黄興)、李步青等湖北遊學日本師範生在東京合編,1903年3月初版,是中國近代最早出版、影響較大的師範學校教材之一(見王有朋主編:《中國近代中小學教科書總目》,上海辭書出版社2010年5月初版,第784頁)。

生數百人集會於曾公祠，演說痛斥政府，聽者莫不動容，所於五月間成立，設多寶寺街，時在同盟會成立之前一年有二月也。推舉所長呂大森、總幹事胡瑛、文書宋教仁、會計時功璧、財務高建唐、宣傳曹亞伯等。會務猛進，入會者頗多。六月黃興自滬過鄂，到所密談，告以湘省預定十月西太后萬壽節發難，會員謀響應之，以所之房屋不敷，遂於七月遷魏家巷一號。是時曹亞伯已往長沙在中學教課，參與黃興創導之華興會機密。及暑假回鄂，在所開會，議派呂大森、高建唐往施南，何季達往荊宜，聯絡會黨，宋教仁往長沙接洽。其在武昌負責推動者，武高等學堂有劉熙卿，文普通學堂有歐陽瑞驊，馬隊營有劉敬庵，工程營有張難先，其他軍營學校亦有負責人。《文學社運動紀實》：呂槐庭（即呂大森）、朱元成、歐陽瑞驊、高建唐、劉熙卿、宋教仁、劉菊坡（劉復）、歐陽振聲、劉敬庵、毛復旦、雷天壯、何季達、王怒濤（即王漢）、李勝美、陳從新、趙光華、陳嘉謀、時功璧、馮特民等均為最激烈所員。其時組織未臻嚴密，推動殊無把握，初期革命運動，固如是耳。詎計畫甫定，而長沙於西太后生日前，事已洩露，湘撫電鄂督稱武昌科學補習所亦有同謀。九月二十日，鄂督派隊圍搜，幸本所已接長沙密電，幹事等當將文册銷毀，並通知同志急進者暫避。所自成立迄是時，纔四五月耳。於是劉敬庵移住高家巷聖公會，王漢、胡瑛移住鸚鵡洲。其後數月，王漢在彰德擊鐵良未中者，即此時所攜藏之武器也。當軍警到所時，其室已空。但逮鞫房主，供屋為文普通學生歐陽瑞驊所租。鄂當局不欲興大獄，僅開除歐陽瑞驊、宋教仁學籍寢事。大森到施南後，施鶴道奉令嚴緝。大森竄山谷中，辛亥反正後始出里門，後以討袁靖國驅王等役三次入獄，始終盡瘁革命，未竟其志，民十九病沒西湖。

日知會原為聖公會閱覽書報之所，光緒辛丑，會長黃吉亭創辦。吉亭即甲辰在長沙匿黃興於私宅，解禁後護其出險者也。目的在開發民智，洗滌義和團遭侮之恥。會址初設武昌府街，後遷候補街高家巷，胡蘭亭繼任會長。當科學補習所解散時，劉敬庵與胡會長有舊，因避住會內。曹亞伯自長沙逃歸，與敬庵同居。旋敬庵解去文書職日知會案發生後，各營檢查信件甚嚴，馬隊營查有張守正致敬庵書（聞係黃興化名）中多隱語，黎元洪乃提前月日革除敬庵營籍。由胡會長聘爲會所司理。敬庵視事後，整理書報，訂立規則，應接尤爲周至。數月之間，閱者日衆，閱覽室爲之改觀。敬庵見擴張會務，大可引導革命，始則漸增革命書報，繼而吸引同志，進行組織。於是商准胡會長，擬製會約，名不變而質變，由傳教進而革命，是爲日知會開始演變，時在光緒三十一年乙巳冬也。其與同盟會開始組織約同時，但彼此尚未發生關係耳。其年夏，日知會評議馮特民、陸費逵與張漢傑接辦《楚報》，常評議時政。九月一日湖北政府與英人密訂粵漢鐵路合同，特民覓得全文，披露報端，並爲文攻之；又論五大臣出洋被炸事，謂爲立憲無救於國，大爲當局所忌，漢傑因之軟禁武昌府署多日見陸費逵《紀事》。次年丙午（光緒三十二年，一九○六）正月開成立會，到會者百餘人。何季達、朱元成、馮特民、孫武是時名葆仁，設共進會改名武。等皆有沉痛演説，聽衆非常感動。是後每星期日必有類是講演，有時假座文華書院，請名人講演世界革命史事，對時事常含刺激意味，如吳祿貞、劉伯剛、金華祝、余德元、朱作梅等皆曾主講。又在黃州設秘密印刷機關，由吳貢三、殷子衡負責校印革命書册，各處攜以分送，各校學生幾於人手一册。軍營則由入伍會員，每於夜間或士兵出動時，暗置床頭。因之革命書報輾轉傳播鄉間，流行甚廣。當此之時，會員結合，主要任務在貫輸知識、喚起革命。其發動革命，尚無大規模計劃，即軍營內部運動，亦無系統組織。居正《武昌起義經過》：入盟者李亞東、張難先、吳崑、宋教仁、胡瑛、王漢、何季達、張純一、熊十力（即子貞）、徐祝平、張漢、吳貢三、殷子衡、宛思演、孫武、季雨霖、張潤生（即張統）、熊子襄、鍾大聲、馮群先等。會同盟會派余誠爲湖北分會會長，首派者時功玖、張昉，又次陳鍾藩均因故未回。同盟會先一年秋成立，誠於是年春到武昌，倚日知會進行黨務，並不以同盟會名義相得，於是設東遊預備科、江漢公學，增置號召機關。其由會員在外創辦者，梁瀛洲設群治社及明新公學，熊子貞、何季達即何自新等設黃岡講習社。子貞撰《何自新傳》未列他同志名，曹亞伯《革命真史》尚有熊秀宇、鍾大聲、邱介甫、馮群先、張海濤、張其亞、易介三、童澍、徐誥等。彭養光、趙鵬飛等設安郡公益社，皆與日知會相呼應。此外，設學社、旅館、書報社、照相館等數亦不少，張聘安、梅鼎洲、鍾劍林等以士兵辦集賢學社，即其一也。黃岡講習社集合本邑軍學界人士而設，半月後不分縣界，廣結同志。《革命眞史》：外縣人入此團體爲主幹者，有荆門季雨霖、沔陽趙光華、蘄春郝可權、鄂城徐叔淵、圻水畢振英、孝感李實栗等。僅三四月停閉，子貞擬乘南北軍會操河南時，舉事聯絡荆襄巴蜀及河南會黨同時並起，又在陸軍特別小學堂鼓動風潮，被張彪緝捕，社亦被封閉。而表現甚熱烈。安郡公益社爲四縣軍學界人士所設，至民元尚存。當日知會案發後，彭養光奔走營救甚力，對急進同志爲人指目者，延至社內居住，不以爲嫌。附設鍾祥學社内彭養光社長，趙鵬飛副，後彭、趙往外省，李長齡繼爲社長。先是湖北軍界僅有少數志士入伍，與學界不相結合，自有本府本縣學社成立，情誼始得溝通，此於後來組織革命團體之影響甚大。又胡厚齋牧師在九江服務，亦仿日知會設開化書報社，附設平民學校，地方紳商軍學及海關人員，多受感動。國民黨老同志數人，在國民政府及黨部任最高位者，即發跡於九江海關者也。其影響及於南昌，有秀才黃復奇大可。捐住屋爲開化社基金，並揭帖門首，聲言有阻撓開化社管業者，當變厲鬼擊之，可想當時感召之精神矣。

是年五月，中山先生因法政府贊助中國革命，派山西喬義助隨法駐津參謀歐吉羅周歷長江口岸張難先《知之錄》：隨歐吉羅來者，尚有吳崑。《革命眞史》：偕來者尚有鄧家彥，又稱歡迎人吳崑與殷子衡、朱元成、季雨霖、馮特民、李亞東等並列，並稱是年夏，吳崑往香港訪黃興於中國報商籌款事。於八日到漢，敬庵等在聖公會開會歡迎，歐吉羅致辭，昌言革命，會員繼續演說亦然。時鄂軍警機關派有密探與會，據情呈報。日知會不容於當道，遂肇禍於此。及湖南萍醴會黨，乘長江流域旱災，於是年十月十九日起事瀏陽文家市曹振武《紀事》：王永球、陳亞龍舉義。失敗。鄂督據諜報黨羽潛來鄂境，懸賞緝拿者十三人。王勝、陳金、姜守旦（即萬鵬飛）、陳紹莊各懸賞一千兩，宗黃又名夏靈、劉家運（湖北全省會首）、曹玉英、黃慶武、柳際貞、劉林生、鄭先聲、李燮和、朱子龍、蕭元昌、盧金標各懸賞五百兩。其中惟朱子龍即朱元成爲日知會會員，由總理臨時派其與胡瑛、梁鐘漢赴鄂響應萍醴事者。當萍醴事起，湖北方面並不知情，故緝案中無胡梁名。至所稱湖北會首劉家運，在日知會封閉數月後被獲，與日知會案殷子衡同監，可證明與劉敬庵確為兩人張難先撰《敬庵碑文》有證。敬庵於萍醴事覆時，約同志會議於漢陽伯牙台，商討籌款事，有沔陽人郭堯階郭在日本與胡瑛、宋教仁識，其回鄂時由教仁介紹於敬庵，極稱其能以故得與聞日知會秘事。郭浮誇好冶游，張純一、張難先曾以其行為不檢，戒敬庵勿與接近。聲言六合銻礦公司經理劉小霖願助十萬元。不意其貪圖賞金，竟向巡警道馮啟鈞告密，誣指敬庵為家運。時尚未獲劉家運本人也，加以日知會露鋒芒之會員，早為馮啟鈞所思懲處者，以故藉端一網打盡，遂於十一月二十九日派軍警圍日知會捕人，其文冊則由外國教士銷毀，未被搜去。是時劉藩侯繼蘭亭為會長，聞有捐冊一本，歡迎歐吉羅影片一張，尚存其家中。旋由郭堯階作引綫，先後捕獲朱子龍、梁鐘漢、胡瑛、李亞東、季雨霖、張難先、吳貢三、殷子衡、劉敬庵等九人二十三日晚，捕朱子龍、梁鐘漢於漢陽青蓮寺，適梁瀛洲外出，逃走。次日由劉小霖宴胡瑛、李亞東、季雨霖於漢口名利棧誘捕之。旋獲張難先於沔陽仙桃鎮，又派兵至黃州於十二月十八日捕獲吳貢三、殷子衡，敬庵則亡匿黃陂鄉間被獲。其指捕未獲者，則有吳崑、余誠、梁瀛洲、何季達、李長齡、馮特民、孫武、徐竹坪、廖匯川、黃景亞、李楚翹等十三人。至是日知會停閉，距正式成立之時將一年矣。其後一年有六月而文學社最初前身之軍隊同盟會成立，又閱九月而並立之共進會成立。

九人既捕獲，審訊時備受嚴刑，皆逼供劉敬庵即會首劉家運，終無一人承認。蓋湖北倡導革命不以會黨相號召，與陳天華所持迂拙手段之旨合，自初已然陳天華《絕命書》：鄙人之於革命，有與人異其趣者，則鄙人之於革命，必出之以極迂拙之手段，不可有一毫取巧之心。蓋革命有出於功名心者，有出於責任心者。出於責任心者，必事至萬不得已而後為之，無所利焉；出於功名心者，己力不足，或至藉他力，非內用會黨，則外恃外資。會黨可以偏用，而不可恃為本營。日俄不能用馬賊交戰，光武不能用銅馬、赤眉平定天下，況欲用今日之會黨以成大事乎？至於外資則尤危險。馮啟鈞對捕獲諸人力主嚴辦。旋因敬庵素見重於教友，經黃吉亭、胡蘭亭、劉藩侯等竭力營救，美人孟良佐會長、吳德施主教及其駐漢領事迭向美公使聲訴，請其與清外部交涉，清肅王亦爲胡瑛函鄂都請設法曲全彭養光攜李廉方函入都奔走，吳祿貞、劉伯剛、程家檉等之門請肅王説項，胡爲李在湘之門生，李與吳、劉、程均受知於肅王，李曾在肅王府爲教讀一年。其他諸人，亦有人向官廳緩頰。李亞東在李廉方所辦學校兼課，李與金華祝聯名呈請釋放吳貢三，移轉黃州監獄後具保者更多。以故均免死刑。朱子龍於次年三月病死獄中，張難先在獄四月因病保釋，同鄉黃福、王劭恂具保。季雨霖未及一年亦保釋，季在三十一標三營爲督隊官，經李廉方託管帶曹進，屢向協統黎元洪、標統曾廣大力言，乃保釋。其餘又次年判罪。劉敬庵、胡瑛永遠監禁，吳貢三監禁十五年，殷子衡十年，李亞東五年，梁鐘漢三年，均於首義後出獄。敬庵竟於首義前三月病死，惜哉！當各人分押監獄時，吳貢三、李亞東、梁鐘漢、季雨霖押武昌府候審所，獄官熊家騏江西人。頗加庇護，親友不時前來問候，久之亞東遂與往候者發起中華鐵血軍，並時作小文，登陳紹武所辦《白話報》以遣悶。如三十一標三十二標張聘安、梅鼎洲、鍾劍林，四十一標趙鵬飛、賀公俠等，常來獄問候，並送菜蔬。陸軍特別學堂學生鄭國棟、挽瀾。方克光、漢農。蕭興漢，立。與三十一標李岳崧峻如。因送菜至獄，曾聯詩言志。胡瑛押府獄，管獄談國華更器重之，許字以女。即此瑣瑣諸端，可見人心傾向，雖處萬惡勢力壓迫下，猶如所以安慰前進者也。

二、文學社

武昌首義，扛槍拖炮，以光復三鎮，鏖戰陽夏者，大抵皆文學社社員。其社基所以恢宏，實經三嬗而建立，最初設者曰湖北軍隊同盟會。自日知會封閉，團體行動，停歇將近一年。當是時，湖北新軍業於丙午年改編一鎮一協，有志之士入伍者日益加多，軍營内在活氣，已漸滋長矣。光緒三十四年（一九○八）戊申二月，前日知會會員任重遠，嘗師事長齡，亦表同情於革命者也。重遠入伍後，屢與黃申薌、郭撫宸等

《知之錄》：尚有覃炳堃，《文學社運動紀實》：尚有王子英、秦炳鈞、楊王鵬、鍾畸、彭

新振、章裕昆。籌組團體，就商李亞東於漢陽獄中，入獄後一年移轉。議設湖北軍隊同盟會。重遠分途聯絡，表同情者四百餘人，湖北革命運動，進由軍界自組團體自此始。蓋必如是而後分子純一，結體堅，聯絡便也。六月二十八日在洪山羅公祠開成立會，秦炳鈞主席，議定不立章則，鑒於日知會失敗也。惟對名稱觸時忌，多有異議。後因重遠赴川，會務遂無形停頓。蓋名稱既未爲多數同意，又無章則可守，自不免於散漫也。雖經過只四五月，然賡續日知會目的，重振革命運動，亦時勢所急需也。會員於上列諸人外，可得而記者，尚有陳紹武、祝制六、林兆棟、黃元吉、王守愚、蔡大輔、廖湘芸、曹振武、唐犧支、鄒毓琳、陸國琪、李抱良、黃依僧、單道康、孫長福、或稱孫昌復。黃駕白、李慕堯（六如）、鄒潤猷、張文選、莫定國、萬奇（後改名耀煌①）等。其後六閱月改組爲群治學社。

　　戊申十月，湖北陸軍與江西陸軍會操於安徽太湖，楊王鵬在會操宿營地，常與同志商改組軍隊同盟會事，外避目標，內策自治，定名群治學社。及返武昌，遂由楊王鵬、鍾畸、郭撫宸、鄒毓琳、唐犧支、鄒潤猷、張文選、莫定國、萬奇、章裕昆等十人發起，《知之錄》：改組人楊、鍾、郭、章外，有覃炳堃、黃元吉、李長齡、梁維亞、曾省三。《談往》：組織人楊、鍾、唐外，有黃申薌、黃元吉、曾省三、梁維亞、林翼支（即林兆棟）、杜邦俊、曹振武、容景芳、詹大悲、何海鳴、王守愚、蔡大輔、黃駕白、廖湘芸、闞龍、馮中興、祝制六。《革命逸史》：楊外有潘康時、林兆棟、黃元吉、鄧玉麟、梁維亞、曾省三。茲從《文學社運動紀實》，以編者章裕昆於創設軍隊同盟會及改組爲群治學社，皆爲發起人也。《逸史》所紀，似有非群治社社員及入社較後之人在內。《談往》以林翼支，即林兆棟。案兆棟，黃岡人，首義時在川。翼支，隨州人，首義時任漢口指揮。推鍾畸起草宣言及簡章。十一月二十日在小東門外三里許沙子嶺金台茶館開成立會，《逸史》：丁未即有群治學社之組織案，群治在戊申冬組織，日知會丙午冬封禁，丁未年未進行革命團體活動。以其地僻人少便議事也。社章組織本有社長、文書、會計、庶務、評議員等，議決暫設庶務一人，推鍾畸擔任。蓋運動開始，羽毛

---

① 即爲本書原序作者萬耀煌，時任湖北省政府主席。

未豐，不便即有起事企圖，無取乎虛設員司也。其後畸隨管帶曹進往南京，曹振武同往。改由李抱良接任。社章最要規定，經費由社員薪餉十分之一充之。入社須社員三人以上介紹。每一社員，月須介紹新同志二人，但不得介紹官佐。何者？運動軍隊，首在奠定下層基礎。而此種結合，必地位相若，不時接觸，始能取得真實同情，且免外間疑謗也。自是社員日益增多，四十一標姚均、廖湘芸、王守愚（玄弈）、蔡大輔，三十一標李鑫等先後入社。祝制六原名夢熊，黃依僧原名景賢，向在三十一標當兵，因嫌疑革除，遂化名投四十二標，祝入一營，黃入二營，分擔本標運動。四十一標左隊隊官潘康時頗開通，次年（宣統元年，一九〇九）己酉六月楊王鵬考升司書，與康時甚投契。《文學社運動紀實》：一日，鵬公餘看《浙江潮》爲康時所見，康時微笑問曰：雜誌何來？鵬曰：借自友人。康時於其床頭取一本相示曰：是烏用借爲？於是引爲同志。社章原定不得介紹官佐入社，至是由鵬介紹，破格入社，官佐入社始於此，而社務進展亦有利焉。是後官佐入社者間亦有之，惟迄首義日止，其數無多，且止於隊官以下。其實當時管帶以上，出身學堂者頗多，甚矣利祿之害人深矣。當是時，孫武在漢口組織共進會，於是年三月成立，黃申薌與之接納，聲勢緊張。而詹大悲（原名瀚）於是年冬因宛思演斥資二千元，接辦《商務報》，劉堯澂爲會計兼發行，前充四十一標一營前隊助理書記何海鳴原名時俊。與梅寶璣、查光佛皆司筆政，與本社相策應。會湖北大水，災民甚多，四十一標分防襄河一帶，從康時建議，同志分布活動。李抱良留守，潘康時、楊王鵬分駐公安、石首，姚鈞、廖湘芸駐監利、沔陽，蔡大輔、王守愚、章裕昆、彭守振駐京山、天門、潛江。蔣翊武亦以是時由滬回漢，有意參加本社，因偕堯澂、大悲以訪員名義往天潛探訪，《文學社運動紀實》稱翊武、大悲二人同往。蔡大輔具以社事相告。及回漢後，堯澂往晤李抱良，相見甚歡，從此過從日密，《商務報》遂爲本社言論機關矣。而秘密社務，堯澂等亦不時參與。何海鳴《文學社革命史讀後感》：宣統元年，有一晚下很大的雪，我與劉堯澂及幾位同社友，到蛇山上去開秘密會議，地點是在閱馬廠山上湖南旅鄂中學附近的樹林內。山路泥濘，天氣又冷，我只穿了一件破舊棉袍、一雙開了獅子口的破棉鞋，一步一滑，弄得一身都是泥，雨脚全是雪水。抱良又以四十一標外防，亟謀擴充範圍，因鄉誼得識砲隊黃駕白、李慕堯及三十二標單道康、孫長福、葉正中等，皆介紹入社，此外入社者未及備述。又次年（宣統二年，一九一〇）庚戌湘米荒，其四月，饑民集省城，會黨因便煽動，焚撫署及教堂，清廷調鄂軍前往彈壓。是時軍隊運動惟四十一標稍具基礎，黃申薌與單道康、黃孝霖、孫長福等《逸史》作：黃申薌、劉堯澂、查光佛等。《知之錄》：尚有李抱良、杜邦俊、林兆棟。力主急進，謀由四十一標起事，會湘事平，未及發難而罷。然風聲微洩，復有人告密，《知之錄》：向左旗劉協統告密。於是省垣戒嚴，派憲警至南湖三十二標捕黃申薌，申薌踰垣逃，走滬，林兆棟、黃孝霖、賀公俠亦走川，《逸史》無賀公俠，《文學社運動紀實》無林兆棟。《商務報》因嫌疑停刊。又四十一標三營彭振新出防潛江下畔湖，鼓動饑民，亦被排長革除。至是群治學社為官廳所注目，不得不暫停活動。然自成立以來，歷時一年又九月，湖北革命實力之瀰漫，固已肇其基矣。其後三閱月改組為振武學社。

群治學社停頓不久，四十一標回防，時為庚戌七月。李抱良、黃駕白、單道康、廖湘芸、祝制六、楊王鵬、孫長福、李鑫、章裕昆等在四十一標一營左隊開會，時潘康時尚為一營左隊隊官也。抱良報告經過情形，咸以群治既為官廳注目，而時局又趨緊張，宜更改名稱，擴充組織，乃定名振武學社。推楊王鵬起草簡章，大體仍群治，惟組織增標營隊代表，以各營同志人數激增也。宗旨亦標明聯絡軍界同胞。自是軍隊秘密活動，學界少有參加，非分畛域，以學界對各標營內部無能為役，且免洩露內情也。八月中秋節開成立會於黃土坡開一天酒館，上次與會人均到，《知之錄》：尚有查光佛、江光國。《逸史》：劉堯澂與蔣翊武、楊王鵬、唐犧支、李抱良、蔡大輔、潘康時、王守愚等謀改名。舉楊王鵬為社長，李抱良文書兼庶務。並議決幹部會議，非標代表不得參與，各營惟承代表之命，分途進行，但標代表有事，得指定營代表出席。以是之故，各營隊進行極其秘密，至有不同營之社員相見，彼此不知同為社員，其慎重如此。所以首義事，以某營隊人談整體經過，每有參差者也。當時推定代表，三十一標江國光，三十二標單道康，四十一標廖湘芸，四十二標祝制六，砲隊八營李慕堯。《知之録》：更以蛇山蘄春學社爲機關，由查光佛司聯絡軍學界之職。《逸史》：查光佛更聯絡各標營同志，以蘄春學社爲機關，計當時與謀者二十九標排長蔡國楨（濟民）、高尚志，見習學生甘績熙、杜武庫、夏一鳴、楊選青、馬驥雲等；三十標隊官張廷輔，隊官潘康時，士兵吳醒漢（基培）、王憲章、萬國寶、徐達明、王文錦、陳復元、馮中興、羅良駿等；三十一標曾省三、黃元吉、李建中等；孫長福、向海潛、單道康、李成牧、馮扶青、朱黃強等；四十一標蔣翊武、丁人傑、蔡大輔、廖湘芸、李抱良、唐犧支、曹珩、王華國、李達五、章裕昆等；四十二標邱文彬、曾漢城、張喜天、劉化義、胡玉珍、黃鎮中、祝制六等；砲隊徐萬年、孟發成、黃駕白、陳國珍、陳子龍等；馬隊錢升甫、江炳靈、陳孝芬等；工程營熊秉坤、金兆龍、方興、馬榮、李乃斌等；陸軍中學席正銘、雷洪、謝復、侯源英等；陸軍測繪學生李翊東、輜重營胡祖舜等。案軍界團體未改爲文學社，以前非當時在營者，在外設機關似無其事，且振武標明軍界同袍更無派員，以司聯絡軍學界爲職，若以查光佛聯絡各標營同志，光佛非軍界人，振武已推定各標營隊代表，而以非軍界人聯絡之大違事實。光佛所設蘄春學社，大概與彭養光等設安郡公益社同，性質無代任何革命團體司職之事。《逸史》所列各人姓名，有若干人確爲共進會會員，與振武無關，亦有在振武初成立時，尚未參與革命團體秘密者。又事實亦有誤，例如胡祖舜在三十一標三營前排，非輜重營是。當是時，翊武、堯澂決計當兵，翊武化名伯夔，堯澂化名汝夔，由同志黃貞元介紹，投四十一標三營左隊，加入本社運動，其後遂爲幹部主持最力之人。社中青年有曹振武、黃濮清二人，皆年未及冠，而革命甚努力，同營中有小天使之稱。見河海鳴《文學社革命史讀後感》。當時有志革命而入營當兵者，多投四十一標三營，則因管帶爲振武族兄進（號文思），李長齡亦在其營以進之師而兼爲書記也。重九日開標代表會於黃鶴樓之風度樓，各代表報告人數，共計二百四十餘人。蓋群治遭遇挫折，當然有極少數份子，稍存觀望，此外因公出省或離營者亦有之。並訂標營隊排各代表召責公約及簡章口號，《逸史》：振武社成立後，有蔣翊武等利用星期日約集各標營代表二十餘人在蛇山抱冰堂開秘密會——案：秘密事似不當在抱冰堂開會。自後各社員吸引同志，與日俱增。詎未幾潘康時被革職。協統黎元洪傳康時至司令部，責問隊內有人結社謀不軌胡置不問，康時極力辯護，黎怒不已，康時退即革職。施某代爲隊官，陽與楊王鵬結歡，而陰則探其行動，報告黎元洪。元洪藉故將楊王鵬撤職，李抱良、鍾倬賓開除。鵬旋返湘，抱良走粵，曹振武《紀事》：楊王鵬、李抱良（六如）出營後潛住東廠口文昌閣。鄭士杰亦撤職。於是社務由蔣翊武主持，庶務及文書由鄒毓琳接管，時庚戌十月也。其後二閱月易名文學社。

振武正當風雨飄搖之時，黃岡胡爲霖，於是年十一月，出銀五百兩，邀詹大悲創辦《大江白話報》，未幾胡爲其父召回，大悲另籌三千元自當經理，去白話二字，日出兩張，梅寶璣、黃侃、田桐、居正、謝楚珩等皆常作文。抗言時政，同志精神爲之一振。當是時，清廷方以立憲罔天下人，然而親貴用事，宵小競進，上下交征利，惟圖中央集權。乃於十二月命盛宣懷爲郵傳部尚書，取消鐵路商辦，借外款修築，收歸國有。川粵湘鄂等省，群情憤激，政府悍然不顧，喙言官飾詞淆聽，直斥反對者爲亂黨，冀百姓素奉爲不可侵犯之神聖，得以永保其家天下，若輩亦得穩固其權位。大悲反對最烈，時湯化龍爲湖北諮議局議長，與大悲有舊。一日謂大悲曰："君何故反對國有乎？"大悲曰："國有固是，清有則非。"化龍悚然不語。蔣翊武見時機已至，不可不加緊運動，各標同志亦以振武停頓宜謀恢復爲言，於是約大悲及劉堯澂、王守愚、蔡大輔、章裕昆、李鑫等，集議閱馬廠集賢館商改組振武事，大悲提議改名文學社，衆贊成，爲掩蔽官府耳目也。推大悲起草簡章，大體仍振武，以準備發難，幹部需多人負責，故組織於正社長副社長下分文書、評議二部，文書部設文書四人，會計、庶務各一人，評議部設評議、糾察各若干人。次年（宣統三年，一九一一）元旦藉新軍團拜爲名，開成立會於黃鶴樓之風度樓，決議暫不設副社長，舉蔣翊武爲正社長，文書部長詹大悲，評議部長劉堯澂，文書蔡大輔、王守愚，會計兼庶務鄒毓琳等。是時入社社員可得而記者，三十標王憲章、鍾仲衡、排長張廷輔等，二十九標張喆夫、李達武、李濟臣、排長蔡濟民等，四十一標闕龍、李必勝、楊載雄、柳迪凡、梁棟、顧鴻、胡培才、王世龍、蕭國斌、鄒棟等，工程第八營馬榮等，混成協砲隊營晏柏青、符玉龍等，輜重十一營余鳳齋，憲兵彭楚藩等。計新舊社員共有八百餘人，人數見《革命逸史》。百分之九十以上皆士兵，官佐不及百分之三也。原有各標營代表暫不改選。更推張喆夫爲二十九標代表，張鵬程爲三十標代表，馬榮爲工程第八營代表，余鳳齋爲混成協砲工輜總代表兼輜重二十一營代表，晏栢青爲砲隊二十一營代表，闕龍爲四十一標三營代表，此一月間入社者極多。胡瑛在武昌獄，翊武、堯澂常往商之。

馮《逸史》：辛亥正月元旦，公推蔣翊武、詹大悲、孫長福等九人召集發起會於黃鶴樓，推蔣翊武爲臨時社長，詹大悲爲起草人，正副社長各一人，下分參謀、總務二部，各標各營均舉一人爲代表。二月十五日開成立會於小東門，內同文學社舉蔣翊武爲正社長，王憲章副之，參謀部長劉堯澂，參議員王華國、楊載雄，偵探科唐鼎甲，聯絡科王守愚、李擎甫，調查科龔霞初、陳磊，總務部長張廷輔，庶務科蘿良駿、唐犧支，會計科鄒毓琳，糾察科胡培才、蔡子勝，懲罰科胡玉珍。此外，蔡大輔任文書，詹大悲任漢口交涉聯絡事宜，各標營代表爲王文錦、曹子清、江光國、廖家驥、祝制六、陳俊德、高尚志、張喆夫、單道康、葉振中、陳道行、黃駕白、李翼寰、黃繼漢、余鳳齋、晏栢青、劉斌一、鍾繼武等，陸軍中學代表雷洪、席正銘、盧華等。二月，在黃土坡招鶴酒樓開代表會，翊武提議社務日繁，非一人力所能勝，於是推王憲章爲副社長，又以本社同志惟缺馬隊營，於是推章裕昆前往入伍，由陳孝芬介紹第八標三營左隊隊官錢葆青。葆青本日知會會員，待裕昆頗優。裕昆入伍不久，與陸軍特別小學堂學兵熊楚斌善，因緣識黃維漢、韓超驥、劉治一、蕭志何、劉建一、黎瀛洲、張威、范天印、晏國斌、沈翼世、邱瑞超、廖化東、黃冠群、文東明，華斌愷、陳厲志、顧忠偉、王瑞蘭、楊國威等，旬日之間，已得四十餘人。因推黃維漢爲馬隊八標代表，黃冠群、文東明、蕭志何爲營代表，至是湖北新軍各營隊士兵屬於本社同志者已多，其結合具有主動實力。惟當時革命目的，專重以國民武力推翻滿清，達到民族平等地位。至於革新政治，則有待於同盟會海內外同志主持，自審身爲軍人，材力止得如此，名分亦當如此，盡其在我而已，非忽視也。所以譚人鳳到鄂，由詹大悲、胡瑛介紹，與蔣翊武、李長齡、羅良駿等相見。人鳳見翊武如田舍翁，長齡如老學究，良駿如貴公子，心初不慊。胡瑛屏左右語曰："子勿誤，湖北黨人，具有百折不回志氣，本社尤埋頭苦幹，不以外觀誇耀者也。"人鳳始默契。詎社務正突飛猛進，忽值一月二十九日廣州失敗，各省疆吏防範甚嚴，常會不便召集。堯澂恐社員失其聯絡，進行或有鬆懈，於是請假出營，潛居閱馬廠文昌閣，每日往各營探問，藉以溝通消息。其軍界以外士紳，具有資望而非絕對反對革命者，堯澂多往謁之。如議長湯化龍，即由李廉方介紹晤面，而曾受其補助費二十元也。馮《逸史》稱：李曉湘介紹往晤，曉湘即長齡，廉方族叔住其私寓，與化龍無往來，實由廉方介紹湯化龍約談。當日約談者尚有副議長張國溶，國溶因事未到，臨行堯澂私語廉方，告以有人往武勝關察看缺路費，爲化龍所聞，因助二十元，堯澂不肯受，廉方強之而受。堯澂與蔡大輔、王守愚莫逆，大輔、守愚，皆廉方同縣，又其門生，故堯澂到鄂不久，即與廉方相識，社事亦不時往商。四月十二日在黃土坡同興酒樓開代表會，除原有代表外，復增馬隊營黃維漢，時社員增至三千人。人數見《革命逸史》。運動已屆成熟期矣。堯澂提議本社範圍擴大，有專設機關辦公必要。王憲章報告小朝街八十五號張廷輔二樓上無住户，經與廷輔商妥賃作本社總機關。於是增設總務部，推廷輔爲部長，堯澂及守愚均住社辦事。堯澂見本社與共進會進行分途，舉義則一，如其分途並進，易啟猜嫌，共進會既有意與本社聯合，提議及時與之協商，力謀大舉，衆贊成，推堯澂、守愚代表前往商洽。首義前一切部署，皆在聯合中規畫之，事詳第二篇。端節日又開代表大會，四十二標代表祝制六爲社務進行順利起見，辭代表請胡玉珍接充。玉珍提議四十二標分駐陽夏，請設支部，便於規畫，推玉珍兼支部長，書記王纘承，會計黃振中，交通鄭姚蘭、戈承元等爲調查，陳德元、范明山、袁金聲爲聯絡，梁炎昌、張步瀛、楊洪濤、朱澄宇（原名承堃）、黃家麟、孫業章、王家麟等爲參議，一營代表陳建章、張大鵬、朱碧珍、戈成元等，二營代表趙承武、石占奎、朱承寰、陳振亞、楊振華、黃依僧等，三營代表劉化歐、羅群英、彭學俊等。漢口集會則在范明山寓，漢陽則在陳德元寓。邱文彬《陽夏起義史略》所紀人名較略但全同，惟紀幹部同志尚有邱坤墉。其併入本社者，有益智社，社由邱文彬、祝制六、胡玉珍、黃振中、鄭兆蘭、陳建章、邱坤墉、戈承元等，尚有鄢樹藩，見張難先撰《鄢樹藩事略》文，載《知之錄》。爲四十二標一營駐漢陽時所組織，至文學社成立，即合併之，見邱文彬《陽夏起義史略》。將校團爲王憲章、張廷輔、王文錦、羅良駿等所組織，辛亥春合併本社。見章裕昆撰《王憲章傳》文，載《運動紀實》。

又有神州學社，由武漢兩商業學堂學生鄧漢鼎、李濤，漢口商團團員劉少舫、林醒儂、黃小池、李鴻賓等所協組，亦爲秘密團體，共有社員四十餘人，平時與祝制六互通聲氣，經制六介紹加入本社。見《文學社運動紀實》。首義任務已完，遂於民元四月開最後大會，議決現存社員全體加入同盟會。於是湖北同盟會支部，以王憲章爲副部長，楊王鵬、王玄弈（守愚）、曹振武、黃家麟、陳三策爲幹事，辦理文學社社員合併社務。見王續承紀錄，又文學社經過，多本王守愚十二年回憶，其材料早爲《文學社運動紀實》採入。守愚手稿，展轉存潘翼如（康時）夫人處，據說近爲董必武借抄附志於此，後有留心辛亥文獻者可刊單行本。溯自戊申組織群治起，迄民國改元，本社同志爲舉義死者已十之五六，大抵皆死於戰鬥中，民元以後繼續革命奮鬥被害者不與焉。與向者亡秦之八千子弟，史家未叙姓名，惟於項羽救鉅鹿時，稱其無不一以當十，自刎前，傷其無一人還，蓋有同感矣。何海鳴《文學社革命史讀後感》：裕昆所稱社友姓名，竟死了十之七八，剩下幾個少數不死的，也寂寂無聞，與死人差不多。想起從前好似天生下這一批扛槍桿的小朋友，是專作推倒滿清作武昌起義之用，所以湊得那般齊，並也糊裹糊塗的成了功。及民國已成，我們的使命已盡，便只有該死了！

三、共進會

共進會本同盟會員張伯祥、余晉城以川幫孝義會首領，約同長江流域哥老會首領或與哥老會通聲氣者，如湖南焦達峰、西鄧文輝等，在日本東京所組織，丁未（光緒三十三年，一九〇七）秋間成立，距同盟會成立已兩年矣。其所揭宗旨與方略，略同同盟會，惟入會手續較簡，亦不宣誓。願書改平均地權爲平均人權不可解。會員相見，另有隱語暗號，有時亦同盟會握手禮。辛亥首義所用之星旗，十八錐角交錯形，取各省鐵血聯合之意，實爲丙午年同盟會討論國旗方式一種。高揭黃鶴樓鐘塔尖頂，民元國會定爲陸軍旗，今廢，即是會所製定者也。當是時，總部設南部同盟會，專力廣東，同志頗有不謂然者，於是先後加入共進會者數十人，湖北孫武、劉公、劉英、楊時傑、宋鎮華均與焉，劉公且爲第三任會長。黃興由交趾到日京時，曾與焦達峰詰難，因其意主張長江流域急進，並非立異，遂亦置之。其次年戊申，各同志分途回國組織，其冬，武回鄂，初賃住武昌分水嶺，引其親友汪性唐、吳肖韓、劉玉堂、劉燮卿、鍾雨廷等爲助，武在漢口秘密活動，其投契者性唐、玉堂二人外，尚有李百貞、李賜圭二人，玉堂曾入洪門青幫，並經在理性唐工計學，百貞曾營照相館，加入丁笏唐文藝俱樂部，賜圭有膂力，俱詳《辛亥首義史蹟》。一秉共進會原來方略，以號召會黨爲主。旋焦達峰回湘，過鄂時，與武策畫進行，湘鄂地勢毗連，武漢當衝要，宜爲主動。又明年己酉三月，乃設武漢辦事機關，漢口設長清里。《知之錄》作十三號，鄧玉麟（炳三）《起義經過》作九十八號，《談往》未叙號數，居正《起義經過》，譚人鳳送來運動資金，乃租長清里爲總機關云云。是爲辛亥年間，事惟孫武立共進會時即設機關。己酉年黃復生、喻培倫謀炸端方，過漢時，有三顆炸彈即存於長清里，鄧玉麟所作《起義經過》明言之。武昌就吳肖韓寓設分機關。以絀於經費，由達峰挽其鄉人布商劉肯堂、周海文加盟，捐所販賣布錢，兩機關賴以維持。先是長江下游各會黨各守碼頭，各名山堂，至是改訂名稱，釐定章則，統一於共進會內。《知之錄》：會黨自焦達峰住漢整理後，日有起色。《逸史》：居正、孫武、鄧玉麟、季雨霖等相繼入會，居正嘗爲釐定章程，依其班輩分爲八部。劉英亦以是時偕宋鎮華回京山永漋河，召收會黨，響應革命。達峰則回湘集瀏陽、醴陵、萍鄉諸豪，復與楊任、余華祿等領導常德辰沅會衆，勢力頗盛，仍不時往來湘漢間。所以武昌首義，甫旬日而湖南最先響應者，達峰之力也。久之與黃申薌識，初申薌在文學社前身群治學社時，與武識，及群治停頓，申薌亡走後，入共進會，擔任聯絡陽新、大冶各屬會黨。又識鄧玉麟，玉麟亦軍界人。以故武稍悉新軍士兵，俱有革命潛勢力。因與其同志多方結納，湖北軍界，遂漸有共進會黨員側身，與文學社運動相互並進。武於己酉冬到香港晤馮自由於中國報社，具以鄂事相告，自由介紹其正式加入同盟會，是後香港機關部與武漢黨人通訊不絕。據自由記述，通訊位址：一在武昌省城黃土坡街第五號李寓轉孫治安，一在漢口新馬路大成印刷公司丁佛堂（笏堂）轉金相。號泉山。同盟會總部自以全力集中南部，本部精神日漸懈弛，譚人鳳、宋教仁等憂之。會庚戌四月，趙聲自南洋來，居正自仰光來，亦有同感。乃由人鳳邀十一省區同盟會分會會長開會於日京小石區左仲遠（陳猶龍化名）寓。教仁曰："在中央革命為上策，然運動不易，其次為長江流域，邊地實下策也。"到會人詳加討論，議定組織中部同盟會，從長江流域着手。推人鳳赴港商之黃興，興正奉孫先生命謀攻廣州，未遑也，惟使人鳳來長江流域察看而已。是時武漢軍界革命勢力分佈已具基礎，其勢力集中於下層官佐士兵，不倚長官領導，亦不藉會黨發動，如此措置，以前革命，未嘗有也。故湖北人在海外者，有言武漢地據中心，財富械足，新軍知識冠各省，易於發難，他省同志聞者，斥為臆說，即湖北在外同志亦不明其真相。楊時傑固主張集中全力於武漢者，忿甚。乃於是年冬，約劉公回鄂，與孫武、劉英、楊玉如等圖之，彭漢遺亦表同情於時傑者也，其實皆對文學社底蘊尚未深悉也。及辛亥三月廣州失敗，同志乃深感長江流域革命為必要，於是有同盟會中部總會之設，成立機關於上海，湖北推居正主持，猶未意武昌能先各省而首義也。然譚人鳳、居正已於是年正月先後來漢，正即倚共進會策畫革命，人鳳並攜黃興所付八百元作運動資金。共進會同志，見軍隊士兵，多文學社社員，於是力謀與之結合，共圖大舉。孫武、居正、楊時傑、楊玉如、劉變卿、李作棟（春萱）、丁笏堂等會議決定分設機關，進行聯絡，並注重設機關於軍隊所在附近。先由鄧玉麟在黃土坡開同興酒樓，居正付一百元為開辦費，月餘即停歇。又在巡道嶺九號設同興學堂，趙詩梅、趙幻生、費孟謙、陳磊等襄助甚力。當時添設機關，據鄧玉麟紀述，武昌共有五處，巡道嶺九號外，尚有工程營後面分水嶺孫武住宅，雄楚樓五號劉公住宅，胭脂巷十一號胡祖舜住宅，房屋一棟五間，地點僻靜，經楊玉如與鄧玉麟、李作棟同往視察而租稅定月十六串，僅第一月玉如代付，以後仍由祖舜自籌。小朝街八十一號。漢口三處：則為法界長清里九十八號，漢興里三十三號，寶善里十四號。

軍隊得此溝通，進行更活躍。首義時工程第八營砲隊第八標全體駐省，此聯絡機關不時接觸，特予鼓動，影響頗大。各機關設立後，經費漸不支，其五月劉公之家匯五千兩捐官，經楊玉如、彭楚藩聳動，提作籌備發難之用。於是分途部署，不虞匱乏。後與文學社聯合，事當詳第二編。當時聯絡軍界最力者為黃申薌、鄧玉麟，而胡祖舜所設機關，同志亦常到其處集會，以玉麟與趙士龍、楊玉如、李作棟、楊宏勝、劉國楨、徐邦俊、羅一安、黃元吉、錢芸生等往來最密，文學社社員李濟臣亦曾下榻其處。客饑則煮粥以食，碗筷不敷，代以面盆茶碗，革命黨人生活情況，大率類此。如吳肖韓革命斷片見《辛亥首義史蹟》，潘善伯夫人談話見三十五年十月十日《大剛報》，皆有相同情事。初祖舜在營，聞趙士龍談群治學社事，心甚韙之。遂約徐邦俊、張振翩、劉國佑、羅一安偕士龍等共組蘭友社，旋因士龍得識楊玉如，遂偕蘭友社同志加盟共進會，後又介紹趙振武入會。張振武則起義兩月前由李作棟引其助理加盟為臨時會計。先後隸軍籍入會者，則為胡祖舜、鄧玉麟、黃申薌、熊秉坤、徐萬年、蔡漢卿、彭楚藩、蔡濟民、吳醒漢、原名培基。李鵬昇、方興、李翊東、甘緝熙、楊宏勝、蔡鵬來、黃元吉、高尚志、馬驤雲、趙士龍、錢芸生、杜武庫、陳龍、江慶林、胡干城等，其中有數人亦為文學社社員。其餘大抵非軍界人居多，如李作棟、牟鴻勳、查光佛、謝石欽、丁笏堂、潘善伯等，其尤著者也。至他省共進會同志回國組織者，焦達峰光復長沙，不久為叛軍所戕；黃毓英返滇後亦被害；張伯祥以孤立無援失敗；鄧文輝僅得領有棄職營長之隊伍，光復贛西數處而已。惟湖北共進會與文學社聯合首義，創立民國，光照史冊，然非由最初目的領導會黨以建此殊勳也，斯可鑒矣。首義後張振武憑藉軍務部聲勢，獨樹旗幟，聳動孫武創立民社，與同盟會對立，又因一部分會員活動政務，與黎元洪左右接近，其後遂成為與國民黨抗衡之共和黨，《逸史》稱與黃興意見不洽，殊非主因。然如居正、劉公、劉英、楊時傑等，則仍隸國民黨。

附一：革命團體大事年表

革命團體之工作，惟務秘密。故日知會以前，變質而不變名。日知會以後，文學社與共進會先後並起，文學社以新軍士兵自組團體，迭經演變，名變而質不變。共進會本以號召會黨爲目標，一變而專力運動新軍，最後與文學社合，遂以達其民族革命之企圖，茲表揭舉大事，抑有取於春秋之義也。

表一　革命團體大事年表

民元前八年，光緒三十年甲辰，西曆一九○四	四月	劉敬庵、曹亞伯、呂大森、朱元成、何季達、張難先、胡瑛、歐陽瑞驊等議設機關定名"科學補習所"，是爲組織革命團體之始。
	五月	科學補習所開成立會設多寶寺街時，在同盟會成立前一年有二月，推舉所長呂大森、總幹事胡瑛、文書宋教仁、會計時功璧、庶務高建唐、宣傳曹亞伯等。
	七月	應黃興約預備響應遷魏家巷一號辦事。
	九月	長沙事泄，鄂督據湘撫電於二十日派軍警搜捕科學補習所，劉敬庵避居高家巷聖公會，胡瑛、王漢避居鸚鵡洲。
	十二月	王漢在彰德車站槍擊鐵良未中，自投井死。《知之錄》據《張文襄公年譜》，稱在本年臘月。惟《年譜》明言，鐵良十二月二十二日至武昌，二十五日赴湖南，再至武昌留數日北返，且當時由漢口乘車至彰德亦需時二日，似當在次年正月初也。
民元前七年，光緒三十一年乙巳，西曆一九○五	春	劉敬庵爲日知會所司理，整理書報，訂立規劃。
	冬	敬庵吸引同志進行組織，商准胡蘭亭會長擬訂日知會約，是爲日知會開始演變鼓動革命。

續表

民元前六年，光緒三十二年丙午，西曆一九〇六	正月	日知會開成立會，何季達、朱元成、馮特民、孫武等皆有沉痛演說。
	春	同盟會派余誠爲湖北分會會長，誠至武昌，倚日知會進行黨務，是爲日知會雙重演變。
	五月	喬義助奉中山先生命，隨法駐津參謀歐吉羅周歷長江口岸，八日到漢，日知會開會歡迎歐吉羅及會員，演說革命，鄂密探偵報是爲日知會肇禍之由。
	十月	九日，萍醴會黨在瀏陽起事失敗，諜報黨羽潛來鄂境，鄂督懸賞緝拿者十三人。
	十一月	二十九日，鄂派軍警圍日知會捕人，由郭堯階作引綫，先後捕獲朱子龍（即朱元成）、梁鍾漢、胡瑛、李亞東、季雨霖、張難先、吳貢三、殷子衡、劉敬庵等九人。
民元前五年，光緒三十三年丁未，西曆一九〇七	三月	朱子龍病死獄中，未幾張難先因病保釋，又數月季雨霖亦被保釋，其餘諸人於次年分別判罪。
民元前四年，光緒三十四年戊申，西曆一九〇八	二月	任重遠由李長齡介紹投四十一標三營爲兵，籌設湖北軍隊同盟會。
	六月	二十八日，軍隊同盟會在洪山羅公祠開成立會，秦炳鈞爲主席，數日後任重遠赴川，會務停頓。
	十月	湖北陸軍會操於安徽太湖，楊王鵬在宿營與鍾畸、郭撫宸、鄒毓琳、唐犧支、鄒潤猷、張文選、莫定國、章裕昆、萬奇等十人商改組軍隊同盟會，定名"群治學社"。社章經費由社員抽薪餉十分之一充之，入社須社員三人以上介紹，每一社員月須介紹二人，但不得介紹官佐。
	十一月	二十日，群治學社開成立會，議決暫設庶務一人，推鍾畸擔任，後畸赴寧，改由李抱良擔任。
	冬	同盟會分組共進會會員，孫武回鄂與焦達峰協商號召會黨。

續表

民元前三年，宣統元年己酉，西曆一九〇九	三月	共進會成立總機關，設漢口長清里。
	六月	四十一標左隊隊官潘康時，由楊王鵬介紹破格入羣治學社，官佐入社自此始。
	冬	宛恩演斥資二千元由詹大悲接辦《商務報》，劉堯澂爲會計兼發行。 四十一標分防襄陽一帶，蔣翊武、詹大悲、劉堯澂往天潛探訪蔡大輔，具告社事，孫武往香港晤馮自由於《中國報》，自由介武入同盟會，自是香港機關與武漢常通消息。
民元前二年，宣統二年戌庚，西曆一九一〇	四月	湖南米荒，會黨煽動饑民焚撫署及教堂，黃申薌、單道康、黃孝霖、孫長福等密謀由四十一標響應，鄂省戒嚴，派憲警至三十二標捕申薌，申薌逃走滬，林兆棟、黃孝霖、賀公俠走川，《商務報》停刊，羣治學社停頓。 譚人鳳、宋教仁、趙聲、居正等在日京召十一省區同盟分會長開會，議設中部同盟會，運動長江流域革命。
	七月	李抱良、黃駕白、單道康、廖湘芸、祝制六、楊王鵬、孫長福、李鑫、章裕昆等在四十一標一營左隊開會，商改組羣治爲振武學社。
	八月	中秋節振武學社開成立會，社章組織增標營隊代表，舉楊王鵬爲社長，李抱良文書兼庶務。 蔣翊武、劉堯澂由黃貞元介紹投四十一標三營左隊爲兵。
	九月	重九日文學社代表會，報告入社人數二百四十餘人。
	十月	隊官潘康時革職，施某代爲隊官，密報黎元洪，撤楊王鵬職，李抱良、鍾倬賓開除，鄭士良亦被撤，社務改由蔣翊武主持，文書及庶務鄒毓琳接管。
	十一月	詹大悲創辦《大江報》。
	十二月	清廷命盛宣懷爲郵傳部尚書，取銷鐵路商辦，借外款修築收歸國有。 是年冬，楊時傑約劉公回鄂，與孫武、劉英、楊玉如商共進會加緊進行革命事。

續表

民元前一年，宣統三年辛亥，西曆一九一一	正月	元旦，振武改組爲文學社，開成立會，新舊會員共有八百餘人，舉蔣翊武爲社長，詹大悲爲文書部長，劉堯澂爲評議部長，蔡大輔、王守愚文書，鄒毓琳會計兼庶務。 居正、譚人鳳先後來鄂，人鳳攜黃興撥款八百元給共進會爲運動資金。
	二月	文學社開代表會加推王憲章爲副社長。
	三月	二十九日，廣州起事失敗，各省戒嚴，文學社常會不便召集，劉堯澂請假出營，每日往各標營探問。
	四月	十二日，文學社又開代表會，時社員已增至三千人，賃小朝街八十五號專設機關，增設總務部，推張廷輔爲部長，劉堯澂、蔡大輔住設辦事。 十三日，劉堯澂、王守愚與楊時傑、楊玉如、李作棟在龔霞初寓協商聯合舉事。
	五月	端午節，文學社又開代表會，四十二標祝制六辭代表，改由胡玉珍接充，並決議設陽夏支部，以漢口鄭兆蘭寓爲支部交通處，漢口集會在范明山寓，漢陽集會在陳德元寓。 劉公之家匯款五千兩捐官移作共進會籌備費。 李作棟介紹張振武加盟共進會爲其會計助理。 五月十六日，劉敬庵病死模範監獄。
	六月	湖北紳商反對鐵路收歸國有，公推代表劉心源、密昌墀、張伯烈、夏道南赴京請願。
	閏六月	清廷命端方入川查辦，端方調鄂軍三十一標三十二標隨行，旋鄂方調二十九標四十一標馬隊八標分防襄鄖荆宜及岳州。
	七月	文學社共進會開聯合會，公推蔣翊武爲總指揮，孫武爲參謀長，劉堯澂、蔡濟民、杜武庫、王文錦、吳醒漢、徐達明、秦洛民爲參謀，王憲章、張廷輔、祝制六、彭楚藩、蔡大輔、王守愚、羅良駿、黃駕白、陳孝芬、楊戴雄、王華國爲軍事籌備員，鄧玉麟、楊宏勝擔任傳令通訊，總指揮部設小朝街八十五號。 是月二十日，小朝街開會討論應付策以武昌起事，調駐各處同志即時響應，並決定蔣翊武隨營赴岳，任務由劉堯澂、王憲章分擔。

續表

民元前一年，宣統三年辛亥，西曆一九一一	八月	三日，胭脂巷胡寓開會，劉堯澂報告各標營代表起事時所負任務，臨時遵照命令實行。 同日，南湖砲兵隊二營中隊爲同伍餞行，因干涉暴動，諉過霍殿臣，革除寢事，自是鎮協當局加緊防備。 十八日午，漢口寶善里總機關，孫武試驗炸彈，失慎誤傷，由汪性唐、劉變卿扶出，俄捕來搜，劉公、丁笏堂、牟鴻勳、謝石欽、梅寶璣等乘間逃走。公之寓亦被搜查，其弟與妾及親友王可伯、謝坤山、陳文山等並被捕，捕房查獲星旗、袖章、名册、文告等件，送江漢關道移時解督署訊辦。 蔣翊武應召回省，於是日到小朝街機關部與劉堯澂商起義事，忽聞漢口機關破獲，即依堯澂預訂計畫草命令，決定於是夜十二時起事，因戒嚴故命令未全送達，各處省垣機關亦被破獲，被捕者數十人，翊武乘間逃。 十九日晨，劉堯澂、彭楚藩、楊宏勝在督署門前就義，是晚首義，瑞澂、張彪等逃走。
民元年，西曆一九一二	首義以後	張振武聳動孫武同組民社與同盟會對立，共進會社員多屬之，後成爲共和黨，但居正、劉公、劉英、楊時傑等仍隸國民黨。 文學社於民元四月最後開會，蔣翊武動議文學社停止，其社員一律加入同盟會，全體同意。

附二：革命團體黨員表

茲緝錄革命團體黨員，而知日知會前後爲黨員組織分界。不惟日知會停閉一年有餘，人事變遷已多，故其黨員延續性前後懸殊。日知會以前黨員軍界人甚少，且多爲軍官。日知會以後黨員，文學社經三次演變，幾乎純爲士兵，大抵延續而下，逐漸增加其數量。共進會黨員亦以士兵居多，爲其幹部人員，大抵皆非軍界者，此其所以異也。惜乎黨員名册無稽，人存者少，今之號稱首義者，往往非盡當初首義之人，難以採訪。茲據《知之錄》所載，稍加參訂，排列爲表（表二）。其得列者不及當時十之一二，又不能詳其事蹟，疏誤亦所不免。然其人事延續與變遷之概狀，覽者亦可一目了然矣。至於戮力光復，鏖戰陽夏，非原有團體黨員，而功不在黨員下，此類無名英雄，爲數不減於往昔八千子弟，其因事得見於記述者更寥寥矣，豈不可慨哉！

表二　革命團體黨員表

科學補習所	日知會	軍隊同盟會	群治學社	振武學社	文學社	共進會
朱子龍　原名家棠，在軍名元成，字松坪，湖北江陵，歐陽瑞驊作傳，載《知之錄》。	見上					
曹亞伯　湖北興國，著《革命真史》，馮自由作傳，載《知之錄》。	見上					
胡瑛　原名宗琬，字經武，湖南桃源，張難先作傳，載《知之錄》。	見上			見上		
張難先　號義痴，湖北沔陽，曾在國民政府任銓敘部長，浙江省主席。	見上				見上	

續表

日知會			文學社			共進會
日知會	科學補習所	軍隊同盟會	群治學社	振武學社	文學社	
見上	何自新 字季達，一字季俠，湖北黃岡，早故，熊子貞作傳，載《知之錄》。					
見上	劉敬庵 名大雄，一稱貞一，湖北潛江，歐陽瑞驊作傳，載《知之錄》；馮自由挽文，載《大風十日刊》第十六期。					
見上	馮特民 名一，湖北江夏，自學強堂學生，歐陽瑞驊作傳，載《知之錄》。					

续表

日知会		文学社			共进会
科学补习所	日知会	军队同盟会	群治学社	振武学社	文学社
李胜美 字遵五,湖北襄阳,后任团长。	见上				
余诚 原名仲勉,字简齐,湖北麻城,日知会案亡走沪,未久病死,张难先作传,载《知之录》。	见上				
季雨霖 字良轩,湖北荆门,张难先作传,载《知之录》。	见上				
孙武 原名葆仁,字尧卿,一称摇清,湖北夏口,张难先作传,载《知之录》。	见上				见上

續表

日知會		文學社				共進會
科學補習所	日知會	軍隊同盟會	群治學社	振武學社	文學社	
時功璧 字伯弼，湖北枝江，運動學界。	見上					
張漢 字佩紳，湖北荊門，民國為國會議員，已故。	見上					
韋天保 運動會黨。	見上					
方伯年 安徽。	見上					
趙光華 字幹庭，湖北沔陽，運動軍隊，民元病故。	見上					
徐竹坪 湖北荊門，運動會黨，已故。	見上					

續表

科學補習所	日知會	軍隊同盟會	群治學社	振武學社	文學社	共進會
劉度成 字熙卿，湖北江夏，武高等學生。	見上					
呂大森 李亞東，名斌，河南信陽，張難先作傳，載《知之錄》。		見上				
朱槐庭 字槐庭，湖北建始，庠生，民十六過院，有《放歌行》一首，慨悲壯，文見本傳。						
任重遠 湖北潛江。		見上				
《知之錄》本傳。黃申鄉		見上	見上			
朱子陶 貴州，任多寶寺街，與時宅為鄰。					見上	
陳從新 盟共進會，聯絡陽新大冶會黨，起義後為國長。						
傅人傑 安徽，運動軍隊，查光佛本傳。						
字楚材，河陽。 字曉生，湖北蘄春，起義後為教育司長。					見上	

續表

日知會				文學社			共進會
科學補習所	日知會	軍隊同盟會	群治學社	振武學社	文學社		
	陳教懋 字桂仙，湖北黃陂。						
	賀公俠 字劍川，湖北天門，民十七任黃梅縣長，甫到任即被害。						
	陳漢川						
	王憲章 貴州新義，章裕民作傳，載《文學社運動紀實》。						
	張榮楣 字朗村，湖北恩施，工權謀，後以半身不遂為犧牲友。						
	蔡濟民			見上	見上		
	張品珊 原名國楨，字幼襄，湖北沔陽。						
	李慶芳 章炳麟作墓誌，查光佛作傳，並載《知之錄》。						
	歐陽瑞駢 湖北黃陂。字季香，工文詞。				見上		
	熊秉坤 原名秉昆，字載乾，湖北江夏，起義後任協統。				見上		
	毛復旦 一名汝際，字善如，浙江黃嚴。						

续表

日知會		軍隊同盟會	文學社			共進會
科學補習所	日知會		群治學社	振武學社	文學社	
康建唐，湖北恩施，運動會黨。	張統，字潤三，湖北黃岡。敢義首，二討袁極勇敢，民二奸人鋒黎元洪捕殺於江岸。					
王漢，字竹庵，後名潮，號怒潘，張難先作傳，載《知之錄》。	彭楚潘，原名譚藩，字青雲，湖北鄂城，章裕昆作傳，載《文學社運動紀實》，張難先作傳，載《知之錄》。			見上	見上	見上
雷天壯						
彭瀨初，湖南桃源，徐天復作傳，載《知之錄》。						
易本羲，在所辦事努力。			見上	見上	見上	
龔國煌，字溶村，湖北崇陽，武漢淪陷時間病故。	劉堯澂，名復基，當兵化名汝夔，湖南常德，章裕昆作傳，載《知之錄》。					
邱其發，湖北黃陂。						

續表

	日知會		文學社				共進會
	科學補習所	日知會	軍隊同盟會	群治學社	振武學社	文學社	
	許崇顥 字月軒,湖北黃陂,運動軍隊。	祝制六 原名夢熊、湖北荊門,起義前任四十二標代表。	見上				
	劉復 字菊坡,湖北鄂城,高等警官學生,民十六年任安徽民政廳長。	首義時光復漢陽兵工廠最努力,民元被奸人搆黎元洪殺之,一日討袁時遇害。		見上	見上		
	劉彥 字武南,湖南,民國爲國會議員。	覃炳堃 黃家麟號篤前,復漢陽湖北漢川,民元以後反力,對袁及北洋軍閥,於武昌。	見上	見上		見上	
	宋教仁 字公武,廣東香番,辛亥佐林述慶光復鎭江。						
	許遠香 湖北沔陽,早故。	徐鑑熙 湖北潛江。				見上	
	徐炳龍 湖北蘄水。						

續表

日知會		軍隊同盟會	群治學社	文學社		共進會
科學補習所	日知會			振武學社	文學社	
盧啟賢，湖北襄陽，民國任縣長。	李長齡字筱香，湖北天門，清廪生，難先作傳，載《知之錄》。	見上			見上	
汪翔，湖北黃岡，民國任河南縣長。	吳兆麟字畏三，湖北鄂城，工城營隊官，首義時據楚望台合指揮同志分攻頗得力。			見上	見上	
歐陽振聲字篤初，號俊民，民國爲國會議員。	郭撫辰，群治學社發起人之一。		見上	見上		
田桐字梓琴，湖北蘄春，文學社發起人之一。生，馮自由有傳略，載《知之錄》。	宋錫全					
徐于字質夫，湖南，首義後任協統。					見上	
曾唯，湖南，後爲金陵大學教授。	丁笏堂名立中，江西南昌，首義後任軍務部秘書及興業銀業行總辦。				見上	

續表

科學補習所	日知會			文學社			共進會
	日知會	軍隊同盟會	群治學社	振武學社	文學社		
	劉斌 一名權，字玉堂，湖北咸寧，開新大方棧。						見上
	潘善伯 字公復，湖北襄陽，光復最努力，後不求顯達，為水電公司職員。						見上
	宋鎮東 字開先，湖北天門，戊申由日回里宣傳革命，己酉正月被人暗殺。	黃篤白 字平分，湖南平江，炮隊。	見上	見上	見上		
		黃元吉 字鑑宇，湖北應城，三十一標一營，自言陳友諒後裔，亡先命祖其以故里有黃達山因姓黃。	見上	見上			
	鄭雄飛 字心田，湖北鍾祥，首義後漢口陣亡。						見上

續表

科學補習所	日知會	軍隊同盟會	文學社			共進會
			群治學社	振武學社	文學社	
	錢保青　字選青，湖北黃安，馬隊官，起義後管帶水師。	黃依僧　原名景賢，四十二標二營代表。	見上	見上	見上	
	羅子清　湖北鄂城，工程營隊官姚金鏽	張文選　慈利，群治學社發起人，四十一標。	見上	見上	見上	
	字小圃，首義任參謀訪帶。何亞新	萬奇	見上	見上	見上	
	湖北蘄水，肄業黃州中學，同會大悲，宛思演，梅寶璣，方覺慧等首義組證人學社，首義後任黃總司令部會計。	孫長福　一作昌復或作昌福，字復生，三十二標士兵，南岳州，有記為陸軍學生，攻督署最力。	見上	見上	見上	見上

續表

科學補習所	日知會		群治學社	振武學社	文學社	共進會
	日知會	軍隊同盟會				
	趙鵬飛 字雄群，湖北群祥，事略見《知之錄》。	莫定國 群治學社發起人。	見上	見上	見上	
	梁瀛洲 名耀漢，湖北漢川，周海珊作傳，載《知之錄》。	唐犧支 字以杞，光復荊宜。	見上	見上	見上	
	吳昆 壽田，湖北黃岡，熊子貞作傳，載《知之錄》。	李抱良 字六如，湖南平江，代鍾畸任庶務。	見上	見上	見上	
	黃吉亭 名禎祥，湖北武昌，創辦日知會，會維護黨人最力。	李慕堯 炮隊第八營代表。	見上	見上	見上	
		鍾畸 字勖莊，湖南湘鄉，群治學社發起人。	見上			
		楊王鵬 字子邑，湖南湘鄉，李頌東作傳，	見上	見上		

续表

科學補習所	日知會	日知會	軍隊同盟會	群治學社	振武學社	文學社	共進會
	胡蘭亭	名齊勳，湖北武昌，繼黃吉亭爲會長，戴黃先作傳，載《知之錄》。	載《文學社運動紀實》載事略。				
	劉靜庵	章裕昆，字德藩，湖南甯鄉，爲文學社先…					
		名應宗，湖北咸甯，代胡蘭亭爲會長。	後組織團體最努力之同志。				
	梁鍾漢	字瑞堂，湖北漢川，日知會案入獄。	林兆棟，湖北黃岡，入川，後努力光復，首義後回鄂，任事縣爲匪所害。	見上			
	吳貢三	名之銓，一字保春，湖北黃岡，編有《孔孟心肝》，作《新民夢雷》等，《知之錄》有傳。	王守愚，字玄一，湖北京山，藝師養成所畢業，文學社幹部，任事最力，民國後病死廣州，著有《十…	見上	見上	見上	

續表

日知會 / 科學補習所	日知會	軍隊同盟會	群治學社	振武學社	文學社	共進會
	段子衡 湖北黃岡,出獄後赴邑參謀軍政。	二年回憶稿》騰存潘翼如家。				
		廖湘芸 湖南湘鄉,四十一標代表。				
	許兆龍		見上		見上	
	字雲章,天門州二標督隊官,後任師長。	鄒毓琳				
	廖匯川	鄒潤猷 字秉初,群治學社發起人。	見上		見上	
	字宗伯,湖北荊門,民國為國會議員。	蔡大輔 群治學社發起人。	見上	見上	見上	
	黃景亞	字雲舫,湖北京山,事略載《知之錄》。		見上	見上	
	字楚玉,湖北漢川,借梁學社明新公學,討袁護法無役不與。	王子英 字端夫,湖北嘉魚,與任重遠協力組團體,後為各部總稽查,副部長。				見上
	李楚翹 湖北荊門。					

續表

科學補習所	日知會	軍隊同盟會	文學社			共進會
			群治學社	振武學社	文學社	
	何子楨 湖北黃岡。	陸國琪	見上	見上	見上	
	熊子香 名劍飛,湖北黃岡,運動軍隊。	單道康 字刺夷,湖南平江,群治學社發起人,三十二標代表,首義後任團長。	見上	見上	見上	
	蔡達生 湖北,文普通學生,運動學界。					
	熊持中	曹振武 字海春,湖北黃岡,辛亥光復黃州。 字士杰,湖北京山,四十一標三營,討袁人獄後起粵,曾任營總務處長行。	見上	見上	見上	
	黃金門 湖北漢川。					
	陸費逵 字伯鴻,浙江,民元後創辦中華書局。	彭新振 分防潛江,因運動饑民革除。	見上			
	張漢傑 任宜傅,因嫌疑下武昌監獄。	秦秉鈞	曾省三 字楚香,湖北應城,成立本社頗有力。			見上

续表

科學補習所	日知會	軍隊同盟會	群治學社	振武學社	文學社	共進會
	濮以正　安徽，任評議員。	陳紹武　湖北沔陽，辦《通俗白話報》，代本會宣傳。	詹大悲　原名瀚，字質存，湖北蘄春，非軍界而參與軍界，團體機要大悲為唯一人，以報館為團體宣傳援最有力，李作棟作傳，載《知之錄》。	見上	見上	
	張純一　字仲如，湖北漢陽，著作甚富。					
	熊子貞　字十力，湖北黃岡，專研佛典，著作，為學者所推重。		宛思演　湖北黃梅，毀家辦報宣傳革命，今尚在極貧。	見上	見上	
	劉子通　湖北黃岡，後傾共產主義。		梁維亞　字民希，湖北陳沱			
	劉襄廷　湖北建始，聯絡警界。		字洪度，河南南陽，張難先作傳，載《知之錄》。	見上		見上
	朱作梅　負通譯宣傳之責。					見上

續表

科學補習所	日知會	軍隊同盟會	文學社			共進會
			群治學社	振武學社	文學社	
	張海濤 湖北黃岡，聯絡軍學界。		何海鳴 原名時俊，湖南衡陽，四十一標一營書記，旋同詹大悲辦報。	見上	見上	
	邱介甫 名可珍，湖北黃岡，運動軍隊。		詹大悲 黃孝裸		見上	
	李興漢 湖北漢川。		蔣翊武 湖南平江，駕白弟。	見上	見上	
	馮群先 湖北黃岡，運動軍學界。		馮中興 一名伯蓤，湖南澧縣，事略並見《知之錄》及《文學社運動紀實》。	見上	見上	見上
	方劍俠 一稱簡俠，湖北武昌，討袁時在浙遇害。		谷景芳 武昌工程營。	見上	見上	見上
	鄒特夫 湖北武昌。		李 鑫 湖南湘鄉	見上	見上	見上
	周定侯 字瑞庭，湖北沔陽。		闞 龍 字雲波，湖北沔陽。			

續表

科學補習所	日知會	軍隊同盟會	群治學社	振武學社	文學社	共進會
	金華祝　字封三，湖北黃陂，運動學界。		陽，歐陽瑞驊作傳，載《知之錄》。			
	陳雨蒼　字少峯，湖北荊門，運動軍學界。起義時軍醫，程硃德一時愛留，後回為湖北醫學院長。		姚　釣　江西撫州，四十一標攻督署最努力。龔俠初　湖南禮縣人，新聞記者。		見上	
	張星漢		李濟臣　湖北恩施，首義時甚努力，同張鵬程守軍藩，後		見上	
	字芙青，湖北天門。		因奉軍部命赴京天，被匪所害。杜邦俊　起義後任協統。		見上	
	余德元　字明卿，湖北房縣，運動學界。		潘康時　字翼如，湖北黃	羅良駿　三十一標首義者。丁人傑	見上	
	石志泉　字友簡，湖北孝感，民國為司法部次長。		陂，首義時頗有戰績。	字景梁，湖北房縣，首義時頗有戰績。	見上	

續表

科學補習所	日知會	軍隊同盟會	群治學社	振武學社	文學社	共進會
	張筱陔 湖北應城，偕梁瀛洲辦明新公學。		隊隊官，入社自康時始。	楊選青 湖北襄陽，改督署最力，首義後為標統。	見上	
	殷子衡，湖北黃岡，日本土官生，辛亥參加陽夏之戰。		劉星澂 湖南常德，同大悲辦《商務報》。	吳醒漢 原名基培，湖北黃陂，改督署及劉家廟戰役皆受傷，事略載《知之錄》。		見上
	王愚忱		黃貞元 介紹蔣翊武、劉堯澂入伍。			
	黃公徵 湖北武昌。		鄧剛之	杜武庫 字廉卿，湖北黃岡，首義後為標統。		見上
	以貲財接濟黨人革命。		楊王鵬兄			
	宋衡		楊王鵬	胡玉珍 字聘三，河南鄧縣，事略載《知之錄》。	見上	
	鄭子瑜 湖南，在南京遇害。		鄭士杰 與李抱良、鍾作賓同時破革。	王文錦 成立本社頗努力。	見上	

續表

日知會		軍隊同盟會	群治學社	文學社		共進會
科學補習所	日知會			振武學社	文學社	
	范騰霄 字銀槎，湖北利川，丙午改組最熱心，現爲國民代表。				見上	
	范鴻勳 字尚立，湖北鄂城，宣傳最努力。			江國光 三十一標代表，首義後爲奸人鎗黎元洪殺之。		見上
	胡維世 湖北武昌，宣傳最努力。			高尚志 字固群，湖北巴東。		見上
	郝可權 字大衡，湖北蘄春，辛亥同馮時民光復新疆，任軍務部部長。			蕭國寶 字品三，湖北監利，起義署爲協統。	見上	
	馮大樹 湖北崇陽，與馮郝同光復新疆。			鍾倬賓 四十一標代表。		見上
				向海潛		見上
				夏一鳴 攻督署頗力。		見上
				李建中 湖北孝感，三十一標什長，南北和議後不知所終。		

續表

科學補習所	日知會	軍隊同盟會	群治學社	振武學社	文學社	共進會
	朱義冑 字心佛，湖北潛江，努力國學，任大學教授。			陳孝芬 字鐵侯，湖北黃安。		見上
	熊麗堂 湖北黃梅，袁氏稱帝被逮，死武昌獄中。			徐萬年 首義夕率炮隊入城。	見上	見上
	鍾劍林 江西，運動軍隊。			江炳靈 字慶林，湖北沔陽。		見上
	吳祿貞 字綬卿，湖北雲夢，黨史委員會有傳。			陳子龍 湖北襄陽。	見上	見上
	成邦傑 字興亞，湖南，聯絡會黨。易介三			方興 原名繩修，湖北沔陽，首義夕率隊防禦中和門及通湘門。	見上	見上
	徐諤			劉化歐 席正銘 陸軍中學代表。	見上 見上	見上

續表

日知會		軍隊同盟會	群治學社	文學社		共進會
科學補習所	日知會			群治學社	振武學社	
					文學社	
	畢振業 湖北蘄水。					見上
	李淯川 河南。					見上
	張其亞					
	童澍					
	李賁栗 湖北孝感。					
	錢友松 湖北武昌,首義後任各部總稽查。					
	鍾琨齡 湖南。					
	徐叔淵 湖北鄂城。					見上
	鍾大鼻 湖北黃岡。					
	熊飛宇					
	雷超					
				見上	雷洪 湖南陸軍中學代表。	
				見上	金兆龍 湖北黃岡,工程營首先發難,後充敢死隊隊長。	
				見上	黃鎮中 通城,四十二標學兵,一作振中,光復漢陽為宋錫全團長。	
					徐達明	
				見上	陳復元 馬隊,首義率隊攻稽署,後為參謀。	
				見上	鄢樹潘 湖北天門,四十二標代表,起義	

续表

科學補習所	日知會	軍隊同盟會	群治學社	振武學社	文學社	共進會
	董傑					
	潘善美					
	盧保三					
	喻 祿					
	熊興亞					
				後被巡防統領劉蘊玉搶斃。		
				鄭士杰	尤洪勝	見上
				四十一標二營司書，施化龍告密被革。	馬 榮	見上
				饒升甫	工程第八營代表，事略載《知之錄》，《漢口戰事始末》。	
				陳國楨	馬驥雲	
				湖北鄂城。	馬隊首先響應者。	見上
				李乃斌	晏伯青	
				陳元吉	混成協炮隊十一營代表。	見上
				曹華丞	楊宏勝	
				侯源英	湖北襄陽，張難先作傳，載《知之錄》。	見上
				湖南。		
				謝 榮	黃冠群	
				李成牧	馬隊士兵，首先響應者。	
				朱黃強		
				王國華		見上

續表

科學補習所	日知會	軍隊同盟會	群治學社	文學社			共進會
					振武學社	文學社	
						鍾仲衡 首義攻督署。	見上
						李青蓮	見上
						熊楚斌 為錢明漢誘殺。	見上
						潛江人,馬隊士兵,同張廷輔被逮,首義時出獄。	居正 字覺生,湖北廣濟,中部同盟會湖北方面主持人,首義前月赴滬購槍,首義後四日回鄂,國民政府司法院長,著《武昌起義經過》,見《大公報》。
						李鳳鳴	
						張廷輔	
						字清臣,直隸二十九標排長,本社總務部長,起義後任第二師長,民元遇害。	劉公 字仲文,湖北襄陽,胡漢民撰事略,載《知之錄》。
						張鵬程 字翼洲,湖北恩施,二十九標代表,攻督署最力,民八護法殘廢。	

續表

日知會		軍隊同盟會	群治學社	振武學社	文學社	共進會
科學補習所	日知會					
					鄧兆蘭 湖北鍾祥，其弟爲日本社支部交通處，起義後任兵工廠長。 邱文彬 字質如，四十二標副代表，光復漢陽爲一協參謀長。 林翼支 湖北隨州，光復漢口爲指揮官。 王鑽承 字連三，湖北漢川，入四十二標，秘密時書記。 熊　偉 字小香，湖北麻城，討袁失敗在仙桃鎮被駐軍團長朱兆熊所殺。 鄭桂芳 同李濟臣遇害。 全書勞 民四討袁在襄陽同蔡大輔被捕，解省遇害。 羅群英 湖南人，四十二標二營副代表。 黃　競	劉　英 字聘述，湖北京山，孫鏡作傳，載焦達峯《知之錄》。 初名大鵬，字鞠孫，湖南瀏陽，章炳麟作傳。 楊時傑 字笏武，湖北沔陽，起義後爲內務部長。 楊玉如 湖北沔陽，起義後任都督府秘書長。 李作棟 字春萱，起義後任財政部長。 張振武 字春山，湖北房縣，起義後任軍政部副部長兼代部長，民元爲袁世凱所殺。 彭漢遺 字述先，湖北廣濟，民國後爲國會議員。 胡祖舜

續表

日知會		軍隊同盟會	群治學社	振武學社	文學社	共進會
科學補習所	日知會					
					在天門爲錢明漢誘殺。趙承武 四十標二營代表，後任管帶，劉家廟陣亡。 湖北應城，二次革命被馮國璋殺於南京。張步瀛 荆門人，四十二標，光復後爲參謀。邱坤庸 襄陽人，四十二標，光復漢陽爲營副。李忠義 湖北咸寧，民二遇害。石古奎 四十二標二營副代表，在漢口劉家廟陣亡。王紹斌 三十一標二營前隊代表。梁柔昌	字玉齋，湖北嘉魚，主持胭脂巷十一號分機關，民國後爲國會議員，著有《六十談往》。牟鴻勳 字獻宣，湖北利川，後任總稽查及實業部副部長。鄧玉麟 號品三，湖北巴東，起義後爲師長，二十五年《大公報》國慶特刊登其《武昌起義經過》。陳洪元 字省方，湖北黃岡，法官養成所代表。牛廷臣 鐵路學堂代表。劉公 公之弟，湖北襄陽。蔣秉忠 字蘭譜，湖北江夏，首義後爲集賢館館長。胡祖賓 祖舜弟，湖北嘉魚。

續表

日知會		軍隊同盟會	群治學社	振武學社	文學社	共進會
科學補習所	日知會					
					李感人，光復漢陽副參謀長。	向　炳 字明齊，湖北恩施，方言學堂學生。
					張文簡 字仲繡，首義宋錫全部副營長。	周之瀚 字鵬程，湖北恩施，起義後任內務部副部長。
					江采章	徐朋桐
					漢川人，原名有紀，三十一標二營左隊代表。	字鳳梧，湖北黃陂。
					顧　鴻 湖北沔陽，四十一標，攻督署最力。	向炳焜 字子南，來鳳人，文普通學生。
					胡玉山	劉燮卿 同係組織機關。
					隸季雨霖部，鍾祥部勘亂最勇。	吳肖偉 本會初成立時，其萬為武昌分機關。
					仇國華	
					光復漢陽率隊迎李亞東出獄。	劉　鐵 字壁如，湖北京山，在京山與兄共起義，民國後在上海被捕槍斃。
					梁謀義 民四討袁與尹華楊三人在武昌就義。	
					華裕龍 民四討袁為黎天才逮捕，解省槍斃。	劉　杰 字楚翹，湖北京山，與劉英舉義京山。
					張大鵬 荊門人，光復漢陽率隊迎李亞東出獄。	

續表

日知會 科學補習所	日知會	軍隊同盟會	群治學社	振武學社	文學社	共進會
					楊梓青 民七護法為王占元槍斃。	宋鎮華 湖北京山，佐劉英舉義京山。
					李擎甫 首義前派任岳州召蔣翊武回鄂。	李基鴻 字子寬，湖北應城，民國在廣東任財政廳長。
					李文元	李翊東
					胡培才 首義前送信各標營。	字西屏，湖北黃岡，測繪學堂代表。
					張喆夫 攻督署最力。	胡干城
					何錫藩 江陵人，二十九標代表，脅管帶反正。	字劍候，湖北鄂城。
					余鳳齋 襄陽人，混成協炮工輜總代表。	陳　磊
					王世龍 掩護弟十一營占鳳凰山攻督署。	字樹三，湖北黃岡，照料同興學社。
					秦洛民 麻城人，四十一標士兵，首義時縱火燒督署鐘鼓樓、中敵彈死。	謝石欽 湖北隨州，辦總理機關文告。
					李達五 首義前為總指揮參謀。	湯行健
					湖南禮縣，起義後為鋼鐵廠總辦，靖國之役在施南遇害。	字舜卿，湖北沔陽，以文字宣傳最力，詞衰為王占元槍斃。
						梅寶璣 湖北黃梅，辦總理機關文告。
						費　槃
						字孟鶱，湖北巴東，掌星旗印信。

續表

日知會	科學補習所	日知會	軍隊同盟會	群治學社	振武學社	文學社	共進會
						陳建章 河南息縣，四十二標一營代表，光復漢陽爲漢陽全營長。	趙詩梅 名學魁，湖北巴東，襄理同興學社，現爲武漢大學教授。
						支承元 襄陽人，四十二標一營營長，漢陽爲營長。	朱次璋 字伯平，湖北宜恩，後任測量局長。
						湯啟發 漢陽人，在漢陽包抄清兵。	方旭明 鐵路學堂代表。
						李金山 新溝人，帶隊光復漢口。	趙學詩 字幻生，湖北巴東，詩梅之弟，起義時同兄被逮。
						朱璧珍 襄陽，營代表，首義前傳達命令。	劉鄂本 鐵路學堂代表。
						胡冠南 毅城人。	張育萬 方言學堂代表。
						尹逵元 借唐犧儀支光復宜昌。	邢伯謙 兩湖師範學堂代表。
						楊梓俠 民四詩袁爲黎天才解省槍斃。	蔡漢卿 字希聖，湖北沔陽，攻督署最力，後任師長。
						陳德元 民四詩袁爲黎天才解省槍斃。首義前任本社支部聯絡，其寓爲漢陽集會處。	甘績熙 字穆卿，湖北利川，陽夏之戰

续表

日知會 科學補習所	日知會	軍隊同盟會	群治學社	振武學社	文學社	共進會
					范明山 首義前任本社支部聯絡,其寓為漢口集會處。	向壽陸 戰功甚著。
					姚斌	紀鴻鈞 首義夕冒火線衝入督署縱火死難。
					柳滌凡 字義卿。湖北沔陽,八月二十二日就義於劉家廟。	鄒玉溪 後名岩,字少倩,湖北漢川,在川同梁瀛洲努力。
					沈 嶽 衡陽人,攻督署最力。	鄭桂芳 四十一標士兵,首義夕奪門出,被黎元洪手刃者。
					蕭尚志 湖南寧鄉。	劉英部營長,在天門被錢明漢誘殺。
					黃維漢 湖北漢川,轉戰陽夏最勇敢。	高建瓶 字醒吾,湖北監利,陸軍中學生,驍勇善戰,民十二在長沙被殺。
					馬亞剛 馬隊八標代表。	陳宏誥 字達武,起義時任謀略處謀略。
					滕亞騰 漢川,三十一標,民元為人算黎殺之。	冷映奎 劉英部為營長,被錢漢明誘殺。
					李文燎 攻督署最力。	
					李德山 襄陽人,攻督署最力。	

續表

日知會		軍隊同盟會	群治學社	振武學社	文學社	共進會
科學補習所	日知會					
					李必勝 攻督署最力。	陳獻斌 河南,任三十一標前隊管營軍裝,其房間常作密會會所。
					馬雲卿	余鴻勳 字芳圃,湖北孝感,任戰時總司令部參謀,以勇敢稱。
					楊載雄 河南南陽,二十九標攻督署受傷。	胡效騫 攻督署最力,後充標統。
					李嶽松 四十一標,字漭軒,湖南澧縣,首義後為協統。	陳光楚 攻武昌賓善里炸傷,扶之就醫。
					鄧飛鵬 三十一標,名若松,湖南湘鄉,起義後為烏站兵站支部長。	徐少斌 一稱兆贇,工程營首義槍殺代營長者,繩。
					陳朗如 號鐵漢,湖北京山,四十一標參加攻督署。	孫華甫 湖北黃岡。
					黃柱國 同張鵬程攻督署,守藩庫。	盧雅卿 迎炮隊攻督署。
					宋玉廷 四十二標排長,首義後任未錫全部標統。	李子林 湖北襄陽,首義時為未兆熊所害。
					任質存 首義後軍政分府派在湖南。	張 英 湖北襄陽,首義時任都督府參議。
					首義任未錫全部營副。	

續表

日知會	科學補習所	日知會	軍隊同盟會	群治學社	振武學社	文學社	共進會
						王家麟 安陸人，四十二標，首義任未錫全部營副。	余福堂 湖北雲夢，討袁時遇害。
						彭紀麟	郭楚屏
						曹子清 攻督署為敢死隊前鋒。	馬明熙 字華村，在工程營首義。
						胡冠六 首義前入川，與唐犧支聯絡發難。	張富國 攻督署反迎炮隊入城。
						鄭繼周 湖南衡陽，三十一標，首義前入川與唐犧支聯絡發難。	王鴻猷 河南，攻督署最力。
						周拓疆 攻督署最力。	李國樑 恩施，駐防施南反正。
						朱澄宇 四十二標，光復漢陽時充參謀。	潘錫九 運動漢口清軍，為管帶肅國安槍斃。
						朱澄寰 孝感人，字旭東，四十二標二營代表。	李鵬昇 字用九，湖北石首，運動沙市防營反正，護法之役為上海鎮守使鄭汝成捕殺。
						楊振英 孝感人，四十二標二營代表。	耿丹 字選荼，湖北黃陂，率輻重營人城攻督署最力。
							字仲釗，湖北安陸陸軍中學生。

續表

日知會	日知會 科學補習所	軍隊同盟會	群治學社	振武學社	文學社	共進會
					鄒棟 號碧痕，潛江，四十一標攻督署最力。	沙金梅 馬隊第八標士兵。
					萬達森 黃岡人，光復漢陽後為末部標統。	孫鏡 字鐵人，湖北京山，偕劉英舉義。
					王殿一 襄陽人，首義後任末錫全部標統。	王天佑 陸軍中學生。
					符玉龍 混成協炮隊十一營士兵。	雷振聲 湖北宜昌，在工程營介紹潘定祥六人入事洩被革。
					蒲志成 任末錫全部營長。	艾良臣 營代表，攻督署最勇，民四討袁遇害。
					韓超驤 馬隊士兵。	謝詔武 字楚祈，佐李招討使定鍾祥，襄陽。
					蕭招武 馬隊士兵。	方馭甲 三十標副代表。
					黎瀛洲 天門人，馬隊士兵。	王鶴年 河南南陽，率炮隊入城。
					范天印 馬隊士兵。	陳隨福 營代表。
					沈翼士 天門人，馬隊士兵。	

續表

日知會	科學補習所	日知會	軍隊同盟會	群治學社	振武學社	文學社	共進會
						廖化東　馬隊士兵。	江亞蘭　字怨之，湖北江夏，步兵三十一標代表。
						文東明　天門人，馬隊士兵。	高仲和　字重源，季招討使秘書。
						陳勵志　馬隊士兵。	周楚材　三十標副代表。
						王瑞蘭　馬隊士兵。	祁古元　河南，三十二標二營後隊代表。
						張威　號奇烈，天門人，馬隊士兵。	孟發成　河南南陽，炮隊第八標副代表。攻督署最力，漢口陣亡。
						袁金鑾　四十二標充傳達，冒險探聽，武昌起義任本社支部聯絡，首義時槍斃排長而反正者。	羅□庵　一名萬象，字卓如，號煥章。湖北嘉魚，輜重營代表，首義舉火攻督署最勇。
						溫楚珩　山西人，漢口軍政分府處長。	汪性堂　湖北漢陽，孫武被炸同陳光楚扶之就醫。
						張明陽　湖北漢川。	符玉堂　在炮隊舉火起義。
						徐紹僑	
						楊洪濤　攻督署為敢死隊前鋒。四十二標秘密為會計。	

續表

日知會	日知會 科學補習所	軍隊同盟會	群治學社	振武學社	文學社	文學社	共進會
						孫業章 李子敦，四十二標。	曾尚武 字子敦，湖北江陵，後任標統。
						陳振亞 營代表。	曾國璋 湖北黃岡，起義後在軍務部任職。
						彭學俊 黃陂人，四十二標代表。	耿毓英 字默客，湖北襄陽，首義後任參議。
						蕭國斌 四十一標士兵。	殷占魁 步兵三十一標副代表。
						劉治一 黃陂人，馬隊士兵。	王子英 字瑞夫，湖北嘉魚，首義後各部稽查部副部長。
						劉建一 黃陂人，馬隊士兵。	謝　俊 陸軍中學生。
						華斌愷 應城人，馬隊士兵。	李樹芬
						晏國斌 應山，馬隊士兵。	輜重營舉火起義。
						顧忠偉 沔陽，馬隊士兵。	朱樹烈 字舜猷，湖北沔陽，十月初四借甘績熙奪回磨子山，後任審計廳長。
						邱瑞超 天門，馬隊士兵。	趙振民
						楊國勳 馬隊士兵。	字俊卿，湖北沔陽，辛亥在川

續表

日知會		軍隊同盟會	群治學社	振武學社	文學社	共進會
科學補習所	日知會					
					成炳榮	反正，任教導團隊長，癸丑討袁為陸建章殺於彰儀門。
					荊門起義後為協統	周定原
					朱忠武	字端庭，湖北沔陽，起義後任參議。
					天門工程正目。	沈平均
					郭寄生	起義後充講武堂分隊長，荊沙獨立改宜昌，在北北山中彈陣亡。
					方言學堂代表，文學社向不約學界人社，惟代表大會有參加者，郭與社中同志較親近，又未入共進會，故附於此。	李達
						馬隊起義。
					劉振東	方定國
					天門，號高青，原在四十一標三營，據自稱已加人文學社。	工程營排長，起義後任都督府司令官。
						李南星
						原名陸震，湖北襄陽，黑山陣亡。
						袁國紀
						字漢南，湖北恩施，兩湖師範生。
						胡聯喬
						測繪學生。
						高振霄
						起義後任總稽查。

續表

日知會	日知會	軍隊同盟會	群治學社	振武學社	文學社	共進會
科學補習所						閔燮卿 測繪學生。 何謙 謙一作憲、字亞新、湖北蘄水、起義後在總司令部糧臺任職。 錢芸生 河南、炮隊發動者。 胡維世 湖北江夏。 凌守範 起義後任總稽查。 涂耀樞 字穉清、湖南臨湘、助劉英起義。 余萬卿 湖北麻城。 張篤倫 字伯常、湖北安陸、陸軍中學學生。 謝流芳 湖北沔陽、首義後任標統。 王繩武 測繪學生。

續表

日知會		文學社				共進會
日知會	科學補習所	軍隊同盟會	群治學社	振武學社	文學社	
						霍殿臣 山西，炮隊起義攻督署最力。
						陳偉 三十標。
						馮昌言 字禹疴，湖北陽新，起義後辦文書。
						楊毓林 字傑丞，湖北沔陽，辛亥在川反正，回鄂後任禁煙副局長。
						劉遠達 起義前派往宜襄鄖活動者。
						程鳳林 工程營起義誤傷，歿於醫院。
						李華模
						朱珍珊 測繪學生。
						陳國楨 測繪學生。
						張達筱 湖北鄂城，率炮隊入城攻督署。
						二十九標，脅何管帶反正。

續表

日知會		軍隊同盟會	文學社			共進會
科學補習所	日知會		群治學社	振武學社	文學社	
						方 維 三十標，甚勇敢，民元爲袁世凱槍斃於北京。 張若舟 拖炮入城攻督署。 黃元斌 字禮堂，湖北荆門，營代表。 徐邦俊 字楚筯，湖北沔陽，訌袁其父爲朱兆熊槍斃，因病破於漢口。 汪秉乾 湖北竹谿，陸軍中學生。 王殿甲 同張鵬程保護藩庫，與部朔辰旗兵戰者。 張宗海 陸軍中學生。 程定國 字正瀛，湖北江夏，工程營起義助金兆龍排長者。 徐國鈞 馬隊起義。 方孝正 湖北廣濟，同熊海春光復黃州。

續表

日知會		軍隊同盟會	文學社			共進會
科學補習所	日知會		群治學社	振武學社	文學社	
						田智亮 辛亥在川反正。
						徐友潘 湖北麻城，馬隊起義，民七護法任靖國軍團長，在恩施遇害。
						陳子惠 湖北荊門，與季雨霖共事。
						祝秉奎 湖北應城，起義後爲旅長，討袁遇害。
						范義俠 字漢民，湖北沔陽，測繪學生。
						胡捷三 河南人，起義後任糧台職務。
						夏洪勝 率炮隊人城攻督署。
						徐國楨 馬隊起義。
						聶豫 字晴陽，湖北當陽，組振圖尊心會，首義後任軍務部參議。
						熊 持 字海春，奉令光復黃州。

續表

日知會		軍隊同盟會	文學社			共進會
科學補習所	日知會		群治學社	振武學社	文學社	
						向詩譚 原名夷清，湖北孝感，陸軍特別學堂班長，起義後任軍需總經理，其父逃向各方控訴有任軍需總經理，為仇人所殺，其父逃向各方控訴有案。 趙志龍 字賡雲，一名又雲，湖北漢川，首義任學生軍管帶。 王經武 陸軍測繪學堂參加起義者。 陳闓基 陳獻斌 湖北孝感，管三十一標槍彈，起義前私給子彈於同志。 章盛鎧 安徽盧江，同于郁文鬱排長五排發動在工程營。 尹奎元 湖北應城，三十一標，有作為者，討袁遇害。 蕭良賓 丁洪升 趙昌蕃 字錫候，湖北利川，首義後為都督府書記。 任振綱 工程八營土兵，首義前被排長看管。

續表

日知會		軍隊同盟會	群治學社	振武學社	文學社	共進會
科學補習所	日知會					
						陳天黃 率炮隊起義。
						余奇化
						胡培德 同黃總司令督戰最勇敢。
						鄺漢卿 工程營首義。
						謝扶南 八標炮隊起義者。
						王壽卿
						袁濟安 字巨驤，湖北沔陽。
						丁敬敏
						南湖炮隊起義者。
						李繼黃 湖北沔陽，特別學堂畢業，後任團長，漢口陣亡。
						余鶴翔 字鳳池，湖北襄陽。
						范鴻江 南湖炮隊起義。
						黃繼招 湖北鄂城，漢口軍政分府團長，民六荊州獨立為營管

續表

日知會		軍隊同盟會	文學社			共進會
科學補習所	日知會		群治學社	振武學社	文學社	
						長，在宜昌東山陣亡。
						魏安晉
						字仙洲，湖北黃陂。
						史定邦
						南湖炮隊起義。
						陳　龍
						胡志民
						名宗佐，都督府參議。
						羅炳順
						守軍械局響。
						黃世傑
						張濟安
						字原卿，湖北黃岡，光復貴州。
						金華袞
						湖北崇陽，民十驅王之役遇害。
						杜長材
						湖北沔陽，輜重營士兵，十九日由城傳達命令。
						李澤乾
						十九日午後同熊秉坤至二十九標三十標訪同志商發難。
						呂功起
						工程營覓其兄家子彈兩盒發難。

續表

日知會		文學社			共進會
科學補習所 日知會	軍隊同盟會	群治學社	振武學社	文學社	
					汪錫九 河南，炮隊起義。 林振邦 工程營起義。 羅定維 字谷生、湖南平江。 陳連魁 工程營起義。 閔少斌 南湖炮隊起義。 張　斌 胡宗良 呂中秋 工程營起義槍隊長。 湯啟發 工程營尋覓黎元洪之一人。 闞鴻飛 武漢危時同向海潛在湖南請援。 于郁文 工程營同張盛愷竊取子彈。 何見龍 劉天元

續表

	日知會		文學社				共進會
	科學補習所	日知會	軍隊同盟會	群治學社	振武學社	文學社	
							南湖炮隊起義。 謝湧泉 三十標三營起義。 林楚翹 十五協士兵，守張彪司令部繳奪其機關槍撞針。 金明山 漢北竹山，南湖炮隊起義。 羅人俊 字士希，湖北沔陽。 李鏡明 朱炳南 鄒國勤 南湖炮隊起義。 李紹白 朱峙三 武昌兩湖師範學堂代表。

第二　起義前籌畫

　　由起義時之所表見,可以認識籌備大體所在,計有三點:一、起義之事,暴發於八月十九日,與預定期限相距甚近,故事爲突變,實由於已達成熟之度而變,非起於偶然也。其因故未準預期發動者,亦祇在旦夕之間,初未以此牽動籌備之事也。二、起義在總機關破壞之後,各部失其聯絡,指揮無人統率。然各自動作,皆分途依一定目標前進,非事前預聞規畫,知其任務所在,必不能舉措咸宜。三、陽夏及省外駐軍所在,及時響應,皆爲主動,由於總機關之事前策動,至有聯繫。迨武昌一舉成功,首義中堅同志,多已先後死難。事變乘之,追論往事,易啓猜嫌。記述者各私所好,故爲詳略,或有出入。而異時論事,又以首義止於民族革命,建功者專屬武漢人士,其倡率諸人,皆非有雄才大略,無所表見於政治之上,故事雖成爲國慶,而經過往往等閒視之。其實起義所以成功,正惟目的專求民族平等,不涉政治問題,故一發而群起響應。亦惟秘密時代幹部人員,無爭取權位掌握政治之企圖,故機關破壞,雖暴發而各盡所能以消滅反抗之力。然對政治雖未作若何規畫,而起事即進據藩庫與官錢局,視與軍械庫同重,早爲籌畫所指定之任務,較之蕭何收律令圖書,更得其體要矣。以此之故,其籌畫非盡可以文字記述,然其經過可略言焉。述起義前籌畫第二。

　　起義籌備,決定於文學社與共進會聯合以後。文學社自由振武改組,社員已滲入各標營之隊以內,而共進會亦漸集注於新軍運動。及居正、譚人鳳到鄂,給款資助活動,聲勢更張。初辛亥正月黃興撥五千元,使人鳳至長江沿岸進行運動,準備廣州發難,由蘇浙贛皖鄂湘諸省紛起響應。人鳳到滬,以三千元交鄭贊丞辦蘇浙皖贛事。是月二十五日至漢口,召集居正、孫武、楊時傑、查光佛、劉英等開會,籌商起義計畫,給款八百元資助之，另七百元，則赴長沙給曾伯興籌備湖南黨務。並預議劉公爲都督，劉英爲副都督，孫武爲總參謀，宋鎮華爲第一鎮統制，黃申薌爲第二鎮統制，馮藉會黨發動。《知之錄》：都督統制外，蔡濟民、高尚志爲二十九標代表，黃禮堂、張鵬程、蕭國寶爲各營代表，楊宏勝、方殿甲、周楚材爲三十標正副代表，江亞蘭、殷占魁爲三十一標正副代表，郭撫宸、祁占元、陳隨福爲各營代表，陳子龍爲三十二標代表，徐萬年、孟發臣爲砲隊八標正副代表，王鶴年、艾良臣、梅青福、張富國爲各營代表，沙金海爲馬隊八標代表，熊秉坤爲工程營總代表，雷振聲、方興、金兆龍、徐兆賓等爲代表，陳孝芬、王子華、李鵬昇、羅一安等爲混成協馬工輜各營代表，彭楚藩爲憲兵營代表，李翊東爲測繪學堂代表，陳磊、趙師梅爲工業學堂代表，陳洪九爲法官養成所代表，張育萬爲方言學堂代表，劉鄂生、牛廷臣、方旭明爲鐵路學堂代表。共進會既得款資助，在武昌分設機關聯絡軍隊，其時軍隊多已入文學社，不欲再行加盟，不免稍有磨擦。玉麟《起義經過》：共進會員在各軍隊中時與文學社員衝突。於是共進會幹部頗有合併文學社之意，實則在振武社時，查光佛已建議與之合作也。文學社以共進會幹部多非軍人，易生扞格，深爲躊躇。及人鳳晤胡瑛，約與文學社幹部人員密談，因知新軍運動，文學社已奠基礎，極爲驚訝。後廣州事失敗，同盟會總部，亦決定以武漢爲中樞，黃興八月十四日《致馮自由書》：注重兩粵者，以長江一帶吾人不易飛入，輪運亦不便，且無確有可靠軍隊。今既有此實力，則以武昌爲中樞，湘粵爲後勁，寧皖陝蜀亦同時響應以牽制之，大事不難一舉而定，較之在粵謀發起者事半功倍，且經濟問題尤易解決。更促進聯合共舉爲急務。會鐵路風潮擴大，時機日緊，大有一觸即發之勢，文學社同志亦感離則兩傷合則兩美，經蔡濟民、查光佛、梅寶璣、牟鴻勳、陳磊等多方幹旋，遂於四月十三日，由劉堯澂、王守愚，與楊玉如、楊時傑、李作棟會商於龔霞初寓。玉如提議文學社改推孫武爲領袖，其社費由共進會補助之。堯澂曰：文學社社員餉械有着，社費則向例抽提薪餉，無需補助。惟軍事指揮，首在情意交孚，改推領袖不便。如孫武有所計畫，當在可能範圍內，竭誠接受。衆無異言。當馬隊同志初入社時，適共進會函約開會，馬隊推章裕昆、黃維漢同往孫武寓，楊玉如出志願書二份請填，裕昆外出，維漢照填。及回營報告，衆謂團體行動，不應個人獨填願書，維漢即函共進會取消所填願書。陳孝芬以此與章裕昆往復辯難，後爲堯澂所聞，允改日協商，力戒勿向外人道也。至七月開聯合會，《文學社運動紀實》稱：在山俊李宅即孫武岳家。時文學社社員增至五千人，見《文學社運動紀實》。據黃興《致馮自由書》稱，胡瑛函述部下約千餘人，胡函當係展轉而達繕函時，必在三四月間，由函中最近兩部期合而爲一，可知爲聯合以後之言。《革命實見記》：文學社人數已二千，石庵未加入秘密團體，所聞亦爲一面之詞，非確數也。除輜重第八營及督署鎮司令部外，不便前往運動，餘皆可展開活動。故會議時惟保留軍事指揮之責，其他政務由共進會負責處理。居正、劉公皆謹厚，又未嫻軍事，孫武亦持大體，故共進會幹部，雖有總攬軍事成議，至是亦不堅持。至前所擬都督統制之議，早因集注新軍運動作罷。於是公推蔣翊武爲總指揮，孫武爲參謀長，劉堯澂、蔡濟民、杜武庫、王文錦、吳醒漢、徐達明、秦洛民等爲參謀，王憲章、張廷輔、祝制六、彭楚藩、蔡大輔、王守愚、羅良駿、黃駕白、陳孝芬、楊載雄、王華國等軍事籌備員，並推杜武庫、王華國爲軍事起草員，鄧玉麟、楊宏勝擔任傳令通訊，總指揮部設小朝街八十五號。此外楊玉如、楊時傑任內務，李作棟任財政，牟鴻勳、查光佛、邢伯謙、丁笏堂、潘善伯（公復）、謝石欽等分任秘書交際，在漢口總機關辦事，草擬文告，制定旗幟，議定七月二十日以前辦理完竣。《知之錄》：推蔣翊武爲革命軍臨時總司令，孫武爲參謀長，劉堯澂、蔡濟民、吳醒漢、杜武庫、蔡大輔、祝制六、王文錦、徐達明爲參謀，楊時傑、楊玉如任內政，丁立中（笏堂）、潘公復（善伯）、查光佛、牟鴻勳等任秘書，楊宏勝任交通，李作棟任財政，鄧玉麟傳達命令，王守愚、陳磊爲常駐軍事籌備員，孫武、潘公復、李作棟爲常駐政治籌備員，趙師梅、趙學詩（幻生）、費孟謙等繪製星旗，牟鴻勳、謝石欽、梅寶璣辦理文告。《革命逸史》：夏間開聯合大會分組各部，以蔡濟民、吳醒漢、楊玉如、張振武等任參謀，居正、楊時傑任內務，查光佛、牟鴻勳等任交際，劉公、李作棟等任財務，蔣翊武、劉堯澂等任軍務，後又議發難時，以蔣翊武爲臨時總司令，劉復基（堯澂）副之，孫武爲參謀長，蔡濟民爲參議長，吳醒漢、徐達明、王憲章、張廷輔、王文錦等爲參議，謝石欽、潘公復、丁笏堂、陳磊等分任秘書幹事等職，鄧玉麟、李作棟任傳達命令。居正《起義經過》：推蔣翊武爲臨時總司令，孫武爲參謀長，劉堯澂、秦洛民、吳醒漢、王文錦、徐達明、杜武庫、蔡大輔、祝制六等爲參謀，楊時傑、楊玉如等任內政，丁笏堂、潘善伯等任秘書，查光佛、牟鴻勳等任聯絡，劉公、李作棟任財政，楊宏勝任交通，鄧玉麟傳達命令。並指定機關趕造炸彈，《知之錄》：以孫武、潘公復、陳光楚主持其事。又撥款一千元，推楊玉如、居正於是月二十四日赴滬購手槍，並催黃興、宋教仁、譚人鳳來鄂主持。當是時，鐵路風潮日大，湖北已於六月推代表劉心源、密昌墀、張伯烈、夏道南等赴京請願，武漢人心洶洶，四川尤騷亂，誠天亡清之時也。《大江報》爲文鼓動，詹大悲題曰："大亂者救中國之藥石也。"何海鳴題曰："亡中國者和平也。"鄂督閱之大怒，逮捕大悲、海鳴入獄，封閉《大江報》，輿情更憤激。其閏六月，清廷命端方帶兵入川查辦，端方即調鄂軍三十一標第三營、三十二標第二營第三營偕往，續調三十一標第一營第二營增援。及七月中，鄂方復下令四十一標第一營準備開宜昌、沙市，第二營準備開岳州，馬隊第八標第三營準備開襄陽，統限七月二十日前出發。當此共圖大舉，新軍可爲幹部者，分調如此之多，其關係不在防礙武漢發難，而在發難後清軍南下，大減其抵抗力。故軍事籌備人員，對於部署必須補救，而發難更宜迅速，不得不多方考慮。胡瑛在獄，於居正赴滬時，令函宋教仁、譚人鳳，力言武昌不可發難，阻其前來，即誤解當時情事，而冒昧言之，致宋、譚未於事前早來，影響籌備規畫甚大。所以首義以後，秘密時期領導者失其控制力，此實爲一種重要原因。是月二十日小朝街機關開會討論應付之策，《文學社運動紀實》：到會人二十九標代表張喆夫，三十標代表張鵬程，三十一標代表江光國，三十二標代表單道康，馬隊八標代表黃維漢，砲隊八標代表李慕堯，四十一標代表廖湘芸，四十二標代表胡玉珍，混成協砲工輜總代表余鳳齋，陸軍中學正副代表席正銘、雷洪及蔣翊武、劉堯澂、王文錦、羅良駿、唐犧支、蔡大輔、王守愚、章裕昆、孫長福、黃駕白、王憲章、張大鵬、張步瀛等，劉堯澂主席。以武昌起事，調防各處同志即時響應；四十一標第一營開宜昌者，由唐犧支負責，與往川之三十一標曹子清、胡冠六及三十二標葉正中聯絡占荆宜，馬隊八標開襄陽者，由黃維漢、章裕昆負責，與往鄖之二十九標第三營聯絡占襄樊。又四十一標三營左隊開岳州，蔣翊武勢必前往，其任務決定由王憲章、劉堯澂分擔。堯澂駐社辦事，故軍事計畫，多由堯澂統籌。其時武昌駐軍，城内僅有二十九標第一營第二營，三十標第一營，四十一標第三營，憲兵第八營，其中三十標及憲兵多爲旗人，又有督署衛隊教練隊一營，巡防隊內衛一營，馬隊一隊，機關槍一隊。城外僅有三十二標第二營，馬隊第八標，砲隊第八標，輜重第八營，馬隊第二十一營，砲隊第二十一營，工程第二十一隊，輜重第二十一隊。此外四十二標第一營駐漢陽兵工鋼藥兩廠，第二營駐漢口兼京漢路南段，第三營駐河南信陽武勝關一帶。堯澂根據以上情事，與軍事籌備員不時討論，擬具略案，凡各標營屆時應負任務，預向各標營代表分別具告，臨時依命令實行。八月三日胭脂巷十一號集會，係共進會主持，而文學社派有代表參加，即提及此。《六十談往》：到會者八鎮砲隊第八標徐萬年、蔡漢卿等，八鎮工程第八營熊秉坤、馬榮等，混成協輜重隊李鵬昇、李樹芬、羅一安等，混成協砲隊蔡鵬來等，混成協工程隊張斌、黃士傑等，八鎮馬隊八標陳孝芬等，八鎮步隊第二十九三十標蔡濟民、杜武庫、方維等，混成協步隊四十二標胡玉珍等，憲兵隊彭楚藩，陸軍測繪學堂代表方興，陸軍中學代表雷洪、席正銘等，文學社幹部劉堯澂、蔡大輔、李濟臣等，共進會胡祖舜、鄧玉麟、黃元吉、趙士龍、楊宏勝、閭鴻飛、馬驥雲、錢芸生等，孫武主席。至於軍隊編制，未作任何決定。因爲同志在各營中已過半數，首義時如其一致行動，則原有組織無可變更。如有參差，衝突立起，惟依各代表臨時部署，不能預定整齊劃一之制。言者所稱軍中組織，以二十人爲一排，五排爲一隊，中設有排長、隊長以管領之，見《黃興致馮自由書》。《六十談往》則稱，標營隊各有總代表，代表以十人爲一分隊，以三分隊爲一支隊，以三支隊爲一大隊。各隊置隊長一人，副隊長二人。隊長即以總代表擔任指揮，其他各級隊長副隊長則由總代表就代表中指定，或由隊長互推之，由各標營代表負責。祇爲事前個人一種提議或報告預擬之言，籌備中無此規定，首義時亦未見有此措置也。起義日期，最先預定八月十五日，次定八月十八日，皆未果。先是六月間三十一標、三十二標奉調入川，同志頗有密謀軍隊開自荊宜時殺端方起事，居正等以武漢準備未充，如荊宜先發，反受影響，力持不可，遂寢。及八月三日砲隊事變，又有主張即晚發動者，堯澂以居正赴滬，黃、宋、譚來漢無期，諸待籌畫，宜緩發，於是有中秋起義之決議，但俟臨時命令而定，以塘角輜重營舉火爲號，白布縉臂爲記。旋焦達峰專函稱十五日不及趕辦，請改二十五日起事，見鄧玉麟《起義經過》。實則達峰固言武昌不先舉義，長沙難以發動也。據楊時傑所述達峰談話。又駐滬同志稱黃興電約九月間十一省同時舉事。《實見記》黃興來函約九月十三日五省同時並舉。而砲隊事變後，瑞澂令張彪、黎元洪各率所部日夜巡視城內外，以電船游弋江面，楚同楚威兵艦升火架砲，戒備甚嚴。加以中秋殺韃子，本胡元滅亡一種史話，當時武漢街談巷議，互詢中秋舉義事如何，不知是否消息外泄，抑心理不約而同。是月九日清外部電鄂督稱，黃興聯絡黨人，約期十五、十六兩日聚鄂起事，並聯合軍隊應援漢口，報紙亦披露十五日起事之風聞。所以總指揮部深為躊躇，決定中秋前後數日，力持鎮定，俟防範稍弛，猝舉大事。然武漢既為起義主動，期雖展延，不過在二十日左右，隨時決定，並非應焦達峰、黃興之預約有所期待也。胡石庵《革命實見記》序：余於十七日訪孫堯卿于寶善里，詢起義期限，孫謂明日（十八）召集代表會議決定。《實見記》告示一張下注明即二十日所布告者，證以蔣翊武十八日回省，是指揮部或有如是預期，但鄧玉麟《起義經過》則稱，通知一律二十五日出動，然湖南終未於二十五日起事耳。故武昌總機關早派李擎甫赴岳州，商請翊武先赴宜昌，與唐犧支商策應事，派謝遠達往襄陽，晤黃維漢、章裕昆，謀屆時響應，果也湖北當局將中秋提前一日舉行，屆節則不准士兵外出，特別戒嚴。當局見中秋節平靜如常，方以為黨人不足慮，密告不盡可憑，相率安然無事矣。翊武於十八日晨回省，堯澂即召集各標營代表會議，王憲章、席正銘、胡培才、余鳳齋、蔡大輔、彭楚藩、龔霞初、張鵬程、張喆夫、江國光、廖湘芸、熊楚斌、李慕堯、單道康、王文錦、羅良駿先後至，會議移時而散。旋張廷輔亦回，正與劉蔣等午餐甫罷，不意是日漢口機關部炸彈失慎，逮捕多人，名冊亦被搜去，鄭伯謙倉皇來告，旋鄧玉麟亦來，張廷輔在座，皆相驚失色，堯澂曰事已至此，與其坐而被捕，不如及時舉義，成敗利鈍非所計也。眾意皆主急發，玉麟持之尤急。堯澂取篋內地圖及方略示之，翊武遂以總指揮名義起草命令，派人送各標營，定於是晚發動。《革命實見記》：五點二十分傳下命令，定於夜十二點鐘以砲聲為號，城內外一齊動手，使方興往告工程營，陳磊往告四十一標三十一標，蔣則親往告二十九標三十標，尚有各處機關使彭楚藩、鄒秉初（鄒毓琳）遍告，砲隊命令則由鄧玉麟往送。

　　命令：八月十八日下午五時發於小朝街八十五號機關部

（一）本軍於今夜十二時舉義，興復漢族，驅逐滿奴。

（二）軍勿論戰守，均宜依守紀律，不得擾害同胞及外人。

（三）凡馬步砲工輜等軍，聞中和門外砲聲，即由原駐地依左列命令進攻。

甲、工程第八營以佔領楚望台軍械庫爲目的

乙、二十九標二營由保安門向僞督署分前後進攻，一營前隊出中和門迎接砲隊，左隊防守中和門，右隊防守通湘門後隊助工程營佔領楚望台（三營出防不列）

丙、三十標撲滅旗兵後，即向各要地分兵駐守

丁、三十一標留守，分駐各城門防守

戊、四十一標三營進攻僞藩署及保守官錢，善後電報各局

己、三十二標留守兵由保安門進城援助，二十九標二營進攻僞督署

庚、馬隊八標一營進城後分配各處搜索，二營向各城門外搜索，以四十里爲止

辛、塘角輜重第十一營於本夜十二時在駐地放火助威，藉寒敵膽

壬、塘角工程第十一營掩護砲隊十一營，由武勝門進城佔領鳳凰山

癸、衛生隊於天明時往各處收拾陣亡屍首，汽球隊於十二句鐘時在諮議局聽遣（輜重第八營在僞督署守衛不可靠）

（四）砲隊八標於十一句半鐘即拔隊由中和門進城，以一營佔領楚望台，向僞督署及八鎮司令部猛烈射擊，以二營左右隊佔蛇山向僞藩署猛烈射擊，中隊留守原駐地，三營佔領黃鶴樓及青山一帶，防守江中兵艦（我軍佔領時均即射）

（五）四十二標一營左隊進攻漢陽城前，右後三隊佔領大別山及兵工廠，以中隊爲援隊

（六）四十二標二營佔領漢口大智門橋口一帶

（七）四十二標三營右後兩隊堵塞武勝關，前左兩隊防守花園祁

家灣一帶

（八）武昌彈藥槍枝暫由楚望台軍械庫接濟，陽夏暫由兵工廠接濟

（九）凡各軍於十九日上午七句鐘皆至諮議局前集合，但須留少數部隊防守已佔領地點（陽夏駐軍不在此例）

（十）予十二時前在機關部，十二時後在諮議局

臨時總司令蔣翊武

此命令民初曾見龔霞初《革命兩日記》，登載當時小報上，霞初於草令時在座，與堯澂、楚藩同時被捕，所述自可徵信。二十四年《武漢日報》"國慶特刊"補登之，章裕昆《文學社運動紀實》所載同。本館訪稿《張鵬程小傳》據鵬程自述，堯澂預擬方略，大旨亦同。胡祖舜《六十談往》述八月三日在胭脂山開會所指定各標營代表任務七項，與此亦無甚出入，即依堯澂預訂方略而定者也。此命令外另有一道命令："南湖砲隊於是晚十二時鳴砲爲號，城內外各軍聞砲聲一齊動作。"惜當日警戒甚嚴，傳令者被阻，砲隊未接到鳴砲命令，故是晚不及發動。然十九之夕，各標營未有指揮，先後發動，而向一定任務前進者，仍以此令所據之預擬方略爲主，故首義之事雖暴發，而各標營行動，皆能達其適當任務，不可謂非統籌方略之所指示。若歸功於某某臨時策動一切，非完全事實也。即如鄧氏所作起義經過，未及傳令事，然稱城內城外，互候砲音，未能發動，亦可證明當日傳令之延誤矣。

附三：起義前鄂軍概狀表

是表所列，將湖北駐省與外防各軍分格填明，駐省者，由其所在地觀之，而知首義之夕，各營分途向目標地進據，能以迅速時間奪取之，固由其奮勇之力，然其規畫亦有方也。由其數量觀之，又可知清軍挾其中央全力，先後南下，革命軍以少數之衆，始而擊敗之，繼而支持數月之久，使清廷無力分制各省，各省得以先後響應，其聲威與壯烈，又何

其偉也，外防者，則防區光復，無一處不由其主動，旦夕奠定，策應武漢，爲天下先，當日湖北軍隊之光榮，豈不震古鑠今哉！

表三　起義前鄂軍概狀表

編　制	官長姓名	外防地點	留省駐點	起義前代表
第八鎮 統十五、十六兩協步兵，二十九、三十、三十一、三十二共四標，馬隊第八標，砲隊第八標，工程第八營，輜重第八營，憲兵第八營	統制　張彪 十五協協統王得勝 十六協協統鄧承拔		鎮司令部 城內 大都司巷內	
第二十一混成協 統四十一、四十二共二標，馬隊第二十一營，砲隊第二十一營，工程第二十一隊，輜重第二十一隊	協統　黎元洪		協司令部 城內 賓陽門內 左旗	
步兵第二十九標	標統　張景良 一營管帶何錫蕃， 前隊隊官吳長懷 左隊隊官胡家寶， 右隊隊官張文著， 後隊隊官徐國瑞 二營管帶戴鈞南， 督隊官姚金鏞 前隊隊官景福祥 左隊隊官劉炳福， 右隊隊官李廷福， 後隊隊官賓士禮		城內中和門內右旗 同上	張喆夫、蔡濟民、高尚志、黃學禮、蕭國寶

續表

編　制	官長姓名	外防地點	留省駐點	起義前代表
步兵第三十標	標統　楊開甲 一營管帶郜翔宸，前隊隊官重光，左隊隊官張正祥，右隊隊官德煊 後隊隊官羅家炎 三營管帶杜錫鈞，前隊隊官德培，左隊隊官謝元愷，右隊隊官王少南，後隊隊官薩炳圖		同上 同上	張鵬程、楊宏勝、方殿甲、周楚材
步兵第四十一標	三營管帶　謝國超		城內賓陽門內左旗右隊開往岳州	廖湘芸
八鎮工程第八營	管帶　王永泉（出差） 督隊官阮榮發 前隊隊官李占魁，排長何定國、伍正林；左隊隊官吳兆麟，排長鄺杰、安鴻勝、曹飛龍；右隊隊官黃坤榮，排長但應權、魏鴻賓；後隊隊官羅子清，排長方定國、陶起勝、李忠孝；軍醫陳雨蒼		城內黃土坡	徐兆斌、馬榮、方興、任正亮、張玉山、羅炳順、孫元勝、汪長林、楊金龍、熊秉坤、金兆龍、程正瀛

續表

編制	官長姓名	外防地點	留省駐點	起義前代表
憲兵（旗人多）			城內中和門內	彭楚藩
測繪學堂 學生八十八			城內通湖門內	李翊東
督署衛隊：教練隊一營，巡防隊內衛一營，馬隊一隊，機關槍一隊			城內望山門內	
步兵第三十二標	標統 孫國安 二營督隊官許兆龍，左隊隊官楚英，右隊隊官趙懷仁		中和門外武建營	單道康、陳子龍、孫長福
八鎮馬隊第八標	標統 喻化龍 一營管帶吳連慶，三營管帶孫長林		城外南湖	黃維漢、章裕昆、沙金梅、黃冠群、文東明、蕭志何、熊楚斌
八鎮砲隊第八標	標統 龔光明 一營管帶卓占標，二營管帶姜明經，三營管帶楊起鳳		同上	李慕堯、徐萬年、孟發成、王鶴年、艾良臣、梅青福、張富國
輜重第八營 混成協馬隊第二十一營 混成協砲隊第二十一營 混成協工程第二十一隊 混成協輜重第二十一隊	管帶 蕭安國 管帶王祥發 管帶張正基 隊官劉佐龍 隊官張子襄		城外平湖門外 城外南湖 武勝門外塘角 武勝門外凱字營	砲工輜總代表余鳳齋、代表羅一安、陳孝芬、王子華、李鵬昇、晏柏青、蔡鵬來

续表

编　制	官长姓名	外防地点	留省驻点	起义前代表
步兵第三十标	二营管带　任光耀 前队队官杜锡魁， 左队队官殷增胜， 右队队官全善，后队队官杨壬文		汉口	
步兵第四十二标	标统　张永汉 一营管带汪炳山 二营管带陈锺林 三营管带樊毓英		汉阳兵工厂 汉口居仁门 京汉铁路	胡玉珍、祝制六、邱文彬、陈建章、张大鹏、朱碧珍、戈承元、赵承武、石占奎、朱澄环、陈振亚、杨振华、黄依僧、（景贤）刘纪欧、罗群英、彭学俊
十五协二十九标	三营管带　张楚材 前队队官庞成功， 左队队官刘凤同， 右队队官张胜祥， 后队队官胡效骞	襄郧		
十六协三十一标	标统　曾广大 一营管带陈荣锺 前队队官曹德金， 左队队官杨永斌， 右队队官李汉昇， 后队队官罗锡炎 二营管带李锦标， 三营管带萧国斌 前队队官安永年	四川 四川		江光国、汪亚兰、曹子清、胡冠六

續表

編　制	官長姓名	外防地點	留省駐點	起義前代表
十六協三十二標	一營管帶蓮作泉 二營管帶楊正坤 三營管帶李汝魁	四川 宜昌 施南		葉正中
八鎮馬隊第八標	二營管帶　馬德才	襄陽		黃維漢、章裕昆
八鎮第八標二十一混成協四十一標	標統　易甲鷳 一營管帶戴壽山 二營管帶羅洪昇	宜昌 岳州		唐犧支
巡防兵分五路 第一路 第二路 第三路 第四路 第五路			武漢 黃州 襄陽 宜昌 德安	
水師分五路 統領一人，每路設副 統領一人 第一路 第二路 第三路 第四路 第五路			漢陽 黃州 宜昌 襄陽 安陸	

第三　秘密機關破露

　　編首義紀至秘密機關破露，孫武傷，劉堯澂殺，劉公、蔣翊武間逃，未嘗不慨歎也。詩曰："人之云亡，邦國殄瘁。"夫豈衰世惟然，當開國之前，黨人逼處惡勢力下，人事猝遭禍變，雖起事成功，而肇基不牢，必貽缺憾。往者諸侯並起亡秦，陳涉失策，項梁早亡，懷王鄙夫，無功徒擁虛位。故劉邦得與項羽並爭天下，致秦亡數歲，以劉項相持不下，策士挾私捭闔，歷久始定於一，然宇內已大受騷擾矣。之數子者，爲湖北革命團體唯一領導之人，秘密期對於黨內人士之統籌，非幹部人員所盡悉。一旦事變臨頭，諸人非死傷即避匿，而秘密代表亦未付予特權。及事變起而情勢已殊，新造之既成事實，原來領導者出，權已不屬，當然演成種種特殊變相。所以然者，皆由於秘密機關之破露，革命勢力毀其中心，非盡起義人缺能力使然。及今追思，不禁感慨係之矣，述秘密機關破露第三。

　　文學社與共進會聯合後，總部正籌畫起義事宜，忽發生南湖砲隊鬨變之事。時八月三日下午，第八標砲隊二營中隊河南人梅青夫請假離營。他書有作徐萬年請假者，惟徐萬年於十九之夕尚率隊入城，是徐未請假也。即鄧之《起義經過》其後段亦稱，十九日天明偕萬年進城不得入，囑其在中和門外十字街等候，可以證明。孟發臣、《談往》作華臣。汪錫九、張富國、皆河南人。霍殿臣、山西人。等爲之餞行，縱酒猜拳，喧聲達於戶外，其排長來喝止之，衆不服，大起衝突。霍殿臣乘醉發動，率衆奪砲出，然撞針卸下，子彈庫又扃閉，倉卒不得入內。本營同志，以非總部命，附和者少。而管帶姜明經急電鎮司令部，就近飛調馬隊來彈壓，孟、霍等度勢不行，遂逃。至城內晤鄧玉麟、胡祖舜、李翊東等，具以事告，發臣手指尚負傷流血，居正《起義經過》作霍殿臣。忿言籌備稽延，坐失時機。座中有主張是晚即動者，旋劉堯瀓來，力言不可，玉麟、祖舜亦謂然。於是議定霍殿臣走避，餘人仍回聽點，其肇事禍端，諉過於霍殿臣一人爲首。長官見事變遏止甚速，不欲張大其事，中下級官又力爲彌縫，遂開除一二人寢事。自是之後，鄂當局頗慮軍隊不穩，嚴加防範，然猶鑒於革命黨以往發難事，恐其受會黨煽動，初未意湖北軍隊竟自相結合而預備發動也。詎半月後，又發生寶善里炸藥爆發之事。先是南湖砲隊發生事變，軍部加緊各標營偵察，三十標三營多旗人，移往漢口保護租界，探悉漢興里設有革命機關，將舉發。方殿甲聞之，於十六日上午來總機關報告，幹部同志遂將漢興里機關所藏文册器物等搬至寶善里十四號，其辦事人亦移居是處。當此之時，幹部方依聯合會決議趕製炸彈，有炸彈三枚，能作炸藥五六磅，原係黃復生、喻培倫留存之物。幹部在督署左側牆外租鋪房一所，預備將此三枚配全炸藥，携至武昌，作炸毀督署之用。十八日正午，寶善里破獲爲八月十八日，各書多同。胡石庵《實見記》作於民元二月亦云然，爲時甚近，所記日期當不誤。《革命逸史》"革命團體篇"作十八日起義，"與黃興篇"作十七日則兩歧矣。胡祖舜《六十談往》斷然作十七日，《知之錄》從之。據祖舜所紀，祖舜於十七日見總部爲俄捕看守，匆匆回寓，未幾，潘善伯、鄧玉麟携彈藥器具來，善伯竟夜製彈，次日楊宏勝來，偕李濟臣分別運出。但證以鄧玉麟《起義經過》則稱，十八日玉麟見總部被搜捕，即渡江分赴各處，後偕楊宏勝至祖舜寓，由宏勝將炸彈運出，其夜十一時到南湖砲隊互候，砲聲未動。二人事相關聯，祖舜記爲兩日，玉麟則記爲一日。而且武昌各機關多於十八日之夜破獲，正由漢口出事在數小時內，武昌多未接到消息，或爲時已晚，不及防避。假使出事在十七日，何至一日半之久？多無所悉，坐守待捕。所謂蔣、劉、鄧當日會商約於是晚大舉，因命令未達而延遲一日者，抑又何說？孫武與潘善伯、鄧玉麟等在寶善里十四號配製炸藥，玉麟外出，忽劉公之弟同，口含紙烟，從外而來，亦上樓旁觀，偶遺煙灰於配藥盆內。一時火星迸裂，烟氣彌漫，聲震四鄰，武重傷頭面。倉皇中，丁笏堂撲滅火綫，汪性唐、陳光楚、李作棟等以被服覆武面，急從後門扶出，送往醫院救治，《談往》：汪性唐、劉礮卿護送至同仁醫院，由徐朝桐密商院長河野留治。鄧《起義經過》：丁笏堂護送至同仁醫院，不准留治，再送至共和里十一號。餘皆逃。俄捕聞爆炸音，鳴笛呼警來查，見爲革命機關。劉公之寓在緊鄰，公逃避他處，其弟同返寓。

有人秘告兩屋相通，或稱俄捕見劉寓諸人形色倉皇可疑。遂將同與公之妾及其親友王可伯、謝坤山、陳文山一併捕去，劉燮卿匆匆自外來，亦被捕。所有被捕人員及所遺文書名冊符號旗幟，悉解捕房，立移江漢關道署，旋解督署併案訊辦。被捕者一經嚴訊，有人畏刑吐實，於是武漢革命機關及其主要人物，多被洩露矣。嚮晚，瑞澂下令緊閉四城，飛調巡防營守衛隊教練隊分佈街巷，據供分途搜捕，居民惴惴不安，可謂武昌最恐怖之一夜，亦即民族解放之前夕也。初武昌機關，惟小朝街八十五號，為文學社辦事處，總指揮部即設其內。文學社社員皆在營，往外者甚少。其餘各機關，皆共進會所設。或與革命有關之人，間有住旅社者。當寶善里於十八日正午捕去多人並搜去多種文件，其午後，武昌各機關多未獲知消息。是日總指揮蔣翊武方由岳州回省，與劉堯澂等在小朝街總部商討起義事宜，忽邢伯謙、鄧玉麟先後倉皇來告，漢口機關破露，遂決定是晚舉義，分傳命令（見第二編），令既發，翊武寫信岳州，催李擎甫等速回，旋外出往晤王憲章，囑其與彭楚藩、楊宏勝，運送炸藥於各處，繼又至蔡大輔寓所，料理來日一切事情。堯澂見各同志分途出而辦事，獨往龔霞初寓（長湖西街八號），稍談片刻，即同回總部。適有唱聲片者過其門，即喚人高唱，藉資掩飾，未幾彭楚藩、邢伯謙、陳宏誥、蔣翊武、牟鴻勳等先後來，惟王憲章來而又去，唱片至九時始停。彭楚藩取身邊所存鈔票數十元，分給在座各同志，每人七元，以備糇糧。久之時鐘將十二點，外間寂然，而傳令被阻亦無所聞。正惶惑間，忽聞敲門聲甚厲，同志等知有變，堯澂即持炸彈下樓，甫及梯，軍警已破門入，徑登梯，堯澂擲彈，中梯身，碎片反射，負傷撲下，遂被縛。其餘諸人越後牆，登鄰屋頂，人多頂揭，皆被捕，張廷輔妻住樓下，亦與焉。翊武垂長辮，衣醬色舊布衫，外套紫色頂褂，如鄉學究，軍警不甚注視，乘間逸去。宏誥與來捕之警官識，亦中途縱之去。《文學社運動紀實》：牟鴻勳從屋頂先下逸去，彭楚藩服憲兵制服，詒為捕者，已脫，而憲兵隊至仍被捕。《實見記》所述孫君之言，彭楚藩偕一長衫者在昭忠祠附近被警捕去，孫言或系另一人之誤。是日，楊宏勝與李濟臣由胭脂巷胡寓搬運炸彈，裝入提籃內，覆青菜其上，假作送禮物者，分送小朝街及宏勝雜貨店內，店在工程營附近，祖舜之弟祖寅亦助之搬運。見《談往》。嚮晚，宏勝送信，被營門守衛盤詰，擲炸彈受重傷，被捕。見霞初《起義日記》《文學社運動紀實》。楊宏勝送炸彈至工程營，守衛疑而詰之，宏勝反走，守衛追之急，宏勝擲彈受傷返寓，警察來搜，遂被捕。鄧《起義經過》稱，楊宏勝與劉堯澂同在小朝街八十一號被捕。他紀有稱在店內炸彈失裝慎被捕。王憲章將運炸彈回營，聞小朝街機關出事，當由小東門附近越城逃至漢口支部交通處。蔡大輔、王守愚避至武昌朋友私寓，丁笏堂於當晚乘輪避往九江，楊玉如避往京山劉英處，胡祖舜則避至徐邦俊所設沔陽學社，其他不及備述。同時小朝街八十一號及其他學社旅社，多爲軍警搜查，被捕者數十人。亦有旅客聞街上喧聲，開門出視，軍警疑之而被捕者。此外，丁棧永清棧花園山東廠口西營門先後搜查被捕者亦有人。武昌破獲人士如此之多，瑞澂大爲震動，當命鐵忠、雙壽及武昌府陳樹屛在督署會審，庭訊時已四鼓，以彭楚藩爲憲兵，首先提訊，楚藩慷慨自陳，鐵忠即命明正典刑。次訊張廷輔之妻，堅稱彼此分租，不相來往，毫不知情，即改訊劉堯澂。堯澂更厲聲說："要殺便殺，何必多問。"推出時，大呼："少數滿人壓制四萬萬漢人，同胞呀，大家起來革命。"又訊楊宏勝，見其面被炸傷，焦如黑炭，問過姓名後，未訊一語。鐵忠等私語少許，即寫就旗牌，宏勝罵道："好，祇管殺，你們的末日就要到了。"至是彭、劉、楊三烈士皆在督署前斬決。天已黎明，先後提龔霞初、牟鴻勳略問數語，未有結果。陳樹屛提議午後再審，遂退庭。會審官陳樹屛、雙壽見名冊多軍人，主張燒毀其册，脅從罔治，鐵忠堅持不可，並嚴令陸續拿獲革命黨訊辦。參照龔霞初《起義日記》。復在三十標操場捕去張廷輔，又在同興學社捕去熊楚斌等二十餘人，《革命實見記》：襄陽學社與小朝街總部同時圍捕。皆收押候審。又在同興學社去捕趙詩梅、趙幻生兄弟及余氏夫婦，押入警所。陳子龍之妻亦被捕，胭脂巷胡厲亦於午前爲軍警圍搜。各處先後被捕姓名多無可稽，其見記載者，有朱孔陽、許炳炎、陶德瑋、張伯犖、趙高朗、任明陔、朱至剛、顧慶雲、朱明廉、陳賡颺、張國藩、周祖濂、陳沛霖等。一日之間，武昌各機關全被破獲，雖革命運動成熟之功,未因而隳。然倡首諸人,以機關破獲之故,或傷,或殺,餘於勢亦不得不逃避,以致發難時未得領率同志舉義。開始規畫,又不及有所表樹,其所貽光復之損失,爲何如耶?而堯澂之死,較宋、譚事前未來,孫傷,劉、蔣逃,關係更大,良可慨已。今過保安門正街南首見督署廢址,改爲雄壯之軍事機關,其門外東偏牆隅,尚存碑題彭劉楊三烈士就義處,風景荒涼,不知憑弔者作何感想耳。《革命實見記》篇首載三烈士贊,詞曰:"龜山蒼蒼,江水決決。烈士一死滿清亡,擲好頭顱報先皇。精神栩栩下大荒,功名赫赫披武昌。嗚呼!三烈士兮漢族之光,永享俎豆於千秋兮,與江山而俱長。"贊一。"貌清而潔,骨俠而烈。促革命之成功,貢犧牲於祖國。湘漢鍾靈,孕茲三傑。共和成立兮千秋萬歲,永紀念夫鄂州血。"贊二。

第四　十九之夕

　　八月十九，即國慶之十月十日，是晚武昌首義成功，於以創立中華民國。其紀念如此重大，而是晚首義事實，迄今尚等於杞宋之不足徵。痛何如也？要其首義成功，一由於事前吾鄂先後革命團體同志，歷年運籌，業已成熟，即無十八日破壞機關，於事必舉。所以遲迴未動者，非革命之力不足以驅除在省滿清文武官吏，而顧慮如何可以抵抗清軍南下也。故十九夕各標營出動，並非暴發，而系實行十八日延未達到之命令，工程營則實踐任務最早，指揮又能統一，此其可稱者也。其同向督署進攻，與十八日命令微有出入者，則以是時敵人集中布防，一經協力攻破，即可獲全勝也。一由於各標營協力同心，力亦雄厚，故各路數次鏖戰，僅數小時而擊潰強有力之敵人軍警，謂之眾擎易舉則可，非倖致也。惟以首義之初，各標營謙於表功，未及詳紀其事，事後私家雜記，大抵支離破碎。其有為個人表彰者，往往叙述片面，舉是晚種種大事，出發於一人之身，試觀各個人傳記，多半如此。更有謂攻下督署，全由某部分少數人之力；或將助戰之縱火砲轟以及放號槍等，誇為成功唯一因素。輾轉傳說，致局外人視武昌首義成功為不可思議之事，甚至以為僥倖成功。如此追述，則所表彰某部分或某人者，徒使是晚最偉大之全面戰爭，與最壯烈之數千奮勇志士，皆汩沒其真相。何也？某一人某一部分之所表見，其力究竟微薄，不足為世人所重視也。吾人當知前此三月廣州攻破督署，與八月十九夕武昌攻下督署，其成敗異者，非有幸有不幸，實其準備之策畫不同，發展力量亦殊也。所以廣州之事，革命黨止此百餘人，乘清吏猝不及防而攻破之，不旋踵而全體覆沒。武昌之事，清吏調集可靠軍警數千分路布防，非數百人可以一鼓攻下；而以革命黨多年運動之各標營新軍，力足相抗，故攻下督署而敵在武昌即無地立足。雖是晚各標營出動有先後，則各自環境不同；其出動也，非臨時某人或某部分之策動與威脅而然也；觀於下所紀述，自可了然。茲編調整以前各種紀述，頗有增刪，間採及片面事實與其未盡者，則聞見未周之故。其於他種紀述有所刪取者，皆根據實事，覽者知其意可也。述十九之夕第四。

一、未發難前日間情形

彭劉楊三烈士被殺後，瑞澂電奏邀功，略云臣不動聲色，一以鎮靜處之，因得弭患於無形，定亂於俄傾。一面提訊捕獲黨人，言誘刑迫，澈底細究；一面分調軍警，布防城內街巷。在營士兵，子彈一律收繳，並禁外出。以為布置周密，可以安枕無憂矣。其時謠言蠭起，多以搜去名冊為口實。有云由巡防營及憲警包圍，按冊拿人。有云搜去者為假名冊，各標營漢籍士兵皆在內。風聲鶴唳，人人自危，同志極為憤慨。昔秦末謫戍漁陽九百人，大雨失期，法皆斬。陳涉、吳廣謀曰：“今亡亦死，舉大事亦死，等死，其死國乎？”辛亥八月十九之武昌軍界，殆有同一心情，或更過之。所以防制愈嚴，謀反愈急。除當時總機關辦事人逃出者，如劉公、丁笏堂、蔣翊武、蔡大輔、王守愚、楊玉如等不得不避外，而各營隊分別秘密私議，藉故外出傳遞消息，實亦無可制止。加以各營隊值日目兵，照例輸出採辦；武勝、平湖各門，限時開放，俾居民取水，以故城外猶得通訊。鄧玉麟自述：下午六時在南湖砲隊，接到城內消息，本晚點名時發難，其明證也。所以蔡濟民、吳醒漢在右旗協議。見王嗣昌《函送吳醒漢起義事略》。又濟民與熊秉坤、金兆龍、彭紀麟、闕龍、方興、方維等集議，濟民曰：“名冊已搜去，各處捕人甚急，總是一死，不如今夜起事，死中求生。”衆皆謂然，遂決定是晚點名發難，以槍聲為號，各依十八日命令達到任務，並通知塘角縱火，城內外各標營同時出動。參照龔霞初《起義兩日記》又《談往》：熊秉坤、李澤乾由于郁文盜取外出腰牌，因往右旗與蔡濟民、王文錦、方維、謝湧泉等商洽。鄧玉麟、李作棟日暮由漢口繞道渡江至南湖，與孟發臣、徐萬年等，議定聞城內槍聲，即集合出動。見鄧《辛亥首義經過》。胡祖舜晤見黃元吉、劉國楨，商其與各營隊互通消息，一致行動。見《談往》。其他各標營類此言動不少。

二、各標營出動概況

各標營出動先後不同，各有特殊情事。漢口二十日以後報紙無餘幅補登十九夕起義經過，當時同志亦無暇及此。事越多年，傳述軼事，大抵各就本標營聞見而談。間有記錄，多爲斷片或屬臆說。而表彰個人或某部分者，不免取一切大事，推爲獨有之績或稱爲首功，以及稱某部分獨自出動，某人最先發難。甚至抹煞一切，與當時真相顯有出入。故於分叙之前，先提出徵信證件，庶覽者對本文叙述，與以往各種記載及個人稱述有出入者，易辨其是非虛實也。八月二十一日，清廷上諭：瑞澂電奏："十八夜革匪創亂，拿獲革匪，正在提訊核辦，革匪餘黨，勾結工程輜重營，此輜重營指混成協輜重營言，混成協有輜重一營，工兵砲各一隊，皆駐武勝門外數里之塘角，民間每通稱輜重營，突於十九夜八鐘響應，工程營則猛撲楚望台，輜重營則就營縱火，斬關而入。"塘角距武勝門（即草湖門）尚有數里，是八時入城，其發難當在前一時許，或較工程營稍早。此一證也。《革命實見記》：朱思武二十日上午來寓報告，工程營據楚望台及軍械局後，未幾二十九標、三十標相應而起，後四十一標亦出，又有測繪學堂全班學生到楚望台。《實見記》，胡石庵作，刊於民元二月，先曾附登報上。思武爲工程營正目，與石庵同鄉，曾從之讀，所言當係實情。此二證也。《革命真史》，曹亞伯據吳兆麟供給材料而編。兆麟爲工程營推定之臨時總指揮，其言工程營出動事實，當較他人詳明。署云，吳兆麟接受指揮後，有曰俟砲隊入城及各營同志響應後，然後一齊進攻督署。又十點三十分，下進攻命令，有曰據蔡濟民報告，三十標旗兵已逃，憲兵營亦爲我同志撲滅。又曰黎元洪聞蛇山砲聲潛走。準此則三十標旗兵在十點左右遁走，其非旗兵與同駐之二十九標，至是必可自由行動。黎元洪離四十一標，當在十一點左右，其官兵及留守隊亦必自由行動。兆麟下令進攻爲十點三十分，已在二十九標、三十標出動之後，即四十一標出動，距其時亦不過半小時後也。此三證也。再據進攻督署之事證之，馬雲卿傷於王府口；馬開雲傷於津水閘；闕龍傷於東轅門；胡春陽傷於督署大門前；王世龍死於鐘鼓樓前；紀鴻鈞死於督署門房外。雲卿二十九標，開雲三十標，闕胡王四十一標，紀未詳，皆有當時起義人紀述可憑。

此外，死傷佚其姓名者不知凡幾，如胡石庵稱甘威於十九夕以後，不見其人，知其名而不知死之所在，竟無稱道之者亦不少。此四證也。有此最明確之四種證件，則十九夕出勤，除第八鎮輜重營及巡防營外，已全體先後出勤，亦各有表見事實。凡一切不合事實或相抵觸之紀述，顯然易見。至於各標營出動之任務，惟有十八日延未達到之總指揮命令，事前並無集合楚望台之決議。吳兆麟爲臨時總指揮，係工程營擁戴，亦無約束各標營之權威。其出動各部，有往楚望台者，大抵往取槍彈，非奉令而來，如測繪學堂學生是也。蔡濟民、張鵬程早出，皆先到楚望台，其他間亦有之。亦有表彰個人，稱其率隊攻佔楚望台者，亦近於誇張者也。當時各標營士兵子彈雖經收繳，但所謂收繳者，係繳存本標營隊之軍械庫。及變起，自可入庫取彈，苟非不足，可以逕自履行任務，無需必到楚望台也。

工程第八營在紫陽橋南約一里，與右旗二十九標三十標及憲兵營接近，距左營四十一標三十一標亦不遠。先是十八日楊宏勝運來子彈，僅有兩排，本營呂功超取其兄家所藏子彈兩盆，分給同志；于郁文、章盛愷又竊排長方定國子彈五排益之，任振綱因此爲排長曹飛龍看管。隊官羅子清，前日知會會員也，因革命風潮高漲，曾密詢熊秉坤，終以勢格，無所助力。見《談往》。惟排長陶啓勝，反對革命最力。是晚七時，巡查見程正瀛持槍裝彈，金兆龍亦擦槍，問其爲何如此。兆龍曰"準備不測"。啓勝大怒，厲聲曰"汝輩造反耶"。隨扭住兆龍，正瀛急發槍擊啓勝。兆龍躍起大呼曰："反！"啓勝負傷逃。時方興在營外亦擲一炸彈，聲震玻璃破裂。見《革命真史》。樓下林振邦、饒春棠、陳連魁等聞聲皆起，代理管帶阮榮發時管帶王永泉赴永平秋操未回。出而彈壓，發手槍阻止，適啓勝過其前，復中槍倒地，同志章盛愷亦受傷。衆遂擊榮發，榮發逃，徐少斌要擊斃之。見《談往》。《革命真史》則稱正瀛以槍柄猛擊啓勝頭，破其腦，啓勝倒地。於是熊秉坤放槍爲號，右隊隊官黃坤庸挽本隊士兵暫留營房內，呂中秋擊之，坤庸死，彈貫司務長張文濤，亦死。據呂中秋口述。是時馬榮、羅炳順等守楚望台，聞本營槍聲，立即放槍以應。各隊官兵既集合，左隊司書周定原曰"難既發當速占楚望台據軍械庫"，於是整隊馳往楚望台。《革命真史》：合計不滿三百人。《談往》：熊秉坤率同志四十餘人。楚望台逼近中和門，軍械庫在焉。存槍砲子彈甚多，其詳數今無可稽。聞初在德國購七米里九毛瑟雙筒槍一萬餘支，繼在日購六米里五槍一萬五千支，後由漢陽兵工廠自造單筒六米里五槍數萬支，多儲藏其內。參照《革命真史》。平時由工程第八營守衛。先是謠傳八月十五日起事，張彪派李克果、馬祖全、成炳榮、劉繩武、張策平等會同總辦紀某負責監守。克果等即在四周設防禦工程，工甫竣而變起。克果見聲勢洶洶不可制止，相率走避。見《談往》。炳榮士官畢業，爲同盟會會員，聲請參加起義。見成炳榮弟《致和函述事略》，《革命實見記》則稱推爲軍械庫總理，又馬、劉後均任要職。本營官兵到台，與守台馬榮、羅炳順等會合，遂佔領台及軍械庫。見《談往》。隊官吳兆麟是晚亦守台，《革命實見記》：左隊隊官吳兆麟，二排排長鄺傑，同守。居正《起義經過》：群挾隊官吳兆麟至台。熊秉坤、馬榮本同志素所信仰之代表，熊爲共進會所推，馬爲文學社所推。臨時指揮自無問題。惟秉坤等以兆麟在營，資望較高，軍事學識出其上，舉大事必須能者領率。如此不自私不攬權之志願，本一般首義同志同具心理，亦即武昌首義成功之表率，而工程營首先實踐，洵可敬也。因是公推兆麟爲臨時總指揮，《談往》：汪長林於台西南牆下，見隊官吳兆麟強要至台與秉坤晤，遂被推爲臨時指揮。《革命實見記》：推馬祖全臨時指揮案，祖全士官畢業，講武堂堂長爲監守之一人，或者有人提議，但未成事實。兆麟固辭不獲。申言宜嚴守紀律，服從命令，違者必以軍法從事，眾皆翕從。於是重整隊伍，集合西南凹地，講說立時措置事宜。其概要如下：

一、本營北有三十標,西有憲兵營,多爲旗人,地位相逼,必乘其不備制之,馬榮、金兆龍各帶兵一排,馬榮向憲兵營東面進,金兆龍向憲兵營西南進,即時出發撲滅之。

二、本台軍械庫爲我軍根據地,必需保守。曹飛龍帶兵一排防禦西北端,黄楚楠帶兵一排防禦東北端,皆向三十標猛烈射擊。

三、砲隊在城外,本有預約,宜促其入城。熊秉坤偕楊金龍、徐兆斌、汪長林帶兵一隊,先奪取中和門,以便砲隊入城。

四、附近電綫,一律割斷。程正瀛、楊開雲、孫元勝、羅炳順各帶兵六名前往割斷。

五、陳有耀帶兵三名,往通湘門附近偵察;唐榮斌帶兵三名往中和門附近偵察。

六、城內各營,各派同志二人分途前往送信。

七、其餘爲預備隊,在本台軍械庫西端集合待命。

八、俟砲隊入城及其他各營出動後,會師進攻督署。

以上參照《革命真史》,惟第三項文字稍有出入。案:《真史》作爲革命條文,疑是事後補作。

混成協輜重一營工兵砲兵各一隊駐城外塘角,距武勝門數里。是晚七時左右,見六十《談往》,再據陸德澤口述,是日五時渡江,將往平湖門訪友,因風浪舟下蕩至下新河傍岸,天已黑又微雨,乃舍舟登岸,回武勝門外郊住宅,坐未久而聞塘角槍聲,派傭工往探,見輜工士兵齊集營外,正在拖砲出營,亦爲七時許。縱火爲號,居正《起義經過》:塘角輜重營李鵬昇、李樹芬、羅一安等,砲隊晏伯青、符玉龍等舉火起事。《文學社運動紀實》:砲隊代表晏伯青、符玉龍等,工程隊縱火燒營,輜重營響應。《談往》:李鵬昇、李樹芬等攜洋油燈一盞往馬房燃草起火,工程隊張斌、黄士傑等立即附和,砲隊無動靜。《廣益叢報》八月三十日紀聞轉載《漢口報》:起事時尚未至武勝門,某家失慎,營防口砲輜工信爲號火,遂出動。輜重營則集合隊伍,向武勝門進,工砲兩隊繼之,破城門而入。見《廣益叢報》轉載《漢口報》,但《革命真史》《談往》皆謂砲隊未響應,似有誤,因攻督署正緊時鳳凰山曾發砲也。起義不久,期間常有人說鳳凰山兩大砲真得勁,即稱道塘角砲隊而言也。余鳳齋率大部分工輜隊掩護砲隊進佔鳳凰山，三十年十月十日《中央日報》"雙十節紀實"，草湖門外舊凱字營三十標吳醒漢、徐達明、王憲章等從城外圍攻鳳凰山云云，當系塘角輜工砲之誤，三十標駐城內無攻鳳凰山事。並搜索山後各處。當由塘角啟行，沿途砲車轉動，軋軋有聲。鄉民驚問何事，答曰"這是我們的事，驅滿興漢，老百姓不要驚惶"。陸德澤口述，今訪問塘角附近舊住戶年在七十左右者尚能憶之。李鵬昇最先行，別率數十人，《真史》七十余人，《談往》約百餘人。繞城至通湘門入城而至楚望台。見《革命真史》，《談往》則謂趨南湖後再入城。蔡鵬來後亦到台，《談往》稱鵬來被阻，城內惟據鍾祥張一權函送鵬來，《起義事略》則稱帶砲六尊入城。

　　二十九標與三十標同駐右旗，二十九標三營調往襄鄖，留守者為一營二營，尚有三營留守隊若干人。三十標一營三營駐城內，三營士兵滿漢滲合。二十九標張鵬程奉隊官吳長懷命，於是晚守通湘門。見張鵬程《起義事略》。先是本日午後十時許，二營廁所內突有炸彈一枚爆炸，將廁所廠地陷成釜形，似由牆外擲入者，已震動右旗各營矣。及同志接到是晚發動消息，以塘角放火為號，槍聲為號係各營發難之號，塘角放火為城內外公同之號。嚮晚，紛紛在操場北外望，未久果見天空微現火光，正在相約準備，而工程營槍聲已起。蔡濟民率同志起，三營學兵杜武庫、陳人傑等亦呼集同伍而起。據謝楚珩紀錄。濟民聲稱出巡，率本排士兵出，見居正《起義經過》。張喆夫、李達武、謝超武亦起。見《文學社運動紀實》。濟民率隊行至營門前，見有槍彈從營外射入，當係工程營促右旗發動者。即大呼曰"打旗人"！營內各同志皆應聲呼"打旗人，打旗人"！即三十標亦有呼者。呼聲動天，旗兵無不人人懾伏，莫敢較。據當時起義人口述，已忘其名，或即濟民在滬時所談。濟民遂出，逕向楚望台而去，鍾仲衡、盧雅卿、方維、謝湧泉、陳偉、馮中驥、羅良驥、蕭國寶、陳復元等皆出。參照《知之錄》及其他紀載。第一營管帶何錫藩知為黨人起義，未加阻難，但當時尚無參加勇氣，暫避馬房，觀察動靜而已。其本營同志則與二三營合，領取子彈，其隨管帶避馬房者，尚未出也。後砲隊入城，聞一營未出，即在中和門城樓發一砲，適中右旗一營營房屋脊，避馬房者遂一出動。

據楚珩紀錄。

時旗籍官長守三十標營房，聲言管帶不准外出，各不相犯。吳醒漢趨前言曰："管帶命令，固應服從，但不可不整隊以防不虞。"言時聲色俱厲，而四面槍聲漸緊漸密，旗籍官長怏怏退。馬明熙、徐達明皆爲排長，吹笛站隊，遣同志闖入本標營軍械庫取子彈，氣勢洶洶，旗兵無與爭者。節取王嗣昌《函送吳醒漢起義事略》。管帶郜翔宸見力不能敵，遂率旗兵百餘人，亦有非旗兵者，開西營門竄走。參照《文學社運動紀實》。又據成玫和函述其兄炳榮事略，十八日午後，張彪令閉西營門獨開南營門。於是三十標馬明熙、徐達明各率本排往楚望台，吳醒漢、方維、謝湧泉亦率一部去。二十九標杜武庫、高尚志、楊選青、夏一鳴、姚金鏞、彭紀麟及留守胡效騫等各率一部往楚望台，見《談往》。馬雲卿亦率一部與張鵬程會合，見居正《起義經過》，《文學社運動紀實》。標統張景良、楊開甲皆走避。《革命實見記》稱開甲被脅反正。又居正《起義經過》：督署下後杜武庫、高尚志、張達筏、徐友藩、李達等挾何錫藩反正。案：杜武庫等皆於督署未下前至楚望台會師，杜武庫、夏一鳴且加入敢死隊，見《談往》。至《革命真史》稱是晚二十九標除蔡濟民一排外，與三十標皆未響應，又云何錫藩將士兵帶至賓陽門一菜園內，既不響應又不敢與革命軍爲敵，二十日始由目兵帶至楚望台聽候編制。案：官長如姚金鏞、胡效騫、杜武庫、蔡濟民、楊選青以及張鵬程、馬雲卿、高尚志等是晚參加，他書多有紀載，《革命逸史》亦稱工程營攻督署，三十標吳醒漢繼之，胡效騫蔡濟民復率二十九標會攻。

四十一標與三十一標同住左旗，協統黎元洪亦在是處辦公。三十一標已開四川，四十一標有三營之前後右三隊，及一二營留守若干人，又有本標與四十二標之講武堂受訓士兵百餘人，寄宿標內。參照王續承紀錄及口述。當塘角火起，其管帶張正基電話報告，元洪即命謝國超嚴防本營士兵行動。適見有人從外來遞信，元洪手刃之。《革命真史》作周榮發，《知之錄》作周榮棠。又士兵鄒玉溪聞變，奪門出，亦爲元洪所手刃。《知之錄》皆有傳，《談往》稱手刃王姓二人。及聞工程營已占楚望台，下令謂革命軍來不開槍，以好言相勸。後聞南湖砲隊變，又下令謂革命軍來即避入營房。自此元洪亦離去辦公室，《革命真史》黎元洪聞蛇山砲聲潛逃。於是闕龍、胡培才、李文燦、鄒棟、王世龍、顧鴻、梁棟、柳滌凡、李必勝、鄭繼周等齊集操場，闕大呼站隊，右隊隊官胡廷佐應聲出，吹笛集合。二營留守士兵廖湘芸、姚鈞與隊官李銘鼎同出集合，闕龍、廖湘芸、姚鈞、胡廷佐、李銘鼎率隊出長街，協攻督署，見《文學社運動紀實》，聞據闕龍口述。鄧飛鵬、胡春陽、楊震亞亦同去。胡春陽攻督署時受傷，民初足尚顛跛。《革命實見記》：蔡濟民、吳醒漢、楊震亞等冒險率隊進攻。《談往》：四十一標留守部隊受砲隊轟擊，由闕龍、岳少武、李宗義等率領各營參戰。《革命真史》：四十一標天明響應，又云黎元洪走，胡廷佐集合士兵帶至楚望台，吳兆麟命其搜索出街道旗人。案：上所云云與當時事實不符。管帶謝國超走，隊官殷人驥走。三十一標留守無多，留守督隊官某同情革命，惟排長何少雄多方阻難，目兵胡某忘其名，京山人。欲殺之，為同伍所阻。遂與江光國、趙士龍等出而參加，排長胡廷翼同往。次日何仍頑抗，乃被殺。《革命真史》：黎元洪聞三十一標已變，甚焦慮。《革命實見記》：未到時，三十一標衛兵某已於體操臺上舉火為號。

測繪學堂在通湘門內，距楚望台甚近，有學生八十名。當自習時，工程營槍聲爆炸聲並起，繼以群眾歡呼聲，學生頗驚懼。李翊東即起抗聲言曰："今晚革命黨起事，推倒滿清，我即革命黨之一，願從者同赴楚望台領取槍彈。"眾曰"諾"，遂同往操場排隊。適方興自工程營攜軍刀二柄來，以一柄授翊東曰："學堂中有滿人者請以此斬之。"翊東曰："僅一松俊耳，不必殺。"方以為然，遂與翊東及朱次璋、向訏謨、喻義（育之）等及全體員生馳赴楚望台。《革命實見記》：向訏謨、甘績熙、李翊東、朱鑄、馮貞、汪震亞、李華模、朱作藩、方繩修、王仲烈等率全班學生至楚望台。《革命真史》：李翊東偕方興、甘績熙率全體學生往楚望台。《談往》：陸軍測繪學堂李翊東、方興、向訏謨、王經武率百餘人，甘績熙、朱次璋、李華模、李南星、范義俠、閔燮卿、胡聯香、宋珍珊等已先至楚望台取槍械回校，亦與會合。

南湖砲隊第八標是日下午接城內同志起事預約，鄧玉麟、李作棟復在營守候，已有準備。鄭《起義經過》稱李暫住營外候訊。其晚八時，工程營發難，二十九標三十標相繼而起，有若干部分集合楚望台，公推馬明熙率隊出中和門往南湖迎砲隊入城。《革命實見記》：馬明熙、蔡漢卿、陳瑞蘭等出中和門迎砲隊。案：蔡時在砲隊不在城內。居正《起義經過》：吳醒漢、胡效騫到台挾馬明熙、鍾仲衡、盧雅卿等出迎南湖砲隊，明熙至砲隊請其入城助戰，孟發臣乃指揮砲隊入城。《革命真史》：熊秉坤、徐兆斌、汪長林等率隊出中和門促砲隊進城。鄧玉麟《起義經過》：八時聞知城內發動，即放槍集合砲隊。張鵬程《起義事略》：鵬程率百餘人奪中和門出迎砲隊。《談往》：兆龍率一支隊出中和門迎砲隊，又加派曠傑率隊往促之。復派金兆龍、馬榮率隊在中和門內外，沿途掩護。而砲隊同志自見塘角火光，群起準備。《辛亥首義史蹟》：蔡漢卿砲隊起義，晚九點多鐘遙見塘角火起，砲隊發難。蔡漢卿乃赤膊呼嘯而出，其隊官柳柏順出而阻止，漢卿飛腿蹴之，柏順倒退數步，其他官佐皆退縮莫敢言，立與同志多人，往據標本部，繼開子彈庫，拖砲實彈威脅各營隊，集合者三百餘人。見《談往》。遂偕程（一作陳）國楨、孟發臣、徐萬年、李慕堯、黃駕白、范鴻江、王鶴年、陳天寅、劉天元、謝荻南、閔少斌、鄒國勳、丁敬敏、金明山、史定邦等，人名分見《談往》《文學社運動紀實》。率炮十二尊《蔡漢卿記事》：共有山砲八門，本人與徐萬年率四門，孟發臣、陳國楨率四門。向中和門進，鄧玉麟、李作棟亦易裝同行。見《談往》。

　　三十二標駐城外武建營，其一營三營及二營之前後兩隊分調四川施南，留守者僅二營之左右兩隊及各學兵新兵共四百餘人，十九日午後標統孫國安由城內回，召集督隊官許兆龍，十八日由宜昌回。隊官楚英、趙懷仁等指示注意事項，嚮晚，鎮司令部電傳警訊，標統命楚英率隊警戒標營周圍，時孫長福、單道康、戴鴻炳、張樹棠、王時傑等以是晚發難事密告許督隊官，因協議屆時一致行動，及城內已發動，馬榮、金兆龍等率隊迎砲隊入城，進抵武泰閘，楚英探悉大懼，《革命真史》：楚英帶兵一隊至武泰閘不敢進，馬榮擊潰之。《談往》：楚英率隊守長虹橋，金兆龍擊潰之。而砲隊復派金明山來催其出動，於是夏斗寅、段海山、梅明祥、黃義祥等在左隊吆喝，戴鴻炳等在一營之操場放槍擊傷標本部衛兵，孫國安出走，楚英亦遁，單道康、孫長福、夏斗寅乃集合隊伍入城，當入城時，保安門城上敵人防綫方撤退也，居正《起義經過》：三十二標單道康、孫長福率隊來助，大破督署衛兵。《文學社運動紀實》略同，但《談往》：砲隊金明山前往通報砲隊已出動，統帶孫國安不理，率隊走五里牌。《革命真史》：竟曰三十二標未響應。其隨標統行之官兵，亦於次晚齊回，同受編制，以上參照許督隊官口述。馬隊第八營距砲隊不遠，砲隊出動向馬隊營放砲威脅，促其速動，見《談往》。馬燮雲、徐國鈞、黃冠群即起而率隊梭巡各城門，見《文學社運動紀實》，又居正《起義經過》；孟發臣、蔡漢卿等向馬隊壓迫，馬燮雲、徐國鈞、黃冠群等起應。《革命實見記》：砲隊八標入城，馬隊八標亦隨至。但《談往》：馬隊統帶喻化龍率所部走李家橋。又《革命真史》：馬隊八標未響應，又云未響應之三十二標統帶孫國安、馬隊統帶喻化龍將隊帶至李家橋，至二十日之夜始聽各人自便，於次日天明響應。案：此二說似非完全事實。

三、瑞張佈防及督署攻下

敘進攻督署，當明瞭當時陣地所在廣度及其路綫，次需明瞭瑞張擁有兵力及其分佈情形。然後知武昌首義，能以一夕攻下督署，占有全城，以前所有紀載及個人表述，其言之是非虛實，自易辨明。

先就陣地言之，武昌城周三千四百三十丈，徑東西五里，南北六里。見宣統《湖北通志》。自黃鶴樓迤南樓至蛇山東端，橫亘長約四里，其北爲山後，南爲山前，山前較山後較廣。山前之東南爲城內各標營駐地，其西南則督署在焉。由南樓抵望山門，長街直貫其中，督署後右側偏隘，民房密集，非用兵地。東轅門出長街，其南倚望山門，北至水陸街，即督署後院對角。再北爲大都司巷，鎮司令部設於巷內。巷東口不遠爲王府口。由望山門至水陸街約一里，由水陸街至王府口約一里半，爲革命軍西進通道。敵守司令部，即以固督署後防，故王府口至望山門，必佈重防。而佈防必堵塞革命軍西來之道，故王府口前哨，可分佈至紫陽橋。橋在王府口東約二里許，水陸街前哨可分佈至小朝街。其時新軍附敵者，惟蕭國安所轄之輜重營，駐平湖門外靠城處。是晚調入城內，必由平湖門出入，經學宮街今大城路通長街，尚在王府口北約二里。其中間三佛閣百壽巷西口亦當爲敵人佈哨所及之綫。此但指由北至南之長街防綫言也。督署接近城垣，由望山門至保安門約一里餘，保安門正街直達督署東轅門，與長街通，是爲由東至西之主要防綫。街北側面巷路錯出，如津水閘、崔家院、恤孤巷等，便於設伏。城內各標營逼處東南，蛇山腹部南麓有閱馬廠，過此而東爲左旗，又東南爲右旗，其出入與左旗不同路，右旗之南爲工程營、憲兵營、測繪學堂等，距紫陽橋不遠。橋南北有湖毗連，長一二里，東西街宅至此中斷，欲堵王府口，是處有設前哨必要。又東南抵中和門，楚望台軍械庫在焉，有路逕通保安門。至橫截山前山後之蛇山，南北通徑甚多，除黃鶴樓附近外，少有住戶，惟湖南會館高觀書院（改爲江夏高等小學堂）分駐中峰左右，城內如有兵事，蛇山在所必争。

次就瑞、張兵力言之，督署守衛，原有教練隊一營，機關槍一隊，消防隊一隊。自聞新軍不穩，十八日調入巡防三營協守，鎮司令部亦有衛兵若干人，八鎮輜重營駐平湖門靠城牆之地，合計當有三千人左右；又有警察約二千人，分駐城內，右旗三十標旗兵與憲兵營不與焉。及接到塘角輜重營與城內工程營舉事消息，張彪即令輜重營入城，三十二標二營則防附近馬砲各標。復派李襄鄰、白壽銘指揮各軍，兩路防守督署。長街爲左路防綫，所以防武勝門入城與閱馬廠西進之國民軍也。前綫以輜重營入城隊伍爲主，頭道防綫在王府口，分哨及於南樓。保安門正街爲右路防綫，所以防城內及南湖方面之各標營也。前綫以巡防消防各隊爲主，頭道防綫在保安門，其保安門正街沿北義路皆布伏兵，使革命軍不得逕達大街，進襲督署。警察則分佈山後各處，及長街以東各街巷，達閱馬廠紫陽橋一帶。

瑞、張擁有軍警五千人，集中督署佈防，防地亦廣，交通綫不下十餘處。革命軍起事，如止於三五百人，無從分佈而突破其防线，可斷言也。方工程營據有楚望台後，吳兆麟與最先到台之蔡濟民、馬明熙、李翊東等籌議，蔡、李最先到台，各紀皆言之，但各紀多稱馬係出城迎接砲隊，其到台亦必較早。餘衆集於台之周圍。守通湘門之蔡鵬程到，抗聲言曰"長守楚望台，不速攻督署，天明，敵軍集，我輩無噍類矣"。衆韙其言，見《知之錄》及鵬程《起義事略》。於是議定促南湖砲隊入城助戰，公推馬明熙率隊前往，參照《革命實見記》。未幾塘角輜工砲入城佔領鳳凰山，搜索山後各處，李鵬昇亦率數十人到楚望台。遂派李鵬昇率輜重一隊，李翊東、方興率測繪學生守楚望台軍械庫及通湘門。《革命真史》：方興、任正亮率測繪學生防禦中和門及通湘門，混成協輜工隊爲預備隊，由李鵬昇指揮。居正《起義經過》：翊東領測繪生防守楚望台及賓陽門諸要隘。於是決定進攻，分爲三路：第一路由紫陽橋向王府口搜索前進，第二路向水陸街搜索前進，第三路經津水閘向保安門正街搜索前進。此三路進攻陣地，水陸街雖當中路，其西口之北對鎮司令部，南對督署，如北面第一路未出西口進至相當之地，或者衝破鎮司令部防綫；則第二路不敢亦不必衝至西口外之大街，而祇得停頓於西頭小金龍巷口一帶。因爲第三路之保安門正街，與水陸街平行之綫較近，敵人未退至東轅門或望山門一帶，是處交通不得撤防也。以故第二路僅爲策應第一第三兩路之進攻，必至適當時間始得衝至西口外之大街，會攻督署也。開始進攻時間，爲十一時左右。《革命真史》十時三十分。當是時各標營尚未完全出動，敵人佈防情形亦無所悉。進攻隊伍，工程營所分配者，第一路鄺杰，第二路馬榮，第三路熊秉坤，各率一隊。見《革命真史》。此外第一路尚有二十九標蔡濟民本排兼領零星之隊。參照《談往》。第三路尚有三十標馬明熙本排及兼領零星之隊，馬系往迎砲隊入城，其後在三路加入敢死隊。二十九標張鵬程，鵬程《起義事略》：開始在保安門方面進攻，退却後轉王府口。三十標吳醒漢見王嗣昌《函送吳醒漢起義事略》。各一部，亦向第三路前進。據鵬程所述，第一次進攻二百餘人在保安門方面，第二次進攻五百餘人在王府口方面，大抵鵬程專據本人進攻路綫而言，故其所見人數止此。保安門距楚望台較近，且爲台之主要防綫，與敵軍前綫接觸當較早。非開始僅從保安門進攻，亦非增援時齊集於王府口也。至《革命真史》稱是晚進攻者惟有工程營，且不及三百人，《談往》稱開始進攻惟有工程營四排，皆系專據工程營一方面之事實而言也。惟因開始進攻人數無多，又南湖砲隊入城尚未穩固蛇山陣地，是以王府口保安門兩方面進攻隊伍，皆被阻且有受創者。第一路鄺部進至紫陽橋西，即遭嚴重襲擊，而退回楚望台。鄺因退回楚望台，爲衆所詬詈，指揮吳兆麟欲繩以法，各紀皆云然。實則其過不在退，而在退回至台。所以紫陽橋有無戰事，與鄺部有無傷亡，無敢論及。使鄺部未遭襲擊，何至於退。王府口至紫陽橋約二里許，兩側街房整齊，至橋而止。橋之南北兩側瀕湖，沿湖西岸，皆爲住宅掩蔽，大可防守。使鄺部在橋西遭襲非甚嚴重，即可退駐其處，何至逕退於楚望台耶。再證之次晨衛生隊長陳雨蒼報告，紫陽橋屍首最多。報告大略見《知之錄》。其時憲兵營及三十標旗兵。與革命軍無甚衝突，即有之，亦不至移轉至此，則紫陽橋必在是晚發生戰事矣。蔡濟民則繞道王府口以北，因鄺部未達王府口西口，故濟民搜索進至長街善後局官錢局附近，不敢前進，他紀稱爲被阻後退於此者非也。第三路熊部伍正林所率支隊，進至津水閘被阻。見《談往》。吳醒漢、張鵬程亦率隊出第三路者，醒漢率士兵余文家、張玉清、于起雲、馬開雲等數十人，行至津水閘，遇巡防隊連放排槍，擊倒數人，馬開雲負傷。見《嗣昌函送醒漢起義事略》。鵬程則抵保安門附近，遇敵軍，不支而退。見鵬程《起義事略》。時則各標營已全出動，紛紛參加者甚衆，故革命軍兩路雖却，而氣未稍餒。加以砲隊亦在蛇山穩固陣地，聲勢更震。蛇山綿延之綫甚廣，邰部繞至蛇山東麓潛伏，沿山徑道，皆需佈防，非少數隊伍可以掩護。及塘角入城之輜工隊，掃清山後各處；四十一標出動，自大東門至閱馬廠爲其警戒綫；故砲隊得以從容佈置。於是各標營聯合進攻，所謂二次進攻是也。並議定進至適當地點放火助攻，兼爲注視發砲目標。蓋放火必在各路進至西口入大街，其火焰始得擾及敵軍守督署鎮司令部之防綫。第三路出西口即抵東轅門，如在保安門放火，反而妨礙我軍進攻；即第二路亦必出西口在大街西側放火，其效始著。而且各路進展，不能一致，他紀有作三路同時放火者，非也。二次進攻時，已在是晚十二時後。第一路工程營鄺部退，黃楚楠率隊前進，二十九標姚金鏞率部同進。參照《談往》。張鵬程退出三路，亦轉向王府口進。四十一標出三佛閣，見《知之錄·闕龍傳》，又夏世鑑所送《闕龍傳》亦同。見王府口以北尚有蔡部，遂分爲二部分：一部分由胡廷佐、左國棟率領，實踐十八日命令指定之任務，進佔官錢善後電報各局，並攻取藩署。參照居正《起義經過》。闕龍與王世龍、鄭兆周、胡培才、胡春陽、岳少秋、李宗義率一部分，逕向督署方面進。參照《談往》。鄧飛鵬、柳滌凡、劉嶽中、任得勝等負沿途警戒之責。據飛鵬記錄。工程營馬榮仍在第二路，三十標吳醒漢，二十九標高尚志，同向第二路進。王嗣昌《函送吳醒漢起義事略》：醒漢率隊在津水閘遭襲稍有潰散，偕若干人繞道從水陸街走回楚望台，遇蔡濟民與高尚志二人之隊，爲之調整，又派馬榮前往蛇山掩護砲隊。案：蔡部早出長街並未退回，馬榮亦無往蛇山事，揣其情勢似其退回者與高尚志部合而隨馬榮同出水陸街。第三路熊秉坤擔任正面，其支隊徐少斌等向恤孤巷崔家院方面搜索敵軍，而進保安門正街；陳國禎《革命真史》陳作程。帶山砲二尊，向保安門方面城牆上放列，由曹飛龍率一排掩護之；伍正林一部調往沿保門城牆側擊。二十九標胡效騫、杜武庫、楊選青、夏一鳴等各部，三十標馬明熙、徐達明各部，以及彭紀麟、徐紹儒各部，皆出第三路。伍正林未至保安門正街，遭恤孤巷伏敵掩襲，未得進展，運往保安門方面山砲二尊，遂致放棄。據聞其時張彪親在保安門城上指揮，以白布揭示其上，自謂治軍不嚴，致召叛變，諭令各自歸營，不究既往等語。並令武裝消防隊兩次衝鋒，皆不得逞。參照《談往》。於是馬榮、熊秉坤、伍正林、杜武庫、楊選青、徐少斌、彭紀麟、胡效騫等商組敢死隊，《革命真史》一百人，《談往》四十人。向保安門衝擊。馬明熙、彭紀麟、徐紹儒、陳振武、饒春棠、林振邦、陳連魁、胡效騫、徐少斌、楊正全、紀鴻鈞、張得發、孫松軒、趙道興、宋厚德、張斗熙、李自新等二十餘人爲前鋒，奮勇衝擊，敵稍却；杜武庫、楊選青、夏一鳴等遂進至保安門城上，與城下我軍相應。上見《談往》。而三十二標又入城助戰，力更雄厚。第一路方面我軍接戰甚猛，敵無炮隊助之，又見王府口以北通道，亦有我軍進至大街，不得已，撤去紫陽橋一帶防綫，退至王府口西頭佈置陣地。張鵬程直衝至西口，與敵軍鏖戰，幾至不支，馬雲卿受傷倒地，鵬程遂在西口覓民房縱火。蔡漢卿稱爲乾記衣莊。當放火時，住户助之燃燒，且有喜色。見《文學社運動紀實》。闞龍乘火勢超至蔡部前衝擊，越過王府口，火焰漫延，敵稍却。然鎮司令部在大都司巷內，其巷口稍北，敵排列機關槍掃射。他紀有稱十五協同志林楚翹輪守司令部時暗將撞針撤去，實則祇撤去一部，未能各架皆撤去也。闞、蔡二部趁機關槍時作時息之際，息則前進，然已有死傷矣。會工程營一部前進者，有壯士二人其名已佚。伏地蛇行，及至機關槍下，狂呼躍起，先起者爲敵人見，受刃立倒，次起者趁其举刃之際，迅轉機關槍紐回擊。出敵不意，敵人乃如牆倒，死者十數人。參照《革命實見記》及《居正起義經過》。闕龍等復乘之，擊破大都司巷口一帶防綫，敵人紛紛向東轅門退。當此時，瑞澂已逃，潛登楚豫兵輪，行時責成張彪固守，偕行者僅鐵忠數人，其眷屬則先走，督署守衛皆不知也。輜重營殘隊一部分退往漢陽，亦在是時。瑞澂逃後，電奏有曰"督同張彪、鐵忠、王履康分派軍警，隨時佈置，並親率警察隊抵禦。無如匪分數路來攻，其黨極衆，其勢極猛。瑞澂退楚豫兵輪，移往漢口屯駐，調湘豫巡防隊來鄂會剿，並請派大員多帶勁旅赴鄂剿辦"云云。見二十日清廷上諭中。是時佈防軍警計有五千人左右，各進攻之革命軍，如止於他紀所云三五百人，而分三路進攻，每路止百餘人，展至前綫，尚需分若干支隊。似此人數不及敵軍十分之一，敵人必不以爲衆也。即勢極猛而分配不敷，亦不能攻破敵人各處防綫。即使砲力足以擊燬督署，而敵尚可轉移陣地，何至退出武昌耶？以此知某紀稱，城外隊步三十二標及馬隊八標之全部，由其統帶率往離城三十里地者，亦非完全事實。何也？其時此兩標未受攻擊，而發難方始，統帶即匆匆率隊離營者，必其標內已發生變動，故出走時尚得挾少數人隨行耳。不然，其統帶既有力統率全部他往，即可以坐鎮原駐地點，爲瑞澂在武昌作反攻根據地也。及大都司巷口防綫已破，張彪見殘餘隊伍不能支持，督署難以久守，遂亦出走漢口劉家廟，以其地與江中清艦及鐵路南下清軍便於接洽也。瑞澂走，責成張彪率軍警固守，張彪走，更下令以下官長，領率士卒死守。其時我軍水陸街之隊，進至西口外大街上，在接近督署後面商店放火，他紀有稱爲衣鋪，有稱某商店自放。與第一路前進之隊會師。火既烈，督署目標爲砲隊灼見，發砲漸準，署內員役群起恐慌，多有越牆而遁，墜傷者不少。惟教練隊由官長督率，固守督署牆垣，向外密射，因此一二兩路我軍不能湧進。於是專足分駐至中和門與蛇山砲隊，告以轟擊目標——蛇山發砲向火光之南，中和門發砲向火光之北，加緊轟擊。蔡漢卿稱本人率領山砲四門，開楚望台，孟發臣率山砲四門向蛇山。當王府口火起，以督署旗杆爲目標，第一砲一千八百米達，第二砲一千六百米達，第三砲射中督署簽押房。關龍等遂衝至東轅門與敵人對擊，關龍傷，王世龍《知之錄》有傳。遂從附近商店，搜取石油一罐，木柴數束，躍至鐘鼓樓亭前，且燒且注，雖彈如雨集，不稍避，不幸連中數彈而死，然火已延及亭樓矣。時則第三路敢死隊節節擊破敵軍，三十二標相率偕進，進展頗速；城上之敵亦退至望山門下城向西潰散。及鐘鼓樓火起，照見署前二旗杆尖頂，我軍砲隊瞄準目標，不斷而轟之，鳳凰山亦連轟二大砲，署内轟毀數處，守兵固已心驚膽落矣。然爲掩護退却計，敵退至轅門内，排槍齊發；其在大堂之敵，則以機關槍向外掃射。我軍頗有死傷，胡春陽即被掃射而傷腿者也。馬明熙、彭紀麟、陳振武、林振邦、饒春棠、胡效騫、張得發、孫松軒、楊正全、徐少斌、紀鴻鈞等十餘人，一擁而進，陷於半環形包圍，紀鴻鈞《知之錄》有傳。即取隨帶石油一箱，躍進門房放火，繼王世龍而成仁，可謂壯烈矣。參照《談往》《文學社運動紀實》。至張斗熙、宋厚德、趙道興、李自新等，在保安門正街接戰或督署前陣亡，則不可考矣。俄而火燎及大堂，敵乃鳥獸散，爭先逃，踐傷跌傷不可勝算。其未及逃者，皆放下武器，垂手受俘，時天將明也。至此武昌光復，我軍預備之星旗，遂高插於黃鶴樓之警鐘樓頂，揚采雲表，與日月同光，爲江漢生色，然今已不見此光復故物矣。

　　由上所述，革命開始進攻，王府口保安門兩路，皆遭敵掩襲，未能前進。二次進攻時，各標營皆出動。初時張鵬程猶挫於王府口，伍正林猶挫於恤孤巷。其後第一路猛攻大都司巷口稍北，猶被阻，工程營二壯士死之；再進則督署左側遭嚴重射擊；及抵東轅門鏖戰，四十一標頗有死傷。第三路屢次衝鋒，且戰且進。最後進抵督署大門，各標營皆有死傷，經激烈戰鬥而後克之。如此經過，當時全面前綫情事，非各路參戰者所盡知。後方但聞砲聲隆隆，見火光熊熊，不數時而督署攻下。事後鮮有人歷述其全面戰情。故局外人不知其詳；或者竟謂武昌光復，實由倖致，豈其然乎？至十九夕陣亡，舊紀列有姓名者，王世龍、紀鴻鈞、趙道興、宋厚德、張斗熙、李自新、杜芳、余守本等。見《知之錄》。或謂革命軍死傷共二十餘人，督署守兵死四十餘人，旗兵共死五百餘人，俘虜三百餘人。見《革命眞史》。

八月十九日，正陽曆十月十日，經民初國會通過爲國慶日，一稱雙十節。此事經過，曾經激烈辯論。最初民元五月北京召集臨時教育會議，政府提案，擬定三個日期：（一）清廷下詔遜位日，（二）袁世凱就大總統職日，（三）南北和議協定日。討論時，湖北教育代表李廉方抗議，另提武昌首義日，申説提案三個日期之非與武昌首義當爲唯一國慶日之理由。當時與會各人不盡同情革命者，頗多反對李説，而以浙江人邵章爭辨次數最多，各不相下。後經李歷述法美二國共和國慶，皆從其首義日，全場態度爲之一變，湖南、安徽、江蘇代表尤力贊李説。主席始提出李説付表決，與會者四分之三舉手通過，推李廉方、黃炎培、豐臻三人修正提案，衆無異議。其後政府交付國會提案，即據臨時教育會議修正之文也。

十九夕戰士姓名不及見於以上紀載者甚多。《辛亥首義史蹟》載有十九之夕武裝同志，亦未備也。細按所載，有已見本編多人未經列入，亦有確知非某標營或外出者，列入在内，總之皆可稱起義人也。茲據原文錄後：

第八鎮第二十九標　蔡國楨　高尚志　杜武庫　張喆夫　甘績熙　蔣秉忠　張英　李子香　胡效騫　楊炳山　鄒國秀　徐秉坤　陳人傑　朱國樑　朱國璋　孫翊中　涂占奎　郭義亭　胡道松　傅昌熾　施宏勝　蔡植卿　哈東方

第三十標　蕭國寶　王憲章　彭紀麟　王文錦　陳佐黃　王耀東　馬樹堂　劉秉鈞　張鵬飛　李錫成　明安炯　李春亭　程高昇　胡鼎　魯祖軫　葉正凱　朱席珍　劉英達　曾尚武

第三十一標　江光國　郭瑞亭　彭海清　石忠培（本標全部入川，另有資州起義專篇紀述）

第三十二標　曾廣開　吴志標　夏斗寅　張樹棠　許必達　王時傑　陶蔭柳　朱樹烈　戴鴻炳　包克健　劉炳章　許兆龍　徐占龍　秦秉鈞　段海珊　周冠軍　鄭文斌　單道康　蕭明南　曾楚藩　劉彩章　孫長福　崔昶遠　潘鎮球　向

海潛 潘五峰 馮扶青（本標一三營及二營之一部分入四川鄂西北據許兆龍改正）

　　騎兵第八標　陳孝芬 劉國佐 祁國鈞 喻連元 鄒森青 范映奎 王彥斌 陳蔭棠 楊勝魁 劉治一 黃冠群（本標第一營開駐襄陽）

　　砲兵第八標　蔡漢卿 鄧玉麟 高國恩 李作棟 胡興勝 黃金勝 耿占標 耿世全 李金先 夏啓華 張炎斌 徐萬年 張文鼎 金明山 史定邦 趙楚屏 楊昌霖 余福堂 梁憲武 陽國楨 趙士楷 李如發 孫少志 辛春山 梁玉堂 蕭良品 黃得勝 劉裕海 曾少書 朱連榮 張炳森 鄒國勳 陳得果 陳得森 王國棟 謝荻南 汪金山 程紹勤 傅連陞 謝之蘭 閔少斌 孔先廷 劉大元 鄒邦卿 蔡德懋 嚴占元 王廷翼 帥保華 趙洪發 張書琴 雷世德 阮瑞階 余振東 邵松齡 余德海 張肇勳 夏洪勝 鄒繼英 張炳森 蔣應奎 黃德珍

　　工程第八營　熊秉坤 金兆龍 呂中秋 薛金勝 凌振邦 雷振聲 容景芳 楊金龍 張晴川 徐兆斌 鄭廷鈞 任正亮 程正瀛 馬榮 周定原 郭華峰 徐干城 散鴻恩 方興 羅炳順 楊正全 熊貴麟 鄭漢章 劉定基 張東化 王國保 羅維漢 張玉山 王金魁 王世才 向陽魁 饒春棠 涂福田 王正甲 胡占奎 楊金山 余漢章 余郁文 錢振我 章勝凱 殷萬茂 盧本鑫 李殿甲 尹親魁 魏占鰲 金正國 黃春樵 江長林 王元凱 舒耀武 王振東 胡帆啓 劉鴻蕎（輜重第八營經該營管帶蕭國安率領渡江，是夕該營士兵均未參加）

　　第二十一混成協步兵第四十一標　曹振武 羅椿三 朱鴻賓 趙璧城 張子清 柯立志 李維坤 闕龍 童家桂 楊維鑄 王朝清 徐世獸 王定國 楊澤洪 左國棟 鄧飛鵬 唐義之 喻汜啓 阮桂芬

　　步兵第四十二標　王纘承 黃振中 朱承堃 趙承武 李金山 張明富 費明昌 劉化歐 邱文斌 周邦佐 柳樹森 黃春山 呂家珍 劉國才 張欽福 劉啓勝 汪慶祥

　　此外混成協之騎砲各一營，工程輜重各一隊，均未來函相告，祇得暫付缺如。

第五　擁黎元洪爲都督及宣誓

《項羽本紀》：東陽少年二萬人起兵，欲立陳嬰爲王，嬰曰：今欲舉大事，將非其人不可，項氏世世將家，有名於楚。於是衆從其言，以兵屬項梁。黎元洪非如項梁之能倡義，而首義同志擁戴元洪，其情形與東陽少年相似，惟其爲各省倡之志氣，與不競權位之心理，則不可同年語矣。何也？陳嬰所推讓者，爲本身成敗計；首義同志則惟計大事成敗也，以十九之夕言，吳兆麟以中級軍官，蔡濟民以下級軍官，冒險指揮軍事，二人皆最爲衆所稱許。及事定，公舉都督，反不相推，而屬意於局外人之議長湯化龍與協統黎元洪，最後決舉元洪，豈非以其資歷名望，足以消反側而號召各省響應哉？故元洪任都督，實爲當日時勢最適當之人選，雖其後委省政於官僚與投機份子，以至摧殘同志，附袁世凱以自全，重違擁戴初意。然而爲國民社會不健全之所演變，不必以責元洪，更不得爲首義同志病也。惟以前各種記述，尤其私人傳記，述及推選元洪，與其尋覓元洪種種情事，大抵偏重表彰某人，或竟詡爲某一人獨有功績；其形容元洪，頗有過度之處，而推重元洪者，亦復抹煞事實，如章炳麟撰元洪碑，有云："以公善拊御，皆屬意公，議定三月矣，陰爲文告，署檢稱大都督黎，未以告也。"其語殊失實矣。《談往》稱事前蔣翊武曾有一度提黎元洪爲都督之説，衆未決定，亦無反對，此説或許有之，兹以事關首義後唯一先決問題，專立一篇，撮叙旨要，凡瑣節微詞，皆從省略，述擁黎元洪爲都督及宣誓第五。

二十日黎明，革命軍攻下督署，佔領武昌，除以少數隊伍分巡城內外外，各標營圍攻督署之隊伍，皆回營休息，各由領率者加以調整，聽候改編，另由同志多人，往諮議局籌商，《談往》：蔡濟民、李作棟、高尚志、陳磊等十餘人往諮議局。《革命實見記》：李春萱、王子樑、邢伯謙、王國棟、甘績熙、王仲烈、向訏謨等進據諮議局。又云鄧玉麟、吳兆麟、李春萱、張振武、畢鍾、居正、向訏謨、馬祖全等並諸多同志聚集諮議局。案：居正在滬，尚未到漢。從十八日總指揮部未破壞前所下命令也，上午七句鐘皆至諮議局。自總指揮部破壞後，主幹人員不得不匿，各標營於十九夕起事，全體出動，非盡由代表率領發難，自是稱呼同志，不復以共進會文學社之團員為限，故赴諮議局者多出自動，此外之紳學商界同情革命而參加者亦有之；反之秘密時期團員，因無必需前往任務，不欲強自加入，如此純潔心理，實惟武昌首義所以成功之唯一因素，亦即同志個人失權勢之唯一緣由，局外人不審當日情事，鑒於事後演變，追論其造基不牢，重加詬病；其實最大責任，當由一般有智識之國民負之也。及到諮議局，即先探詢議長湯化龍何在，並請約在省議員前來議事。《談往》：李作棟等往諮議局晤職員萬毓崑（號玉佛），記其往請議長到局，時局中人多星散，僅駐局議員沈維周出而接洽，旋偕陳磊往訪化龍。《知之錄》：化龍由趙師梅、陳磊覓得。時首要問題在推選都督：先是共進會以策動會黨進行革命時，其秘密私議，曾有推劉公為都督，劉英為副都督之一說，其後側重聯絡湖北新軍，此議早無形取消矣。惟劉英在京山永滌河，聞武昌十九夕消息，於廿一日夜舉義，曾用副都督名義佈告，然旋即自行取消耳，迄與文學社聯合發難，對於都督一席，惟矣事起後情事如何演變而定，其主要目標，即惟重地方資望為國內所推重，而不深究其與革命關係如何也。當此之時，非正式私相擬議都督人選，惟屬意於議長湯化龍、協統黎元洪二人，及化龍以不諳軍事辭，於是都督人選，集中于元洪一人，遂公推黎元洪為鄂省都督，以諮議局為都督府，並推湯化龍擔任民政，《革命實見記》：議舉都督有推湯濟武（化龍）者，湯不諳軍事，乃決改舉黎元洪，成炳榮《事略》所述亦同。《革命真史》：化龍曰："革命事鄙人敢表贊同，但武昌首先舉義，急宜通電各省請其一致響應，瑞澂雖逃，清廷必派重兵南下，目前軍事要緊，兄弟非軍人，不知用兵，願在軍事外效力，推舉都督請就在省湖北軍人為諸君平素最信仰者選任一人，推倒滿清必矣。"又濟武親語編者，革命黨人來晤時曾以都督相推，予未有絕對拒絕意，子笏（胡瑞霖）則力持不可，其意以予與革命黨素無密切關係，又其時成敗尚未可知云云，據此則起義同志到諮議局實先晤化龍而後舉黎元洪為都督。《革命真史》：與會者有湯化龍、胡瑞霖、張振武、李作棟、陳磊、陳宏誥、邢伯謙、李翊東、周定原、高振霄、高尚志、趙學魁、楊玉如、蘇成章、畢錘、向訏謨、劉公、蔡濟民、徐達明、吳醒漢、鄧玉麟、方定國等。案：楊玉如、劉公是時在逃匿中。其時元洪方避匿，故返覓者不一其人，言者尤多異辭。《革命真史》：馬榮、程正瀛報告吳兆麟稱黎元洪在城內，有黎之護兵可證，旋由護兵引程馬至黃土坡劉文吉家挾黎至楚望台，後由吳派馬護送至諮議局。《談往》：工程營湯啓發率支隊巡中和門前後一帶，見有人負皮箱一口自黎宅出，啓發等疑爲盜竊，叱止之，詢所自來，及其何往，始知爲黎協統之伙夫，再三盤詰，復知黎走避於黃土坡其參謀黃文吉家，遂跟蹤而往，見黎與執事官王安瀾等坐談，啓發迫請其往楚望台與吳兆麟相見，王安瀾亦隨之去。《文學社運動紀實》：擁黎議決後闕龍等即赴混成協司令部覓黎，不見，復至混成協皮工廠，見黎在內默坐，闕至，黎即起身出外，入左旗後營門，旋又出，疾行至黃土坡，復繞道至楚望台。《知之錄》：議員劉賡藻提議黎元洪在城內，如合選，當導覓之，蔡濟民率同志偕劉往。又蔡濟民告編者，言晤黎時多方解說，黎始允。《談往》：化龍商劉賡藻往迎。查光佛撰《蔡濟民事略》：濟民同高尚志等十餘人覓得黎元洪所在，延入諮議局。《革命實見記》：王子樑、邢伯謙、謝石欽等偕衆同志至協司令部要求黎至諮議局。《吳醒漢起義三日記》：王文錦、徐達明往迎黎元洪，醒漢往諮議局晤議長湯化龍。此可以八月二十九日元洪親筆函其師薩鎮冰書爲實在情事：其言曰，"黨軍驅逐瑞督出城後，即率隊來營，合圍搜索，洪換更衣，避匿室後，當被索執，責以大義，洪祇得權爲應允"，是推舉都督，確在尋覓之先也。是時軍事中心在楚望台，元洪經楚望台時，吳兆麟命兵士舉槍致敬。元洪曰："汝等事情太鬧大了，如何得了。"時有一砲兵高呼曰："請統領下令作戰。"隨元洪者請元洪勿應，砲兵拔刀將斫之，元洪以身蔽之曰："此吾執事官王安瀾也。"李翊東趨前曰，"此地非下令之所，請至諮議局徐商"。於是同擁至諮議局，衆高呼曰，"都督到了"。元洪默然，時正午十二時許也。《談往》：正午十二時許。《革命真史》：午後一時四十分。《革命實見記》：十句鐘，城中已出安民告示。元洪既到，他紀有謂元洪到後開會公舉爲都督，元洪堅不承認，經某等勸某等威脅，元洪屹不爲動，又有謂公推數人或某人細述起義宗旨並各省聯絡勢力，元洪乃大悅，立時允諾。實則推爲都督，係在黎未到局以前，所謂勸與脅皆爲尋黎時之接談。既到諮議局，其願就都督與否不成問題，同志爲之陳說情事隨時有之，若以爲迫其就都督，則非事實。又勸者有非起義人之某，據其日記自述，明言二十日聞黎被推爲都督，二十一日始往謁黎，聲請效勞。而他紀乃稱爲二十日開會勸黎之一人，更非事實。

李翊東持預擬之安民佈告，請其簽署，《革命實見記》稱爲李春萱（作棟）起草。元洪有難色，衆乃大嘩，翊東怫然援筆代書一黎字而罷。翊東所説同。化龍偕副議長張國溶、夏壽康、劉賡藻、阮毓崧、胡瑞霖，秘書長石山儼到局，化龍與元洪密談少許，辭去。見《談往》。於是同志等進商都督府部署事宜，派同志若干人負守衛之責。《談往》稱爲趙士龍、徐邦俊等就議長室門外角樓監護。以甘績熙爲警衛司令，衛士多陸軍中小學堂學生，後績熙他調，改高尚志擔任。李翊東被推爲都督府銓叙長，司賞罰。又以往來人雜，特設軍法稽查間諜等，各司其事，見《革命真史》。並推定若干人暫任文書庶務。《革命實見記》：向訏謨、嚴威等任軍需，邢伯謙、王國棟等任庶務會計。時都督初定，除守衛外，府內辦事人員多外出，惟李翊東、陳磊等常在府，蔡濟民、胡瑛、張振武、吳兆麟、徐達明、楊璽章、吳醒漢等亦時來商洽耳。《革命真史》：府內辦事人晚多外出，惟吳兆麟、李作棟、張振武、牟鴻勳、陳磊、蔡濟民、徐達明、吳醒漢、楊璽章、黃元吉諸人常在府。當元洪未到諮議局前，群龍無首，其時陽夏未定，瑞、張退漢口，收拾潰軍，據劉家廟，四出請援；省垣殘餘旗兵，尚未肅清。同志集諮議局者，經半日之久，一籌莫展，各標營紛紛探問，消息沉悶，固由於湯黎商洽，輾轉需時，不得不爾，然躁急者失望，膽怯者恐惶，至有忿忿作歸計者，其情事緊張，較十八、十九兩日更爲難堪。《革命實見記》：朱思武（工程營正目）偕廖翔和來訪，朱曰鄧玉麟、吳兆麟等集諮議局推舉都督至十時尚未定，蛇山楚望臺乃乏人督率，兵士逐漸散走，故商廖君離衆而逃，擬奉母回家再來武昌以身許國，石庵責以大義，朱囁嚅未答，廖奮起大聲語朱曰："汝回去，我轉去。"即靴聲橐橐，直奔出室而去。一案：朱、廖二人其後皆死於漢口之役，朱於是日上午所言稍有誤會，當督署攻下武昌已無軍事，士兵整夜作戰不得不暫休息，都督未舉定前諸事當然停頓，乃謂士兵逐漸散走未免過甚其詞。午後則武昌城內外，遍貼佈告，見《革命實見記》。往觀者途爲之塞，歡聲雷動，至有艱於步履之白髮老翁，倩人扶持，擁至佈告前，必欲親睹爲快，旅漢外籍人士，聞之亦爲震，皆曰"想不到黎協統也是革命黨"。殘敵更心驚膽裂，易裝潛逃者，不可勝算。元洪初本脅從，駐都督府內，色頗不豫，不發一言，不畫一策，及陽夏事定，又見軍械與庫藏甚豐，知其事可大爲，意漸堅決。《革命實見記》：二十一日邢子文來書略謂武昌大局已定，黎都督已堅決任事。《元洪與薩鎮冰書》：任事數日，未敢輕動，蓋不知究竟同志若何？團體若何？事機若何？今視師八日，萬衆一心。二十三日蔡濟民、劉熙卿等爲之剪去髮辮。見《文學社運動紀實》。《革命真史》則作甘續熙、陳磊。二十六日設壇於閲馬廠，誓告天地及先黃帝。《革命實見記》作二十六日，《革命逸史》《革命真史》同《文學社運動紀實》作二十四日，查光佛撰《蔡濟民事略》作廿五日。壇前設燎火，壇上設香案、玄酒，太牢用小黃牛，贊禮官立香案左，讀祝官立香案右，全軍站隊，軍樂隊奏軍樂首章，都督率各級將校升壇，南面。都督中立，將校旁立，都督就香案位，親上香，獻牲酌酒。都督就位跪，將校同跪，全軍立正舉槍，都督及將校俯伏，祝官與都督及將校免冠行四叩禮，讀祝官跪就香案右讀祝文。讀畢，祝官授爵於都督奠酒，都督率將校整冠興、全軍槍放下，都督立壇前發誓詞畢，全軍舉槍三呼萬歲，軍樂隊奏軍樂之次章。禮畢，都督率將校下壇，全軍整隊歸伍。

都督舉定後，佈告及通電頗多，茲擇錄其較重要者於後，其中最要一電，於宣傳起義消息有關，其事甚密，原文亦不存，《知之錄》略記其事，未詳也，當是時，各省交通尚爲清吏控制，革命軍文電不能逕達外省，李作棟訪問議局議長湯化龍時，談及通電各省事，胡瑞霖在座，力言都督議長通電，勢不能達，惟有用反宣傳法，假瑞澂名義用辰密，軍機處及各省督撫大臣密碼電本，諮議局有機密時，臨時向督撫借用。張大武漢革命軍勢力，末言退駐兵艦，死守待援，如此，各省必大震動，其諮議局將起而推波助瀾，較之接都督議長正式之電，或更有效。湯李以爲然。辰密本時惟柯逢時處有之，因推作棟往索。逢時時爲膏捐大臣，其辦事處設於都府堤本宅，倉卒未及逃，正在惶恐中。作棟以起義代表往見，索取辰密本，一面理喻，一面威脅，以得辰密本爲保護條件，其後赤十字會開成立會，逢時被邀到會。遂取出此本而返。由化龍起草電文，大意如瑞霖主張，即密交夏維松冒充瑞澂委託，商洽俄領事署，電達各省督撫諮議局及駐在各省領事，因此武漢起義消息，得以迅速傳遍各省，且稱其聲勢甚大，各省聞之，莫不蠢蠢欲動，清廷更爲震動，此反宣傳之力，極有影響。起義期間曾聞之湯胡，今詢春萱（作棟），語亦云然；《談往》稱在北碚晤柯之幕友林某有云，湯化龍與柯逢時密電請兵剿革命軍，即緣不知當時真相而誤傳云。

附錄各件

中華民國軍政府鄂軍都督　黎示

今以軍政府意，告我國民知之。凡我義軍到處，爾等勿用猜疑。我爲救民而起，並非貪功自私。拯爾等於水火，振爾等之瘡痍，爾等前此受虐，甚於苦海沉迷。祇因異族專制，故此棄爾如遺。須知今日滿奴，並非我漢家兒。縱有衝天義憤，報復竟無所施。我今爲此不忍，赫然手舉義旗。第一爲民除害，與民戮力驅馳。所有漢奸民賊，不許殘息久支。賊昔食我之肉，我今寢賊之皮。有人急於大義，宜速執鞭來歸，共圖光復事業，漢家中興立期。建立中華民國，同胞無所差池。士民工商爾衆，定必同逐蠻夷。軍行素有紀律，公然相待不欺。願我親愛同胞，一律敬聽我言。黃帝紀元四千六百有九年八月念日（此據《實見記》。《革命真史》作二十四日）

中華民國軍政府鄂軍都督　黎示

本都督驅逐滿虜，恢復漢族，凡我同胞，皆宜謹守秩序，勿違軍法。所有刑賞各條開列於後：

藏匿滿人者斬。藏匿偵探者斬。賣買不公者斬。傷害外人者斬。擾亂商務者斬。奸擄燒殺者斬。邀約罷市者斬。違抗義師者斬。

樂輸糧餉者賞。接濟軍火者賞。保護租界者賞。守衛教堂者賞。率衆投降者賞。勸導鄉民者賞。報告敵情者賞。維持商場者賞。黃帝紀元四千六百有九年八月十九日（此據《實見記》。《革命真史》作二十四日）

鄂軍都督黎布告（此系胡瑞霖擬稿）

父老苦苛政久矣。元洪創義武昌，天下響應，亟應將湖北境內一切惡稅，先行豁免，以安我父老而爲天下倡謹。開列於左：

一除鹽煙酒糖土膏各稅捐外，所有統捐局卡，一律永遠裁撤。

一除海關外，所有稅關，一律永远裁撤。

一本年下忙丁漕，概行蠲免。

一本年以前積欠丁漕，概行豁免。

一各屬雜捐，除爲地方所用者外，概行豁免。

黃帝四千六百零九年八月二十四日

軍政府緊要諭令（二十五日）

一憲兵務分別派人分途巡查。

一巡查專以軍紀、風紀爲主旨。

一巡查如遇有冒充軍人到處劫搶以及擾害商民情事，當即扭至執法處審辦。

一各協標營官兵一律不准私自出營，到處散游，新兵尤宜注意。

一暗號務各記明，如經查問不對，即扭執法處懲辦。

一本都督不時親詣各協標營審查，倘有不遵軍紀情事，定以軍法懲治。

一夜晚無命令，不准携槍擅入民家搜索。

一各協標營務各設置風紀衛兵，以維持軍律。

一凡在街梭巡兵士，非有官長領帶者，須即各回原營，不准三五成群在街閒遊，如違定以軍法從事。

一各協標營業已編練成立，仰各級官長督率老兵，將現招新兵迅速切实訓練，並演説此次宗旨及大概情形，俾資鼓舞。

一各協標營迅將火夫招齊，並將炊具趕緊整理完善（如無銅鍋，可赴善後局領取）。

一各官兵武器、裝具應整頓齊全，飯鍋、水瓶尤爲緊要。

以上各條，各協標營官兵即應懍遵。倘有違犯，定即分別重懲，決不姑寬，毋謂本都督言之不預也。切切此諭。

又有嚴厲之法令八條如下：

一軍隊中上自都督，下至兵夫，均一律守紀律，違者斬。

二無論原有及新募兵士人等，有三五成群不歸編制者，以及編制内擅離所、在易裝私逃者斬。

三擅入民家，苛索錢財及私行縱火者斬。

四軍隊中各幹部如有不遵約束者斬。

五官兵不受調遣，背命令者斬。

六擅自放槍恐駭行人往來者斬。

七兵士中如有挾私殺同胞者斬。

八如在當鋪強當軍裝物件者斬。

檄　文

粵維我祖軒轅，肇開疆土，奄有中夏，經歷代聖哲賢豪之締造，成茲文明古國，凡吾族今日所依止之山河，所被服之禮教，所享受之文物，何一非我先人心血頸血之所遺留。故覩城邑宮室，則思古人開土殖民之惠；覩干戈戎馬，則思古人保種敵愾之勤；覩典章法制，則思古人貽謀教誡之殷。駿譽華聲，世世相承，如一家然，父傳之子，祖衍之孫，斷不容他族干其職姓。何物滿奴，敢亂天紀，挽弓介馬，竟履神皋。夫滿奴者非他，黑水之舊部，女真之遺孽，犬種獸性，罔通人理，始則寇邊抄擄，盜我財物；繼則羨我膏腴，耽我文繡，利我國土，遂窺神器。惟野蠻之不能統文明，戎狄之不能統華夏，少數之不能統多數，故入關之初，極肆凶威，以爲恐嚇之計。我十八省之父老兄弟諸姑姊妹，莫不遭逢淫殺，靡有孑遺，若揚州，若江陰，若嘉定，屠戮之慘，紀載可稽。又復變法易服，使神明衣冠，淪於禽獸，而歷代相傳之文教禮俗，掃地盡矣！乃其焚毀書籍，改竄典冊，興文字獄，羅致無辜，穢詞妖言，尊曰聖諭；戴仇養賊，謬曰正經，務使人人數典而忘其祖，是其害乃中於人心風俗，不但誅殺已也。嗚呼同胞，誰無心知，即不能憶父老之遺聞，且請觀夫各省駐防之誰屬，重要職權之誰掌，其用意可揣知矣。二百六十年，好淫苛忍之術，言之已不勝言，至今日則發之愈遲，而出之愈刻也。今日者海陸交通，外侮日急，亦有家室，誰不圖存，彼以利害相反，不惜倒行逆施，故開智識則爲破其法律，尚武技則爲擾其治安。於是百術欺愚，一意壓制，假立憲之美名，行中央集權之勢；藉舉行新政之虛說，以爲搜括聚斂之端，而乃日修園陵，治宮寢，賚嬖佞，賞民賊，何一非吾民之膏血！饑民遍野，呼籲弗靈，哀鴻嗷嗷，是誰奪其生產而產之死地，又日矜其寧送友邦弗與華族之謬見，今日獻一地，明日割一城，今日賣礦，明日賣路，吾民或爭持，則曰干預政權，曰格殺無論，甚且舉吾民自辦之路，自集之款，一網而歸之官。嗚呼！誰無生命，誰無財產，而日託諸危疑之地，其誰堪之？夫政府本以保民，而反得其害，則奚用此政府爲？況乃淫德醜類，有玷聲華者耶！本政府用是首舉義旗，萬衆一心，天人同憤，白麾所指，瓦裂山頹。深望十八行省父老兄弟，戮力共進，相與同仇，還我邦基，雪我國恥，永久建立共和政體，與世界列強並峙於太平洋之上，而共享萬國和平之福，又非但宏我漢京而已，將推此赤心，振扶同病，凡文明之族，降在水火，皆爲我同胞之所必憐而救之者。嗚呼！機不可失，時不再來，想我神明貴族，不乏英傑挺生之士，曷勿執竿起義，共建洪勳，期於直抵黃龍，敘勳痛飲，則我漢族萬萬世世之榮光矣，我十八行省父老兄弟其共勉之。

黄帝紀元四千六百零九年八月二十四日布

祭告天地並先黃帝祭文

維黃帝紀元四千六百有九年秋八月朔，越二十有六日，代表鄂軍都督黎元洪，率同全軍人等。謹以太牢元酒之儀，恭奠於先黃帝在天之靈曰：伏以我祖黃帝，開中華文明之國，演神明奕禩之祚，綿衍至今，越四千餘載，達四百兆人，聖神功德，丕著環海，崇報盼饗，自表同情。惟是滿洲異種，橫侵政權，二百年來，慘無天日，我族痛心疾首，久思光復故物，克纘先烈，臥薪嘗膽，匪伊朝夕。茲幸義旗一舉，不崇朝而克復全鄂；鄰疆響應，不旬日而底定東南，衆志一心，務以殲除異種恢復神州爲目的。元洪德薄智淺，仰託先皇靈爽之憑，近賴同志進行之銳，誓必達到目的，循序布憲，足與寰球各國，並駕齊驅，使我四千年文明古國，於歷史上發異常光彩，子子孫孫，永保幸福。維我先皇黃帝，實

式鑒之。尚饗

都督誓師詞

惟黃帝紀元四千六百零九年，鄂軍都督黎元洪，謹以犧牛醇酒，昭告皇天后土而誓於師曰：我祖黃帝，建邦於中土，世世先哲明王，纘衍厥緒。爰迄有明，不康於政，遂喪厥宗王。貤彼滿奴辱我二百餘年，先祖先宗，禮樂文教，靡有遺存。欽爾有眾，克振義軍，丕揚我大漢之烈，光復土宇。予小子，實有慚德，辱在推戴，敢用玄牡，昭告於皇天后土，與爾軍士庶民，戮力協心，殄此寇仇，建立共和政體。爾惟克奮英烈，實乃無疆之休，予亦報於汝功。其或不達，而有後至，予亦汝罰。嗟爾有眾，尚欽念哉，決不食言。

第六　三鎮光復

　　武昌自督署攻下後，其餘機關即無抗拒可言。陽夏駐軍以消息阻隔，未得同時舉義；惟漢陽設有兵工、鋼藥兩廠，關係武漢安危至大。局外議論，多謂二十日革命軍尚未佔有兩廠，設使瑞張退據其廠，威脅武昌，革命成敗，未可知也。其實附敵之輜重營，已有一部分於十九夕退往漢陽，非無所企圖也。而以廠爲四十二標一營士兵所守，不敢進入廠內，激生事變。故瑞張倉促逃亡，自率殘卒退至劉家廟者，固勢非得已也。夫駐軍佔領兩廠，砲擊敵艦，其功不在工程營發難之下。然事實久爲人所抹煞，各種記載亦略而不道，竟有謂由武昌派軍隊佔領者。小報雜記，任意杜撰，江都貢少芹在漢口報館多年，杜撰武漢起義事最多，而且最謬，其稱駐守兵工廠一營爲瑞澂最親信，黎命杜錫鈞率精銳士兵一千人，僞稱爲瑞澂派往保護，廠中不知是計，開門納之，杜將守軍繳械，出資遣散降者送武昌改編。全反事實。即吳醒漢《起義三日記》，語亦離奇。吳稱張彪此時尚在漢陽，四十二標設或聲氣貫通，渡江重來，雙方夾攻，豈不大事去矣？故茲編叙述陽夏起義，取邱文彬與王纘承記録，及昔所聞於胡玉珍者爲本，邱王胡皆當時陽夏舉義重要人也。參以《革命實見記》及其他記載，撮述本末，俾後人有所省覽焉。

　　十八日總指揮部命令，原以四十一標留守隊進攻藩署並保守官錢善後電報各局。後因發難之初，敵軍勢力頗盛，各標營集中圍攻督署，四十一標士兵多至督署前鏖戰。及督署攻下，王府口方面後防隊伍，皆轉向偕四十一標履行任務。胡廷佐率隊佔領藩屬，有一人謀劫庫銀一錠，廷佐立斬以徇，故庫銀不損絲毫者，廷佐之力也。見居正《起義經過》，此事當時紳商傳爲美談。蔡濟民所領之隊，亦聯合其他部隊，攻入藩署電報等局，見查光佛撰《濟民事略》。張鵬程、王殿甲、張喆夫、馬驥雲等與焉，鵬程且負傷。《文學社運動紀實》：張喆夫、張鵬程、馬驥雲等聞部部潰兵劫藩庫，率隊前往。鵬程《起義事略》：偕王殿甲、張喆夫領隊往攻。二十一日，吳兆麟、蔡濟民、李作棟、徐達明等同往藩庫銅幣局官錢局點驗款目，鵬程《起義事略》：派方定國、楊載雄接收藩庫。計藩庫實存銀一百二十餘萬兩，鵬程《起義事略》：八百餘萬起兩。居正《起義經過》：四百餘萬兩。銅幣局存銀元七十余萬元，銀八十萬兩，銅元四十萬串；官錢局存銅元二百萬串，官票八百萬張，未蓋印者二千萬張，銀元票二百四十萬張，庫銀二十萬兩，銀元三十萬元，總計存款四千萬元。《談往》：財政局長胡瑞霖、副局長沈維周接收各財政機關，由維周經手，有現銀及銀幣約一百五六十萬元，銅元六百餘萬串，官票二千餘萬張尚未蓋印。點清後，令胡廷佐負藩庫責，劉繩武負官錢局責，夏維善負銅幣局責。見《革命真史》。武昌戰事止於十九夜間，及明晨而秩序大定，故商戶照常營業。是日武昌商會會長呂逵先，組織地方保安社，逵先人甚開通，亦對革命表同情者也。由其協助政府維持，人心更安。當二十日都督舉定之初，部署多未就緒。郜翊宸率殘部百餘人匿在城內，是晚忽由大東門竄至蛇山，進襲諮議局。張振武更衣將走，李翊東叱之，曰"汝更衣何往"，張駭而反。同志數人護元洪避蛇山麓，《文學社運動紀實》：劉熙卿、李作棟隨黎往避。吳醒漢《起義三日記》：醒漢、濟民邀黎避蛇山。李翊東指揮測繪學生數十人拒之，郜以下見《革命真史》。旋加入陸軍中小學生，遂擊潰郜兵。《文學社運動記實》：陸軍中學生來援。《革命實見記》：陸軍小學學生來援。《知之錄》：甘績熙率領學生藉圍牆掩護，奮勇還擊。時則城內各處搜索旗人之風甚盛，據聞所殺者近二百人，鐵忠、寶英、扎鳳池等公館皆抄沒。軍士見後腦平者，必令其念"六百六十六"，如念六若牛音，則殺之。某旗女就戮時，哭曰："我輩固無罪，但恨先輩虐待漢人耳。"又一老嫗曰："君等殺我輩婦孺何益，我輩固無能為也，何如留我輩以示寬宏。"聞者雖惻然動心，然不敢言，卒殺之。參照《革命實見記》。於是都督府議定遍揭佈告，不許妄殺旗人，如拿獲奸細，須由都督交軍法處究辦。其實重要旗人，如鐵忠、寶英、連甲等，皆於起義晚獲次日先後逃走，搜殺事亦不如傳說之甚。例如測繪學堂旗人松俊，四十二標一營旗兵七人，當舉義時，憫其無抵抗力，僅暫予拘禁，終獲釋放。除率眾滋擾與作奸細者格殺勿論外，其餘大抵繫之於獄，或縱之使去。其有被戕者，亦僅首義一二日間或有之。至民間吞沒旗人財物，聞頗有其事，然亦係同居或庸人所爲，當時未經舉發，無從證實也。惟起義後數日，旗人確有充密探者，當時方定國（原工程營後隊排長）與蔡登高、自稱南洋某中學畢業投效者。張振彪張標馬弁投效。常伺于元洪左右，時相密語。定國奉命令派兵肅清殘餘旗兵，輒不如命，李翊東、陳磊等已疑之。二十三日傍晚，有大漢手持提燈，以手條付定國，定國閱後即碎咽之，被翊東察覺，拘問大漢，發覺爲旗人，黃元吉立斃之。旋嚴詢定國，定國無以對，細訊，辭連蔡登高、張振彪，並攀多人，翊東立槍決此三人，餘未究。參照《談往》《革命眞史》。當翊東喝令拿問定國時，定國手提大刀，握住槍柄，守衛相顧莫前。翊東遂提其領扣，定國瑟縮不敢動。以此知當時正義所懾，雖桀悍者當情虧時猶有忌憚也。至十九夕未及參與者，中和門外陸軍中學學生約千名，二十日午前九時整隊荷槍入城，隨即派守各機關；三十二標步隊及八標馬隊各一部份，由其標統孫國安、喻化龍強率往自近郊者，給養起居均不方便，皆有怨言，亦於是晚回營，全體加入革命軍。其他零星士兵報到聽編者亦有其人。即如邰翊宸所率殘部且有投效者，如三十標三營左隊隊官謝元愷是。《革命眞史》：二十一日前報到軍官即有其名。又二十一日謝元愷率三十標第三營防守望山門中和門一帶。其後漢口之役，奮勇禦敵，代第四協協統陣亡。《知之錄》有傳。至清吏在武昌者，皆先後逃匿，藩司連甲聞先匿柯逢時宅，後逃；提法使馬吉樟、提學使王壽彭暫避，後皆爲黎元洪幕僚。

叙陽夏光復經過，先當略述四十二標槪況，湖北混成協轄有四十一，四十二兩標，協統黎元洪。元洪招收新兵，必需識字，待之亦較寬厚，故志士投混成協當兵與充司書者亦多。湖北革命團體，在營內組織，最早爲工程營，十九夕發難者皆近數年同志，最早同志已離營。而力量較厚爲混成協。文學社組織則集中於混成協，自群治、振武以來，相沿三四載。共進會團員在此兩標甚少，有之大抵因黃申薌入共進會後而吸引者也。首義前數月，鄂軍分調外防，四十一標留守城內者不及一營。四十二標不駐城內，第三營駐信陽武勝聞一帶；第二營駐漢口居仁門；第一營駐漢陽；文學社在陽夏分設支部，事已詳第一編。其正部長胡玉珍、副部長邱文彬皆一營士兵，故漢陽亦爲軍隊革命策源地之一，此種秘密情事，不甚爲共進會同時所知。所以共進會總機關設於漢口，事前與陽夏駐軍無所接洽，職此之故。

一營分防兵工鋼藥兩廠，營部駐龍燈堤，在兩廠中間，其左隊駐兵工廠，前隊駐鋼藥廠。秘密負責同志以胡玉珍爲主，營部負責者書記王纘承，左隊邱文彬張步瀛等，前隊戈承元、張大鵬、梁言昌等。當武昌總指揮部破壞，漢陽未接消息。十九日晨，管帶汪柄山下令各隊採辦員限上午十時歸營，並有種種規定，禁令森嚴。胡玉珍適爲採辦員，將米蔬由伙夫挑回，自往漢口交通處范明山寓探訊，遇副社長王憲章逃至，告以破壞詳情，諄囑準備速動。下午六時回營，值日長責以違令，罰禁足一月，其夜十二時，玉珍私至王纘承棚據實秘告，尚不知武昌是時已發動也。次日星期，奉令士兵得在操場休息，採辦則以司務長代之，即分駐各隊消息，亦不易通。忽有李金山同志，奉派督送帳棚至大校場，據回報云，輜重營無槍官兵露宿其處，詢其由來，皆不答；同志頗以爲疑，然亦無由探其真相也。其日正午，袁金聲同志奉派送營部公文至標本部，纘承囑其細探消息，金聲遞公文後，急渡江往武昌探之。下午四時半回報，漢陽門緊閉，城上荷槍士兵，左臂皆纏白布，城外遍貼佈告，署都督黎。於是玉珍、纘承等，商定是晚舉義，王纘承記錄晚八時半，邱文彬記錄晚二時。適同志黃家麟值日守衛，玉珍乃便衣踰後牆出，往漢口與二營同志趙承武等商洽，並約王憲章來議事。纘承則通知左前兩隊同志與八時半舉義，各佔領其防守之廠及廠外山隘。及憲章、玉珍先後至，議事有頃，玉珍鳴槍爲號，右後兩隊齊至操場集合，即進於彈庫，取子彈分發，管帶汪炳山逃。時隊官宋錫全在大營門與黃家麟談話，欲起而制止，家麟即將預製白布一副，繫於錫全左臂，笑語曰："你不要糊塗。"錫全素機警，即抽佩刀作指揮狀。玉珍正向隊伍演說，即曰："宋隊官日知會黨員也。才學爲本營冠，平日待士兵尤和平，吾輩此後皆聽其指揮。"衆皆歡呼。惟右隊排長翟煥明曾因談革命事，語不投契，舉義時，爲同志袁金聲槍殺，事後袁頗以殺翟爲悔也。旋左隊前隊先後報告，左隊由邱文彬鳴槍集合，率隊搜查槍廠砲廠子彈庫，隨即布哨龜山（大別山）周圍，並推到山脚圍牆，運槍砲子彈至山上，又拖大砲三尊，安置山頂。時夜深天黑，宿大校場之輜重營殘隊，聞聲，派人至山腰探問，文彬漫應曰"放哨"。一面急促催龍燈堤及黑山速派隊來合勦，一面分隊經棲賢寺包抄其左翼，自率數十人向山下衝擊，輜重營殘隊未抵抗而逃。前隊戈承元、張大鵬等，則驅散鋼藥廠廠警，代以士兵，並分隊往黑山布哨，兩隊長官相率逃走。兵工廠總辦王壽昌遁往上海，於是設司令部於公務廳，設指揮部於龜山上。次晨七時許，見有敵艦一艘滿載士兵，由劉家廟上駛至黃鶴樓前轉舵，直向龜山方面而進，我軍砲手王子卿、左福齋、雷聲燹發砲擊之，敵艦亦回砲，及我軍之砲擊中其船尾，敵艦急向青山下游逃去，後聞敵艦爲瑞張運兵進據兵工廠者。此數砲關係武漢安危，對擊時，爲江岸中外人士所共覩，當日常有人稱述之。不意起義時不甚傳述之事，今日每有盛稱之者，而此事竟不見於任何記載，邱文彬所以有龜山數砲重於武昌一槍之憤言也。廠內所存，據事後點收報告，槍支已完成者八千餘隻，零件齊全而未上托者九萬餘隻，造而未完成者二萬餘隻，步槍子彈三十餘萬發，大砲將成者約二十餘尊，砲彈約十萬發。其後湖南九江獨立，多由廠撥發槍彈，先後撥發湖南軍隊者，槍支在數萬以上；熊克武回四川，亦撥槍五百隻，子彈數萬發。與兵工廠毗連之煉鐵廠，以由商包辦，僅拘其總辦李維格，仍令照常工作。

　　四十二標二營駐漢口居仁門，標本部在焉。先是胡玉珍與趙承武等，會商同時舉義，承武約其派隊來漢放槍威脅。及漢陽已占兩廠，乃由曾漢臣等率隊往居仁門外向空放槍，承武即集合同志，隊官林翼支、排長吳勝元亦出而指揮，管帶陳鍾林走避，《革命真史》：以吳勝元爲代表防禦漢口。時二十一日晨也。三十標二營駐歆生路餘慶里防守，旗兵見大勢已去，相率遁去，管帶任光耀亦逃，其餘百餘人，由商會出而接洽，留其保衛歆生路，至是與四十二標聯合分防漢口。是日上午十一時許，一二兩營各派代表集議於兵工廠，胡玉珍、邱文彬、趙承武、王纘承等，皆主張軍事領袖宜重資歷聲望，衆趨其議，公舉宋錫全爲統制，駐守漢陽，林翼支爲協統，駐守漢口，王憲章、黃振中、王殿一（原隊官）、黃柱國（原排長）爲標統，邱記錄作憲章爲一協協統，林翼支爲二協協統，其標統尚有萬逢霖。陳建章、戈承元、蒲志斌、宋玉廷、趙承武等爲管帶，邱坤庸、張仲威、朱旭東、王家麟、袁金聲、陳得元等爲營附，龜山砲隊以左福齋、王子卿爲隊長，邱文彬、梁炎昌爲正副參謀長，王纘承、黃家麟、張步瀛等爲參謀，胡玉珍以參謀名義擔任聯絡，鄭兆蘭爲兵工廠長。其後呈報都督核定，稍有更易，委宋爲協統，林爲標統。漢口共三營，管帶第一營朱振漢駐餘慶里；第二營祝雄武駐居仁門；第三營趙承武駐漢防營內。漢口五方雜處，當二十、二十一兩日，治安無人負責，匪類乘機搶劫縱火，花樓即有錢店二家被搶，南城橋口後城馬路等處，皆有行劫者。此以二十一日爲最甚，漢口官錢局各錢莊及典商同時被劫，各處縱火，商團救不勝救，由商會代表向都督府請保衛，當派二百名來漢，獲搶匪三人，就地正法，旋又捕斬土匪數十人，勢稍安靖。此以下見《夏口縣志·兵事門》，又溫楚珩紀錄稱蔡濟民率二連到漢彈壓。時橋口方面，則由兵工廠司令部派張步瀛率隊前往鎮壓，斃搶劫者二名，搶風亦息。據王纘承記錄。官商與居民稍有遷徙，江輪索票價甚昂，碼頭常有男女老幼，因衣物被劫或缺船資者，坐地飲泣。及各標營部署已定，吳勝元、胡光瑞、丁振凱等，由四官殿出而彈壓，餘慶里駐軍亦然，秩序逐漸恢復矣。未幾軍政分府成立，與商會協議維持，更定種種條規，保商安民，另詳第七編。其時漢口商會會長蔡文會（輔卿）、副會長李紫雲，維持市面頗有力，紫雲尤明幹，與武昌商會會長呂逵先，皆當時爲人所稱許者。至前因革命繫獄各同志，武昌則胡瑛二十日出獄，後任軍政府外交部長。《革命真史》：蔡濟民往各監獄釋放瑞澂所拘各革命同志，胡瑛出獄時將所有囚犯帶至諮議局編成間諜隊。漢口則二十一日，由溫楚珩往夏口監獄迎詹大悲、何海鳴出獄，組軍政分府。他紀稱陽夏舉義軍隊往迎，其名不一，惟據楚珩云僅彼獨往迎出。殷子衡則自行出獄，後回黃州領導獨立，凡禮智司獄囚皆隨之出。漢陽縣監獄李亞東則由張大鵬、張文斌率隊前往釋之。《文學社運動紀實》作仇國華往迎。時僞知府已逃，即舉亞東領府篆。江漢關道齊耀珊及夏口同知王國鐸，皆於陽夏光復時先後逃走。

　　漢口報紙自詹、何入獄後，皆接近官方，故二十日中西等報，猶稱黨人起事未成，已捕戮將盡。天門胡石庵向爲報館作小説，頗傾向民黨，至是極力籌辦一報，挽《繁華報》主筆張雲淵相助，隨得夏容宇、陳成城贊助爲義務訪事，又得軍府葉、杜、柯、賀四人按日來函爲特別訪員，定名《大漢報》，於八月二十四日出版，外人多至館道賀並拍照，日印二萬份尚不敷銷售。及詹大悲成立軍政分府，何海鳴没收《公論報》印刷機，改爲軍政分府印刷處，何爲總理，貢少芹爲總編輯。組織《新漢報》，約在二十七日以後。軍政府辦《中華民國公報》，則於二十五日發行，主筆張越，兩湖師範生，文字頗爲當時所稱賞，見《革命實見記》。牟鴻勳爲社長，是爲政府最初之機關報。見《談往》。

　　赤十字會之設，由余日章、趙儼葳、張福先、王利用、張知本、羅兆鴻、李國鏞等，於二十四日發起，美人馬醫生夫婦等，亦參加，總會設曇華林文華書院，漢口亦設分所。其後陽夏戰起，元洪如夫人黎本危親往傷兵院視傷。參照《趙儼葳行狀》及《李國鏞日記》。上海醫院所組之紅十字會，張竹君女士爲會長，九月二日率隊來漢口，分隊駐漢陽，竹君親至醫院慰傷，爲中外人士所稱道。見民國三十五年十月十日《武漢日報》。